Professionelles Handeln im Elementarbereich (PRIMEL)

Diemut Kucharz, Katja Mackowiak,
Sergio Ziroli, Alexander Kauertz,
Elisabeth Rathgeb-Schnierer, Margarete Dieck (Hrsg.)

# Professionelles Handeln im Elementarbereich (PRIMEL)

## Eine deutsch-schweizerische Videostudie

Waxmann 2014
Münster · New York

GEFÖRDERT VOM

Bundesministerium
für Bildung
und Forschung

Das diesem Buch zugrundeliegende Vorhaben wurde mit Mitteln des Bundes-
ministeriums für Bildung und Forschung unter den Förderkennzeichen 01NV1126,
01NV1127, 01NV1128 und 01NV1130 gefördert. Die Verantwortung für den Inhalt
dieser Veröffentlichung liegt bei den Autor/inn/en.

**Bibliografische Informationen der Deutschen Nationalbibliothek**
Die Deutsche Nationalbibliothek verzeichnet diese Publikation in der
Deutschen Nationalbibliografie; detaillierte bibliografische Daten sind im
Internet über http://dnb.d-nb.de abrufbar.

Print-ISBN     978-3-8309-3074-7
E-Book-ISBN   978-3-8309-8074-2

© Waxmann Verlag GmbH, 2014
www.waxmann.com
info@waxmann.com

Umschlaggestaltung: Inna Ponomareva, Münster
Satz: Stoddart Satz- und Layoutservice, Münster
Druck: Hubert & Co., Göttingen

Gedruckt auf alterungsbeständigem Papier,
säurefrei gemäß ISO 9706

# Inhalt

# Einleitung

Das Projekt „Professionalisierung im Elementarbereich" (PRIMEL; Laufzeit: 2011 bis 2014) ist im Rahmen der vom BMBF geförderten „Ausweitung der Weiterbildungsinitiative Frühpädagogische Fachkräfte" (AWiFF) konzipiert worden. Ziel dieser Förderlinie war, über die Finanzierung von Forschungsprojekten empirische Erkenntnisse darüber zu gewinnen, welche institutionellen und personellen Voraussetzungen und Notwendigkeiten im Bereich der frühen Bildung vorliegen. Dabei lag der Fokus auf der Aus- und Weiterbildung sowie auf Fragen des Übergangs in den Arbeitsmarkt.

Im Forschungsprojekt PRIMEL wurde der Frage nachgegangen, welchen Einfluss die Ausbildung der pädagogischen Fachkräfte auf die Prozessqualität, insbesondere die professionelle Interaktionsgestaltung mit den Kindern, hat. Wir wollten untersuchen, inwieweit es pädagogischen Fachkräften mit unterschiedlichen Ausbildungen im Bereich der frühkindlichen Bildung, Erziehung und Betreuung gelingt, die durch die neuen Bildungspläne geforderte bereichsspezifische Bildungsarbeit im Kindergarten umzusetzen. Als Indikatoren wurden dafür zum einen die bewusste Begleitung und Gestaltung von Freispielsituationen, zum anderen die Gestaltung von domänenspezifischen Bildungsangeboten herangezogen; beide Formen der pädagogischen Arbeit sind in der Kindergartenarbeit etabliert und dienen dazu, spezifische Bildungschancen aufzugreifen und für das Kind nutzbar zu machen.

Im Vergleich standen drei Ausbildungsgruppen: fachschulisch ausgebildete Erzieherinnen und akademisch ausgebildete Fachkräfte in Deutschland sowie Kindergartenlehrpersonen aus der Schweiz. Die Schweizer Teilstichprobe wurde in das PRIMEL-Projekt aufgenommen, da sich hier zum einen eine akademische Ausbildung des Personals für den Kindergarten in den letzten Jahren durchgesetzt hat und zum anderen die Rahmenbedingungen in den Kindergärten deutlich anders sind als in Deutschland. Dies ermöglichte die Analyse sowohl von Ausbildungsunterschieden als auch von länderspezifischen Einflussfaktoren.

Dieses Buch fasst die wesentlichen Ergebnisse unseres PRIMEL-Projekts zusammen. Nach einer theoretischen Einbettung des Forschungsvorhabens in die aktuelle Bildungsdiskussion im Elementarbereich (Kap. 1), werden die Fragestellungen des PRIMEL-Projekts sowie das methodische Vorgehen im Gesamtüberblick dargestellt (Kap. 2). In den sechs Ergebniskapiteln werden spezifische Forschungsfragen aus dem Gesamtprojekt herausgegriffen und unter verschiedenen Perspektiven betrachtet. Dabei werden zunächst Strukturmerkmale der teilnehmenden Einrichtungen in den Blick genommen, wobei ein besonderer Fokus auf dem Vergleich der Rahmenbedingungen in Deutschland und der Schweiz liegt (Kap. 3). Daran anschließend wird das pädagogische Handeln der Fachkräfte in der Freispielbegleitung unter Berücksichtigung dreier Qualitätsbereiche (der Lernprozessgestaltung, der Emotionsregulation und Beziehungsgestaltung sowie der Klassenführung) untersucht (Kap. 4). Neben der Analyse des Freispiels steht die Gestaltung und Begleitung domänenspezifischer Bildungsangebote durch die frühpädagogischen Fachkräfte im Zentrum des PRIMEL-Projekts. In drei Kapiteln werden diese unter Berücksichtigung jeweils domänenspezifisch relevanter Einflussfaktoren (z.B. domänenspezifische Orientierungen der Fachkräfte, räumliche Ausstattung, Zielsetzung und Inhalte der Bildungsangebote) in den Blick genommen (Kap. 5 bis 7). In Kapitel 8 werden sowohl verschiedene Kompetenzfacetten als auch verschiedene Settings (Freispiel vs. Bildungsangebote) durch eine Triangulation der Daten miteinander in Beziehung gesetzt. In der Gesamtdiskussion werden das PRIMEL-Projekt sowie die dargestellten Ergebnisse in die theoretische und empirische Diskussion zur frühkindlichen Bildung eingeordnet und reflektiert (Kap. 9).

Dieses aufwändige Forschungsprojekt konnte nur gelingen, weil eine große Anzahl von Mitwirkenden uns unterstützt hat. Wir möchten uns bei allen studentischen Hilfskräften und Praktikantinnen für ihre engagierte Mitarbeit bedanken: Janina Arnold, Angelina Averianova, Lydia Baars, Marjan Babakhani, Liliane Bächer-Schmidt, Karell Barth, Arthur Beck, Andrina Bertolo, Isabell Bier, Hanna Bredow, Anja Böhmer, Jolanda Böhmer, Kim-Victoria Borcherding, Jane Bury, Janis Cloos, Sarah Cordt, Flurina Dietrich, Sarah Dietrich, Ariane Drüke, Sonja Eberhardt, Ronja Marie Erichsen, Pia Felder, Mariam Ferle, Anja Fiechter, Kristin Flath, Janine Forrer, Anna-Lena Fritz, Fabienne Fülöp, Katharina Gent, Vivien Glönkler, Sabrina Götz, Eva Günther, Dominik Hahn, Martina Harringer, Alina Hartter, Lara Haudeck, Laura Henes, Nina Henes, Maike Herzog, Nadine Hess, Nicole Hochreutener, Theresa Hofmeier, Janna Janssen, Anne-Kathrin John, Sibel Kasa, Isabelle Kässer, Seraina Keller, Nadine Klagmann, Anna Klein, Oxana Knoll, Dennis Knor, Marina Kolpachtikova, Luisa König, Madita Kraps, Désirée Kunfermann, Damaris Kunz, Maro Kurasbediani, Dajana Kurtz, Stefanie Lachenauer, Sonja Lambrecht, Sofia Liffers, Anja Lüthi, Dominique Lüthi, Annika Maier, Isabel Maier, Sarah Maier, Sophia Maroc, Mathias Merkert, Sandra Mitric, Isabell Mogut, Lea Moser, Jana Müller, Jasmin Müller, Octavian Munteanu, Eleonore Neff, Daniela Neumeier, Henrik Ottmar, Nadia Paganini, Sarah Pasch, Lene Peitzner, Vanessa Pieper, Lina Sophie Pfeiffer, Heike Pfister, Luciane Probst Tabea Pütz, Luise Reinhard, Jaqueline Rischmann, Annica Rödiger, Robert Rogowski, Kai Sählhoff, Patrick Sahr, Eric Schaal, Kristin Schewe, Dietlind Schnaithmann, Bernadette Schnell, Thea Schöndorfer, René Schoop, Tamara Schubert, Carolin Seidenkranz, Diana Siemens, Tatiana Solovieva, Laura Sommer, Alexandra Stein, Linda Stracke, Sina Strege, Sabrina Sutter, Sebastian Sutor, Teresa Thielemann, Lisa Wahl, Theresa Wartenberg, Wisi Weibel, Christoph Weiland, Sandra Wiechers, Lena Wittmann, Inga Wohltmann, Michele Wörz, Janine Vernim, Anna Vogt, Laura von Albedyhll, Katharina von der Bank, Rahel Zimmermann

Unser Dank gilt ganz besonders den Einrichtungen und pädagogischen Fachkräften sowie den Kindern und ihren Eltern, deren Zustimmung für die Videografien notwendig war. Gerade für die pädagogischen Fachkräfte war die Teilnahme an diesem Projekt mit einem hohen Aufwand verbunden, waren wir zur Datenerhebung doch eine Woche in den Einrichtungen, haben die Fachkräfte bei ihrer Arbeit mit den Kindern gefilmt und ihnen zahlreiche Fragebögen zur Bearbeitung vorgelegt. Ohne die Bereitschaft aller Beteiligten hätte dieses Projekt nicht realisiert werden können.

Nicht zuletzt möchten wir uns beim BMBF und dem Projektträger im DLR für die finanzielle und organisatorische Unterstützung und Förderung bedanken.

Im August 2014

Das PRIMEL-Team

| | |
|---|---|
| Diemut Kucharz & Maike Tournier | Goethe-Universität Frankfurt |
| Katja Mackowiak & Heike Wadepohl | Leibniz Universität Hannover |
| Margarete Dieck & Martina Janßen | PH Weingarten |
| Elisabeth Rathgeb-Schnierer & Caroline Hüttel | PH Weingarten |
| Sergio Ziroli & Ursula Billmeier | PH Weingarten |
| Alexander Kauertz & Katharina Gierl | Universität Koblenz-Landau |
| Susanne Bosshart, Carine Burkhardt Bossi & Catherine Lieger | PH St. Gallen, Thurgau & Schaffhausen |

.

*Diemut Kucharz, Katja Mackowiak, Margarete Dieck, Alexander Kauertz,*
*Elisabeth Rathgeb-Schnierer, Sergio Ziroli*

# 1. Theoretischer Hintergrund und aktueller Forschungsstand

## 1.1 Kontext: Bildungsauftrag in Kindertageseinrichtungen

In den letzten Jahren hat sich der Auftrag der Kindertageseinrichtungen von der Betreuungsfunktion in Richtung Bildungsauftrag deutlich verschoben bzw. der Bildungsauftrag hat an Bedeutung gewonnen. Gründe dafür liegen zum einen in neurobiologischen Erkenntnissen, dass das Lernpotenzial bei Kindern bis zum sechsten Lebensjahr, also vor Schuleintritt, besonders hoch ist (Casey et al., 2005); zum anderen zeigen die internationalen Vergleichsstudien, vor allem diejenigen, die von der OECD beauftragt wurden wie PISA, IGLU und Starting Strong (OECD, 2000a, 2000b, 2001, 2003a, 2003b, 2004, 2006, usw.), dass in anderen Ländern Kinder sehr viel früher an Formen systematischen Lernens herangeführt werden als in Deutschland. Die Konsequenzen solcher Erkenntnisse waren die Entwicklung und Einführung von Bildungsplänen für Kindertageseinrichtungen sowie eine beginnende Akademisierung der Erzieherinnenausbildung[1], die in den verschiedenen Bundesländern unterschiedlich forciert wird. Beide Entwicklungen werden im Folgenden näher betrachtet.

### 1.1.1 Bildungspläne für den Elementarbereich

In allen Bildungsplänen der Bundesländer für den Elementarbereich werden Aussagen zur Bedeutung des Bildungsaspektes gemacht. So heißt es z.B. im Orientierungsplan von Baden-Württemberg: „Die ersten Lebensjahre und das Kindergartenalter sind die lernintensivste Zeit im menschlichen Dasein. Die Bildungsarbeit in Kindergärten ist eine zentrale Aufgabe" (Ministerium für Kultus, Jugend und Sport Baden Württemberg, 2011, S. 7). Das Kind wird dabei als Akteur seiner Bildung gesehen, das auf Interaktion mit anderen, insbesondere mit Erwachsenen angewiesen ist. Bildungsprozesse seien in eine natürliche, soziale, kulturelle und religiöse Umgebung eingebettet und abhängig davon, mit welchen Erfahrungen Kinder in Berührung kämen und welche Gelegenheiten ihnen für inhaltliche und soziale Auseinandersetzungen gegeben oder vorenthalten würden (Senatsverwaltung für Bildung, Jugend und Sport Berlin, 2004, S. 20; Niedersächsisches Kultusministerium, 2005, S. 11; Bayrisches Staatsministerium für Arbeit und Sozialordnung, Familie und Frauen 2006, S. 24; Behörde für Soziales, Familie, Gesundheit und Verbraucherschutz, 2008, S. 11). Bildung im Kindergarten soll demnach als ganzheitlicher

---

1    Da im Elementarbereich nach wie vor überwiegend Frauen die professionellen Akteurinnen sind, verwenden wir in diesem Buch ausschließlich die weibliche Form. Männliche pädagogische Fachkräfte sind selbstverständlich mitgemeint.

Prozess verstanden werden, der die persönliche und soziale, aber auch die kognitive und motorische Entwicklung umfasst und sich in der Auseinandersetzung mit und der Aneignung der Welt durch das Kind äußert. Ziel der neuen Bildungspläne ist es daher, einer vermeintlichen Beliebigkeit bzw. Einseitigkeit entgegenzuwirken und den frühen Bildungsprozess von Kindern im Kindergarten ohne „Verschulung" umfassend zu fördern und zu unterstützen. Deshalb weisen fast alle Bildungspläne Bildungsbereiche oder Lernfelder aus, die eine bereichs- oder domänenspezifische Förderung initiieren sollen. Bereiche, die in allen Plänen genannt sind, sind neben der Sprache z.B. die mathematische, naturwissenschaftliche, ästhetische und bewegungsorientierte Bildung.

### 1.1.2  Akademisierung von pädagogischen Fachkräften im Elementarbereich

Die Umsetzung des Bildungsauftrages von Kindertageseinrichtungen ging in Deutschland aus unterschiedlichen Gründen lange schleppend voran. Als eine Erklärung dafür sieht die Robert Bosch Stiftung die lange Zeit fehlenden einheitlichen und verbindlichen Vorstellungen darüber, „welche Anforderungen sich aus der Anerkennung dieses Bildungsauftrags für die Ausbildung der frühpädagogischen Fachkräfte ergeben und auf welchem Niveau diese Ausbildung anzusiedeln ist" (Robert Bosch Stiftung, 2008, S. 6). Als Folge engagiert sich die Robert Bosch Stiftung seit 2003 für die Verbesserung der frühkindlichen Bildung, Betreuung und Erziehung in Deutschland, indem sie im Rahmen des Programms „PiK – Profis in Kitas" die Einrichtung neuer und auf die frühe Kindheit spezialisierter Hochschulausbildungen unterstützt. Nicht zuletzt auf diese Initiative ist die deutliche Zunahme von Studiengängen für frühkindliche Bildung zurück zu führen. Inzwischen gibt es in Deutschland etwa 95 solcher Bachelor-Studiengänge, die den Abschluss „BA Kindheitspädagogin" verleihen.[2]

In der Praxis findet man in Kindertageseinrichtungen schon seit langem ein multiprofessionelles Team[3], das sich aufgrund des derzeitigen Fachkräftemangels weiter ausdifferenziert. Im Ländermonitor der Bertelsmann-Stiftung (2013) werden verschiedene Qualifikationsniveaus ausgewiesen: Auf Hochschulniveau gibt es außer den oben erwähnten Kindheitspädagoginnen auch Fachkräfte mit dem Abschluss Diplom-Sozialarbeit oder -Sozialpädagogik, teils auf Fachhochschul-, teils auf Universitätsniveau, sowie mit dem Abschluss Diplom-Erziehungswissenschaften (inzwischen auch als Bachelorabschluss seit dem Bologna-Prozess). Ihr Anteil am Personal in Kindertageseinrichtungen beträgt deutschlandweit insgesamt 4,6 Prozent, ist also relativ gering. Mit 72,1 Prozent am häufigsten sind die Erzieherinnen mit einem Abschluss auf Fachschulniveau in den Kindertageseinrichtungen beschäftigt. Daneben gibt es noch Fachkräfte mit einem Abschluss der Berufsfachschule, sogenannte Kinderpflegerinnen (13.1 Prozent), sowie Praktikantinnen, die sich also noch

---

2    Angaben unter der Studiengangsdatenbank: http://www.weiterbildungsinitiative.de/studium-und-weiterbildung/studium/studiengangsdatenbank/

3    Im Folgenden wird die Bezeichnung „pädagogische Fachkraft" oder nur „Fachkraft" verwendet als Oberbegriff für das in Kindertageseinrichtungen tätige Personal.

in der Ausbildung befinden (3,4 Prozent). Knapp sieben Prozent des Personals hat keine oder eine andere Ausbildung, z.B. eine medizinische (Bertelsmann-Stiftung, 2013). Vergleichend betrachtet kann man also derzeit nicht davon ausgehen, dass die Arbeit in den Kindertageseinrichtungen in Deutschland wesentlich von akademisch ausgebildetem Personal geprägt ist.

### 1.1.3  Unterschiedliche Ausbildungsmodelle in Deutschland und Schweiz

Vergleicht man die Qualifizierung von pädagogischen Fachkräften im Elementar-bereich innerhalb (und teilweise auch außerhalb) Europas, so fällt auf, dass in den meisten Ländern das Ausbildungsniveau dieser Fachkräfte auf dem tertiären, also dem Hochschulniveau angesiedelt ist (vgl. Oberhuemer & Ulich, 1997). Deutschland hat hier nach wie vor einen enormen Nachholbedarf, da das Ausbildungsniveau von Fachkräften in Kindertageseinrichtungen bis vor wenigen Jahren noch ausschließlich auf dem sekundären Niveau lag, also an berufsbildenden Schulen in unterschiedlicher Trägerschaft (öffentliche, konfessionelle und freie Träger) ausgebildet wurde.

Das Qualifikationsprofil für Erzieherinnen ist in Deutschland schwerpunktmä-ßig sozialpädagogisch geprägt (Oberhuemer, 2010) und handlungsorientiert ausge-richtet. Die Ausbildung kann insofern als eine „generalistische" bezeichnet werden, als sie für ein breites Berufsfeld von Kindertageseinrichtungen bis zu Einrichtungen der ambulanten und stationären Jugendhilfe qualifiziert. Die Lehrpläne der einzelnen Bundesländer basieren auf der sogenannten Lernfelddidaktik. Sie weisen in unter-schiedlicher Anzahl Handlungsfelder aus, welche in Lehr-Lernprozessen anhand von praxisorientierten Lernsituationen Studierende befähigen, entsprechende Handlungs-kompetenzen (personale, soziale, fachliche und instrumentelle Kompetenzen) zu er-werben.

Der Lehrplan des Landes Baden-Württemberg für die Fachschulen für Sozial-pädagogik umfasst z.B. folgende Handlungsfelder (Ministerium für Kultus, Jugend und Sport Baden-Württemberg, 2010):
– Berufliches Handeln fundieren
– Erziehung und Betreuung gestalten
– Bildung und Entwicklung fördern (Teil I und II)
– Unterschiedlichkeit und Vielfalt leben
– Zusammenarbeit gestalten und Qualität entwickeln
– Fächer Deutsch, Englisch und Religionspädagogik.

Spielt in der Ausbildung zur Erzieherin die Entwicklung von Reflexions- und Analysefähigkeit eine Rolle, liegt in der Ausbildung zur Kinderpflegerin bzw. Sozial-assistentin der Fokus auf der Ausbildung spezifischer Handlungs- und Anwen-dungskompetenzen (Fröhlich-Gildhoff, Weltzien, Kirstein, Pietsch & Rauh, 2014).

Dagegen sollen die neu eingerichteten Bachelorstudiengänge zur frühen Kindheit explizit für frühpädagogische Tätigkeitsfelder qualifizieren. Die meisten davon werden als BA-Studiengänge mit einer Regelstudienzeit von sechs Semestern an Fachhochschulen angeboten (180 ECTS). Aber auch zunehmend mehr Universitäten und alle Pädagogischen Hochschulen in Baden-Württemberg bieten derartige Studienrichtungen an.

Inhaltlich überwiegt auch bei den frühpädagogischen BA-Studiengängen ein sozialpädagogisches Profil, aber mit stärkerem Domänenbezug und größeren fachdidaktischen Anteilen. Die Robert Bosch Stiftung (2008) entwickelte für diese akademische Ausbildung einen Orientierungsrahmen, in dem die wesentlichen Bildungsinhalte sowie Lehr- und Lernmethoden für frühpädagogische Studiengänge dokumentiert werden. So sollen im Studium „die theoretischen und methodisch-didaktischen Grundlagen gelegt [werden], um kindliches Spiel in seiner Bedeutung für Bildungsprozesse (oder: als Bildungsprozess) und seinen Entwicklungsverlauf unter besonderer Berücksichtigung von Heterogenitätsfaktoren verstehen und einschätzen zu können sowie geeignete Konzepte, Methoden und Mittel der Spielpädagogik und Spielförderung auszuwählen, anzuwenden und deren Wirkungen zu analysieren und zu reflektieren." (Robert Bosch Stiftung, 2008, S. 79). Insbesondere wissenschaftliches und forschendes Arbeiten haben hierbei eine große Bedeutung, denn das Ziel ist es, bei den Studierenden eine forschende Haltung zu entwickeln. In ihrer Expertise zum Vergleich der verschiedenen Kompetenzprofile frühpädagogischer Fachkräfte schreiben Fröhlich-Gildhoff et al. (2014) hierzu:

> „Hiermit ist vor allen Dingen die Fähigkeit verbunden, mit Ungewissheit umzugehen, systematisch Fragestellungen zu entwickeln und diese reflexiv zu beantworten – und dabei auf wissenschaftliche Erkenntnisse und Theorien zurückzugreifen. In dieser Systematik sind wissenschaftliche Methoden – hiermit sind auch Forschungsmethoden gemeint – von besonderer Bedeutung" (Fröhlich-Gildhoff et al., 2014, S. 225).

In der Schweiz wurden Lehrpersonen für den vorschulischen und primarschulischen Bereich bis Ende der 1990er Jahre auf Sekundarniveau an sogenannten Seminaren ausgebildet. 1995 beschloss die EDK (Schweizerische Konferenz der kantonalen Erziehungsdirektoren, Nationale Koordinationsbehörde) in ihren Empfehlungen zur Lehrerbildung, Lehrpersonen zukünftig auf der Tertiärstufe auszubilden und die Verantwortung dafür den Pädagogischen Hochschulen zu übertragen (vgl. EDK / IDES, 2007). Seit 2001 werden die Lehrpersonen für die Elementarstufe in der Schweiz in einem dreijährigen Bachelorstudium (180 ECTS, Lehrberechtigung für den Kindergarten und die 1.-3. Primarklasse) als Allrounderinnen ausgebildet. Die Lehrpersonen sind damit in der Lage, sowohl im Freispiel als auch im instruktionalen Unterricht (in der Schweiz „geführte Aktivität" genannt) den Kindern Wissen in allen Bildungsbereichen zu vermitteln. Die Curricula der PH legen den jeweiligen Ausbildungsanteil der einzelnen Disziplinen fest. Für die Pädagogische Hochschule des Kantons St. Gallen sind dies beispielsweise (vgl. Pädagogische Hochschule St. Gallen, Studienplan, 2014, S. 5):
- Erziehungs- und Bezugswissenschaft: 31 ECTS,
- Sprachen: 10 ECTS,
- Natur, Mensch und Gesellschaft / Mathematik: 19 ECTS,
- Gestalten, Musik (+ Instrumental) und Bewegung / Sport: 28 (+ 5) ECTS,
- berufspraktische Studien (inkl. Mentorat): 42 ECTS.

Eine wichtige Funktion nehmen die Praktika ein, in denen die Verknüpfung von theoretischem Wissen, praktischer Umsetzung und Erfahrungsreflexion erfolgt. Die Auseinandersetzung mit grundlegenden Theorien und Konzepten wird häufig ergänzt durch Hinweise zur praktischen Umsetzung in Kindergarten und Grundschule.

Mit dieser Reform ist der Kindergarten in der Schweiz nicht nur organisatorisch, sondern auch hinsichtlich des Personals und dessen Ausbildung an die Grundschule angebunden worden. Die Fachkräfte nennen sich Kindergartenlehrpersonen und sind jeweils für eine Klasse alleine verantwortlich.

## 1.2  Bildungsarbeit im Freispiel und in Bildungsangeboten

Obwohl auf theoretischer Ebene nicht explizit zwischen Freispiel und angeleiteter Beschäftigung (Angebote) differenziert wird, ist dies elementardidaktisch durchaus von Bedeutung. Während in anderen Ländern (z.B. Frankreich, angloamerikanische Länder) der Kindergarten spätestens seit der Mitte des 20. Jh. dem Bildungssystem zugeordnet wurde, blieb er in Deutschland bei den Jugendhilfeeinrichtungen, auch ungeachtet des Gutachtens des deutschen Bildungsrates von 1970. Mit der Entwicklung des Situationsansatzes durch Jürgen Zimmer u.a. in den frühen 1970er Jahren wurden der funktions- und der wissenschaftsorientierte Ansatz nahezu vollständig abgelöst und als gescheitert erklärt (Roux, 2008), da sie als wenig wirksam und zu kindfern wahrgenommen wurden. Trotz aller Kritik haben sich der Situationsansatz bzw. Weiterentwicklungen davon, wie der situationsorientierte oder offene Ansatz, durchgesetzt und werden von fast allen Kindertageseinrichtungen in Deutschland praktiziert. Wesentlicher Ansatzpunkt ist dabei, dass die pädagogischen Fachkräfte durch Beobachtung der Kinder deren Lebenswelt und Alltagssituationen erkennen, Bedürfnisse und Interessen identifizieren und darauf mit Spielimpulsen und Angeboten oder Projekten reagieren. Demnach vollzieht sich die Bildungsarbeit im Kindergarten mittels unterschiedlich offener Spiel- und Lernangebote: hierbei sind vor allem die Bildungsangebote, welche durch die pädagogische Fachkraft geplant, vorbereitet und geführt werden einerseits, sowie das freie Spiel in der vorbereiteten Umgebung andererseits zu unterscheiden (Walter & Fasseing, 2002). Die beiden Formen differieren im Grad der Offenheit für die Kinder, das heißt die Wahlfreiheit von Inhalten, Sozialkontakten, Zeitdauer und Ort der Betätigung durch die Kinder. Bildungsangebote werden von den Fachkräften zielgerichtet und auf die Interessen und das Vorwissen der Kinder aufbauend vorbereitet und in der Regel mit einer kleinen Gruppe von Kindern durchgeführt.

Für das Freispiel stellen die Fachkräfte den Raum mit dem Standardspielmaterial und wechselnden neuen Impulsen zur Verfügung, das sich an alle Kinder richtet (Wannack et al., 2009). Hierbei wird der Spielverlauf vom Kind selbst bestimmt, was Entscheidungen beinhaltet wie beispielsweise bei einer ausgewählten Tätigkeit verweilen, diese abbrechen oder in eine andere Tätigkeit übergehen zu können. Die Intensität und das Tempo des Tätigseins können nach eigenen Bedürfnissen bestimmt werden. Im Freispiel können sich die Kinder dem Tun hingeben oder sich selbst eine Aufgabe stellen (Lorentz, 1999). Der Fachkraft kommt im Freispiel die Rolle der Beobachterin zu, die eingreift, wenn im Spiel liegende Bildungschancen nicht genutzt werden. Es ist somit gewünscht, dass die Fachkraft durch Mitspielen, durch Impulse, durch Fragen, durch neue Ideen usw. die Qualität des Freispiels (z.B. beim Rollen- oder Konstruktionsspiel) verbessert, um die Kinder zu fördern und zu fordern (Caiati, Delac & Müller, 1994). Die Fachkraft greift Spielideen von Kindern auf mit dem Ziel, diese weiter zu entfalten und die kognitiven, emotionalen und sozialen Lernmöglichkeiten der Kinder zu nutzen (Einsiedler, 1999).

Da das Freispiel eine hoch komplexe Situation darstellt, ist die Aufgabe der Fachkraft, dann einzugreifen, wenn Bildungschancen nicht genutzt werden, eine höchst anspruchsvolle. Sie erfordert möglicherweise mehr oder andere Kompetenzen (z.B. eine Analyse der jeweiligen Spielsituation unter der Perspektive verschiedener Bildungsbereiche), als bereichsspezifische Angebote zu planen und durchzuführen. Hier zeigt sich in besonderem Maße, wie gut die Fachkraft den jeweiligen Bildungsbereich internalisiert hat. Ein wesentlicher Kritikpunkt an der Umsetzung des Situationsansatzes lautet folglich, dass es Fachkräften nur eingeschränkt gelingt, solche im Freispiel zu identifizierenden Bildungschancen wahrzunehmen und angemessen aufzugreifen (Faust, Götz, Hacker & Roßbach, 2004).

Ein anderes wesentliches didaktisches Element sind die, idealerweise aus dem Freispiel heraus entwickelten und geplanten, bereichsspezifischen Bildungsangebote oder Projekte, an denen kleinere Gruppen von Kindern teilnehmen können. Hier hat die Fachkraft eine stärker lenkende und gestaltende Funktion. Bei den Angeboten bezieht sich Kritik vor allem darauf, dass es den Fachkräften nur ungenügend gelänge, die Interessen der Kinder aufzunehmen, und zentrale Bildungsbereiche wie z.B. Mathematik oder Naturwissenschaften zu kurz kämen (Faust et al., 2004).

Diese beiden didaktischen Grundelemente der Kindergartenarbeit, Freispiel und Bildungsangebote, spiegeln die Debatte um das Verständnis von Lernen aus konstruktivistischer Sicht wieder: Welche Rolle spielt der Erwachsene bei der Selbstbildung des Kindes? Dazu werden zwei Ansätze, teilweise auch alternativ diskutiert: Selbstbildung und Ko-Konstruktion (Schelle, 2011). Schelle kritisiert, dass die beiden Begriffe in der frühpädagogischen Diskussion häufig als Gegensätze diskutiert würden, weil dies die Fachkräfte verunsichern würde:

> „Diese Entgegensetzung hat aber zur Folge, dass Fachkräfte oft erheblich verunsichert sind, welche Rolle ihnen nun in der Arbeit mit den Kindern eigentlich zukommt: Auf der einen Seite ist Bildung ein eigenaktiver Prozess der Kinder. Auf der anderen Seite wird aber auch die besondere Bedeutung und Verantwortung der Fachkräfte hervorgehoben. (…) Will man die Bedeutung der Fachkraft und die förderlichen Bedingungen im frühkindlichen Bildungsprozess beschreiben, ist es nicht sinnvoll, die Begriffe der „Ko-Konstruktion" und „Selbstbildung" aufgrund einer teilweise verhärteten Fachdiskussion gegenüberzustellen und deren Schnittmengen auszublenden." (Schelle, 2011, S. 14f.)

Bereits in der klassischen Bildungstheorie wurde Bildung als Selbstbildung verstanden (Humboldt, 1960) und meint dabei die Fähigkeit des Menschen resp. Kindes, sich eigenständig mit der Welt auseinander zu setzen und sie zu erschließen. Die Aufgabe der Erwachsenen liegt damit in der Ermöglichung der Selbstbildung, in der

Bereitstellung eines Rahmens und Unterstützung des Kindes, wie Schelle (2011) ausführt:

> „Erwachsene können die Selbstbildung der Kinder nicht direkt, sondern lediglich indirekt durch eine entsprechend anregende Gestaltung der Umwelt und der zwischenmenschlichen Beziehungen beeinflussen. Selbstbildung braucht einen unterstützenden Rahmen und wird dann möglich, wenn soziale Prozesse sie zulassen oder unterstützen, vor allem wenn Erwachsene die Eigenständigkeit der Kinder im Umgang mit der Welt akzeptieren und mittragen." (Schelle, 2011, S. 13f.)

Damit sei aber nicht gemeint, dass die Fachkraft den Selbstbildungsprozess des Kindes einfach abwarte, sondern dieser müsse entsprechend angereichert und unterstützt werden (Schelle, 2011).

Der Begriff der Ko-Konstruktion bezeichnet dagegen einen bestimmten Aspekt des menschlichen resp. kindlichen Lernens, nämlich das gemeinsame Aushandeln, also Konstruieren von mentalen Konzepten wie Bedeutungen und Verstehen (Möller, 2007). Hier ist der Selbstbildungsprozess also in eine soziale Beziehung eingebettet. Deshalb spielt für die kindliche Bildung die Qualität von Beziehungen und Interaktionen eine bedeutende Rolle.

In den vergangenen Jahren wird auch in Forschung und Theorie der Fokus auf die Interaktion zwischen Fachkraft und Kind und deren Qualität gelegt. Dabei umfasst Interaktion sowohl verbale als auch nonverbale Aktionen und wird als beidseitiger Austausch wahrgenommen, das bedeutet, dass sowohl die Fachkraft als auch das Kind diese Interaktionen gestalten. Beziehung und Bindung sowie Dialog und Ko-Konstruktion als zentrale Begriffe der Kindheitspädagogik belegen die Bedeutung der Interaktion für die Bildungs- und Erziehungsprozesse von Kindern. In ihrer historischen Betrachtung verschiedener Bildungs- und Erziehungstheorien kommt Anke König zum Schluss:

> „Erziehungstheorien, die die sozialen Wechselbeziehungen als Motor des Erziehungsprozesses betrachten, sind auch adaptiv zu sozialkonstruktivistischen Bildungsansätzen. Hier gilt eine Kultur dialogisch geprägten Handelns als Weg, um sich neue Erfahrungswelten zu erschließen." (König, 2013, S. 14)

Damit lässt sich theoretisch die Bedeutung von Interaktion für die Bildungsprozesse bei Kindern legitimieren. Bildungs- und Erziehungsprozesse finden in Interaktionen zwischen Erwachsenen und Kind, aber auch zwischen Kindern statt (natürlich nicht ausschließlich; Bildung kann z.B. auch im Zuschauen und Nachmachen oder im entdeckenden Handeln als „learning by doing" oder „trial and error" stattfinden). Bildungsprozesse im Rahmen von Interaktionen zu betrachten, rückt das professionelle Handeln resp. Interagieren der pädagogischen Fachkraft in den Blick. Es gibt verschiedene Möglichkeiten, Interaktionen bildungsförderlich zu gestalten: Dazu gehört zunächst eine Atmosphäre, die Wertschätzung, Anteilnahme und Wärme beinhalten soll, um lernförderlich zu sein (Pianta et al., 2011; Schelle, 2011) Daneben sind die geteilte Aufmerksamkeit auf eine gemeinsame Sache und das Nachdenken darüber besonders förderlich (als „sustainded shared thinking" bei Sylva et al., 2004 bezeichnet, bei König, 2009 als „dialogisch entwickelte Interaktionsprozesse" benannt). Durch besondere Impulse kann die Fachkraft dies ermöglichen, indem sie z.B. zum Nachdenken anregt („Was meinst du, was jetzt passiert?"), zum genauen Beobachten und Verbalisieren auffordert („Was haben wir gerade gesehen / erlebt?") oder indem sie auf die Gesprächsimpulse des Kindes eingeht und seine Interessen oder Wünsche aufgreift („Zeig / erklär mir mal, was du da eben gemacht / gebaut / entdeckt hast!").

Gerade die Kita-Qualitätsdebatte der späten 1990er Jahre ermöglicht einen empirischen Blick auf die Qualität der Interaktion. In der Trias der Struktur-, Orientierungs- und Prozessqualität ist sie letzterem zuzuordnen. Im Sinne einer „gelingenden Interaktion" besteht gleichzeitig ein hoher Anspruch, dieses komplexe Gefüge sicht- bzw. messbar zu machen (Weltzien, 2013).

## 1.3    Bildung im Freispiel und in angeleiteten Bildungsangeboten aus Sicht der Domänen

Vor dem Hintergrund der Bildungspläne für den Elementarbereich und der Diskussion über eine Verbesserung frühkindlicher Bildungsprozesse in Kindertageseinrichtungen kommt dem fachspezifischen ebenso wie dem fachdidaktischen Wissen von pädagogischen Fachkräften eine hohe Bedeutung zu. Allgemeine und domänenspezifische (z.B. mathematische, naturwissenschaftliche, motorische oder künstlerische) Entwicklungs-, Lern- und Bildungsprozesse theoretisch nachvollziehen, beobachten und anregen bzw. fördern zu können, sind also wesentliche Kompetenzen im Bereich der Elementarpädagogik. Da die Entwicklung einer wissenschaftlich fundierten Didaktik für den Elementarbereich momentan noch in den Anfängen steckt (vgl. Liegle, 2006; s. aber auch Kucharz, 2012; zusammenfassend Schelle, 2011), ist die Formulierung von Kompetenzen und deren Erforschung in der Ausbildung von pädagogischen Fachkräften als ein wesentlicher Beitrag zur Verbesserung der Bildungsarbeit im Elementarbereich dringend notwendig.

Im Folgenden soll aus domänenspezifischer Perspektive der Stand der Forschung in den Bildungsbereichen, die auch im Rahmen des PRIMEL-Projekts in den Blick genommen wurden, verdeutlicht werden:
– Bewegung, Körper und Gesundheit
– Kunst / bildnerisch-ästhetisches Lernen
– Mathematik
– Naturwissenschaften

### 1.3.1    Bildungsbereich Bewegung, Körper und Gesundheit

Der Bewegung kommt im frühkindlichen Entwicklungs- und Lernprozess eine bedeutende Rolle zu. Kinder erfahren sich selbst und ihre Umwelt bewegt. Sie lernen über Bewegung sich selbst und ihren Körper kennen und bilden ihre Persönlichkeit aus. Bewegung ist für Kinder Spiel, aber auch Befriedigung der Neugierde. Über Bewegung erleben sie sich und ihre Umwelt. Bewegung hilft ihnen, selbstständig zu werden, Selbstvertrauen zu gewinnen und das Leben mit seinen Regeln kennenzulernen. Jedes Greifen wird zum Be-Greifen, jedes Anfassen zum Er-Fassen. „Bildung und Bewegung" als eine Einheit wird in ihrer Wertigkeit für frühkindliche Erziehungsprozesse gesehen und gefordert, weil bereits im Grundschulalter bei vielen Kindern motorische und körperliche Auffälligkeiten und ein erhöhter Gewichtsstatus mit entsprechenden Entwicklungsstörungen und sozialen Folgen vielfach belegt sind (u.a. Kunz, 1993; Dordel et al., 2000; Rusch & Irrgang, 2002; Weiß et al., 2004; Ziroli, 2006; Opper, Worth, Wagner & Bös, 2007) und eine erfolgversprechende Verbesserung der Lage entschieden davon abhängt, dass im Entwicklungsverlauf früh präventiv und ggf. therapeutisch eingegriffen wird.

Dass sich durch einen erhöhten Stellenwert von Bewegung in der kindlichen Entwicklung nicht nur positive Effekte im Hinblick auf deren Körperlichkeit und Motorik erzielen lassen, sondern auch ein nicht zu unterschätzender Beitrag zur sozialen, personalen und kognitiven Entwicklung erfolgt, dokumentieren mittlerweile zahlreiche empirische Studien u.a. der Sportwissenschaft, Neurowissenschaften und Medizin (u.a. Kunz, 1993; Scherrer & Prohl, 1997; Ungerer-Röhrich, 1997; Ahnert, Bös & Schneider, 2003; Graf et al., 2003; Hollmann, Strüder, & Tagarakis, 2003, 2005; Spitzer, 2006; Fleig, 2008). Leider wird diesen Erkenntnissen in unterschiedlichen Ausbildungskonzepten von pädagogischen Fachkräften oftmals nur in geringem Maße Rechnung getragen und die erworbenen Kenntnisse und Fähigkeiten sind häufig zu gering, um die im Kindergartenalltag zu initiierenden und anzuleitenden Lehr-Lernsituationen mit hoher Kompetenz gestalten zu können.

*Förderung im Bereich Körper, Bewegung und Gesundheit im Elementarbereich*

Der Bildungsbereich Bewegung kann in Kindertageseinrichtungen sowohl im Freispiel als auch in angeleiteten Bewegungsangeboten realisiert werden.

Im Freispiel kommen vielfältige situative Bewegungsgelegenheiten zum Tragen. Hierzu ist zunächst eine bewegungsfreundliche und auffordernde Raumgestaltung im Innen- und Außenbereich notwendig. Offene Bewegungsangebote in Form von Bewegungsbaustellen und frei zugänglichen Bewegungsräumen, aber auch gezielte und angeleitete Bewegungsangebote sollten den Kindern ein hohes Maß an Möglichkeiten zur individuellen Umsetzung eigener Vorstellungen und Ideen geben. Sie sollten aber auch Anregungen für eine Weiterentwicklung der motorischen und sozialen Fähigkeiten enthalten. Gerade Bewegungssituationen beinhalten oftmals Problemstellungen, die Kinder zum Auffinden verschiedener Lösungsformen auffordern. Hier sollten die Erzieherinnen nur wenige Impulse geben, insbesondere dann, wenn den Kindern beispielsweise verschiedene Verwendungsmöglichkeiten von Geräten, Spielobjekten und natürlichen Bewegungsgegebenheiten aufgezeigt werden können bzw. Regelungen des Miteinanders aufgrund der Spielidee erforderlich sind. Vorgehensweisen (Methoden), die das Erkunden und Erproben fördern, sollen dazu beitragen, dass die Kinder neben dem Erwerb und der Verbesserung von motorischen Fähigkeiten und Fertigkeiten auch Erfahrungen materieller und sozialer Art machen.

Das Anweisen und Korrigieren in Form von Übungen, wie es in angeleiteten Bewegungsstunden im Primarsport gezielt zur Entwicklung oder Kompensation von motorischen Fähigkeiten und Fertigkeiten eingesetzt wird, treten im Elementarbereich in den Hintergrund. An die Stelle von Übungen, die den Kindern vorgemacht und dann von ihnen übernommen werden, treten ganzheitliche Spiel- und Bewegungshandlungen, die meist in ein von den Kindern mitgestaltetes Thema eingebettet sein sollen (Bewegungsgeschichten, Bewegungsbaustellen, Bewegungslandschaften).

Zur Förderung der Selbsttätigkeit der Kinder als eines der vorrangigen Lernziele im Elementarbereich müssen Bewegungsangebote und -umgebungen so organisiert sein, dass ein den Vorerfahrungen und Voraussetzungen entsprechender Bewegungs- und Handlungsspielraum entsteht, innerhalb dessen sich die Kinder frei entscheiden können. Hierfür ist die pädagogische Fachkraft verantwortlich. Das Spiel- und Bewegungsrepertoire kann durch indirekte Impulse der Fachkraft – insbesondere durch vorbereitetes Material und Gerätearrangements – entwickelt und erweitert werden (Ziroli, 2012)

*Kompetenzen der Fachkräfte im Bereich Körper, Bewegung und Gesundheit in Freispielsituationen und Angeboten*

Die Ausführungen machen deutlich, dass gerade im Elementarbereich der Stellenwert und auch die Wirkungen der Bewegungserziehung in engem Zusammenhang mit der Qualifikation der Fachkräfte und deren persönlicher Beziehung zum Bereich „Körper, Bewegung und Gesundheit" stehen. In offenen Bewegungsgelegenheiten sowie in spezifischen Angeboten sind die Fachkräfte nicht nur Aufpasserin, Helferin oder Sicherheitsgarantin, sondern begleiten die Kinder, lenken deren Aufmerksamkeit, verbalisieren, kommentieren und machen das Geleistete bewusst. Sie beobachten, vermitteln, geben Rat, schränken ein, setzen Grenzen, wo es erforderlich ist, und unterstützen, wenn Kinder Hilfe oder Anreize benötigen bzw. fordern.

*Forschungsstand*

Sowohl notwendige Analysen professioneller Handlungskompetenzen als auch Wirkungsmöglichkeiten bzw. -effekte dieser Kompetenzen im alltäglichen Interaktionsgeschehen des Kindergartenlebens sind bislang wenig beforscht. Ebenso verhält es sich mit der Analyse tatsächlich benötigter Kompetenzkomponenten für die adäquate Gestaltung von Realsituationen in dieser Domäne.

Die Entwicklung von didaktisch-methodischen wie auch diagnostischen Kompetenzen in diesem Bildungsbereich wird bislang noch in hohen Anteilen dem Zufall oder persönlichem Engagement und Interesse der Fachkräfte überlassen, die sich in Fortbildungen entsprechende Kenntnisse und Fähigkeiten aneignen. Der allseits bekannte Ansatz der Psychomotorik (u.a. Zimmer, 2008) kommt auch heute noch zu wenig in der realen Praxis der Frühförderung im Kindergarten gezielt zum Einsatz. Dagegen hat er bereits in der Grund- und Sonder- bzw. Förderschule nicht nur den Sportunterricht verändert, sondern wird zunehmend auch fachüber-greifend als Arbeitsprinzip verstanden. Er stellt eine spezifische Sicht menschlicher Entwicklung und deren Förderung dar, in der Bewegung als ein wesentliches Medium der Unterstützung und Anbahnung von Entwicklungsprozessen betrachtet wird.

Um die Professionalisierung der Fachkräfte im Bildungsbereich „Körper, Bewegung und Gesundheit" zu stärken, wie er mittlerweile in den Bildungsplänen für den Elementarbereich enthalten ist, gilt es insbesondere grundständige Ausbildungs-konzepte für Fachkräfte (fachschulische vs. akademische Ausbildung) in ihren Inhalten und Wirkungen auf die pädagogische Praxisgestaltung zu überprüfen, an-dererseits ist es dringend geboten, gelingende Praxisgestaltung gezielt im Hinblick auf deren konkrete Kompetenzkomponenten zur adäquaten Gestaltung von bewe-gungsbezogenen Situationen hin zu prüfen, um darauf aufbauend Inhalte adäquater Ausbildungsangebote neu zu bestimmen bzw. einzufordern. Ausbildungsprogramme und Interventionen, die in der Mehrheit lediglich auf Plausibilitätsannahmen beru-hen, sind durch eine bessere evidenzbasierte Praxis zu entwickeln.

### 1.3.2  Bildungsbereich Kunst / bildnerisch-ästhetisches Lernen

Wenn es um Fragen der Qualität von Bildungsangeboten im Bereich Kunst / bildne-risch-ästhetisches Lernen und um Fragen kunstpädagogischer Professionalität geht, muss zuerst das zugrundeliegende Domänen- oder Fachverständnis geklärt wer-den (Busse, 2003; Dreyer, 2005). Das Domänenverständnis bestimmt, in welchen fachlichen Inhaltsbereichen Lernprozesse der Kinder angeregt und unterstützt wer-den. Eine schon ältere nordamerikanische Studie zu frühpädagogischer kunstpäda-gogischer Praxis zeigt eine Vielzahl nebeneinander existierender unterschiedlicher Curricula (Bresler, 1993). Im deutschsprachigen kunstpädagogischen Diskurs gibt es keinen Konsens darüber, was der zentrale Bildungsbeitrag des Faches sein soll (Grünewald 2003, Dreyer 2005, Peez 2005a, b). In dieser Pluralität und Heterogenität wird einer der Gründe für die Schwierigkeit theoriegeleiteten Handelns in der Praxis und für die Attraktivität von Praxisrezepten vermutet (Dreyer, 2005, S. 11).

Die in der Kunstpädagogik diskutierten Bezugsfelder Kunst, Bild und ästhetische Erfahrung bestimmen auch die Bandbreite der Inhaltsaspekte und Auffassungen zu frühpädagogischen Bildungsprozessen im Bereich Kunst / bildnerisch-ästhetischem Lernen. Ein eher breit angelegtes Domänenverständnis aus kunstpädagogischer Sicht gibt das vom BDK – Fachverband für Kunstpädagogik erarbeitete Positionspapier (BDK, 2009). In diesem wird – auf der Basis vorliegender Veröffentlichungen zur äs-thetischen Bildung im Elementarbereich – ein gemeinsames Grundverständnis der domänenspezifischen Bildungsprozesse im Elementarbereich und die daraus resul-tierenden Anforderungen an frühpädagogische Fachkräfte dargestellt und erörtert (Uhlig, 2010). Als domänenspezifisch relevante Inhalte werden in der Kunst- und Frühpädagogik ästhetische, kreative, bildnerische und künstlerische oder kunstna-he Erfahrungen und Prozesse im Bereich von Produktion und Rezeption diskutiert. Die zentralen fachrelevanten Begriffe (ästhetisch, kreativ, Bild, künstlerisch) werden jedoch je nach Theoriebezug unterschiedlich verstanden und unterscheiden sich als

Fachbegriffe zudem deutlich von ihrer Verwendung in der Alltagssprache (Dieck, 2012).

*Förderung im Bereich Kunst / bildnerisch-ästhetisches Lernen*

Unabhängig davon, in welchen inhaltlichen Bereichen der Domänenschwerpunkt gesehen wird, setzen frühpädagogische kunstpädagogische Konzepte bei den Fähigkeiten der Kinder, ihren altersspezifischen Wahrnehmungs-, Denk-, Handlungs- und Ausdrucksweisen an. Konsens besteht dabei darin, dass der kindliche Zugang zur Welt in erster Linie ein ästhetischer ist: Kinder begegnen der Welt mit sinnlichen Erfahrungen und Prozessen und zunächst ohne feste Deutungsmuster. Ihr Weltzugang ist geprägt von einem spielerischen, flexiblen, offenen, mehrdeutigen Agieren, Erkunden und Ausdeuten von Möglichkeiten. Der Aspekt des Ästhetischen ist also nicht zu reduzieren auf ein sinnliches Erleben (vgl. BDK, 2009; Schäfer, 2006; Brée, 2005; Heyl, 2008). Häufig wird die strukturelle Verwandtschaft dieser kindlichen Prozesse des Weltzugangs und Lernens mit künstlerischem Wahrnehmen, Denken und Handeln hervorgehoben (Brée, 2007; Heyl, 2008). Betont wird auch, dass sich die ästhetischen Prozesse der Kinder nicht in den konventionellen Sparten bestimmter Disziplinen oder künstlerischer Gattungen bewegen, sondern Spiel und ästhetische Produktion, verschiedene Ebenen und Bereiche sowie wechselnde Interessen und Ziele verknüpfen (BDK, 2009; Uhlig, 2010; Kirchner, 2010).

Aus der Orientierung an ästhetischen und künstlerischen Prozessen resultiert in der Theoriediskussion als zentraler konsensfähiger domänenspezifischer Aspekt die deutliche *Prozessorientierung* – in Abgrenzung zu allen Ansätzen, in denen die Kinder angeleitet werden, ein bestimmtes, zuvor bekanntes, „schönes" Produkt herzustellen (Brée, 2005). Diese Prozessorientierung bedeutet auch, eigenständige, individuelle und interessengeleitete Prozesse der Kinder anzuregen und zu unterstützen und explorative, experimentelle, spielerische und entdeckende Vorgehensweisen zu fördern (Brée, 2007; Heyl, 2008; Kirchner, 2010).

*Kompetenzen der frühpädagogischen Fachkräfte*

Mit dem inhaltlichen Domänenverständnis gehen Vorstellungen zur *Rolle der pädagogischen Fachkraft* einher. Bresler unterscheidet bei ihrer Untersuchung in nordamerikanischen Elementary Schools im Bereich der Arts Education drei Typen pädagogischer Orientierung, die sich mit bestimmten kunstpädagogischen Überzeugungen und Zielvorstellungen verbinden: „little-intervention orientation" mit minimaler Intervention durch die pädagogische Fachkraft und maximalem Freiraum für die Kinder, „production orientation" mit direkter Anleitung durch die pädagogische Fachkraft und „guides-exploration orientation", einem Ansatz, in dem die pädagogische Fachkraft Kinder zu domänenspezifischen Wahrnehmungs-, Denk- und Handlungsprozessen anregt und herausfordert und sie dabei unterstützt und begleitet (Bresler, 1993; Bresler, 1994).

Sie kann zeigen, dass sich die minimal-intervenierende Orientierung vor allem in den Gruppen mit den jüngeren Kindern findet. Bei den Fachkräften verbindet sich dieses Rollenverständnis mit den pädagogischen Zielen Kreativität, Selbst-Ausdruck und Selbständigkeit, dabei aber auch mit fehlender eigener künstlerischer und kunstpädagogischer Expertise (Bresler, 1994). Als charakteristische Merkmale der Lernsituationen bei minimal-intervenierender Orientierung werden genannt: ergebnisoffene / beliebige Aufgaben, wenig Vormachen / Zeigen, Ermunterung zu Materialexploration und einer unkritischen, unterstützenden Umgebung. Bresler weist darauf hin, dass dabei wesentliche Faktoren, die zur Kreativitätsförderung und der Entwicklung von Selbstausdruck erforderlich sind, ausgeblendet werden (Bresler, 1993).

*Forschungstand*

Die Bandbreite empirisch belegter kreativitätsförderlicher Faktoren, die sich für frühpädagogische Settings nutzen lassen, zeigt – allerdings aus kognitionspsychologischer Perspektive und nicht domänenspezifisch für den Bereich Kunst / bildnerisch-ästhetisches Lernen – Preiser auf (Preiser, 2006 a-c). Die fachlich intendierten bildnerisch-ästhetischen, „künstlerischen" Prozesse der Kinder lassen sich jedoch kognitionspsychologisch als kreative Problemlöseprozesse beschreiben, so dass die kognitionspsychologischen Befunde gut domänenspezifisch interpretiert werden können (Dieck, 2012). Gefördert werden dabei kreativitätsspezifische Haltungen, Wahrnehmungs-, Denk- und Handlungsweisen (Preiser, 2006a; Kirchner & Peez, 2009).

Bae knüpft für ihre Studie zur Rolle der kunstpädagogischen Fachkraft in frühpädagogischen Einrichtungen an den drei Typen grundlegender Orientierungen nach Bresler an und zeigt in einer qualitativen Studie, wie sich in einem Konzept der „guided-exploration" die Rolle der Fachkraft in unterschiedlichen Lernsituationen professionell anpasst. Dabei wird unterschieden zwischen zurückhaltend-reaktivem, aber situativ spezifischem Handeln (wenn Kinder selbstbestimmt bildnerisch-ästhetisch arbeiten), aktiverem Agieren mit methodisch vielfältigen Anregungen in der Gruppe („Teacher as a Guide") und Phasen, in denen die Fachkraft auf verschiedenen Ebenen domänenspezifisch assistiert, unterstützt, hilft (Bae, 2004).

Neben den Strukturmerkmalen ästhetischer und künstlerischer, kreativer Prozesse ist das Bildnerische ein wesentlicher domänenspezifischer Bezugspunkt. Auch hier entsprechen die domänenspezifischen Inhalte einerseits altersspezifischer Praxis, wenn Kinder sich bildnerisch-handelnd mit Umwelt und eigenen Erfahrungen auseinandersetzen, sich Wirklichkeit aneignen und Erfahrungen verarbeiten (Kirchner, 2010). Die altersspezifischen Merkmale bildnerischer Prozesse und Lösungen sind gut untersucht (Lange-Küttner, 1994; Koeppe-Lokai, 1996; Becker, 2003; Baum & Kunst, 2007; Reiß, 1996). Zur Förderung der bildsprachlichen Entwicklung setzen kunstpädagogische Ansätze auf authentische Bildanlässe und Darstellungssituationen, in denen die bildnerische Tätigkeit als sinnhaft erlebt wird, auf Imagination anregende Methoden und auf vielfältiges künstlerisches Material, das Handlungsimpulse gibt und zu bildnerischem Tun herausfordert (Kirchner, 2010; Dieck, 2012).

Die Herausforderung für frühpädagogische Fachkräfte besteht im Bildungsbereich Kunst/bildnerisch-ästhetisches Lernen darin, individuelle ästhetische Erfahrungen und Interessen von Kindern in unterschiedlichen Alltagssituationen wahrzunehmen, also das ästhetische Potential einer Situation zu erkennen, diese aufzugreifen und als weiterführende künstlerische Lernchancen zu nutzen, um (vertiefte) ästhetische und kreative Prozesse anzuregen und methodisch adäquat zu unterstützen (BDK, 2009).

### 1.3.3  Bildungsbereich Mathematik

Innerhalb der mathematikdidaktischen Diskussion hat in den letzten 20 Jahren ein Paradigmenwechsel stattgefunden. Mathematiklernen wird heute als aktiver, selbst gesteuerter Prozess verstanden, in dem das Individuum sein Wissen auf der Basis bisheriger Erfahrungen und in der Auseinandersetzung mit der sozialen Umwelt konstruiert und in sein bisheriges Wissensnetz einbindet (Terhart, 1999; Schütte, 2004). Auch in der Zielperspektive zeigen sich deutliche Veränderungen: Es geht nicht um die Ausbildung mechanischer Fertigkeiten in verschiedenen mathematischen Bereichen (Anghileri, 2001). Die Lernenden sollen vielmehr an zentralen Leitideen der Mathematik allgemeine mathematische Kompetenzen wie Problemlösen, Modellieren, Darstellen von Lösungswegen, Argumentieren und Kommunizieren entwickeln (KMK, 2005).

*Mathematische Förderung im Elementarbereich*

Auf den genannten Vorstellungen von Mathematiklernen aufbauend wurden in den letzten Jahren solche Ansätze für die Förderung mathematischer Kompetenzen im Kindergarten begründet, bei denen mathematische Aktivitäten in den Kindergartenalltag integriert und aus ihm heraus entwickelt werden (Rathgeb-Schnierer & Wittmann, 2006; Rathgeb-Schnierer, 2008, 2012; Gasteiger, 2010, 2012;). Diese Ansätze stellten zunächst die Frage nach relevanten mathematischen Grunderfahrungen im Kindergarten und orientierten sich bei der Beantwortung an zentralen inhaltlichen Leitideen, die im mathematischen Lernen auf unterschiedlichen Niveaus immer wieder auftreten (Steinweg, 2008; Bönig, 2010). Dies gewährleistet zum einen eine tragfähige domänenspezifische Perspektive, zum anderen die Anschlussfähigkeit der Lernprozesse an die Schule. In Anlehnung an die Bildungsstandards der Schule wurden somit für die mathematische Bildung im Kindergarten die Inhaltsbereiche Zahlen und Operationen, Raum und Form, Größen und Messen, Daten und Zufall sowie Muster und Strukturen als relevant beschrieben (KMK, 2005).

Integrative Ansätze mathematischer Bildung fokussieren auf all diese Inhaltsbereiche und haben generell nichts mit der Durchführung isolierter Lern- oder Fördersequenzen gemeinsam (Gasteiger, 2010). Sie sind vielmehr von der Vorstellung geprägt, dass Mathematik nicht erst bei komplizierten Begriffen beginnt, sondern bei konkreten Handlungen, die bewusst gemacht und reflektiert werden (Freudenthal, 1981).

*Integrative Ansätze*

Die Förderung mathematischer Bildungsprozesse lässt sich gut in den Kita-Alltag integrieren und zwar sowohl während des Freispiels als auch durch konkrete (Material-) Angebote. Wichtig bei der Integration in den Alltag ist es, den gehaltvollen Moment zu erkennen:

> „One of the central tenets of early childhood education is that teachers should allow children to play in a rich environment, observe the spontaneous activities in which they engage, and then use these activities as a basis for effective teaching. The basic idea is to seize on the teachable moment. This requires several abilities. One is to observe carefully what the child is doing; a second is to understand the mathematics underlying the behavior; and a third is to design an activity to foster the child's further development." (Ginsburg & Ertle 2008, S. 59)

Mathematische Bildung im Freispiel wird dann möglich, wenn mathematisch substanzielle Aktivitäten des Kindes von der Fachkraft wahrgenommen und durch geschickte Impulse weitere Denk- und Handlungsprozesse angeregt werden. Dies kann beispielsweise beim Bauen, Schneiden, Falten, Kneten, Aufräumen und auch bei der Durchführung von Spielen erfolgen (Schuler, 2010). Das Initiieren mathematischer Lernanlässe während des Freispiels hat einen stark individualisierten Charakter. Ausgehend von den Interessen und Vorkenntnissen jedes Kindes entstehen gezielte Impulse, die sich auf die momentanen Handlungen des Kindes beziehen und zur Exploration und Reflexion anregen.

Das systematische und zielgerichtete Anregen von mathematischen Aktivitäten sowie der Austausch über Beobachtungen und Entdeckungen kann im Freispiel allerdings nur begrenzt erfolgen – beides ist bei konkreten Angeboten möglich. Um auch hierbei inhaltlich offen und alltagsnah zu bleiben, bieten sich Angebote mit Materialien aus dem Kindergartenalltag an, die Potenzial für mathematische Lernprozesse implizieren (Royar & Streit, 2009; 2010; Streit & Royar, 2009; Benz, 2010). Solche Materialien sind durch einen hohen Aufforderungscharakter zum Explorieren und Experimentieren gekennzeichnet, besonders dann, wenn sie in großen Mengen oder verschiedenen Ausführungen vorhanden sind (Hoenisch & Niggemeyer, 2004; Hülswitt, 2007; Lee, 2012). Adäquate Materialien können beispielsweise Naturmaterialien, Perlen, Musterplättchen, Blankowürfel oder Bauklötze, Faltpapier oder Zeitungspapier, Centstücke, Tetrapacks und vieles mehr sein. Offene Angebote grenzen sich dahingehend von Freispielsituationen ab, dass durch geplante Impulse der Fachkraft bestimmte Aktivitäten mit dem ausgewählten Material innerhalb einer spontan zusammengestellten oder gezielt ausgewählten Kindergruppe angeregt werden. Den Kindern steht dann ausreichend Zeit zur Verfügung, sich individuell mit der Fragestellung auseinanderzusetzen. Des Weiteren regt die Fachkraft während des Angebots immer wieder den kommunikativen Austausch zwischen den Kindern an. Während sich mathematische Lernprozesse in einer Freispielsituation spontan aus den Handlungen der Kinder heraus entwickeln, werden sie im Angebot zielgerichtet initiiert.

Unabhängig davon, ob mathematische Aktivitäten zielgerichtet im Rahmen eines Angebots angeregt werden oder spontan innerhalb einer Freispielsituation entstehen, sind verschiedene Bedingungen notwendig, damit daraus mathematische Lerngelegenheiten entstehen. Dazu gehören unter anderem das mathematische Potenzial der Freispielsituation bzw. des Angebots sowie die anleitende und begleitende Interaktion durch die Fachkraft, die in der Situation mit ungeteilter Aufmerksamkeit präsent ist (Schuler, 2013).

*Weitere Ansätze*

Neben den integrativen Ansätzen mathematischer Bildung gibt es weitere, die sich nach Schuler (2008; 2013) in lehrgangsorientierte Förderprogramme (z.B. Friedrich & de Galgoczy, 2004; Preiß, 2004, 2005; Krajewski, Nieding & Schneider, 2007; Quaiser-Pohl, 2008) und punktuell einsetzbare Materialien (Müller & Wittmann 2002; 2004; Royar, 2007) einteilen lassen. Die lehrgangsorientierten Förderprogramme sind für den gezielten Einsatz konzipiert und zeichnen sich durch ein sequenzielles, gestuftes Vorgehen aus. Materialien und Spiele dagegen können auf vielfältige Weise frei und angeleitet eingesetzt werden und haben die Förderung aller Kinder in vielen Bereichen zum Ziel.

Alle skizzierten Ansätze früher mathematischer Bildung intendieren die Förderung von arithmetischen Kompetenzen. Dazu gehören das Vergleichen von Mengen, das Zählen, die Simultan- und Quasi-Simultanerfassung sowie die Teil-Ganzes-Beziehungen (Schuler, 2008). Während die lehrgangsorientierten Förderprogramme nahezu ausschließlich den arithmetischen Bereich ansprechen, sind die integrativen Ansätze sowie die punktuell einsetzbaren Materialien u.a. dadurch charakterisiert, dass sie Grunderfahrungen in allen für die frühe mathematische Bildung relevanten Inhaltsbereichen im Blick haben (Hoenisch & Niggemeyer, 2004; Hülswitt, 2007; Royar & Streit, 2009; 2010; Streit & Royar, 2009).

Für die Fachkräfte sind lehrgangsorientierte Förderprogramme häufig einfacher umzusetzen, da die Handhabung detailliert beschrieben ist und eins zu eins übernommen werden kann und soll. Alltagsintegrative Ansätze mathematischer Bildung im Kindergartenalltag sowie punktuell einsetzbare Materialien setzen dagegen seitens der Fachkräfte vielfältige Fähigkeiten voraus: Neben Beobachtungs- und Gesprächsführungskompetenzen ist es wichtig, dass der mathematische Gehalt einer Situation erkannt wird, um genau zu beobachten oder zielgerichtet nachzufragen. Die adäquate Erfassung und Einschätzung einer Situation erfordert zudem eine ausgeprägte Sensibilität für kindereigene Denkwege, einen kompetenzorientierten Blick auf das Denken und Handeln von Kindern, sowie elaborierte Analysekompetenzen (Rathgeb-Schnierer & Wittmann 2006).

*Forschungsstand*

Der frühkindliche Zahlbegriffserwerb steht schon seit über 60 Jahren im Fokus mathematikdidaktischer und psychologischer Forschung (Peter-Koop & Scherer, 2012). Die frühkindliche Bildung dagegen ist innerhalb der Mathematikdidaktik ein vergleichsweise junges Forschungsfeld, das in den letzten zehn Jahren aber sehr schnell an Bedeutung gewann. So wurde beispielsweise innerhalb der renommierten internationalen Tagung CERME (Congress of the European Society for Research in Mathematics Education) im Jahr 2009 eine Arbeitsgruppe zur frühen mathematischen Bildung eingerichtet, die inzwischen zu einer der größten Gruppen dieser Konferenz gehört. Im Jahr 2013 wurden innerhalb dieser Arbeitsgruppe 20 Forschungsprojekte diskutiert, die sich schwerpunktmäßig mit mathematischen Lernprozessen von jungen Kindern beschäftigten; nur zwei Projekte richteten den Blick auf die pädagogischen Fachkräfte.[4]

Schuler und Wittmann (2009; Schuler, 2013) teilen die Forschung zur frühen mathematischen Bildung in vier verschiedene Felder ein: „Kompetenzerhebung bei Schulanfängern, Diagnose und Förderung im Kindergarten, Entwicklungsforschung für die frühe mathematische Bildung und deren Evaluation [sowie] Erforschung von Alltagspraxen im Kindergarten" (Schuler, 2013, S. 13).

Untersuchungen zur *Kompetenzerhebung* kamen verstärkt in den 1980er und 1990er Jahren auf (z.B. Schmidt & Weiser, 1982; Spiegel, 1992; Grassmann, Mirwald, Klunter & Veith, 1995; im Überblick z.B. Deutscher & Selter, 2013). Sie bezogen sich schwerpunktmäßig auf den Bereich Arithmetik und zeigten vor allem, dass Schulanfänger über hohe Zählfähigkeiten verfügen, die von den Lehrpersonen in der Regel unterschätzt werden. Bei den Untersuchungen wurde zudem die Leistungsheterogenität von Schulanfängern deutlich.

Seit der Jahrtausendwende haben sich die Forschungsinteressen in *Richtung Diagnose und Förderung im Kindergarten* verschoben. In diesem Zusammenhang wurden sowohl standardisierte Instrumente entwickelt (z.B. Peter-Koop & Grüßing, 2007; Kaufmann & Lorenz, 2009; Wollring, Peter-Koop, Haberzettel, Becker & Spindler, 2011) als auch solche zur kontinuierlichen Beobachtung und Dokumentation (z.B. Steinweg, 2006).

Im Bereich der *Entwicklungsforschung* ist in den letzten Jahren ein deutlicher Schwerpunkt zu erkennen (Schuler, 2013). Es wurden hier verschiedene Materialien, alltagsintegrierte Lernangebote sowie Lehrgänge und Förderprogramme entwickelt und evaluiert. Die Interessen bezogen sich beispielsweise speziell auf die Förderung mathematischer Vorläuferfähigkeiten (z.B. Krajewski & Schneider, 2006; Peter-Koop & Grüßing, 2007; Dornheim, 2008; Einig, 2008; Hellmich, 2008; Quaiser-Pohl, 2008; Schuler & Wittmann, 2009; Rechsteiner, Hauser & Vogt, 2012; Stemmer, Bussmann & Rathgeb-Schnierer, 2013) sowie allgemein auf die Entwicklung von Konzepten zur frühen mathematischen Bildung (z.B. Gasteiger, 2008; Gasteiger, 2010).

Das vierte von Schuler und Wittmann (2009) beschriebene Forschungsfeld *Erforschung von Alltagspraxen* umfasst Arbeiten, die sich mit mathematischen Aktivitäten im Kinder- und Kindergartenalltag beschäftigen und dabei den Blick auf

---

4    http://cerme8.metu.edu.tr/wgpapers/wg_papers.html

Materialien, Anleitung und Unterstützung sowie generelle Faktoren zum Gelingen mathematischer Lernprozesse richten (z.B. Ginsburg, Inoue & Seo, 2004; Tiedemann, 2012; Schuler, 2013; Stebler, Vogt, Wolf, Hauser & Rechsteiner, 2013).

Das explizite Fehlen der Professionalisierungsforschung in den genannten Forschungsfeldern weist darauf hin, dass dieser Bereich innerhalb der Mathematik-didaktik noch wenig ausgeprägt ist. Es existieren zwar Forschungsarbeiten zu Einstellungen von pädagogischen Fachkräften (z.B. Benz, 2008, 2009, 2012; Kröger, Schuler, Kramer, & Wittmann, 2013), aber im Vergleich zu Professionalisierungs-studien bei Lehrerinnen (z.B. Brunner et al., 2006; Baumert et al., 2009; Blömeke, Kaiser & Lehmann, 2010) ist das professionelle Handeln von Fachkräften im Hinblick auf die Analyse und Anregung mathematischer Denk- und Lernprozesse im Kinder-gartenalltag weitgehend unerforscht.

### 1.3.4   Bildungsbereich Naturwissenschaften

In den Didaktiken der naturwissenschaftlichen Fächer herrscht weitgehend Einigkeit über typische Arbeitsweisen der Naturwissenschaften (Lederman, 2007; McCormas & Olson, 1998), wobei nicht von einer einzelnen Methode ausgegan-gen wird (Feyerabend, 1976), sondern von einer Richtschnur für eine Vielzahl von Entscheidungen, die im naturwissenschaftlichen Forschungsprozess getroffen werden müssen (Klahr & Simon, 1999). Im Kern gliedern sich diese Arbeitsweisen in zwei Bereiche, die miteinander in Wechselwirkung stehen und auf unterschiedliche Weise zur Erkenntnis in den Naturwissenschaften führen: Modellbilden (Koponen, 2007; Matthews, 2007) und experimentelle Prüfung (Hammann, Phan & Bayrhuber, 2007). Im Folgenden werden die beiden Bereiche und die benötigten Mindestfähigkeiten dargestellt (Schreiber, Theyßen & Schecker, 2009).

*Naturwissenschaftliches Modellbilden*

Im ersten Bereich, dem naturwissenschaftlichen Modellbilden, werden aus kreati-ven Überlegungen, gesichertem Wissen und unter Beachtung einer prinzipiellen Prüfbarkeit strukturierte Beschreibungen – ggf. in Fachsprache – von Phänomenen entwickelt. Phänomene sind dabei Ausschnitte zunächst nicht systematisch erzeug-barer und erklärbarer Prozesse und Zustände realer Systeme, die potentiell natur-wissenschaftliche Beschreibungen erlauben. Das Potential von Phänomenen ein-zuschätzen, sie also zu erkennen, erfordert einen gewissen Grad an Sozialisation in den Naturwissenschaften. Modelle zu bilden, erfordert zusätzlich Wissen in den Naturwissenschaften, da dieses zur Beschreibung neben neuen, kreativen Über-legungen benötigt wird.

*Experimentelle Prüfung*

Im zweiten Bereich, der experimentellen Prüfung, wird in der Reihenfolge Frage-stellung, Hypothese, Durchführung, Beobachtung, Auswertung und Interpretation der Prozess durchlaufen, ein theoretisches (und abstraktes) Modell mit realen Daten abzugleichen, um Aussagen über die Gültigkeit des Modells zu erhalten. Dabei ist das Modell als Antwort auf die Forschungsfrage zu verstehen. Aus dem Modell leiten sich die Hypothesen als prüfbare Aussagen ab. Zur Beantwortung der Hypothesen müs-sen bei der Durchführung gezielte und systematische Manipulationen realer Objekte vorgenommen werden. Wesentliches Merkmal ist dabei die Variablenkontrolle und die Messwiederholung. Die erwarteten Änderungen können dann an ande-ren Objekten beobachtet werden, wobei ggf. passende Instrumente eingesetzt wer-den müssen. Die gewonnenen Beobachtungen (Daten) müssen in der Auswertung entsprechend aufbereitet werden, um etwa die Stärke einzelner Effekte zu ermitteln. Mittels der Ergebnisse der Auswertung ist in der Interpretation zu diskutieren, inwie-weit die Hypothesen angenommen oder verworfen werden können. Die Entwicklung von Hypothesen erfordert neben einem Verständnis des zugrundeliegenden Modells auch Wissen über Möglichkeiten der Messung. Die Durchführung verlangt neben Geschick bei der Durchführung auch Wissen über die jeweilige Systematik, mit der die Manipulationen vorgenommen werden müssen und die Geräte, die dazu und zur Messung verwendet werden. Bei der Auswertung wird meist Wissen über Statistik be-nötigt. Die Interpretation erfordert wiederum ein gutes Modellverständnis, Kenntnis der Aussagekraft statistischer Größen und zusätzlich Kreativität im Finden zuvor nicht berücksichtigter Einflussfaktoren.

*Naturwissenschaftliche Förderung im Elementarbereich*

Die beschriebenen Bereiche und damit verbundenen Fähigkeiten lassen sich unter-schiedlich graduieren (Sodian, 2004a; Walpuski, Kampa, Kauertz & Wellnitz, 2008; Baden Württemberg Ministerium für Kultus, Jugend und Sport, 2011). Üblicherweise wird für den Elementarbereich das Bilden von Modellen zu einer vom Kind gege-benen oder am Kind orientierten Erklärung (Sodian, 2004b). Als Mindestkriterien bleiben die Strukturiertheit und die prinzipielle Prüfbarkeit. Es entfallen somit die Anbindung an bestehende Theorien der Naturwissenschaften und die Verwendung von Fachsprache. Der zweite Bereich beinhaltet wesentliche Teile des naturwis-senschaftlichen Denkens und Arbeitens: Fragestellung, Vermutung, Beobachtung, Schlussfolgerung (Illner, 2006; Lück, 2007). Die Anbindung an Modelle entfällt, da die phänomenologische Ebene bei der Erklärung, die als Modellersatz fungiert, nicht verlassen wird (Sodian, 2004b). Ebenso ist die systematische Durchführung nicht im Fokus, sondern die Manipulation erfolgt direkt am Phänomen. Die Reihenfolge von Vermutung und Beobachtung wird jedoch beibehalten. Die Schlussfolgerung besteht aus der Entscheidung, ob die Vermutung richtig war. Entsprechend ent-fällt die Notwendigkeit eines bereits systematischen theoretischen Wissens für das Modellbilden und die experimentelle Prüfung. Ebenso ist die Anforderung an die Geschicklichkeit und Messwiederholung bei der Durchführung geringer, statistische Kenntnisse entfallen vollständig. Kreativität jedoch bleibt für die erfolgreiche Bearbeitung beider Bereiche notwendig.

*Naturwissenschaftliche Kompetenzen der pädagogischen Fachkräfte in Freispiel-situationen und Bildungsangeboten*

Im Grunde lässt sich vermuten, dass dieser Grad der Fähigkeiten naturwissenschaft-lichen Arbeitens auch für die Fachkräfte ausreichend ist (Welzel & Zimmermann, 2007), wenngleich im Sinne einer „scientific literacy" höhere Erwartungen gerecht-fertigt wären. Da es den Fachkräften aber obliegt, adäquate Phänomene für Angebote auszuwählen oder in Freispielsituationen zu erkennen, die hinsichtlich Komplexität und naturwissenschaftlichem Gehalt beurteilt werden müssen, sind eine grund-legende Kenntnis naturwissenschaftlicher Zusammenhänge und eine hinreichen-de Vertrautheit im Modellbilden notwendig (im Sinne eines Erklärenkönnens von Phänomenen).

Es ist daher zu erwarten, dass Fachkräfte, die über einen hohen Grad an Fähigkeit zu naturwissenschaftlichem Arbeiten verfügen, mehr und schneller Potenziale für naturwissenschaftliche Bildungsprozesse in Freispielsituationen identifizieren. Zudem sollten ihre Angebote stärker die oben beschriebenen Prozesse berücksichti-gen und ermöglichen, insbesondere im Hinblick auf die Systematik und Prüfbarkeit beim Modellbilden (Erklärungen finden); darüber hinaus sollten für die Reihenfolge und Vollständigkeit des Prozesses experimenteller Prüfung mehr Anregungen und Hinweise angeboten werden.

*Forschungsstand*

Bezogen auf die naturwissenschaftliche Domäne gibt es verschiedene, teils be-reits etablierte und untersuchte Ansätze zur Förderung naturwissenschaftlicher Bildung durch Angebote (z.B. Köster & Lück, 2006; Lück, 2007). Zusätzlich arbei-ten verschiedene Studien daran, naturwissenschaftliche Kompetenzen von Kindern im Elementarbereich zu beschreiben (Anders et al., 2013). Dabei zeigt sich vor al-lem, dass Kinder bereits in der Lage sind, naturwissenschaftliche Phänomene nach-zuvollziehen (u.a. Lück, 2000; Möller & Steffensky, 2010) und naturwissenschaftli-ches Denken und Arbeiten auf einer vergleichsweise abstrakten Ebene zu verstehen und damit zu argumentieren (Hardy, Jonen, Möller & Stern, 2006; Sodian et al., 2006; Sodian, 2008). Gleichzeitig lassen sich jedoch bei den pädagogischen Fachkräften gro-ße Vorbehalte gegen Naturwissenschaften feststellen, die sich meist aus einem schu-lisch geprägten geringen Selbstkonzept bezüglich der eigenen naturwissenschaftlichen Kompetenz speisen (Zimmermann & Welzel-Breuer, 2009).

## 1.4  Professionalisierung von frühpädagogischen Fachkräften

Bildungsprozesse differenziert wahrzunehmen und diese theoretisch zu reflektieren, stellt einen wesentlichen Bestandteil der Professionalität im Sinne von Rabe-Kleberg (2007) dar. Weitere Aspekte sind das professionelle Wissen von Erzieherinnen in Bezug auf fachspezifische und (fach)didaktische Inhalte (Nentwig-Gesemann, 2007), wobei Rabe-Kleberg (2007) konstatiert, dass das Weltwissen von Erzieherinnen nicht ausreiche, um den Bildungsdialogen mit Kindern sachlich angemessen begegnen zu können. Letztlich gehe es nicht nur um die Erweiterung des Wissens, sondern darum, einen professionellen Habitus (Rabe-Kleberg, 2007) herauszubilden, der sich im Vertrauen auf die Kompetenz des Kindes begründe und das Kind als Ko-Konstrukteur begreife (Rabe-Kleberg 2006).

   Um zu beschreiben, worin der professionelle Habitus von pädagogischen Fachkräften besteht, wurden in den letzten Jahren vermehrt Kompetenzmodelle herangezogen (z.B. Fröhlich-Gildhoff et al., 2014). Kompetenzmodelle dienen dazu, die einzelnen Facetten einer Profession bzw. einer professionellen Handlungskompetenz und deren Beziehung untereinander zu beschreiben. Etwa seit Beginn des 21. Jahrhunderts werden in Deutschland zunehmend Lehrpläne und Curricula in der Schul-, Aus- und Weiterbildung kompetenzorientiert formuliert. Dies hängt mit der Kehrtwende von der Input- zur Outputorientierung in Reaktion auf die internationalen Leistungsstudien zusammen, aber auch mit der Europäisierung des Bildungsmarktes und der Idee des Lifelong Learning (z.B. Erpenbeck & Heyse, 2007; Klieme et al., 2007; Fröhlich-Gildhoff, Nentwig-Gesemann & Pietsch, 2011). Kompetenzen eignen sich nicht nur für die Formulierung von Bildungsstandards, sondern auch zur Erfassung und Messung von Entwicklungen, die in Form von Modellen und Niveaustufen operationalisiert werden. In der Lehrerbildungsforschung werden solche Modelle bereits seit Beginn des 21. Jahrhunderts angewendet und liegen der theoretischen und empirischen Forschung zugrunde (z.B. Oser 2001; Klieme & Hartig, 2008). Auch für den Elementarbereich gibt es inzwischen eine Reihe solcher Modelle, mit deren Hilfe das professionelle Handeln und seine Voraussetzungen und Bedingungen erfasst werden sollen (Überblick bei Fröhlich-Gildhoff et al., 2011). An das professionelle Handeln in (früh)pädagogischen Settings werden besondere Anforderungen gestellt:

> „Situationen und Handlungsanforderungen im frühpädagogischen Alltag sind dadurch gekennzeichnet, dass sie als Interaktionssituationen nicht standardisierbar sind, jedoch oft hochkomplex und mehrdeutig sowie vielfach schlecht vorhersehbar" (Fröhlich-Gildhoff et al., 2011, S. 17).

Im Zuge der WIFF-Initiative (Weiterbildungsinitiative für frühpädagogische Fachkräfte), das Vorläufer-Programm der AWIFF-Initiative, in dessen Rahmen das Forschungsprojekt PRIMEL durchgeführt wurde, erstellten Fröhlich-Gildhoff, Nentwig-Gesemann und Pietsch (2011) eine Expertise zur Kompetenzorientierung in der Weiterbildung. Dazu entwickelten sie ein Kompetenzmodell, das geeignet ist, die verschiedenen Facetten, die für professionelles Handeln im oben genannten Sinne maßgeblich sind, zu beschreiben. Demnach setzt sich professionelles Handeln aus verschiedenen Facetten zusammen, die den beiden Dimensionen Disposition und Performanz zuzuordnen sind und miteinander in Beziehung stehen. Die Disposition bezeichnet die „potentielle(n) Möglichkeit in bestimmter Weise zu handeln", die Performanz den „tatsächlich realisierten Handlungsvollzug, (das) faktisch-situative(n) Können" (Fröhlich-Gildhoff et al., 2014, S. 13). Das Modell wurde von den Autor/inn/en weiterentwickelt, in dem einzelne Facetten stärker ausdifferenziert wurden (s. Abb. 1).

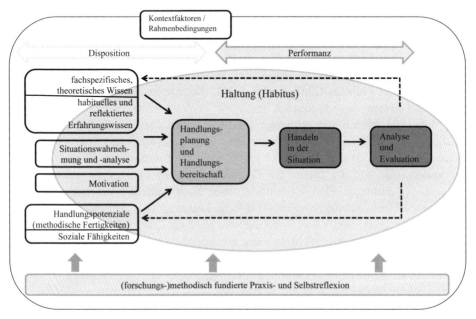

Abbildung 1.1   Kompetenzmodell nach Fröhlich-Gildhoff, Nentwig-Gesemann & Pietsch (2011, S. 17, überarbeitete Fassung von 2014)

In der Dimension Disposition werden die Kompetenzen beschrieben, über die eine pädagogische Fachkraft verfügt bzw. verfügen soll, um professionell handeln zu können. Dazu gehören deklarative Wissensbestände wie theoretisches Wissen, aber auch implizites Erfahrungswissen, das sich durch Selbstreflexion aufbaut. Prozedurales Wissen wie Fähigkeiten und Fertigkeiten sind weitere Facetten professioneller Handlungskompetenz, die in dem weiter entwickelten Modell als soziale Fähigkeiten und methodische Fertigkeiten spezifiziert werden. Neben dem Wissen sind aber auch die Motivation sowie die Wahrnehmung und Beurteilung der konkreten pädagogischen Situation relevante Facetten für das professionelle Handeln. Diese vier Komponenten, das deklarative Wissen, das prozedurale Wissen, die Motivation und die Situationswahrnehmung führen, so das Modell von Fröhlich-Gildhoff et al. (2014), zunächst zur konkreten Handlungsbereitschaft und -planung, aus der dann in einem weiteren Schritt die Performanz, also das eigentliche Handeln in der konkreten Situation erfolgt. Das erfolgte Handeln wird in der Regel anschließend evaluiert, inwiefern es angemessen und passend war bzw. zum erhofften Ergebnis geführt hat.

In ihren Ausführungen betonen die Autor/inn/en die Bedeutung der permanenten Selbstreflexion für eine professionelle Kompetenzentwicklung, die es insbesondere in der Aus- und Weiterbildung zu erlernen gilt als Schlüssel zu einem forschenden Habitus:

> „Frühpädagogische Fachkräfte müssen über fundiertes wissenschaftlich-theoretisches Wissen und eine selbstreflexive, forschende Haltung ebenso verfügen wie über die Bereitschaft und den Wunsch, eigenverantwortlich und autonom zu entscheiden und auch unvorhersehbare Situationen zu bewältigen. Das Wechselspiel von auf Erfahrung beruhender Intuition und analytischer Reflexion muss sich hierbei angesichts komplexer Anforderungen immer wieder neu konstituieren und in der Praxis bewähren" (Fröhlich-Gildhoff et al., 2014, S.12).

Die Autor/inn/en führen als eine weitere Dimension die „Haltung" ein, die hinter der Ebene der Disposition liege und einen erheblichen Einfluss auf das Handeln habe. Sie wird als relativ stabil beschrieben und speist sich, so die Autor/inn/en sowohl aus individuellen aber auch aus kollektiven Erfahrungen im Beruf und prägen den Habitus:

> „Die professionelle Haltung (grundlegende pädagogische Werte und Einstellungen) stellt dabei ein relativ stabiles, situationsunabhängiges Element dar. Sie liegt im Sinne eines persönlichen, biografischen und berufsbiografisch geprägten Habitus ‚hinter' jedem professionellen Handlungsvollzug." (Fröhlich-Gildhoff et al., 2014, S. 15)

Solche Kompetenzmodelle wie das von Fröhlich-Gildhoff et al. (2011, 2014) können zur Entwicklung von Curricula zur Aus- und Weiterbildung pädagogischer Fachkräfte genutzt werden, sie können aber auch für die empirische Erfassung professioneller Kompetenz herangezogen werden. Dazu werden die einzelnen Facetten der Kompetenz operationalisiert und in Messinstrumente überführt. Hierfür gibt es verschiedene Methoden und Überzeugungen (Forschungsparadigmen), die jeweils ihre spezifischen Möglichkeiten und Grenzen haben, auf die an dieser Stelle aber nicht näher eingegangen werden soll (ausführlicher dazu: Klieme & Hartig, 2008; Frey & Jung, 2011, Fröhlich-Gildhoff et al., 2011). Im Forschungsprojekt PRIMEL wurde versucht, die verschiedenen Facetten professioneller Handlungskompetenz mit Hilfe von unterschiedlichen Zugangsweisen messbar zu machen (vgl. Kap. 2).

## 1.5  Forschungsstand zur professionellen Bildungsarbeit im Elementarbereich

Das Forschungsprojekt PRIMEL wurde unter dem Eindruck internationaler Längsschnittstudien konzipiert, die zeigen konnten, dass die fachlichen Kompetenzen der frühpädagogischen Fachkräfte (insbesondere bereichsspezifische Kenntnisse über Entwicklungs- und Bildungsprozesse und deren Förderungsmöglichkeiten) und die damit verbundene Qualität der vorschulischen Einrichtungen für die kognitive, emotionale und soziale Entwicklung der Kinder sehr bedeutsam sind (vgl. Early

Childhood Logitudinal Study – ECLS, USA, Magnuson, Meyers, Ruhm & Waldfogel, 2004a; Magnusen, Ruhm & Waldfogel, 2004b; Effective Provision of Pre-School Education – EPPE, England, Sylva et al., 2004; European Child Care and Education – ECCE, Deutschland, Österreich, Spanien, Portugal, Tietze, 2004). Inzwischen hat sich die Forschungslage im frühkindlichen Bereich weiter entwickelt und ausdifferenziert und es kann auf sehr viel mehr Befunde zurückgegriffen werden (zusammenfassend Anders, 2013). Im Folgenden werden relevante empirische Befunde aufgeführt, differenziert nach Studien zum Kompetenzniveau der Fachkräfte und nach Studien zu den Auswirkungen auf die Kinder.

### 1.5.1  Studien zu Kompetenzen von frühpädagogischen Fachkräften

Mehrere größere und vor allem kleinere Studien versuchen, die professionellen Kompetenzen und deren Niveau bei Fachkräften zu erfassen, teils mit Verfahren der Selbsteinschätzung, teils durch Fremdeinschätzung (Überblick bei Fröhlich-Gildhoff et al., 2014). Eine Auswahl mit für das PRIMEL-Projekt voraussichtlich relevanten Erkenntnissen werden im Folgenden berichtet.

Die Einführung der Bildungspläne wurde von vielen Fachkräften als besondere Herausforderung erlebt. Peuckert et al. (2010, in Fröhlich-Gildhoff et al., 2014) konnten in einer bundesweiten repräsentativen Studie (N=1805) zeigen, zu welchen Veränderungen die Einführung der Bildungspläne führten: 59 Prozent der Einrichtungen gaben an, dass sich ihre pädagogischen Angebotsstrukturen verändert oder erweitert haben und dass es ein höheres Angebot an Kleingruppenarbeit gibt (37 Prozent). 46 Prozent gaben an, dass neue Materialien angeschafft wurden, und 28 Prozent veränderten ihre Raumausstattung.

Beher und Walter (2012) ließen Fachkräfte einschätzen, inwieweit ihnen die Umsetzung der Bildungspläne für den Elementarbereich gelingt. Demnach fühlen sich die Fachkräfte eher weniger kompetent in der Umsetzung, nur 37,7 Prozent der Befragten fühlen sich darin „sicher" bzw. „sehr sicher". Bezüglich der Umsetzung der verschiedenen Bildungsbereiche variieren die Selbsteinschätzungen der Fachkräfte je nach Domäne: In den Bereichen Sprache, kreatives Gestalten, Sport und Bewegung fühlen sich 43,6 Prozent sicher oder sehr sicher. Für die Bereiche Mathematik, Naturwissenschaften und musisch-darstellenden Ausdrucksbereich geben noch 30,3 Prozent der Befragten an, dass sie sich sicher oder sehr sicher fühlen. Zur Frage danach, ob sie sich für die alltägliche Arbeit mit den Kindern kompetent fühlen, fällt die Einschätzung der Fachkräfte sehr viel positiver aus: 45,3 Prozent fühlen sich sicher oder sehr sicher hinsichtlich der Organisation und Gestaltung von Spielsituationen und Beziehungen zu den Kindern im Kindergarten, und immerhin noch 40,6 Prozent in der Begleitung der Lernprozesse bei Kindern (Beher & Walter, 2012; Fröhlich-Gildhoff et al., 2014).

Studien, die über Beobachtungen die Kompetenzen von Fachkräften erfassen, arbeiten mit Verfahren der Fremdeinschätzung. In ihrer Interaktionsstudie erfasste Anke König (2006) die Prozessqualität im Kindergarten. Demnach gelingt es den Fachkräften gut, zu den Kindern eine angemessene Beziehung und Bindung aufzubauen und insgesamt eine sensible und wertschätzende Gruppenatmosphäre herzustellen. Bei der Betrachtung der Interaktionen zwischen Fachkraft und Kind stellte König dagegen fest, dass diese überwiegend aus organisatorischen oder Handlungsanweisungen bestehen, während unterstützende Maßnahmen im Sinne des „scaffolding" und die Anregung zur Exploration und vertieften Auseinandersetzung mit einem Sachgegenstand eher selten auftreten. Auch sprachliche Anregungen und ein gemeinsam entwickelnder Dialog waren kaum zu beobachten, die Kinder verbrachten hohe Zeitanteile ohne strukturierte kognitive Bildungsanregung (König, 2006). Smidt (2012, Fröhlich-Gildhoff et al., 2014) konnte diese Befunde im Wesentlichen bestätigen: Die Interaktionen zwischen Fachkraft und Kind waren nur wenig von unterstützenden, korrigierenden oder helfenden Verhaltensweisen geprägt und die Kinder verbrachten große Zeitanteile ohne kognitive Anregung durch die Fachkraft (58 Prozent im Freispiel, 12 Prozent in Übergangszeiten). Insofern konstatiert auch Smidt ein unzureichendes Niveau in der zielkindbezogenen Prozessqualität. Selbst- und Fremdeinschätzungen differieren demnach.

Des Weiteren interessiert, inwieweit die Kompetenzen zwischen Fachschulabsolventinnen und Hochschulabsolventinnen differieren. In der AVE-Studie (Mischo, Wahl, Hendler & Strohmer, 2013) wurden die Einschätzungen von Fachkräften mit Fachschulabschluss und solchen mit Hochschulabschluss verglichen. Demnach schätzen sich die Erzieherinnen hinsichtlich der Selbstkompetenz (z.B. Erkennen eigener Stärken und Schwächen) und bezüglich des Bereichs Forschung (z.B. Können im Bereich der Praxisforschung) signifikant kompetenter ein als die Hochschulabsolventinnen, obwohl der Bereich Forschung kein expliziter Bestandteil ihrer Ausbildung ist. Hier stellt sich die Frage, ob sich die Fachschulabsolventinnen realistisch genug einschätzen. Der einzige Bereich, in dem sich die Hochschulabsolventinnen im Vergleich zu den Fachschulabsolventinnen kompetenter einschätzten, war der Kompetenzbereich der Selbstreflexion (z.B. Reflexion des eigenen beruflichen Handelns) (Mischo et al., 2013). Helm (2010) konnte dagegen in seiner Studie nur ein eingeschränktes forschungsbezogenes Selbstkonzept bei den Hochschulstudierenden feststellen. Im deutschsprachigen Raum liegen aber noch wenig Befunde zur Bedeutung des Ausbildungshintergrunds vor, wie Fröhlich-Gildhoff et al. (2014) in ihrem Überblick zeigen. International zeigen Befunde zur Bedeutung des akademischen Ausbildungsniveaus für die Prozessqualität ein uneinheitliches Bild. Positive Zusammenhänge zwischen akademischer Ausbildung und qualitätsvoller Praxis zeigten außer Sylva et al. (2004) in der EPPE-Studie auch Kelley & Camilli (2007) in einer Metaanalyse. Sekundäranalysen von Early et al. (2007, in Fröhlich-Gildhoff et al., 2014) stehen dazu im Widerspruch, denn sie zeigten keinen oder nur einen sehr geringen Einfluss des Ausbildungsniveaus auf die Qualität der Praxis.

Die bisher vorliegenden Befunde zur professionellen Kompetenz von frühpädagogischen Fachkräften zeigen zum Einen eine Diskrepanz zwischen der Kompetenzselbsteinschätzung, die eher positiv ausfällt, und der Fremdeinschätzung, die eher geringere Prozessqualität bescheinigt. Hinsichtlich der unterschiedlichen Kompetenzen bei Fach- und Hochschulabsolventinnen konnte zum Anderen bisher kein einheitliches Bild festgestellt werden. In der Selbsteinschätzung unterscheiden sich die beiden Gruppen aber offenbar wenig.

### 1.5.2  Studien zur Wirksamkeit der Bildungsarbeit auf die Kinder

Aktuell werden sowohl in der Bildungspolitik als auch in der Forschung die Auswirkungen der (früh)kindlichen institutionellen Bildung und Betreuung auf die Entwicklung von Kindern diskutiert (z.B. Roßbach, 2005; Burger, 2010; Anders, 2013). Inzwischen liegen eine Reihe von Forschungsbefunden und Metaanalysen vor allem aus den USA vor, die die Effekte institutioneller Betreuung auf die kognitive, die sozial-emotionale Entwicklung, die Entwicklung (vor)schulischer, domänenspezifischer Kompetenzen (z.B. im Bereich der Mathematik, Naturwissenschaften oder des Schriftspracherwerbs) sowie langfristig auf Maße der allgemeinen Lebensbewältigung (z.B. Klassenwiederholung, Gesundheitsverhalten, späteres Einkommen, kriminelles Verhalten, psychische und körperliche Gesundheit) untersuchen. Die Befunde weisen positive Effekte des Besuchs eines Kindergartens auf die kognitive Entwicklung sowie domänenspezifische Kompetenzen auf, Einflüsse auf die allgemeine Lebensbewältigung lassen sich in Längsschnittstudien ebenfalls nachweisen. Für den Bereich der sozial-emotionalen Entwicklung sind die Ergebnisse weniger eindeutig (zusammenfassend vgl. Anders, 2013). Allerdings sind die Befunde teilweise heterogen und unterliegen kulturellen und regionalen Besonderheiten, die sich nicht immer auf den deutschen Sprachraum übertragen lassen. Daher konstatiert Anders (2013) in ihrem Überblicksbeitrag einen nach wie vor großen Forschungsbedarf in Deutschland.

Hierbei stehen unterschiedliche Fragen im Zentrum: so ist zu klären, welche kurz- und langfristigen Auswirkungen sich im Hinblick auf die Quantität und Qualität einer institutionellen Betreuung zeigen; auch wird der Frage nachgegangen, ob sich differenzielle Effekte für Kinder, die sehr früh (unter drei Jahre) oder erst später (ab 3 Jahre) eine Institution besuchen, ergeben. Da es inzwischen eine Reihe von Programmen mit sehr unterschiedlichen Zielsetzungen (z.B. Förderung kognitiver, domänenspezifischer, sozial-emotionaler Kompetenzen) für den Elementarbereich gibt, ist zudem deren Wirksamkeit vor allem auch im Vergleich zu einer alltagsintegrierten Anregung von Lern- und Entwicklungsprozessen zu klären. Hierbei stellt sich insbesondere auch die Frage nach den Effekten früher domänenspezifischer Lerngelegenheiten auf die schulische Lern- und Leistungsentwicklung von Kindern (z.B. im Bereich der Mathematik, Naturwissenschaften oder des Schriftspracherwerbs) (z.B. Roßbach, Sechtig & Freund, 2010; Anders, 2012; Sechtig, 2012; Hardy & Steffensky, 2014; Leuchter & Saalbach, 2014). Schließlich wird auch diskutiert, welche kompensatorischen Effekte eine institutionelle Bildung und Betreuung auf Kinder aus sozial benachteiligten Familien hat (z.B. Pianta, Burchinal, Barnett & Thornburg, 2009; Anders et al., 2013; Lehrl, Kuger & Anders, 2014).

Ein zentrales Ergebnis im Rahmen der Bildungsforschung ist, dass die Wirksamkeit früher institutioneller Bildung und Betreuung in entscheidender Weise von deren *Qualität* abhängt (Mashburn, et al., 2008; Burger, 2010; Anders, 2012; Möller & Hardy, 2014). Dabei wird in der nationalen und internationalen Diskussion zunehmend eine Dreiteilung von Qualität favorisiert (Tietze et al., 1998; Kuger & Kluczniok, 2008). Unter dem Aspekt der *Strukturqualität* werden die Rahmenbedingungen in einer Einrichtung analysiert; hierzu zählen beispielsweise die Ausbildung der pädagogischen Fachkräfte, der Personalschlüssel (Anzahl der Kinder pro Fachkraft in der Gruppe), die Gruppengröße und -zusammensetzung sowie die räumliche und materielle Ausstattung der Einrichtung. Diese strukturellen Merkmale weisen Zusammenhänge mit verschiedenen Maßen der kindlichen Entwicklung auf. So scheint ein (formal) höheres Qualifikationsniveau der pädagogischen Fachkräfte sowie ein günstigerer Personalschlüssel mit besseren kindlichen Entwicklungsmaßen einherzugehen (vgl. Roßbach, 2005; Kuger & Kluczniok, 2008). Allerdings ist die Befundlage in den verschiedenen Ländern und Bildungssystemen nicht einheitlich (Hardy & Steffensky, 2014).

Der zweite Qualitätsaspekt beinhaltet die *pädagogischen Einstellungen und Orientierungen*. Hierzu zählen beispielsweise Vorstellungen von der kindlichen Entwicklung, allgemeine Erziehungsvorstellungen und Einstellungen zu den verschiedenen Bildungsbereichen, aber auch eigene Selbstwirksamkeits- und Fähigkeitsüberzeugungen (z.B. Tietze et al., 1998, Fröhlich-Gildhoff et al., 2014). Auch hier lassen sich keine eindeutigen Zusammenhänge mit verschiedenen Entwicklungsmaßen finden, eher ist die Befundlage als sehr heterogen zu beschreiben (Kuger & Kluczniok, 2008).

Die *Prozessqualität* bildet den dritten Qualitätsbereich; sie bezieht sich auf die Gestaltung der alltäglichen pädagogischen Arbeit. Betrachtet werden die Interaktionen der Kinder mit den pädagogischen Fachkräften, aber auch Interaktionen untereinander und die Auseinandersetzung mit der dinglichen Umwelt (z.B. Tietze, Roßbach & Grenner, 2005). Zu diesem Qualitätsmerkmal scheint die Befundlage eindeutiger, es lässt sich eine Vielzahl von Befunden anführen, die einen positiven Zusammenhang zwischen Prozessmerkmalen und der kindlichen Entwicklung in verschiedenen Kompetenzbereichen dokumentieren (im Überblick Anders, 2013).

Was das Zusammenspiel zwischen den drei Qualitätsdimensionen angeht, so ist auch hier die Befundlage heterogen (z.B. Kuger & Kluczniok, 2008; Hardy & Steffensky, 2014). Mashburn und Pianta (2010) gehen davon aus, dass die Prozessqualität einen direkten Einfluss auf die kindliche Entwicklung nimmt, während die beiden anderen Qualitätsaspekte nicht direkt, sondern vermittelt über die Prozessqualität auf die kindliche Entwicklung wirken, also eher als Mediator fungieren. Im oben angeführten Kompetenzmodell nach Fröhlich-Gildhoff et al. (2014) wird in vergleichbarer Weise die Dimension „Disposition", die in wesentlichen Teilen der Orientierungs- und teilweise der Strukturqualität entspricht, als Voraussetzung für das professionelle Handeln dargestellt.

Insofern stehen am Ende der theoretischen Einführung zwei sich widersprechende Erkenntnisse: Anhand der Diskussion um die Qualität frühpädagogischer Arbeit wird übereinstimmend auf den Einfluss von Struktur- und Orientierungsqualität auf die Prozessqualität bzw. der Einfluss der Disposition auf die Performanz hingewiesen. Empirisch lässt sich aber bislang dieser Einfluss nicht eindeutig zeigen, hier liegen widersprüchliche Ergebnisse vor. Angesichts der Tatsache, dass die derzeitige Prozessqualität in Kindertageseinrichtungen insbesondere hinsichtlich ihrer Lernprozessbegleitung als eher gering eingeschätzt wird (s.o.), andererseits gerade dieser Bereich aktuell als besonders wichtig erachtet und die Professionalisierung der Fachkräfte forciert wird, liegt hier weiterer Forschungsbedarf, in welchem Verhältnis Ausbildung und professionelles Handeln zueinander stehen. Kaum Befunde liegen derzeit vor zu der Frage, inwiefern die Art der Ausbildung Einfluss auf die Qualität bereichsspezifischer Bildungsarbeit mit Kindern hat.

## Literatur

Ahnert, J., Bös, K. & Schneider, W. (2003). Motorische und kognitive Entwicklung im Vorschul- und Schulalter. Befunde der Münchner Längsschnittstudie LOGIK. *Zeitschrift für Entwicklungspsychologie und Pädagogische Psychologie, 35* (4), 185–199.

Anders, Y. (2012). *Modelle professioneller Kompetenzen für frühpädagogische Fachkräfte: Aktueller Stand und ihr Bezug zur Professionalisierung.* Expertise zum Gutachten „Professionalisierung in der Frühpädagogik" im Auftrag des Aktionsrats Bildung. München: vbm.

Anders, Y. (2013). Stichwort: Auswirkungen frühkindlicher institutioneller Betreuung und Bildung. *Zeitschrift für Erziehungswissenschaft, 16* (2), 237–275.

Anders, Y., Hardy, I., Pauen, S., Ramseger, J., Sodian, B. & Steffensky, M. (2013). (Hrsg.). *Wissenschaftliche Untersuchungen zur Arbeit der Stiftung „Haus der kleinen Forscher"* Band 5. Schaffhausen: SCHUBI.

Anghileri, J. (2001). Intuitive Approaches, Mental Strategies and Standard Algorithms. In J. Anghileri (Hrsg.), *Principles and Practices in Arithmetic Teaching: Innovative approaches for the primary classroom* (S. 79–94). Suffolk: St Edmundsbury Press.

Bae, J.-H. (2004). Learning to Teach Visual Arts in an Early Childhood Classroom: The Teacher's Role as a Guide. *Early Childhood Education Journal, 31* (4), 247–254.

Baum, J. & Kunz, R. (2007). *Scribbling notions. Bildnerische Prozesse in der frühen Kindheit.* Zürich: Verl. Pestalozzianum.

Baumert, J., Blum, W., Brunner, M., Dubberke, T., Jordan, A., Klusmann, U., et al. (2009). *Professionswissen von Lehrkräften, kognitiv aktivierender Mathematikunterricht und die Entwicklung von mathematischer Kompetenz (COACTIV): Dokumentation der Erhebungsinstrumente (Materialien aus der Bildungsforschung Nr. 83).* Berlin Max-Planck-Institut für Bildungsforschung.

Bayrisches Staatsministerium für Arbeit und Sozialordnung, Familie und Frauen & Staatsinstitut für Frühpädagogik München (2006): *Der Bayrische Bildungs- und Erziehungsplan für Kinder in Tageseinrichtungen bis zur Einschulung.* Weinheim-Basel: Beltz-Verlag.

BDK (2009). *Arbeitsgruppe Grundschule im BDK – Fachverband für Kunstpädagogik e.V.: Frühkindliche ästhetische Bildung: Ein Diskussionsbeitrag.* Hannover: BDK-Verlag.

Becker, S. (2003). *Plastisches Gestalten von Kindern und Jugendlichen: Entwicklungsprozesse im Formen und Modellieren.* Donauwörth: Auer.

Beher, K. & Walter, M. (2012). *Qualifikation und Weiterbildung frühpädagogischer Fachkräfte: Zehn Fragen – zehn Antworten: Werkstattbericht aus einer bundesweiten Befragung von Einrichtungsleitungen und Fachkräften in Kindertageseinrichtungen.* München: DJI.

Behörde für Soziales, Familie, Gesundheit und Verbraucherschutz (2008). *Hamburger Bildungsempfehlungen für die Bildung und Erziehung von Kindern in Tageseirichtungen.* Hamburg: Albert Bauer KG.

Benz, C. (2008): „Zahlen sind nichts Schlimmes" – Vorstellungen von Erzieherinnen über Mathematik im Kindergarten. In *Beiträge zum Mathematikunterricht* (CD-Rom). Münster: WTM-Verlag.

Benz, C. (2009). *Numbers are actually not bad.* Accepted paper of Sixth Conference of European Research in Mathematics Education, Lyon 2009.

Benz, Ch. (2010). *Minis entdecken Mathematik.* Braunschweig: Westermann.

Benz, Ch. (2012). Attitudes of Kindergarten Educators about Math. *Journal für Mathematik-didaktik, 33*, 203–232.

Bertelsmann Stiftung (Hrsg.) (2013). *Länderreport Frühkindliche Bildungssysteme 2013. Transparenz schaffen – Governance stärken.* Gütersloh: Bertelsmann Stiftung.

Blömeke, S., Kaiser, G. & Lehmann, R. (Hrsg.) (2010). *TEDS-M 2008 – Professionelle Kompetenz und Lerngelegenheiten angehender Primarstufenlehrkräfte im internationalen Vergleich.* Münster: Waxmann.

Bönig, D. (2010). Mit Kindern Mathematik entdecken – Aspekte der mathematischen Frühförderung. In D. Bönig, B. Schlag & J. Streit-Lehmann (Hrsg.), *Bildungsjournal Frühe Kindheit – Mathematik, Naturwissenschaft & Technik.* (S. 7–13). Berlin: Cornelsen Scriptor.

Brée, S. (2005). Bildungsfragen als ästhetisches Experiment. In H.-J. Laewen & B. Andres (Hrsg.), *Bildung und Erziehung in der frühen Kindheit: Bausteine zum Bildungsauftrag von Kindertageseinrichtungen* (S. 244–284). Weinheim: Beltz.

Brée, S. (2007). Künstlerische Verfahren als Modell für das frühe Lernen von Kindern. *bildungsforschung, 4* (1). Verfügbar unter: http://www.bildungsforschung.org/Archiv /2007-01/kunst/ [28.07.2014].

Bresler, L. (1993). Three orientations to Arts in the primary grades: Implications for curriculum reform. *Arts Education Policy Review, 94* (6), 29–34. Verfügbar unter: http://faculty.education.illinois.edu/liora/sub_directory/pdf/3orientation.pdf [31.07.2014].

Bresler, L. (1994). Imitative, Complementary, and Expansive: Three Roles of Visual Arts Curricula. Studies in Art Education. *A Journal of Issues and Research, 35* (2), 90–104. Verfügbar unter: http://faculty.education.illinois.edu/liora/sub_directory/pdf/Imitative. pdf [31.07.2014].

Brunner, M., Kunter, M., Krauss, S., Klusmann, U., Baumert, J., Blum, W. et al. (2006). Die professionelle Kompetenz von Mathematiklehrkräften: Konzeptualisierung, Erfassung und Bedeutung für den Unterricht: Eine Zwischenbilanz des COACTIV-Projekts. In M. Prenzel & L. Allolio-Näcke (Hrsg.), *Untersuchungen zur Bildungsqualität von Schule. Abschlussbericht des DFG-Schwerpunktprogramms* (S. 54–82). Münster: Waxmann.

Burger, K. (2010). How does early childhood care and education affect cognitive development? An international review of the effects of early interventions for children from different social backgrounds. *Early Childhood Research Quarterly, 25* (2), 140–165.

Busse, K.-P. (2003). Standards, Skripte und Handlungschoreographien für den Kunstunterricht. Möglichkeiten der Evaluation und Reflexion beruflicher Kompetenzen. In K.-P. Busse (Hrsg.), *Kunstdidaktisches Handeln* (S. 541–549). Norderstedt: Books on Demand (Dortmunder Schriften zur Kunst. Studien zur Kunstdidaktik).

Caiati, M., Delac, S. & Müller, A. (1994). *Freispiel – freies Spiel? Erfahrungen und Impulse.* München: Don Bosco Verlag.

Casey, B.J., Tottenham, N., Liston, C. & Durston, S. (2005). Imaging the development braIn What have we learned about cognitive development. *Trends in Cognitive Neurosciences 9*, 104–110.

Deutscher, T. & Selter, C. (2013). Frühe mathematische Bildung – Forschungsbefunde und Förderkonzepte. In M. Stamm & D. Edelmann (Hrsg.), *Handbuch frühkindliche Bildungsforschung.* (S. 543–565) Wiesbaden: Springer.

Dieck, M. (2012). Bildnerisch-ästhetisches Lernen. In D. Kucharz (Hrsg.), *Elementarbildung* (S. 124–156). Weinheim/Basel: Beltz.

Dordel, S., Drees, C. & Liebel, A. (2000). Motorische Auffälligkeiten in der Eingangsklasse der Grundschule. *Haltung und Bewegung, 20* (3), 5–16.

Dornheim, D. (2008). *Prädiktion von Rechenleistung und Rechenschwäche: Der Beitrag von Zahlen-Vorwissen und allgemein-kognitiven Fähigkeiten.* Berlin: Logos.

Dreyer, A. (2005). *Kunstpädagogische Professionalität und Kunstdidaktik: Eine qualitativ-empirische Studie im kunstpädagogischen Kontext.* München: kopaed (Kontext Kunstpädagogik, 2).

Duncker, L. (1999). Begriff und Struktur ästhetischer Erfahrung: Zum Verständnis unterschiedlicher Formen ästhetischer Praxis. In N. Neuß (Hrsg.), *Ästhetik der Kinder: interdisziplinäre Beiträge zur ästhetischen Erfahrung von Kindern* (S. 9–19). Frankfurt am MaIn Abt. Verlag.

Duncker, L., Lieber, G., Neuß, N. & Uhlig, B. (Hrsg.) (2010). *Bildung in der Kindheit: Das Handbuch zum Lernen in Kindergarten und Grundschule*. Seelze: Klett, Kallmeyer.

Early, D., Maxwell, K., Burchinal, M., Bender, R., Ebanks, C., Henry, G., Iriondo-Perez, J. et al. (2007). Teachers' education, classroom quality, and young children's academic skills: Results from seven studies of preschool programs. *Child Development, 78* (2), 558–580.

EDK / IDES (2007). *Lehrerinnen und Lehrer und anderes Personal im Bildungsbereich*. Kapitel 8 des Schweizer Beitrags für die Datenbank „Eurybase – The database on education systems in Europe" (EDK / IDES, Stand: 05.11.07). Verfügbar unter: www.ides.ch. [15.12.08].

Einig, A. (2008). Zahlbegriffsentwicklung im frühen Kindesalter – eine Fallstudie zur Entwicklung des mathematischen Denkens bei 3- bis 4-jährigen Kindern. In *Beiträge zum Mathematikunterricht* 2008. Münster: WTM-Verlag.

Einsiedler, W. (1999). *Das Spiel der Kinder: Zur Pädagogik und Psychologie des Kinderspiels* (3. akt. und erw. Aufl.). Bad Heilbrunn: Klinkhardt.

Erpenbeck, J. & Heyse, J. (2007): *Die Kompetenzbiografie: Wege der Kompetenzentwicklung* (2. Aufl.). Münster: Waxmann.

Faust, G., Götz, M., Hacker, H. & Rossbach, H.-G. (Hrsg.) (2004). *Anschlussfähige Bildungsprozesse im Elementar- und Primarbereich*. Bad Heilbrunn: Klinkhardt.

Feyerabend, P. K. (1976). *Wider den Methodenzwang: Skizze einer anarchistischen Erkenntnistheorie*. Frankfurt a. M.: Suhrkamp.

Fleig, P. (2008). Der Zusammenhang zwischen körperlicher Aktivität und kognitiver Entwicklung – Theoretische Hintergründe und empirische Ergebnisse. *Sportunterricht, 57* (1), 11–16.

Flitner, A. (1998). *Spielen – lernen: Praxis und Deutung des Kinderspiels*. München, Zürich: Piper.

Freudenthal, H. (1981). Kinder und Mathematik. *Grundschule, 13* (3), 100–102.

Frey, A. & Jung, C. (2011). Kompetenzmodelle, Standardmodelle und Professionsstandards in der Lehrerbildung: Stand und Perspektiven. *Lehrerbildung auf dem Prüfstand, 4* (Sonderheft).

Friedrich, G. & de Galgoczy, V. (2004). *Komm mit in das Zahlenland: Eine spielerische Entdeckungsreise in die Welt der Mathematik*. Freiburg: Urania.

Fröhlich-Gildhoff, K., Nentwig-Gesemann, I. & Pietsch, S. (2011). *Kompetenzorientierung in der Qualifizierung frühpädagogischer Fachkräfte: Eine Expertise der Weiterqualifizierungsinitiative frühpädagogische Fachkräfte (WIFF)*. München: Deutsches Jugendinstitut.

Fröhlich-Gildhoff, K., Weltzien, D., Kirstein, N., Pietsch, S. & Rauh, K. (2014). *Expertise: Kompetenzen früh-/kindheitspädagogischer Fachkräfte im Spannungsfeld von normativen Vorgaben und Praxis*. Verfügbar unter: http://www.bmfsfj.de/RedaktionBMFSFJ/Abteilung5/Pdf-Anlagen/14-expertise-kindheitspaedagogische-fachkraefte,property=pdf,bereich=bmfsfj,sprache=de,rwb=true.pdf [30.07.2014].

Gasteiger, H. (2008). Lernanregungen und -dokumentation im Alltag der Kindertagesstätte – ein kompetenzorientierter Förderansatz. In *Beiträge zum Mathematikunterricht* (CD-Rom). Münster: WTM-Verlag.

Gasteiger, H. (2010). *Elementare mathematische Bildung im Alltag der Kindertagesstätte. Grundlegung und Evaluation eines kompetenzorientierten Förderansatzes*. Münster: Waxmann.

Gasteiger, H. (2012). Fostering Early Mathematical Competencies in Natural Learning Situations – Foundation and Challenges of a Competence-Oriented Concept of Mathematics Education in Kindergarten. *Journal für Mathematikdidaktik, 33*, 181–201.

Ginsburg, H. & Ertle, B. (2008). Knowing the Mathematics in Early Childhood Mathematics. In O.N., Saracho & B. Spodek, (Hrsg.), *Contemporary Perspectives on Mathematics in Early Childhood Education* (S. 45–66). Charlotte, NC: Information Age Publishing.

Ginsburg, H.P., Inoue, N. & Seo, K-H (2004). Young children doing mathematics: observations of everyday activities. In C.V. Juanita (Hrsg.), *Mathematics in the early years* (S. 88–99). Reston, VA: National Council of Teachers of Mathematics.

Graf, C., Koch, B., Klipper, S., Büttner, S., Coburger, S., Christ, H., Lehmacher, W., Bjarnason-Wehrens, B., Platen, P., Hollmann, W., Predel, H.-G. & Dordel, S. (2003). Zusammenhänge zwischen körperlicher Aktivität und Konzentration im Kindesalter – Eingangsergebnisse des CHILT-Projektes. *Deutsche Zeitschrift für Sportmedizin*, 54 (9), 242–247.

Grassmann, M., Mirwald, E., Klunter, M. & Veith, U. (1995). Arithmetische Kompetenzen von Schulanfängern – Schlussfolgerungen für die Gestaltung des Anfangsunterrichts. *Sachunterricht und Mathematik in der Primarstufe, 23* (7), 302–321.

Grünewald, D. (2003). Der kunstdidaktische Diskurs. In K.-P. Busse (Hrsg.), Kunstdidaktisches Handeln (S. 54–75). Norderstedt: Books on Demand.

Hammann, M., Phan, T. H. & Bayrhuber, H. (2007). Experimentieren als Problemlösen: Lässt sich das SDDS-Modell nutzen, um unterschiedliche Dimensionen beim Experimentieren zu messen? In M. Prenzel, I. Gogolin & H.-H. Krüger (Hrsg.), Kompetenzdiagnose. *Zeitschrift für Erziehungswissenschaft*. Sonderheft 8 (S. 33–49). Wiesbaden: VS Verlag für Sozialwissenschaften.

Hardy, I., Jonen, A., Möller, K. & Stern, E. (2006). Effects of Instructional Support within Constructivist Learning Environments for Elementary School Students' Understanding of „Floating and Sinking". *Journal of Educational Psychology*, 98 (2), 307–326.

Hardy, I. & Steffensky, M. (2014). Prozessqualität im Kindergarten: Eine domänenspezifische Perspektive. *Unterrichtswissenschaft, 42* (2), 101–116.

Hellmich, F. (2008). Förderung mathematischer Vorläuferfähigkeiten im vorschulischen Bereich – Konzepte, empirische Befunde und Forschungsperspektiven. In F. Hellmich & H. Köster (Hrsg.), *Vorschulische Bildungsprozesse in Mathematik und Naturwissenschaften* (S. 83–102). Bad Heilbrunn: Kinkhardt.

Helm, J. (2010): *Das Bachelorstudium Frühpädagogik. Zugangswege – Studienzufriedenheit – Berufserwartungen: Ergebnisse einer Befragung von Studierenden: Eine Studie der Weiterbildungsinitiative Frühpädagogische Fachkräfte (WiFF). Stand: November/ Dezember 2010.* München: DJI/WIFF.

Heyl, T. (2008). *Phantasie und Forschergeist: mit Kindern künstlerische Wege entdecken.* München: Kösel.

Hoenisch, N. & Niggemeyer, E. (2004). *Mathe-Kings: Junge Kinder fassen Mathematik an.* Weimar: Berlin.

Hollmann, W., Strüder, H. K. & Christos, V. N. (2005). Gehirn und körperliche Aktivität. *Sportwissenschaft* (1), 3–12.

Hollmann, W., Strüder, H.K. & Tagarakis, C.V.M. (2003). Körperliche Aktivität fördert Gehirngesundheit und -leistungsfähigkeit: Übersicht und eigene Befunde. *Nervenheilkunde, 22* (9), 467–474.

Hülswitt, K.L. (2007). Freie mathematische Eigenproduktionen: Die Entfaltung entdeckender Lernprozesse durch Phantasie, Ideenwanderung und den Reiz unordentlicher Ordnungen. In U. Graf & E. Moser Opitz (Hrsg.), *Diagnostik und Förderung im Elementarbereich und Grundschulunterricht* (S. 150–164). Baltmannsweiler: Schneider Verlag Hohengehren.

Humboldt, W. von (1960). Theorie der Bildung des Menschen. In A. Flitner, K. Giel & W. von Humboldt: Werke in fünf Bänden *Schriften zur Anthropologie und Geschichte*. Stuttgart: J.G. Cotta'sche Buchhandlung.

Illner, R. (2006). *Frühe naturwissenschaftliche Förderung. Wissen & Wachsen, Schwerpunktthema Naturwissenschaft und Technik, Theorie.* Verfügbar unter: http://www.wissen-und-wachsen.de/page_natur.aspx?Page=20046c54-1bbd-418d-b11c-9ee4fb89ae95 [28.06.2010].

Kaufmann, S. & Lorenz, J. (2009). *Box: Elementar – erste Grundlagen in Mathematik.* Braunschweig. Westermann.

Kelley, P. & Camilli, G. (2007). *The Impact of Teacher Education on Outcomes in Center-Based Early Childhood Education Programs: A Meta-analysis. NIEER Working Paper.* Verfügbar unter: http://nieer.org/publications/nieer-workingpapers/impact-teacher-education-outcomes-center-based-early-childhood [24.09.2013].

Kirchner, C. (2008). *Kinder & Kunst: Was Erwachsene wissen sollten.* Seelze: Klett/Kallmeyer.

Kirchner, C. (2010). Malen und Zeichnen. In L. Duncker, G. Lieber, N. Neuß & B. Uhlig (Hrsg.), Bildung in der Kindheit. *Das Handbuch zum Lernen in Kindergarten und Grundschule* (S. 174–178). Seelze: Kallmeyer.

Kirchner, C. & Peez, G. (2009). *Kreativität in der Grundschule erfolgreich fördern. Arbeitsblätter, Übungen, Unterrichtseinheiten und empirische Untersuchungsergebnisse.* Braunschweig: Westermann.

Klahr, D. & Simon, H. A. (1999). Studies of Scientific Discovery: Complementary Approaches and Convergent Findings. *Psychological Bulletin*, 125 (5), 524–543.

Klieme, E, Avenarius, H. Blum, W., Döbrich, P., Gruber, H., Prenzel, M., Reiss, K., Riquarts, K., Rost, J., Tenorth, H.-E. & Vollmer, H.-J. (2007). *Zur Entwicklung nationaler Bildungsstandards.* Bonn: BMBF. Verfügbar unter: www.bmbf.de/pub/zur_entwicklung_nationaler_bildungsstandards.pdf [07.07.2014].

Klieme, E. & Hartig, J. (2008). Kompetenzkonzepte in den Sozialwissenschaften und im erziehungswissenschaftlichen Diskurs. In M. Prenzel, I. Gogolin & H-H. Krüger (Hrsg.), *Kompetenzdiagnostik* (S. 11–29). Wiesbaden.

KMK: Sekretariat der Ständigen Konferenz der Kultusminister der Länder in der Bundesrepublik Deutschland (Hrsg.) (2005). *Beschlüsse der Kultusministerkonferenz: Bildungsstandards im Fach Mathematik für den Primarbereich: Beschluss vom 15.10.2004.* München; Neuwied: Luchterhand.

Koeppe-Lokai, G. (1996). *Der Prozeß des Zeichnens. Empirische Analysen der graphischen Abläufe bei der Menschdarstellung durch vier- bis sechsjährige Kinder.* Münster/New York: Waxmann.

König, A. (2006). *Dialogisch-entwickelnde Interaktionsprozesse zwischen ErzieherIn und Kind(-ern): Eine Videostudie aus dem Alltag des Kindergartens.* Verfügbar unter: https://eldorado.tu-dortmund.de/bitstream/2003/24563/1/Diss_veroeff.pdf [17.04.2014]

König, A. (2009). *Interaktionsprozesse zwischen ErieherInnen und Kindern.* Wiesbaden: VS Verlag.

König, A. (2013). Interaktion im Kontext von Erziehung und Bildung. In K. Fröhlich-Gildhoff, I. Nentwig-Gesemann, A. König, U. Stenger & D. Weltzien (Hrsg.), *Forschung in der Frühpädagogik IV. Schwerpunkt: Interaktion zwischen Fachkräften und Kindern* (S. 12–16) Freiburg: Verlag Forschung-Entwicklung-Lehre.

Koponen, I. T. (2007). Models and Modelling in Physics Education: A Critical Re-analysis of Philosophical Underpinnings and Suggestions for Revisions. *Science & Education*, 16, 751–773.

Köster, H. &; Lück, G. (2006) (Hrsg): *Sachunterricht konkret. Physik und Chemie im Sachunterricht* (Lernmaterialien). Stuttgart: Westermann.

Krajewski, K. & Schneider, W. (2006). *Mathematische Vorläuferfertigkeiten im Vorschulalter und ihre Vorhersagekraft für die Mathematikleistungen bis zum Ende der Grundschulzeit.* (Psychologie in Erziehung und Unterricht 53 S. 246–262). München/Basel: Ernst Reinhardt.

Krajewski, K., Nieding, G. & Schneider, W. (2007). *Mengen, zählen, Zahlen (MZZ)*. Berlin: Cornelsen.

Kröger, R., Schuler, S., Kramer, N. & Wittmann, G. (2013). Beliefs Of Kindergarten And Primary School Teachers Towards Mathematics Teaching And Learning. *Proceedings of the Eight Congress of the European Society for Research in Mathematics Education*. Verfügbar unter: http://cerme8.metu.edu.tr/wgpapers/WG13/WG13_Schuler.pdf [26.07.14].

Kucharz, D. (Hrsg.) (2012), *Elementarbildung. Bachelor/Master*. Weinheim & Basel: Beltz.

Kuger, S. & Kluczniok, K. (2008). Prozessqualität im Kindergarten. Konzept, Umsetzung und Befunde. *Zeitschrift für Erziehungswissenschaft, 10*, Sonderheft 11, 159–178.

Kunz, T. (1993). *Weniger Unfälle durch Bewegung*. Schorndorf: Hofmann.

Lange-Küttner, C. (1994). *Gestalt und Konstruktion. Die Entwicklung der grafischen Kompetenz beim Kind*. Bern: Huber.

Lederman, N. G. (2007). Nature of science: Past, present, and future. In S. K. Abell & N. G. Lederman (Hrsg.), *Handbook of research on science education* (S. 831–879). Mahwah: Erlbaum.

Lee, K. (2012). *Kinder erfinden Mathematik. Gestaltendes Tätigsein mit gleichem Material in großer Menge*. Weimar, Berlin: verlag das netz.

Lehrl, S., Kuger, S. & Anders, Y. (2014) Soziale Disparitäten beim Zugang zu Kindergartenqualität und differenzielle Konsequenzen für die vorschulische mathematische Entwicklung. *Unterrichtswissenschaft, 42* (2), 132–151.

Leuchter, M. & Saalbach, H. (2014). Verbale Unterstützungsmaßnahmen im Rahmen eines naturwissenschaftlichen Lernangebots in Kindergarten und Grundschule. *Unterrichtswissenschaft, 42* (2), 117–131.

Liegle, L. (2006). *Bildung und Erziehung in früher Kindheit*. Stuttgart: Kohlhammer.

Lorentz, G. (1999). *Freispiel im Kindergarten*. Freiburg, Basel/Wien: Herder

Lück, G. (2000). *Naturwissenschaften im frühen Kindesalter. Untersuchungen zur Primärbegegnung von Kindern im Vorschulalter mit Phänomenen der unbelebten Natur*. Münster: Lit (Naturwissenschaft und Technik – Didaktik im Gespräch, 33).

Lück, G. (2007). Naturwissenschaften im frühen Kindesalter. In I. Hunger & R. Zimmer (Hrsg.), *Bewegte Kindheit – Bewegung-Bildung-Gesundheit*. (S. 59–69). Hofmann: Schorndorf.

Magnuson, K. A., Meyers, M. K., Ruhm, C. J. & Waldfogel, J. (2004a). Inequaility in Preschool Education and School Readiness. *American Educational Research Journal 41* (1). 115–157.

Magnuson, K. A., Ruhm, C. J. & Waldfogel, J. (2004b). *Does Prekindergarten Improve School Preparation and Performance?* NBER Working Paper Series 10452.

Mashburn, A. J., Pianta, R. C., Hamre, B. K., Downer, J. T., Barbarin, O., Bryant, D., Burchinal, M., Early, D., & Howes, C. (2008). Measures of pre-k quality and children's development of academic, language and social skills. *Child Development, 79* (3), 732–749.

Mattenklott, G. & Rora, C. (Hrsg.) (2004). *Ästhetische Erfahrung in der Kindheit: Theoretische Grundlagen und empirische Forschung*. Weinheim und München: Juventa.

Matthews, M.R. (2007). Models in science and in science education: an introduction. *Science & Education, 16*, 647–652.

Ministerium für Kultus, Jugend und Sport Baden-Württemberg (2010). *Lehrplan für Fachschulen für Sozialpädagogik (Berufskolleg). Schulversuch 41-6623.28/179 vom 08.09.2010*.

Ministerium für Kultus, Jugend und Sport Baden Württemberg (2011). *Orientierungsplan für Bildung und Erziehung in baden-württembergischen Kindergärten und weiteren Kindertageseinrichtungen. Fassung vom 15. März 2011*. http://www.kultusportal-bw.de/site/pbs-bw/get/documents/KULTUS.Dachmandant/KULTUS/import/pb5start/pdf/KM_KIGA_Orientierungsplan_2011.pdf [30.07.2014]

Mischo, C., Wahl, S., Hendler, J. & Strohmer, J. (2013). Kompetenzen angehender frühpädagogischer Fachkräfte an Fachschulen und Hochschulen. *Empirische Pädagogik*, *27*, (1), 22–46.

Möller, K. (2007). Genetisches Lernen und Conceptual Change. In M. Fölling-Albers, M. Götz, A. Hartinger, J. Kahlert, D. von Reeken& S. Wittkowske, (Hrsg.), *Handbuch Didaktik des Sachunterrichts* (S. 258–266). Bad Heilbrunn: Klinkhardt.

Möller, K. & Hardy, I. (2014). Prozessqualität in Bildungseinrichtungen des Elementarbereichs. *Unterrichtswissenschaft*, *42* (2), 98–100.

Möller, K: & Steffensky, M. (2010): Naturwissenschaftliches Lernen im Unterricht mit 4- bis 8-jährigen Kindern. In M. Leuchter (Hrsg.). *Didaktik für die ersten Bildungsjahre. Unterricht mit 4- bis 8-jährigen Kindern* (S. 163–178). Zug, Seelze: Klett und Balmer.

Müller, G. N. & Wittmann, E. E. (2002; 2004): *Das kleine Zahlenbuch. Band 1: Spielen und Zählen. Band 2: Schauen und Zählen*. Seelze: Kallmeyer.

Nentwig-Gesemann, I. (2007). *Professionalisierung von FrühpädagogInnen*. Fachtagung „Bildung im Elementarbereich – Neue Anforderungen an die Aus- und Weiterbildung von Erzieherinnen und Erziehern". 30./31.08.2007 Berlin. Verügbar unter: http://www.na-bibb.de/uploads/lebenslanges_lernen/elementare_bildung_nentwig-gesemann.pdf [16.07.08].

Niedersächsisches Kultusministerium (2005): Orientierungsplan für Bildung und Erziehung im Elementarbereich niedersächsischer Tageseinrichtungen für Kinder. Langenhagen: Schlütersche Druck GmbH & Co. KG.

Oberhuemer (2010). Frühpädagogische Abschlüsse in den EU-Staaten: Qualifikationsniveaus und Qualifikationsprofile. *Journal für Lehrer/innenbildung, 10* (1), 32–37.

Oberhuemer, P. & Ulich, M. (1997). *Kinderbetreuung in Europa. Tageseinrichtungen und pädagogisches Personal: Eine Bestandsaufnahme in den Ländern der Europäischen Union*. Weinheim: Beltz.

OECD (2000a): *Measuring Student Knowledge and Skills. The PISA 2000 Assessment of Reading, Mathematical and Scientific Literacy*. OECD. Paris.

OECD (2000b): *Reading for Change: Performance and Engagement across Countries Results from PISA 2000*. OECD. Paris

OECD (2001): *Starting Strong: Early Childhood Education and Care*. Paris: OECD.

OECD (2003a): *Problem Solving for Tomorrow's World – First Measures of Cross Curricular Competencies from PISA 2003*. Paris: OECD.

OECD (2003b): *Learning for Tomorrow's World – First Results from PISA 2003*. Paris: OECD.

OECD (2004): *Die Politik der frühkindlichen Betreuung, Bildung und Erziehung in der Bundesrepublik Deutschland. Ein Länderbericht der Organisation für wirtschaftliche Zusammenarbeit und Entwicklung* (OECD) (www.bmfsfj.de).

OECD (2006): *Assessing Scientific, Reading and Mathematical Literacy: A framework for PISA 2006*. Paris: OECD.

Opper, E., Worth, A., Wagner, M. & Bös, K. (2007). Motorik-Modul (MoMo) im Rahmen des Kinder- und Jugendgesundheitssurveys (KIGGS). Motorische Leistungsfähigkeit und körperlich-sportliche Aktivität von Kindern und Jugendlichen in Deutschland. *Bundesgesundheitbl. – Gesundheitsforsch. – Gesundheitsschutz*, 50 (6), 879–888.

Oser, F. (2001). Modelle der Wirksamkeit in der Lehrer- und Lehrerinnenausbildung. In Oser, F. K. & Oelkers, J. (Hrsg.), *Die Wirksamkeit der Lehrerbildungssysteme: Von der Allrounderbildung zur Ausbildung professioneller Standards* (S. 67–97). Chur/Zürich: Rüegger Verlag.

Pädagogische Hochschule des Kantons St. Gallen (2010). *Studienplan: Ausbildung für Kindergarten- und Primarschullehrkräfte*. Rorschach: PHSG

Pädagogische Hochschule St.Gallen (2014). *Studienplan Ausbildung für Kindergarten- und Primarschullehrkräfte* Studiengang Kindergarten und Primarschule. www.phsg.ch/Portaldata/1/Resources/kiga_primar/ausbildung/1_studium/studienplan/Studienplan_2014.pdf [01.08.14]

Parmentier, M. (2004). Protoästhetik oder der Mangel an Ironie. Eine etwas umständliche Erläuterung der These, dass Kinder zu ästhetischer Erfahrung im strengen Sinne nicht fähig sind. In G. Mattenklott & C. Rora (Hrsg.), *Ästhetische Erfahrung in der Kindheit: Theoretische Grundlagen und empirische Forschung* (S. 99–109). Weinheim: Juventa.

Peez, G. (2005a). *Evaluation ästhetischer Erfahrungs- und Bildungsprozesse: Beispiele zu ihrer empirischen Erforschung*. München: kopaed.

Peez, G. (2005b). Kunstpädagogik jetzt. Eine aktuelle Bestandsaufnahme: Bild – Kunst – Subjekt. In K. Bering & R. Niehoff, R. (Hrsg.), *Bilder. Eine Herausforderung für die Bildung* (S. 75–89). Oberhausen: Athena-Verlag.

Peter-Koop, A. & Grüßing, M. (2007). Bedeutung und Erwerb mathematischer Vorläufer-fähigkeiten. In C. Brokmann-Nooren, I. Gereke, H. Kiper & W. Renneberg (Hrsg.), *Bildung und Lernen der Drei- bis Achtjährigen* (S. 153–166). Bad Heilbrunn: Klinkhardt.

Peter-Koop, A. & Scherer, P. (2012). Early Childhood Mathematics Teaching and Learning. *Journal für Mathematikdidaktik, 33*, 175–179.

Pianta, R. C., Burchinal, M., Barnett, E. S., & Thornburg, K. (2009). *Preschool in the United States: What we know, what we need to know, and implications for policy and research.* Psychological Science in the Public Interest. http://www.psychologicalscience.org/journals/pspi/pspi_10_2. pdf. [20.05.2013].

Preiser, S. (2006a). Kreativität. In K. Schweizer (Hrsg.), *Leistung und Leistungsdiagnostik* (S. 51–67). Berlin/Heidelberg: Springer Medizin Verlag.

Preiser, S. (2006b). Kreativitätsdiagnostik. In K. Schweizer (Hrsg.), *Leistung und Leistungsdiagnostik* (S. 112–125). Berlin/Heidelberg: Springer Medizin Verlag.

Preiser, S. (2006c). Kreativitätsförderung. Lernklima und Erziehungsbedingungen in Kindergarten und Grundschule. In M. K. W. Schweer (Hrsg.), *Das Kindesalter. Ausgewählte pädagogisch-psychologische Aspekte* (S. 27–48). Frankfurt am Main Lang.

Pianta, R.C., Burchinal, M., Downer, J.T., Hamre, B. K., Lo Casale-Crouch, J., et al. (April, 2011). *Coaching and coursework focused on teacher-child interactions during language/literacy instruction: Effects on teacher beliefs, knowledge, skills, and practice.* Society for Research in Child Development. Montreal, Canada.

Preiß, G. (2004; 2005). *Leitfaden Zahlenland. 2 Bände.* Kirchzarten: Zahlenland Prof. Preiß GmbH & Co. KG.

Quaiser-Pohl, C. (2008). Förderung mathematischer Vorläuferfertigkeiten im Kindergarten mit dem Programm „Spielend Mathe". In F. Hellmich & H. Köster (Hrsg.), *Vorschulische Bildungsprozesse in Mathematik und Naturwissenschaften* (S. 103–125). Bad Heilbrunn: Kinkhardt.

Rabe-Kleberg, U. (2006). Kontrolle – Markt – Vertrauen. Grundlegende Kategorien einer Theorie professionellen Handelns? Das Beispiel der gesellschaftlichen Kleinkinderziehung im Umbruch der Neuen Bundesländer. In M. Dörr & B. Müller (Hrsg.) *Nähe und Distanz: Ein Spannungsfeld pädagogischer Professionalität* (S. 113–122). Weinheim: Juventa.

Rabe-Kleberg, U. (2007). Die Fenster sind offen, um den Muff hinaus zu jagen! In *TPS (Theorie und Praxis der Sozialpädagogik)* 4 (S. 8–11). Kallmeyer: Friedrich-Verlag.

Rathgeb-Schnierer, E. (2008). Mathematik im Kindergartenalltag entdecken und erfinden – Konkretisierung eines Konzepts zur mathematischen Denkentwicklung am Beispiel von Perlen. In U. Carle & D. Wenzel (Hrsg.), *Das Kind im Blick, Bd. 2* (S. 77–88). Baltmannsweiler: Schneider Verlag Hohengeren.

Rathgeb-Schnierer, E. (2012). Mathematische Bildung. In D. Kucharz u.a. (Hrsg.), *Elementarbildung. Reihe Bachelor/Master* (S. 50–85) Weinheim, Basel: Beltz.

Rathgeb-Schnierer, E. & Wittmann, G. (2006). Mathematische Kompetenzen von Kindern am Schulanfang – mehr als Zählen und Rechnen? In M. Plieninger & E. Schumacher (Hrsg.), *Frühkindliche Bildung und Erziehung im Übergang vom Kindergarten in die*

*Grundschule* (S. 173–192). Gmünder Hochschulreihe. Schwäbisch Gmünd: Päda-gogische Hochschule Schwäbisch Gmünd.

Rechsteiner, K., Hauser, B. & Vogt, F. (2012). Förderung der mathematischen Vorläufer-fertigkeiten im Kindergarten: Spiel oder Training? In M. Ludwig und M. Kleine (Hrsg.), *Beiträge zum Mathematikunterricht 2012, Band 2* (S. 677–680) Münster: WTM-Verlag.

Reiß, W. A. (1996). *Kinderzeichnungen: Wege zum Kind durch seine Zeichnung.* Neuwied: Luchterhand.

Reuter, O. M. (2007). *Experimentieren: ästhetisches Verhalten von Grundschulkindern.* München: kopaed.

Robert Bosch Stiftung (2008). *Frühpädagogik Studieren – ein Orientierungsrahmen für Hochschulen.* Stuttgart: Robert Bosch Stiftung GmbH.

Roßbach, H.-G. (2005). Effekte qualitativ guter Betreuung, Bildung und Erziehung im frühen Kindesalter auf Kinder und ihre Familien. In Sachverständigenkommission Zwölfter Kinder- und Jugendbericht (Hrsg.), *Bildung, Erziehung und Betreuung von Kindern unter sechs Jahren* (S. 55–174). München: Verlag Deutsches Jugendinstitut.

Roßbach, H.-G., Sechtig, J. & Freund, U. (2010). *Empirische Evaluation des Modellversuchs „Kindergarten der Zukunft in Bayern – KiDZ": Ergebnisse der Kindergartenphase.* Bamberg: University of Bamberg Press.

Roux, S. (2008). Bildung im Elementarbereich – Zur gegenwärtigen Lage der Frühpädagogik in Deutschland. In F. Hellmich & H. Köster (Hrsg.), *Vorschulische Bildungsprozesse in Mathematik und Naturwissenschaften* (S. 13–25). Bad Heilbrunn: Klinkhardt.

Royar, T. (2007). *Die Käferschachtel.* Lichtenau: AOL Verlag.

Royar, T. & Streit, C. (2009). Mathematische Momente im Kindergarten schaffen und (er)fassen. In *Beiträge zum Mathematikunterricht* (CD-Rom). Münster: WTM-Verlag.

Royar, T. & Streit C. (2010; im Druck). MATHElino *Kinder begleiten auf mathematischen Entdeckungsreisen.* Seelze: Kallmeyer.

Rusch, H. & Irrgang, W. (2002).Verändert sich die Leistungsfähigkeit der Schüler/innen. *Bewegungserziehung, 56* (4), 10–14.

Schäfer, G. E. (2006). Ästhetische Bildung. In L. Fried & S. Roux (Hrsg.), *Pädagogik der frühen Kindheit* (S. 184–189). Weinheim: Beltz

Schelle, R. (2011). *Die Bedeutung der Fachkraft im frühkindlichen Bildungsprozess: Didaktik im Elementarbereich: Eine Expertise der Weiterbildungsinitiative Frühpädagogische Fachkräfte (WiFF).* München: DJI

Scherrer, J. & Prohl, R. (1997). Wirkungen des Projekts „Gelebte Psychomotorik im Kindergarten. In AWO Landesverband Thüringen e. V. (Hrsg.), *Gelebte Psychomotorik.* Schorndorf: Hofmann.

Schmidt, S. & Weiser, W. (1982). Zählen und Zahlverständnis von Schulanfängern. *Journal für Mathematikdidaktik, 3,* 227–263.

Schreiber, N., Theyßen, H. & Schecker, H. (2009). Experimentelle Kompetenz messen?! *PhyDid, 3*(8), 92–101.

Schuler, S. (2008). Was können Mathematikmaterialien im Kindergarten leisten? Kriterien für eine gezielte Bewertung. In *Beiträge zum Mathematikunterricht* (CD-Rom). Münster: WTM-Verlag.

Schuler, S. (2010). Das Bohnenspiel. Ein Regelspiel zur Förderung des Zahlbegriffs im Kindergarten und am Schulanfang. *Grundschulunterricht, 1,* 11–16.

Schuler, S. (2013). *Mathematische Bildung im Kindergarten in formal offenen Situationen. Eine Untersuchung am Beispiel von Spielen zum Erwerb des Zahlbegriffs.* Münster: Waxmann.

Schuler, S. & Wittmann, G. (2009). *How can games contribute to early mathematics education?* Accepted paper of Sixth Conference of European Research in Mathematics Education. Lyon, 2009.

Schütte, S. (2004). Rechenwegsnotation und Zahlenblick als Vehikel des Aufbaus flexibler Rechenkompetenzen. *Journal für Mathematik-Didaktik, 25* (2), 130–148.

Seel, M. (2000). *Ästhetik des Erscheinens*. München: Carl Hanser.

Sechtig, ? (2012)

Senatsverwaltung für Bildung, Jugend und Sport (2004): *Das Berliner Bildungsprogramm für die Bildung, Erziehung und Betreuung von Kindern in Tageseinrichtungen bis zu ihrem Schuleintritt*. Das Netz: Berlin.

Siraj-Blatchford, I., Sylva, K. Muttock, S., Gilden, R. & Bell, D. (2002). Researching Effective Pedagogy in the Early Years. Research Report No 356. London: University of Oxford, Department of Educational Studies.

Sodian, B. (2004a). Kompetenz auf breiter Basis – Fähigkeiten von Vor- und Grundschulkindern. In *Schüler „Aufwachsen von Kindern und Jugendlichen"*. Seelze: Friedrich Verlag.

Sodian, B. (2004b). Das Kind als Wissenschaftler – wie Kinder Theorien und Weltbilder konstruieren. In *Schüler 2004 „Aufwachsen von Kindern und Jugendlichen"*. Seelze: Friedrich Verlag.

Sodian, B. (2008). Entwicklung des Denkens. In R. Oerter & L. Montada (Hrsg), *Entwicklungspsychologie* (6. Aufl., S. 436–479). Weinheim: Beltz.

Sodian, B.; Körber, S. & Thoermer, C. (2006). Zur Entwicklung des naturwissenschaftlichen Denkens im Vor- und Grundschulalter. In Nentwig, P. & Schanze, S. (Hrsg.), *Es ist nie zu früh! Naturwissenschaftliche Bildung in jungen Jahren* (S. 11–20). Münster: Waxmann

Spiegel, H. (1992). Was und wie Kinder zu Schulbeginn schon rechnen können – Ein Bericht über Interviews mit Schulanfängern. *Grundschulunterricht, 39*(11), 21–23.

Spitzer, M. (2006). *Vorsicht Bildschirm! Elektronische Medien, Gehirnentwicklung, Gesundheit und Gesellschaft*. München: Deutscher Taschenbuch Verlag.

Stebler, R., Vogt, F., Wolf, I., Hauser, B. & Rechsteiner, K. (2013). Play-Based Mathematics in Kindergarten. A Video Analysis of Children's Mathematical Behaviour While Playing a Board Game in Small Groups. *Journal für Mathematik-Didaktik 34*, 149–175.

Steinweg, A. S. (2006). *Lerndokumentation Mathematik*. Berlin Senatsverwaltung für Bildung, Wissenschaft und Forschung. Verfügbar unter: http://www.uni-bamberg.de/fileadmin/uni/fakultaeten/ppp_professuren/mathematik_informatik/Dateien/TransKiGS/Lerndoku_Mathe_druck [ 26.7.2014]

Steinweg, A. S. (2008). Zwischen Kindergarten und Schule – Mathematische Basiskompetenzen im Übergang. In F. Hellmich & H. Köster (Hrsg.), *Vorschulische Bildungsprozesse in Mathematik und Naturwissenschaften* (S. 143–159). Bad Heilbrunn: Klinkhardt.

Stemmer, J., Bussmann, D. & Rathgeb-Schnierer, E. (2013). Spielintegrierte Mathematische Frühförderung (SpiMaF). In G. Greefrath, F. Käpnick & M. Stein (Hrsg.), *Beiträge zum Mathematikunterricht 2013* (S. 1146–1147). Münster: WTM-Verlag.

Streit, C. & Royar, T. (2009). Setzen Sie doch mal die „mathematische Brille" auf! Mathematik in Alltagssituationen erkennen und für die pädagogische Arbeit nutzen. *kindergarten heute, 39*, 8–15.

Sylva, K., Melhuish, E., Sammons, P., Siraj-Blatchford, I., Taggart, B. & Elliot, K. (2004). The Effective Provision of Pre-School Education Project – Zu den Auswirkungen vorschulischer Einrichtungen in England. In G. Faust, M. Götz, H. Hacker & H. Rossbach (Hrsg.), *Anschlussfähige Bildungsprozesse im Elementar- und Primarbereich* (S. 154–167). Bad Heilbrunn: Klinkhardt.

Terhart, E. (1999). Konstruktivismus und Unterricht: Gibt es einen neuen Ansatz in der Allgemeinen Didaktik? *Zeitschrift für Pädagogik, 45* (5), 629–647.

Tiedemann, K. (2012). *Mathematik in der Familie. Zur familialen Unterstützung früher mathematischer Lernprozesse in Vorlese- und Spielsituationen*. Münster: Waxmann.

Tietze, W. (2004). Pädagogische Qualität in Familie, Kindergarten und Grundschule und ihre Bedeutung für die kindliche Entwicklung. In G. Faust, M. Götz, H. Hacker & H.-G. Rossbach (Hrsg.), *Anschlussfähige Bildungsprozesse im Elementar- und Primarbereich* (S. 139–153). Bad Heilbrunn: Klinkhardt.

Tietze, W., Meischner, T., Gänsfuß, R., Grenner, K., Schuster, K.-M., Völkel, P. & Roßbach, H.-G. (1998). *Wie gut sind unsere Kindergärten? Eine Untersuchung zur pädagogischen Qualität in deutschen Kindergärten.* Neuwied: Luchterhand.

Tietze, W., Roßbach, H.-G. & Grenner, K. (2005). Kinder von 4 bis 8 Jahren. *Zur Qualität der Erziehungs- und Bildungsinstitution Kindergarten, Grundschule und Familie.* Weinheim: Beltz.

Uhlig, B. (2010). Prozesse ästhetischen Lernens. In L. Duncker, G. Lieber, N. Neuß & B. Uhlig (Hrsg.), *Bildung in der Kindheit. Das Handbuch zum Lernen in Kindergarten und Grundschule* (S. 132–135). Seelze: Kallmeyer.

Ungerer-Röhrich, U. (1997). Was bringt ein bewegter Kindergarten für die Entwicklung der Kinder? In R. Zimmer, H. Cicurs (Hrsg.), *Psychomotorik* (S. 197–199). Schorndorf: Hofmann.

Walpuski, M., Kampa, N., Kauertz, A. & Wellnitz, N. (2008). Evaluation der Bildungsstandards in den Naturwissenschaften. *Der mathematische und naturwissenschaftliche Unterricht, 61* (6), 323–326.

Walter, A. & Fasseing, K. (2002): Das Unterrichtskonzept des deutschschweizerischen Kindergartens. In *Kindergarten: Grundlagen aktueller Kindergartendidaktik* (S. 135–158). Winterthur: ProKiga,

Wannack, E., Arnaldi, U., Schütz, A. (2009): Überlegungen zur Didaktik des Kindergartens. In *4bis8 Fachzeitschrift für Kindergarten und Unterstufe, 9,* S. 24–26

Weiß, A., Weiß, W., Stehle, J., Zimmer, K., Heck, H. & Raab, P. (2004). Beeinflussung der Haltung und Motorik durch Bewegungsprogramme bei Kindergartenkindern. *Deutsche Zeitschrift für Sportmedizin, 55* (4), 101–105.

Weltzien, D. (2013). Was sind gelingende Interaktionen? Momente – Verläufe. Zugang mit einer forschenden Haltung. In K. Fröhlich-Gildhoff, I. Nentwig-Gesemann, A. König, U. Stenger & D. Weltzien (Hrsg.), *Forschung in der Frühpädagogik IV. Schwerpunkt: Interaktion zwischen Fachkräften und Kindern.* (S. 16–24). Freiburg: Verlag Forschung-Entwicklung-Lehre.

Welzel, M. & Zimmermann, M. (2007). NFFK – ein Verfahren zur Erfassung und Förderung von naturwissenschaftlicher Frühförderkompetenz. *Perspektiven zur pädagogischen Professionalisierung, 73,* 15–30.

Whitebook, M. (2003). Early Education Quality: Higher Teacher Qualifications for Better Learning Environments – A Review of the Literature. Berkley: University of California. Verfügbar unter: http://www.irle.berkeley.edu/cscce/wpcontent/uploads/2003/01/Early_Ed_Quality.pdf [24.09.2013]

Wollring, B., Peter-Koop, A., Haberzettel, N., Becker, N. & Spindler, B. (2011). *Elementarmathematisches Basisinterview (EMBI). Größen und Messen, Raum und Form.* Offenburg: Mildenberger.

Zimmer, R. (2008). *Handbuch der Psychomotorik: Theorie und Praxis der psychomotorischen Förderung von Kindern.* Freiburg: Herder.

Zimmermann, M. & Welzel-Breuer, M. (2009). Handlungskompetenz im Rahmen früher naturwissenschaftlicher Förderung – Entwicklung eines Analyseinstruments zur Modellentwicklung. In: D. Höttecke (Hrsg.). Gesellschaft für Didaktik der Chemie und Physik (GDCP). *Chemie- und Physikdidaktik für die Lehramtsausbildung. Jahrestagung der GDCP in Schwäbisch Gmünd 2008* (S. 116–118). Berlin: LIT.

Ziroli, S. (2006). *Bewegung, Spiel und Sport an Grundschulen. Profilbildung – Theoretische Grundlagen und empirische Befunde.* Aachen: Meyer & Meyer.

*Heike Wadepohl, Katja Mackowiak, Susanne Bosshart, Ursula Billmeier, Carine Burkhardt Bossi, Margarete Dieck, Katharina Gierl, Caroline Hüttel, Martina Janßen, Alexander Kauertz, Diemut Kucharz, Catherine Lieger, Christoph Lindenfelser, Elisabeth Rathgeb-Schnierer, Maike Tournier, Sergio Ziroli*

# 2. Das Forschungsprojekt PRIMEL: Fragestellung und Methode

Im Fokus des Forschungsprojekts PRIMEL (Professionalisierung von Fachkräften im Elementarbereich) steht die Analyse der pädagogischen Arbeit von Fachkräften mit unterschiedlicher fachlicher Qualifikation in Deutschland und der Schweiz.

Im Folgenden werden die Fragestellungen, das Design der Studie, die Stichprobe und die eingesetzten Erhebungsinstrumente sowie die Auswertungssysteme beschrieben.

## 2.1 Fragestellungen

Wie bereits in Kapitel 1 ausgeführt, wird die Prozessqualität als wichtiger Faktor in Bezug auf die Wirksamkeit früher institutioneller Bildung und Betreuung angeführt (Mashburn et al., 2008; Burger, 2010; Anders, Grosse, Ebert, Roßbach & Weinert, 2013; Anders et al., 2012; Möller & Hardy, 2014).

Bei der Erfassung von Qualität im Bereich der Prozessmerkmale wird zwischen der globalen und der bereichsspezifischen Prozessqualität differenziert. Bei ersterer werden eher allgemeine Indikatoren für eine positive Interaktionsgestaltung (z.B. Wärme, Responsivität, wertschätzende Haltung) herangezogen, letztere bezieht sich dagegen stärker auf die Qualität der Förderung in spezifischen Inhaltsbereichen (z.B. Literacy oder mathematische Kompetenzen; Kuger & Kluczniok, 2008).

Eine in Deutschland sehr verbreitete Methode zur Erfassung der globalen Prozessqualität ist die Kindergarten-Skala (KES-R: Tietze, Schuster, Grenner & Roßbach, 2007), die deutsche Fassung der revidierten Early Childhood Environment Rating Scale (ECERS-R: Harms, Clifford & Cryer, 2005). Diese erfasst mit insgesamt 43 Items, die in sieben Bereiche (Platz und Ausstattung, Betreuung und Pflege, sprachliche und kognitive Anregungen, Aktivitäten, Interaktionen, Strukturierung der pädagogischen Arbeit sowie Eltern und Erzieherinnen) unterteilt sind, verschiedene Qualitätsaspekte, welche in einem Globalmaß zusammengefasst werden können. Die Items werden anhand einer mehrstündigen Beobachtung auf einer 7-stufigen Ratingskala hinsichtlich ihrer Qualität eingeschätzt (1: unzureichend; 3: minimal; 5: gut; 7: ausgezeichnet).

Während die KES-R sehr unterschiedliche Facetten der Prozessqualität abbildet, hat die Arbeitsgruppe um Pianta und Hamre (2009) im Rahmen der Analyse (früh)kindlicher institutioneller Lernumgebungen anhand des Classroom Assessment Scoring System (CLASS: Pianta, La Paro & Hamre, 2008) empirisch eine Drei-Faktoren-Struktur zur Abbildung der Prozessqualität ermittelt: die drei Bereiche („domains") umfassen a) die emotionale Unterstützung („emotional support"), b) die Klassenführung („classroom organization") und c) die Unterstützung des Lernprozesses („instructional support").[1] Auch wenn der letzte Bereich stärker inhaltlich ausgerichtet ist, wird er von den Autor/inn/en nicht auf spezifische Bildungsbereiche hin konzeptualisiert, sondern ist eher allgemeindidaktisch zu verstehen. Aspekte, die hier erfasst werden, sind z.B. die Anregung kindlicher Denkprozesse oder die Qualität der Rückmeldung zu kindlichen Lernprozessen.

Diese Dreiteilung lässt sich auch in Modellen der Unterrichtsforschung in ähnlicher Weise finden. So beschreiben Klieme, Lipowsky, Rakocy und Ratzka (2006) folgende drei Basisdimensionen von Unterrichtsqualität, die sich mit den oben beschriebenen Bereichen der CLASS teilweise decken: a) ein unterstützendes schülerorientiertes Sozialklima, b) eine strukturierte, klare und störungspräventive Unterrichtsführung und c) die kognitive Aktivierung (z.B. Komplexität der Aufgabenstellung, Argumentationen, diskursiver Umgang mit Fehlern). Während das unterstützende Klima vor allem die Motivation der Kinder aufrechterhalten soll, ist die kognitive Aktivierung für den systematischen Wissensaufbau und das Verstehen besonders relevant und kann domänen- oder fachspezifisch gestaltet werden. Die Unterrichtsführung stellt nach Klieme (2006) vermutlich die Voraussetzung für die beiden anderen Dimensionen dar. Nach Kuger und Kluczniok (2008) lassen sich diese auf den schulischen Kontext bezogenen Dimensionen gut auf den Elementarbereich übertragen. So stellt die kognitive Aktivierung einen wesentlichen elementardidaktischen Förderaspekt dar, vertrauensvolle und wertschätzende Verhaltensweisen der Fachkraft unterstützen ein positives Gruppenklima und Maßnahmen zur Beaufsichtigung und Strukturierung von Abläufen sowie Verhaltensregeln beziehen sich auf den Bereich der Klassenführung.

Untersuchungen zur Wirkung der beschriebenen Dimensionen von Prozessqualität ergaben bedeutsame Zusammenhänge mit unterschiedlichen Aspekten der kindlichen Kompetenzentwicklung. Während die Dimension der Lernunterstützung in der CLASS im Vorschulalter insbesondere die Leistungsentwicklung von Kindern beeinflusst, hängt die emotionale Unterstützung stärker mit sozialen Kompetenzen zusammen (z.B. Mashburn et al., 2008; Curby et al., 2009). Diese Befunde sind jedoch weniger eindeutig und zum Teil widersprüchlich (vgl. zusammenfassend bei Lamb, 1998; Anders, 2013) Im schulischen Kontext weisen die von Klieme et al. (2006) beschriebenen drei Dimensionen Zusammenhänge mit der Entwicklung fachlicher Kompetenzen und motivational-affektiver Aspekte auf Seiten der Schüler/innen auf (z.B. Fauth, Decristan, Rieser, Klieme & Büttner, 2014). Aus einer domänenspezifischen Sicht sind die Qualitätsaspekte der kognitiven Aktivierung sowie der konstruktiven Unterstützung von besonderer Bedeutung für den Lehr-Lernprozess (Kunter & Voss, 2011). Allerdings betonen Hardy und Steffensky (2014), dass die Unterstützung von Lern- und Bildungsprozessen im Elementarbereich aufgrund des unterschiedlichen Settings anders gestaltet wird als im Schulkontext. Neben zeitlichen und organisatorischen Unterschieden werden Interaktionen auch weniger auf der Basis

---

1    Teilweise wird in den Arbeiten dieser Forschergruppe auch eine zweifaktorielle Lösung („instructional support" und „emotional support") berichtet (z.B. La Paro, Pianta & Stuhlman, 2004; Mashburn et al., 2008)

fachlicher bzw. fachdidaktischer Prinzipien gestaltet, sondern stärker aus einer allgemeinen Perspektive (z.B. im Sinne der Ko-Konstruktion). Trotzdem gehen Hardy und Steffensky (2014) von ähnlichen Wirkmechanismen des Verhaltens einer pädagogischen Fachkraft und einer Lehrkraft auf die kindliche Entwicklung aus.

An diese Forschungsergebnisse knüpft das Forschungsprojekt PRIMEL an. Ziel war die Analyse der Prozessqualität in deutschen und Schweizer Kindergärten. Im Fokus stand dabei die Interaktionsgestaltung der pädagogischen Fachkraft mit den Kindern während des Freispiels sowie während der Durchführung von Bildungsangeboten. Dabei stand der Ländervergleich ebenso im Zentrum des Interesses wie unterschiedliche Qualifikationen der Pädagoginnen: Es wurden fachschulisch vs. akademisch ausgebildete frühpädagogische Fachkräfte in Deutschland und der Schweiz in die Studie einbezogen. Rahmenbedingungen in den Einrichtungen sowie pädagogische Orientierungen wurden ebenfalls erhoben. Auf diese Weise sollen Zusammenhänge zwischen den verschiedenen Qualitätsfacetten analysiert werden. Da sich in den bereits angesprochenen (inter)nationalen Studien gezeigt hat, dass die Qualität in der institutionellen frühkindlichen Bildung und Betreuung trotz vielfältiger Bestrebungen noch nicht auf einem ausreichend hohen Standard angekommen ist, sollen die Ergebnisse des PRIMEL-Projekts aktuelle Erkenntnisse zu diesen Fragen liefern.

Folgende Fragestellungen standen im Zentrum:

a) Wie gestalten frühpädagogische Fachkräfte in Deutschland und in der Schweiz die *Freispielbegleitung*?
   - Wie unterstützen sie die kindliche Lernentwicklung, welche Bildungsimpulse geben sie?
   - Wie gestalten sie die Beziehung zu den Kindern, wie gehen sie mit Körperkontakt um, wie regulieren sie kindliche Emotionen?
   - Wie regeln sie den Ablauf und die Organisation des Freispiels?
b) Wie begleiten frühpädagogische Fachkräfte in Deutschland und in der Schweiz *Bildungsangebote* im Bereich der
   - Bewegungs-, künstlerisch-ästhetischen, mathematischen und naturwissenschaftlichen Bildung?
c) Welchen *Einfluss* haben Merkmale der Strukturqualität sowie Einstellungen und Orientierungen der pädagogischen Fachkräfte auf die Gestaltung der Freispielbegleitung?
   Dabei werden folgende Merkmale untersucht:
   - unterschiedliche Ausbildungen der pädagogischen Fachkräfte;
   - die räumliche, materielle und personelle Ausstattung der Einrichtung;
   - Einstellungen und Wissen der pädagogischen Fachkräfte.

## 2.2 Design

Im PRIMEL-Projekt wurde ein multiperspektivisches Vorgehen gewählt. Die Analyse der Prozessqualität erfolgte sowohl aus einer allgemeindidaktischen als auch aus einer domänenspezifischen Sicht. Dabei wurde zum einen die Begleitung des kindlichen Freispiels allgemeindidaktisch analysiert; zum anderen wurden Angebote in den Bildungsbereichen a) Bewegung, Körper und Gesundheit, b) Kunst/bildnerisch-ästhetisches Lernen, c) Mathematik und d) Naturwissenschaften mit einem domänenspezifischen Fokus ausgewertet. Zentral waren in beiden Analysen die Interaktionen der Fachkräfte mit den Kindern.

Das methodische Vorgehen ist breit angelegt und umfasst sowohl Selbsteinschätzungen als auch Fremdbeurteilungen (in Tab. 2.1 sind die Instrumente und deren Einordnung in das Kompetenzmodell von Fröhlich-Gildhoff, Nentwig-Gesemann & Pietsch, 2011, überarbeitete Fassung 2014, im Überblick dargestellt). Zum einen kamen eine Reihe von selbst entwickelten Fragebögen zur Erfassung von Strukturmerkmalen und den pädagogischen und domänenspezifischen Orientierungen und Einstellungen der pädagogischen Fachkräfte zum Einsatz. Zum anderen wurden Fallvignetten genutzt, um Informationen zu reflektierten (hypothetischen) Situationseinschätzungen und Handlungsentscheidungen in pädagogischen Alltagssituationen zu erfassen. Den zentralen Baustein stellen die Videografien von Freispielsituationen und Bildungsangeboten dar, welche eine differenzierte Analyse der Fachkraft-Kind-Interaktionen ermöglichen.

Tabelle 2.1:    Einordnung der im PRIMEL-Projekt eingesetzten Instrumente in das Kompetenzmodell von Fröhlich-Gildhoff et al., 2011; überarbeitete Fassung Fröhlich-Gildhoff et al., 2014

| *Disposition* | | *Performanz* |
|---|---|---|
| Wissen, Motivation, Handlungspotenziale | Situationswahrnehmung, Handlungsplanung | Handeln in der Situation |
| *Fragebögen* zur Erfassung von Einstellungen/Orientierungen, Fähigkeitsselbstkonzepten und Wissen in den folgenden Bildungsbereichen:<br>– Allgemeindidaktischer/ pädagogisch-psycho-logischer Bereich<br>– Bewegung, Körper und Gesundheit<br>– Kunst/bildnerisch-ästhetisches Lernen<br>– Mathematik<br>– Naturwissenschaften | *Vignetten* zur Erfassung der Situationsanalyse und Handlungsplanung in folgenden Bereichen:<br>– Allgemeindidaktischer Bereich<br>– Kunst/bildnerisch-ästhetisches Lernen<br>– Mathematik<br><br>*Angebotsplanungen* zur Erfassung von Zielen und Handlungsplanung:<br>– Bewegung, Körper und Gesundheit<br>– Kunst/bildnerisch-ästhetisches Lernen<br>– Mathematik<br>– Naturwissenschaften | *Videografien* zur Erfassung des pädagogischen Handelns im Freispiel und in den vier Bildungsangeboten in folgenden Bereichen:<br>– Lernprozessgestaltung<br>– Emotionsregulation und Beziehungsgestaltung<br>– Klassenführung |

Es soll aus einer mikroanalytischen Perspektive untersucht werden, wie die Fachkraft diese Interaktionen konkret gestaltet – zum einen in einem gering strukturierten (Freispiel), zum anderen in einem stärker strukturierten (Bildungsangebote) Kontext. Dabei werden die Interventionen in den drei Bereichen analysiert, welche sich inzwischen in der Forschung zur Prozessqualität etabliert haben (vgl. Klieme et al., 2006; Pianta et al., 2008): im ersten Bereich wird auf die Anregung und Unterstützung von Bildungsprozessen fokussiert, im zweiten Bereich werden ausgewählte Aspekte der Beziehungsgestaltung analysiert, der dritte Bereich bezieht sich auf die Organisation und Klassenführung.

Anders als in den bisher vorwiegend eingesetzten Instrumenten zur Erfassung der Prozessqualität wird im PRIMEL-Projekt keine Globaleinschätzung mittels Ratingskalen vorgenommen; vielmehr wird das Verhalten der Fachkraft mikroanalytisch erfasst. Von Interesse ist dabei, welche Verhaltensweisen aus den drei Inhaltsbereichen in welcher Frequenz auftreten. Auf diese Weise können Aussagen darüber getroffen werden, wie die pädagogischen Fachkräfte das Freispiel sowie unterschiedliche Bildungsangebote begleiten, welche Schwerpunkte (z.B. eher inhaltliche Anregung oder eher organisatorische Absprachen) sie setzen und wie viel sie auf den unterschiedlichen Ebenen intervenieren. Es geht also – in Anlehnung an Anders (2013) – zunächst eher um die „Dosis" der Anregung und Begleitung der Kinder. Ähnliche Ansätze einer quantitativen Verhaltenserfassung finden sich beispielsweise bei Siraj-Blatchford, Sylva, Muttock, Gilden & Bell (2002), König (2006) oder Kuger und Kluczniok (2008).

Trotzdem sind auch bei einem solchen Vorgehen Aussagen zur Qualität ableitbar. Aufgrund der regen Forschungsaktivität, die sich inzwischen im Feld der frühkindlichen Bildung und Betreuung sowohl national als auch international abzeichnet, liegen bereits eine Reihe von Erkenntnissen vor, wie Interaktionen zwischen Fachkraft und Kind(ern) gestaltet werden sollten, um besonders entwicklungs- und lernförderlich zu sein, (z.B. Siraj-Blatchford et al., 2002; Sylva, Melhuish, Sammons, Siraj-Blatchford & Taggart, 2004; Krammer, 2010; Hardy & Steffensky, 2014; Leuchter & Saalbach, 2014). Entsprechend werden im PRIMEL-Projekt vor allem Interventionen analysiert, die darauf abzielen, die Lernprozesse der Kinder anzuregen, zu unterstützen und ihnen Impulse zu geben; insbesondere kognitiv aktivierende Interaktionen sollen als besondere lernförderliche Form berücksichtigt werden (z.B. Klieme et al., 2006; Hardy & Steffensky, 2014). Diese werden aber laut einer Reihe von Befunden eher selten im pädagogischen Alltag gezeigt; Scaffolding-Prozesse oder die gemeinsame Weiterentwicklung von Ideen und Gedanken kommen selten vor, dagegen bestimmen Anweisungen und Informationen die Interaktionen der Fachkräfte mit den Kindern (z.B. Tietze et al., 1998; Göncü & Weber, 2000; König, 2006).

Im PRIMEL-Projekt werden darüber hinaus zwei weitere Einflussfaktoren auf die Prozessqualität erfasst. Es wird ein Ländervergleich zwischen Deutschland und der Schweiz vorgenommen, um unterschiedliche Rahmenbedingungen in den frühkindlichen Institutionen beider Länder (z.B. Anzahl der Fachkräfte pro Gruppe, Art der Strukturierung des pädagogischen Alltags, Zusammensetzung der Kindergruppe) zu berücksichtigen. Damit verbunden sind auch unterschiedliche Ausbildungsstrukturen: in Deutschland werden fachschulisch und akademisch ausgebildete Fachkräfte verglichen, in der Schweiz sind die Kindergartenlehrpersonen in der Regel akademisch qualifiziert. Angesicht einer regen Diskussion zur Professionalisierung des Personals in Einrichtungen der frühkindlichen Bildung, soll die Berücksichtigung unterschiedlicher beruflicher Qualifikationen Aufschluss darüber geben, welchen Einfluss diese in Deutschland und der Schweiz auf die Prozessqualität haben. Damit können die Ergebnisse des PRIMEL-Projekts einen wichtigen Beitrag dazu leisten, die Prozessqualität in den frühkindlichen Institutionen – und hier insbesondere die Interaktionsgestaltung zwischen Fachkraft und Kind(ern) – zu beleuchten und relevante Einflussgrößen zu identifizieren.

## 2.3  Beschreibung der Stichprobe

Für die quantitativ angelegte Studie war ein Stichprobenumfang von 90 frühpädagogischen Fachkräften geplant. Dabei sollten 30 fachschulisch ausgebildete Erzieherinnen sowie 30 Kindheitspädagoginnen mit akademischer Qualifikation aus Deutschland (D) und 30 Kindergartenlehrpersonen mit akademischer Ausbildung aus der Schweiz (CH) in das PRIMEL-Projekt einbezogen werden.

Ein weiteres Auswahlkriterium für die Teilnahme an der Studie war, dass die Fachkräfte (wenn möglich) in Regelgruppen und damit mit Kindern im Alter von 3–6 Jahren arbeiten, um eine weitgehende Vergleichbarkeit zu den Schweizer Kindergärten (meist Kinder zwischen 4–6 Jahren) im Hinblick auf die Altersgruppe der betreuten Kinder zu ermöglichen.

Die Rekrutierung der Teilnehmerinnen erfolgte deutschlandweit sowie in der Schweiz über unterschiedliche Wege:

a) über eine direkte Kontaktierung von Einrichtungen in den umliegenden Städten;
b) über die Verteilung von Informationsmaterial zum Projekt über Trägerverbände, Ministerien und Ämter;
c) über die Kontaktierung von Fachschulen für Sozialpädagogik bzw. Bachelor-Studiengängen mit dem Schwerpunkt frühkindliche Bildung und Erziehung;
d) über die Verbreitung des Projekts durch Netzwerke, Internetportale, Pressemitteilungen, Flyer;
e) über private Kontakte zu Einrichtungen und pädagogischen Fachkräften.

Aufgrund dieser sehr breit angelegten Rekrutierungsstrategie (insgesamt wurden über 5.000 Institutionen angeschrieben), bei der nicht nachvollzogen werden kann, ob und an wen die Informationen weitergeleitet wurden, ist die Angabe einer Rücklaufquote (prozentualer Anteil der Studienteilnehmerinnen an der Gesamtzahl der angefragten Personen) nicht möglich. Insgesamt gestaltete sich die Rekrutierung aber sehr zeitintensiv und mit eher geringem Erfolg.

Häufige genannte Gründe für eine Nichtteilnahme der angefragten Fachkräfte / Einrichtungen waren:

– eine generelle Überlastung der pädagogischen Fachkräfte durch Personal- / Zeitmangel sowie den Ausbau der Krippenplätze (U3-Ausbau);
– eine vom Kita-Personal empfundene „Sättigung" durch die Teilnahme in anderen Studien;

- das sehr umfangreiche Studiendesign (videografische Begleitung über eine komplette Woche; Planung und Durchführung von vier festgelegten domänenspezifischen Bildungsangeboten);
- Hemmungen angesichts der geplanten Video-Aufnahmen im Kita-Alltag;
- persönliche (z.B. wenig Berufserfahrung) und gruppenspezifische Gründe (z.B. schwierige Gruppe).

Besondere Schwierigkeiten bereitete vor allem die Rekrutierung der beiden Teilgruppen mit akademischem Ausbildungshintergrund in Deutschland und der Schweiz. Ein möglicher Grund könnte sein, dass die Bachelorstudiengänge im kindheitspädagogischen Bereich noch recht jung sind und die Zahl der Absolventinnen vergleichsweise gering. Darüber hinaus geht auch nur ein Teil der Absolventinnen in die Regelgruppenleitung einer Kita, viele suchen sich andere Tätigkeitsfelder (z.B. Fachberatung, Heilpädagogische Einrichtungen, Hilfen zur Erziehung, Schulen) oder wählen den Weg eines Masterstudiengangs (Kirstein, Haderlein & Fröhlich-Gildhoff, 2012). Folglich war es schwierig, entsprechende Personen für eine Teilnahme zu gewinnen. Aus diesem Grund wurde die akademische Teilstichprobe in Deutschland um Personen mit einem akademischen, pädagogisch orientierten, aber nicht genuin frühpädagogischen Abschluss (z.B. Sozialpädagogik, Soziale Arbeit) erweitert. In der Schweiz konnte die geplante Gruppengröße ebenfalls nicht erreicht werden. Neben den oben genannten Gründen stellten die Rahmenbedingungen (in der Regel Einrichtungen mit nur einer Gruppe und nur einer Kindergartenlehrperson) vielfach den Grund für eine Absage dar, weil sich unter diesen Bedingungen ein fehlendes Einverständnis von Eltern für die Videoaufnahmen als Problem erwies.[2]

Insgesamt konnte ein Stichprobenumfang von 89 frühpädagogischen Fachkräften aus 62 Einrichtungen in Deutschland und der Schweiz realisiert werden.[3] In Tabelle 2.2 sind die wesentlichen Merkmale der Gesamtstichprobe zusammengefasst. Die 34 fachschulisch ausgebildeten Erzieherinnen sind im Durchschnitt 37 Jahre alt (SD = 11 Jahre, Spanne: 22–60 Jahre). Sie hatten zum Zeitpunkt der Datenerhebung eine durchschnittliche Berufserfahrung von 14 Jahren (SD = 10 Jahre, Spanne: 1–40 Jahre). Sechs Erzieherinnen (17.6%) weisen einen Migrationshintergrund auf. Zum Erhebungszeitpunkt waren 31 Erzieherinnen (91.2%) mit mehr als 50% Stellenumfang in ihrer Einrichtung beschäftigt.

---

2    In größeren Einrichtungen wurden Kinder, deren Eltern kein Einverständnis für die Videoaufnahmen gegeben hatten, für die Zeit der Untersuchung in eine andere Gruppe gegeben, was in der Schweiz häufig nicht möglich war.

3    Aufgrund der spezifischen Fragestellungen sowie fehlender Werte (z.B. durch nicht beantwortete Fragen in den Fragbögen/ Vignetten oder fehlende Videoaufnahmen im Freispiel oder in den Angeboten) unterscheidet sich die Stichprobengröße in den einzelnen Auswertungskapiteln je nach genutzten Erhebungsinstrumenten. Die zugrundeliegenden Teilstichproben werden daher jeweils zu Beginn der einzelnen Ergebniskapitel aufgeführt.

Tabelle 2.2:   Charakterisierung der Gesamtstichprobe (N = 89)

| Gruppe | Geschlecht | | Alter in Jahren | | | | Berufserfahrung in Jahren | | | | Migrations-hintergrund |
|---|---|---|---|---|---|---|---|---|---|---|---|
| | m | w | M | SD | Min. | Max. | M | SD | Min. | Max. | Prozent |
| Erz. (D) | 0 | 34 | 37 | 11 | 22 | 60 | 14 | 10 | 1 | 40 | 17.6 |
| Akad. (D) | 1 | 29 | 38 | 11 | 24 | 59 | 10 | 10 | 1 | 33 | 6.7 |
| KLP. (CH) | 0 | 25 | 27 | 6 | 21 | 52 | 3 | 2 | 1 | 7 | 28.0 |

Anmerkungen: Erz.: Erzieherinnen; Akad.: Akademische Fachkräfte; KLP.: Kindergartenlehrpersonen

Die Gruppe der akademisch ausgebildeten Fachkräfte in Deutschland besteht aus insgesamt 29 Frauen und einem Mann, das Durchschnittsalter lag bei 38 Jahren (SD = 11 Jahre, Spanne: 24–59 Jahre), die mittlere Berufserfahrung bei 10 Jahren (SD = 10 Jahre, Spanne: 1–33 Jahre). Zwei Fachkräfte dieser Gruppe (6.7%) haben einen Migrationshintergrund, bezüglich des Stellenumfangs waren 23 der akademischen Fachkräfte (76.7%) mit mehr als 50% in ihrer Einrichtung beschäftigt. Die Teilstichprobe ist aufgrund der Vielzahl an verschiedenen absolvierten Studiengängen sehr heterogen, es konnten insgesamt 12 Kindheitspädagoginnen und 18 Hochschulabsolventinnen anderer pädagogischer Studiengänge für eine Teilnahme gewonnen werden (vgl. Abbildung 2.1).

Die 25 weiblichen Kindergartenlehrpersonen aus der Schweiz wiesen ein Durchschnittsalter von 27 Jahren auf (SD = 6 Jahre, Spanne: 21–52 Jahre). Die Berufserfahrung betrug im Durchschnitt 3 Jahre (SD = 2 Jahre, Spanne: 1–7 Jahre), sieben Kindergartenlehrpersonen (28.0%) gaben einen Migrationshintergrund an. In Bezug auf das Beschäftigungsverhältnis waren 24 der Kindergartenlehrpersonen (96.0%) mit mehr als 50% Stellenumfang in ihrer Einrichtung angestellt.

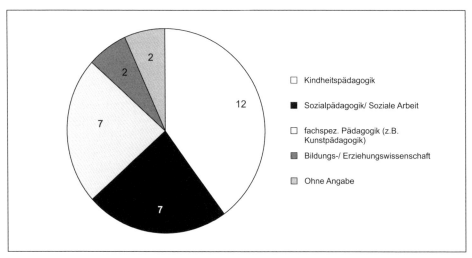

Abbildung 2.1:   Absolute Häufigkeiten der absolvierten Studiengänge in der akademischen Teilstichprobe (n = 30)

Eine Überprüfung von Unterschieden zwischen den drei Teilstichproben hinsichtlich der genannten Stichprobenmerkmale erbrachte folgende Ergebnisse: In Bezug auf das Alter der Fachkräfte sowie deren Berufserfahrung bestehen signifikante Unterschiede zwischen den Gruppen. Die Kindergartenlehrpersonen sind im Vergleich zu den deutschen Fachkräften signifikant jünger (F (2; 84) = 10.494, p < 0.0001; Post-hoc Scheffé: p < 0.010) und weisen entsprechend eine geringere Berufserfahrung auf (F (2; 85) = 10.907, p < 0.0001; Post-hoc Scheffé: p < 0.050).[4] Der Anteil der Fachkräfte mit Migrationshintergrund unterscheidet sich in den drei Gruppen nicht signifikant voneinander ($\chi^2$ (2) = 4.243, n.s.). Bezüglich des Stellenumfangs gibt es ebenfalls keine signifikanten Unterschiede zwischen den drei Ausbildungsgruppen ($\chi^2$ (2) = 5.129, n.s.).

## 2.4  Erhebungsinstrumente und Ablauf der Untersuchung

Im Projekt PRIMEL kam eine Reihe von Erhebungsinstrumenten zum Einsatz, um zum einen die Prozessqualität mikroanalytisch zu erfassen und zum anderen Informationen zu den relevanten Strukturmerkmalen sowie zu den Orientierungen und dem Fachwissen der pädagogischen Fachkräfte zu erhalten. Im Folgenden werden die eingesetzten Instrumente beschrieben:
- Allgemeiner Fragebogen zur beruflichen Situation und zur Einrichtung;
- fünf Fragebögen zu Wissens- und Einstellungsaspekten der pädagogischen Fachkräfte (pädagogisch-psychologische / allgemeindidaktische Orientierungen, Wissen und Orientierung zu den vier Domänen: a) Bewegung, Körper und Gesundheit, b) Kunst / bildnerisch-ästhetisches Lernen, c) Mathematik und d) Naturwissenschaften);
- Fallvignetten zu konkreten pädagogischen Alltagssituationen im Kindergarten;
- Angebotsplanung;
- Videografie zur Erfassung des pädagogischen Alltags, der Freispielbegleitung sowie der Angebotsgestaltung.

### 2.4.1  Fragebögen

Es kamen insgesamt sechs selbst entwickelte Fragebögen zum Einsatz, mit deren Hilfe zum einen eine Reihe von Strukturmerkmalen erfasst, zum anderen Aspekte der Orientierungsqualität sowie Fachwissen zu den verschiedenen Bildungsbereichen erhoben wurden (vgl. Tab. 2.3).

---

4   Die Interkorrelation der Variablen Alter und Berufserfahrung beträgt r = 0.838, p < 0.0001.

Tabelle 2.3:   Übersicht über die in PRIMEL eingesetzten Fragebögen und Vignetten

| *Allgemeiner Fragebogen zur beruflichen Situation* | |
| --- | --- |
| Teil A.:<br>Allgemeine Angaben | - Geschlecht<br>- Alter<br>- Migrationshintergrund<br>- Aus- und Fortbildungen<br>- Berufserfahrung |
| Teil B:<br>Berufliche Situation | - Träger der Einrichtung<br>- Anstellungsverhältnis und Dauer der Beschäftigung<br>- Personalschlüssel<br>- Anzahl der Kinder in der Einrichtung und in der Gruppe<br>- Anteil der Kinder mit Migrationshintergrund<br>- Pädagogisches Konzept und besondere Schwerpunkte der Einrichtung<br>- Größe und räumliche Ausstattung der Einrichtung<br>- Angaben zum Tagesablauf |
| Teil C:<br>Bildungsangebote | - Häufigkeit von Angeboten in den vier Bildungsbereichen<br>- Setting der Angebote in den vier Bildungsbereichen |
| *Pädagogisch-psychologischer Fragebogen (inkl. Vignette)* | |
| Orientierung/ Einstellung<br>zu vier Themen | - Einstellung zu Selbstbildung vs. Ko-Konstruktion<br>- Einstellung zu Kommunikation<br>- Einstellung zu Beziehungsgestaltung<br>- Einstellung zu Bildungsimpulsen |
| Fallvignette | - Situationswahrnehmung/ -analyse und Handlungsplanung |

| *Fragebogen und Vignetten zu den vier Bildungsbereichen* | | | | | |
| --- | --- | --- | --- | --- | --- |
| | Eigener Bezug zum Bildungs-bereich | Relevanz des Bildungs-bereichs | Fähigkeits-selbstkonzept in diesem Bildungs-bereich | Wissen zu diesem Bildungs-bereich | Fallvignette |
| Bewegung, Körper und Gesundheit | X | X | X | X | -[b] |
| Kunst/ bildnerisch-ästhetisches Lernen | X | X | X | X | X |
| Mathematik | X | X | X | X | X |
| Naturwissenschaften | X | -[a] | X | X | -[b] |

Anmerkung: [a] Zu diesem Inhaltsbereich liegen keine Items vor; [b] Zu diesem Bildungsbereich liegt keine Vignette vor.

*Allgemeiner Fragebogen zur beruflichen Situation und zur Einrichtung*
In diesem Fragebogen wurden Informationen zur Person, zur Einrichtung und zur beruflichen Situation erhoben (Strukturmerkmale); darüber hinaus wurde nach der Häufigkeit und dem Setting der Bildungsangebote in den vier beteiligten Domänen (Bewegung, Körper und Gesundheit, Kunst/bildnerisch-ästhetisches Lernen, Mathematik und Naturwissenschaften) gefragt.

*Fragebögen zu Einstellungs- und Wissensaspekten*

Die fünf anderen Fragebögen beziehen sich auf die Bildungsarbeit der pädagogischen Fachkräfte im engeren Sinne und erfassen über 5-stufige Skalen von „stimme überhaupt nicht zu" bis „stimme vollständig zu" a) eher allgemeindidaktische oder b) eher fachdidaktische Einstellungen (in den vier Domänen), das Fähigkeitsselbstkonzept sowie Aspekte des fachlichen und fachdidaktischen Wissens in der jeweiligen Domäne. Zentrale Annahme ist dabei, dass Einstellungen und Überzeugungen eine handlungsleitende Funktion besitzen (Blömeke, Müller, Felbrich & Kaiser, 2008). Allerdings lassen sich auch Befunde anführen, dass Einstellungen und Verhalten nicht immer zusammenhängen (z.B. Schmotz, 2009). Daher soll im PRIMEL-Projekt insbesondere der Einfluss der Orientierungsqualität auf das pädagogische Handeln untersucht werden.

Der pädagogisch-psychologische Fragebogen erfasst vier Orientierungen: die Einstellung zu Selbstbildung vs. Ko-Konstruktion (z.B. Schäfer, 2001; Bosshart, 2008; Fthenakis, 2009; Wannack, 2010), zur Anregung von Kommunikation mit den Kindern (z.B. Siraj-Blatchford et al., 2002; Sylva et al., 2004; DJI, 2011), zur Beziehungsgestaltung mit den Kindern (z.B. Arnett, 1989; Becker-Stoll & Textor, 2007; Bowlby, 2008; nifbe, 2011) und zur Anregung der Kinder durch gezielte Bildungsimpulse (z.B. Wannack, Schütz & Arnaldi, 2009/2010; Hauser, 2013).

Die vier domänenspezifischen Fragebögen erfassen Orientierungen und Wissensaspekte, die im Kompetenzmodell (Fröhlich-Gildhoff et al., 2011, 2014) dem Bereich der Dispositionen zuzuordnen sind und mögliche Einflussfaktoren auf die Performanz der Fachkräfte darstellen (exemplarisch für den Bildungsbereich Mathematik z.B. Thiel, 2009; Benz, 2012).

Diese sind: a) der eigene Bezug zum Bildungsbereich, b) die Relevanz dieses Bildungsbereichs, c) das Fähigkeitsselbstkonzept in diesem Bildungsbereich und d) Aspekte des fachlichen und fachdidaktischen Wissens in der jeweiligen Domäne.

## 2.4.2 Vignetten

Im PRIMEL-Projekt wurden insgesamt drei Fallvignetten eingesetzt (eine mit eher allgemeindidaktischer Perspektive (pädagogisch-psychologische Vignette) und zwei domänenspezifische Vignetten (Kunst/bildnerisch-ästhetisches Lernen; mathematische Bildung)

Vignetten sind kurze Fallbeispiele, Szenarien oder Kurzgeschichten zu hypothetischen Situationen (Atria, Strohmeier & Spiel, 2006). Sie dienen als strukturierte Impulse, sich in die geschilderte Situation hineinzuversetzen und zu erläutern, wie man in dieser Situation vorgehen würde (Beck et al., 2008); Ziel ist dabei vor allem, hypothetisches Verhalten zu erfassen (Atria et al., 2006). Häufig werden auch Begründungen für die Handlungsvorschläge oder Eindrücke zur Situationswahrnehmung und -einschätzung erfragt.

Vignetten können in mündlicher oder schriftlicher Form oder auch als Filmsequenzen vorgegeben werden (Atria et al., 2006; Streit & Weber, 2013); ähnlich variantenreich ist das gewählte Antwortformat: Die Antworten können mündlich oder schriftlich sowie mehr oder weniger offen (z.B. nur eine Frage wie: „Was würden Sie tun?", mehrere offene Fragen zu bestimmten Aspekten oder standardisierte Antwortskalen) formuliert werden (Atria et al., 2006). Die Vorteile von Vignetten bestehen vor allem darin, dass mit ihnen Einstellungen differenzierter erfasst werden können als mit einem Fragebogen (Atria et al., 2006), sie dem pädagogischen Alltag mit seinen komplexen Beurteilungs- und Entscheidungsprozessen besser gerecht werden (Auspurg, Hinz & Liebig, 2010; Oser, Heinzer & Salzmann, 2010) und in ihrer (schriftlichen) Durchführung weniger aufwändig sind als Interviews. Als Nachteile werden genannt: Unerwünschte Antworttendenzen (z.B. sozial erwünschte Antworten; Jann, 2003), was aber für alle Selbstberichte gilt, bei offenen Antwortformaten teilweise sehr verkürzte Antworten, welche nicht immer eindeutig interpretiert werden können (Rosenberger, 2013), der Einfluss schriftsprachlicher Kompetenzen (Rosenberger, 2013) sowie eine mögliche Diskrepanz zwischen dem hypothetisch formulierten und dem tatsächlich gezeigten Verhalten (Eifler & Bentrup, 2003; Eifler, 2008).

Im PRIMEL-Projekt wurden die drei Vignetten in schriftlicher Form vorgelegt. In ihnen werden typische Situationen aus dem Kindergartenalltag dargestellt. Das Antwortformat war ebenfalls schriftlich mit offenen Fragen gestaltet, wodurch Informationen über die Einstellungen, Situationswahrnehmungen und hypothetischen Handlungsroutinen der Fachkräfte gewonnen werden sollten.

---

**Beispiel-Vignette aus dem PRIMEL-Projekt**
**(pädagogisch-psychologische / allgemeindidaktische Vignette)**
Drei Jungen (5 und 6 Jahre) und zwei Mädchen (beide 5 Jahre) setzen heute seit Beginn des Freispiels ihr gestern gemeinsam begonnenes Spiel mit Lego fort. Die Jungen haben sich gestern Flugzeuge gebaut, auf deren technische Details sie sehr stolz sind, die Mädchen ein Flughafengebäude mit Aussichtsterrasse. Nun beginnen die drei Jungen mit ihren Fliegern im ganzen Kindergartenraum herumzufliegen. Die zwei Mädchen sitzen auf dem Boden und können sich nicht so recht entscheiden, was sie jetzt weiterbauen sollen. Sie haben das Tun der fünf Kinder seit gestern beiläufig beobachtet, während der letzten fünf Minuten intensiver. Bitte notieren Sie alles, was Ihnen wichtig erscheint.
*Fragen:*
Welche Gedanken gehen Ihnen bei der intensiven Beobachtung durch den Kopf?
Was würde Sie dazu veranlassen, in das Geschehen einzugreifen?
In welcher Weise würden Sie eingreifen?

---

Die oben beschriebene eher allgemeindidaktisch ausgelegte Vignette beschreibt eine typische Freispielsituation, in der eine Kleingruppe (zwei Mädchen und drei Jungen) mit Legobausteinen spielt. Es werden sowohl Aspekte des Sozialspiels als auch des komplexen Bau- und Konstruktionsspiels thematisiert. Die Situationsbeschreibung sollte unterschiedliche Überlegungs- und Handlungsmöglichkeiten bieten, also vom Ausgang her möglichst offen sein (Stiehler, Fritsche & Reutlinger, 2012). Ziel war, über die Beantwortung der drei offenen Fragen Informationen zur Situationswahrnehmung/-einschätzung und Begründung des eigenen (Nicht-)Eingreifens in die Situation sowie zum hypothetischen Verhalten in dieser Situation (Handlungsplanung) zu erhalten.

### 2.4.3 Angebotsplanung

An den Tagen, an denen die pädagogischen Fachkräfte ein Bildungsangebot zu einer der vier Domänen durchführten, wurden sie im Vorfeld zu ihrer Angebotsplanung befragt. Zunächst wurde erfasst, ob die Fachkräfte auch in ihrem regulären Kita-Alltag Angebote in den verschiedenen Bildungsbereichen durchführen. Anschließend wurde nach der Art, in der sie üblicherweise Angebote planen, gefragt. Sofern eine schriftliche Planung des videografierten Angebots vorlag, wurde diese kopiert, wenn nicht, wurde vorab notiert, welche Ziele die Fachkraft mit dem Angebot verfolgte und wie sie das Angebot durchführen wollte.

### 2.4.4 Videografien

Im PRIMEL-Projekt wurden in folgenden drei Kontexten Videografien erstellt.

*a) Videografie des pädagogischen Alltags*
In jeder Einrichtung wurde am ersten Tag die Videokamera eingeführt und der pädagogische Alltag für etwa drei Stunden am Vormittag gefilmt. Auf diese Weise konnten Informationen zum typischen Ablauf des Kindergartenvormittags erhoben werden;[5] außerdem bot dieses Vorgehen die Möglichkeit, dass die pädagogischen Fachkräfte und die Kinder sich an die technische Ausstattung gewöhnen konnten. Die Kinder wurden auf die Videografie hingewiesen („Wir filmen, was ihr alles so macht.") und darüber informiert, dass während der Aufnahmen keine Gespräche und Spiele mit den Mitarbeiter/innen möglich seien.[6] Die pädagogischen Fachkräfte bekamen eine kurze Einweisung in den Ablauf und das Vorgehen bei der Videografie; darüber hinaus erhielten sie keine besonderen Verhaltensanweisungen.

*b) Videografie des Freispiels*
Zur Erfassung der Prozessqualität wurden an insgesamt vier Tagen Videoaufnahmen von je etwa einer Stunde Freispiel angefertigt; dieses Vorgehen bietet die Möglichkeit, die Interaktionsgestaltung der Fachkraft mit den Kindern auf einer Mikroebene zu analysieren. Die Videoaufnahmen zur Freispielbegleitung fanden im alltäglichen Gruppensetting statt. Die pädagogischen Fachkräfte bekamen keine besondere Anleitung, wie sie sich in dieser Zeit verhalten sollten, es gab lediglich den Hinweis, dass sie die Zeit genauso wie an anderen Tagen gestalten sollten.

---

5    Die vorliegenden Daten werden im Rahmen einer Dissertation ausgewertet und in dieser Publikation nicht weiter berücksichtigt (vgl. Burkhardt Bossi, in Vorb.).
6    Es wurden nur Videoaufnahmen von Kindern erhoben, bei denen das Einverständnis der Eltern vorlag.

*c) Videografie der domänenspezifischen Angebote*

Die Bildungsangebote wurden von den teilnehmenden Fachkräften meist in Kleingruppen (in der Schweiz häufig in der Gesamtgruppe) in den folgenden vier Bildungsbereichen durchgeführt: a) Bewegung, Körper und Gesundheit, b) Kunst/bildnerisch-ästhetisches Lernen, c) Mathematik und d) Naturwissenschaften. Als Instruktion bekamen die Fachkräfte im Vorfeld lediglich den Hinweis, dass sie zu jedem der vier o.g. Bildungsbereiche ein Angebot für Kinder im zeitlichen Umfang von etwa 30 Minuten gestalten sollten. Die konkreten Ziele, Themenbereiche und Inhalte der Angebote sowie die Wahl der Zielgruppe wurden von den Fachkräften selbst entschieden und vorbereitet.

Alle Videoaufnahmen wurden mit Hilfe von zwei beweglichen Kameras durchgeführt: eine mit dem Fokus auf der Fachkraft und ihrem Handeln (Hauptkamera) und eine mit dem Fokus auf den jeweils mit der Fachkraft interagierenden Kindern. Die zweite Kamera diente vor allem als Hilfe zur Erfassung kindlicher Reaktionen auf die Interventionen der Fachkraft. Um eine möglichst hohe Standardisierung der Videoaufnahmen zu erreichen, wurden diese von geschulten Mitarbeiter/innen anhand eines selbstentwickelten, ausführlichen Kameraskripts (angelehnt an Seidel, Dalehefte, & Meyer, 2003; Petko, 2006; Wagner, o.J.) durchgeführt. Abweichungen bzw. Besonderheiten dieses Skripts (z.B. technische Probleme, fremde Kinder auf den Videos, spontane Änderungen) wurden in einem Videotagebuch festgehalten. Die Auswertung der Videoaufnahmen wurde vor allem auf der Basis der Hauptkamera (mit Fokus auf der Fachkraft) vorgenommen, nur in Zweifelsfällen wurde die zweite Kamera für die Auswertung hinzugezogen.

Die Datenerhebungen fanden in Deutschland und der Schweiz im Zeitraum von Mai 2012 bis Dezember 2013 statt. Sobald nach der schriftlichen Information der pädagogischen Fachkräfte über die Ziele und den Ablauf der Studie ein schriftliches Einverständnis zur Studienteilnahme vorlag, wurden die Eltern der Kinder aus den beteiligten Gruppen informiert und schriftlich um ihr Einverständnis zur Studienteilnahme ihres Kindes gebeten. Dabei wurde allen Beteiligten die Einhaltung der datenschutzrechtlichen Bestimmungen schriftlich zugesichert.

Typischerweise wurden die schriftlichen Befragungen und Videografien je teilnehmender Fachkraft innerhalb einer Woche durchgeführt (vgl. Tab. 2.4). Aufgrund des ohnehin invasiven Charakters von Videoaufnahmen im Kindergartenalltag mussten im Einzelfall Anpassungen an die regulären Abläufe der Einrichtungen vorgenommen werden. Am ersten Tag wurde jeder Fachkraft neben der Videografie des Alltags der allgemeine Fragebogen zur beruflichen Situation und zur Einrichtung ausgeteilt. An den weiteren Tagen wurde jeweils eine Stunde Freispiel sowie ein Bildungsangebot aufgezeichnet. Vor der Durchführung der Bildungsangebote wurden zudem die Zielsetzungen sowie Planungsskizzen zu den einzelnen Bildungsangeboten (Angebotsplanung) eingeholt. Im Anschluss an die Videoaufnahmen der Angebote erhielten die Fachkräfte die auszufüllenden Fragebögen und Vignetten zur Bearbeitung. War dies aus Zeitgründen nicht möglich, konnten einzelne Teile der Fragebögen (Ausnahme: Wissensfragen und Vignetten) auch zu Hause ausgefüllt werden.

Tabelle 2.4:   Typischer Ablauf der Untersuchung einer pädagogischen Fachkraft

| Montag | Dienstag | Mittwoch | Donnerstag | Freitag |
|---|---|---|---|---|
| Video: 3 Stunden Kindergartenalltag (Vormittag) | Video: 1 h Freispielbegleitung | Video: 1 h Freispielbegleitung | Video: 1 h Freispielbegleitung | Video: 1 h Freispielbegleitung |
| | 30 min Bildungsangebot 1[a] | 30 min Bildungsangebot 2[a] | 30 min Bildungsangebot 3[a] | 30 min Bildungsangebot 4[a] |
| Fragebogen zur beruflichen Situation und zur Einrichtung | Fragebogen & Angebotsplanung zum Bildungsangebot 1 | Fragebogen & Angebotsplanung zum Bildungsangebot 2 | Fragebogen & Angebotsplanung zum Bildungsangebot 3 | Fragebogen und Angebotsplanung zum Bildungsangebot 4 |
| Päd.-psycholog. Fragebogen | | | | |

Anmerkung: [a] Bildungsangebot 1 bis 4: je ein Angebot zu den folgenden Domänen: a) Bewegung, Körper und Gesundheit, b) Kunst/ bildnerisch-ästhetisches Lernen, c) Mathematik und d) Naturwissenschaften

## 2.5  Datenaufbereitung und Kennwertbildung

Im Folgenden werden Informationen zur Datenaufbereitung und Kennwertbildung gegeben, welche die Grundlage für die Analysen bilden. Da sich die Berechnung der in den einzelnen Ergebniskapiteln genutzten Kennwerte und Skalen zum Großteil decken, werden diese im vorliegenden Kapitel eingeführt.

### 2.5.1  Fragebögen: Datenaufbereitung und Kennwertbildung

*Allgemeiner Fragebogen zur beruflichen Situation und zur Einrichtung*
Der Fragebogen zur Einrichtung und zur beruflichen Situation erhebt vor allem die relevanten Strukturmerkmale, welche möglicherweise einen Einfluss auf die Prozessqualität haben, weshalb eine weitere Aufbereitung und Kennwertbildung nicht notwendig ist (für eine Darstellung exemplarischer Ergebnisse aus diesem Fragebogen vgl. Kap. 3).

*Fragebögen zu Einstellungs- und Wissensaspekten*
Der allgemeindidaktische sowie die vier domänenspezifischen Fragebögen, welche für das PRIMEL-Projekt neu entwickelt wurden, erfassen Einstellungen / Orientierungen, das Fähigkeitsselbstkonzept sowie Wissensaspekte. In Tabelle 2.5 sind die Reliabilitäten für die theoretisch entwickelten Skalen zusammengefasst. Es fällt auf, dass nicht in jedem Fall zufriedenstellende interne Konsistenzen ermittelt werden konnten.

Von den vier Skalen des pädagogisch psychologischen Fragebogens weist nur die erste Skala zur Erfassung der Einstellung zu Selbstbildung vs. Ko-Konstruktion eine ausreichend hohe interne Konsistenz auf. Die drei anderen Skalen scheinen sehr heterogene Facetten zum jeweiligen Thema zu erfassen und bilden keine einheitliche Dimension ab. Die Skala „Einstellung zu Kommunikation" weist sogar negative Item-Gesamtwertkorrelationen auf, hier scheinen also widersprüchliche Aussagen enthalten zu sein. Angesicht dieser eher kritischen Befunde, wird für die weiteren Analysen nur noch die erste Skala dieses Fragebogens genutzt.

Bei den domänenspezifischen Fragebögen erweist sich die Skala zum Fähigkeitsselbstkonzept in allen vier Domänen als reliabel. Die Skala „Eigener Bezug zum Bildungsbereich" ist mit einer Ausnahme (Bereich Bewegung, Körper, Gesundheit) ebenfalls ausreichend reliabel. Die beiden anderen Skalen dagegen („Relevanz des Bildungsbereichs" und „Wissen zum Bildungsbereich") sind mit Ausnahmen als eher kritisch einzuschätzen. Auch diese scheinen eher unterschiedliche Aspekte zu erfassen und sich nicht auf eine einheitliche zugrundliegende Dimension zurückführen zu lassen.

Tabelle 2.5:    Überblick über die im PRIMEL-Projekt eingesetzten Fragebogen-Skalen und deren Reliabilität (Cronbachs Alpha)

*Pädagogisch-psychologischer Fragebogen*

|  | Einstellung zu Selbstbildung vs. Ko-Konstruktion | Einstellung zu Kommunikation | Einstellung zu Beziehungsgestaltung | Einstellung zu Bildungsimpulsen |
|---|---|---|---|---|
| Allgemeindidaktische Orientierung | $\alpha = 0.73$ (8 Items) | $\alpha = -0.20$ (10 Items) | $\alpha = 0.03$ (8 Items) | $\alpha = 0.14$ (9 Items) |

*Domänenspezifische Fragebögen*

|  | Eigener Bezug zum Bildungsbereich | Relevanz des Bildungsbereichs | Fähigkeitsselbstkonzept in diesem Bildungsbereich | Wissen zu diesem Bildungsbereich | Globalskala (mit allen Items) |
|---|---|---|---|---|---|
| Bewegung, Körper und Gesundheit | $\alpha = 0.30$ (3 Items) | $\alpha = 0.72$ (10 Items) | $\alpha = 0.72$ (4 Items) | $\alpha = 0.05$ (5 Items) | $\alpha = 0.71$ (22 Items) |
| Kunst/ bildnerisch-ästhetisches Lernen | $\alpha = 0.79$ (8 Items) | $\alpha = 0.29$ (6 Items) | $\alpha = 0.91$ (6 Items) | $\alpha = 0.58$ (10 Items) | $\alpha = 0.81$ ( 30 Items) |
| Mathematik | $\alpha = 0.76$ (5 Items) | $\alpha = 0.62$ (7 Items) | $\alpha = 0.84$ (5 Items) | $\alpha = 0.54$ (6 Items) | $\alpha = 0.86$ (23 Items) |
| Naturwissenschaften | $\alpha = 0.85$ (9 Items) | $-^a$ | $\alpha = 0.85$ (5 Items) | $\alpha = 0.10$ (5 Items) | $\alpha = 0.82$ (19 Items) |
| Alle vier Domänen zusammengefasst | $\alpha = 0.84$ (25 Items) | $\alpha = 0.67$ (23 Items) | $\alpha = 0.90$ (20 Items) | $\alpha = 0.63$ (26 Items) | - |

Anmerkung: [a] Zu diesem Bereich liegen keine Items vor, da der Fragebogen bereits in einer anderen Untersuchung entwickelt wurde (Eberhardt, 2012).

Da die Global-Skalen zu den vier Domänen eine zufriedenstellende interne Konsistenz aufweist (vgl. Tab. 2.5), werden diese im Sinne einer globalen Einstellung gegenüber den vier Bildungsbereichen für die weiteren Analysen herangezogen. Außerdem wurden zusätzlich die internen Konsistenzen der vier Unterskalen über die vier Bildungsbereiche hinweg berechnet. Diese drücken Domänen übergreifende Orientierungen, Selbsteinschätzungen und Wissensaspekte aus und können eher im Sinne einer generellen Haltung der Bildungsarbeit gegenüber verstanden werden. Da diese ebenfalls eine ausreichend hohe Reliabilität aufweisen, werden auch diese in die weiteren Analysen einbezogen (vgl. Tab. 2.5).

## 2.5.2  Vignetten: Datenaufbereitung und Kennwertbildung

Da im Ergebnisteil zunächst nur die allgemeindidaktische Vignette genutzt wird, wird an dieser Stelle lediglich das Auswertungsrational dieser Vignette beschrieben. Die Auswertung erfolgte mittels Kategorisierung der Antworten; dabei wurden zum einen die drei gestellten Fragen als Strukturierung genutzt, zum anderen wurden die Antworten in Anlehnung an die Videoauswertung den drei Inhaltsbereichen zugeordnet (vgl. Tab. 2.6):

*1. Auswertung nach den Fragetypen*
Die drei Fragen zielen je auf einen Aspekt aus dem Kompetenzmodell von Fröhlich-Gildhoff et al. (2011/2014) ab (vgl. Kap. 1):
—  Frage 1 – Situationswahrnehmung: Da (Freispiel-)Situationen sehr unterschiedlich wahrgenommen werden, geht es bei dieser Frage um die Gedanken, welche die pädagogischen Fachkräfte zur beschriebenen Spielsituation äußern. Wie schätzen sie die Situation ein? Fokussieren sie eher Spielinhalte oder das Verhalten der Kinder? Die Situationswahrnehmung und -analyse ist der Ausgangspunkt für die anschließende Handlungsplanung und das eventuelle Eingreifen in die Situation (Fröhlich-Gildhoff et al., 2011, 2014).
—  Frage 2 – Handlungsbereitschaft: Nach der Einschätzung einer beobachteten Freispielsituation überlegen sich die Fachkräfte, ob Handlungsbedarf besteht, also ob sie eingreifen sollen oder nicht. Fröhlich-Gildhoff et al. (2011, 2014) gehen von einer wesentlichen Beeinflussung der Handlungsbereitschaft durch die jeweilige Situationsanalyse aus. Sie fügen jedoch an, dass das Handeln auch wesentlich durch Werthaltungen und Einstellungen geprägt ist. Entsprechend werden in dieser Frage explizit Gründe für ein Eingreifen oder Nicht-Eingreifen erfasst.
—  Frage 3 – Handlungsplanung: Hier geht es um die konkrete Handlungsplanung, wenn die Fachkraft zu dem Ergebnis kommt, dass ein Eingreifen sinnvoll und/oder notwendig ist. Die Planung von Handlungsoptionen basiert auf explizitem wissenschaftlich-theoretischem Wissen, implizitem (reflektiertem) Erfahrungswissen und methodisch-didaktischen Fähigkeiten und Fertigkeiten (Fröhlich-Gildhoff et al., 2011, 2014).

## 2. Auswertung nach den drei Inhaltsbereichen

Die Aktivitäten der pädagogischen Fachkraft können sich bei der Spielbegleitung auf unterschiedlichen Ebenen abspielen. Je nach Situation und Intention liegt der Fokus eher auf den Spielhandlungen und Spielideen der Kinder, auf der Beziehungsebene, also auf dem Zusammenspiel, der Motivation und dem Befinden der Kinder, oder auf organisatorischen Aktivitäten im Zusammenhang mit Spielmaterialien, Spielorten oder Regeleinhaltungen (Walter & Fasseing, 2002; Pausewang, 2006; König, 2009). Das Kodiersystem zur Auswertung der Vignette wurde in Anlehnung an das Beobachtungssystem zur Videoauswertung entwickelt und umfasst ebenfalls die drei Bereiche:

– Bereich I: Lernprozessgestaltung
– Bereich II: Beziehungsgestaltung
– Bereich III: Klassenführung

Da mittels Vignette Kognitionen sowie hypothetisches Handeln in einer pädagogischen Alltagssituation erhoben werden, konnte das Video-Beobachtungssystem nicht eins zu eins übernommen, sondern musste an die Daten (schriftliche Antworten) angepasst werden. Dies geschah induktiv auf der Basis des Materials.

Zur Kodierung der Antworten wurden diese in einem ersten Schritt einer der drei Fragen zugeordnet.[7] Anschließend wurde analysiert, welchem der drei Inhaltsbereiche diese Antwort anspricht (Mehrfachzuordnungen waren möglich, wenn in einer Antwort verschiedene Bereiche angesprochen wurden). Wenn die Antwort nicht eindeutig zuzuordnen war, wurde sie als „nicht kodierbar" klassifiziert.

Die Vignetten wurden von zwei Kodiererinnen getrennt ausgewertet. Die unabhängige Kodierung ergab eine Übereinstimmung über alle Vignetten von 70.9%. Da die Antworten oft stichpunktartig notiert wurden, was bei dieser Methode häufig vorkommt (z.B. Rosenberger, 2009), waren die Antworten nicht immer eindeutig zu kategorisieren. Daher war eine Konsensvalidierung in Zweifelsfällen notwendig.

Auf der Basis dieser Kodierungen können sowohl die Anzahl als auch die Art der Kognitionen und Handlungsvorschläge zu den drei Fragen sowie den drei Bereichen analysiert werden (vgl. Tab. 2.6).[8]

---

7    Dies war notwendig, weil die Befragten ihre Antworten nicht immer eindeutig der jeweiligen Frage zuordneten (also z.B. schon Interventionen nannten, wenn es um die Situationseinschätzung ging).

8    Das ausführliche Kodiersystem sowie die Auswertung der allgemeindidaktischen Vignette sind Teil einer Dissertation und werden an dieser Stelle nicht weiter vertieft (vgl. Bosshart, in Vorb.).

Tabelle 2.6:    Überblick über das Kodiersystem zur Auswertung der allgemeindidaktischen (pädagogisch-psychologischen) Vignette

| Frage 1: Situations-wahrnehmung/ -analyse | Frage 2: Handlungsgründe | Frage 3: Handlungsplanung/ -vorschläge |
|---|---|---|
| Anzahl der genannten Aspekte | Anzahl der genannten Gründe | Anzahl der genannten Handlungsvorschläge |
| Art der genannten Aspekte<br>– Lernprozessgestaltung<br>– Beziehungsgestaltung<br>– Klassenführung | Art der genannten Gründe<br>– Lernprozessgestaltung<br>– Beziehungsgestaltung<br>– Klassenführung | Art der genannten Handlungsvorschläge<br>– Lernprozessgestaltung (11 Items)<br>– Beziehungsgestaltung (4 Items)<br>– Klassenführung (5 Items) |

### 2.5.3  Angebotsplanung: Datenaufbereitung und Kennwertbildung

Es liegen Angebotsplanungen von einem Großteil der gefilmten Bildungsangebote vor (Bewegung, Körper und Gesundheit: 91.3%; Kunst / bildnerisch-ästhetisches Lernen: 85.5%; Mathematik: 93.4% Angebotsplanungen: Naturwissenschaften: 93.9%). Da die Ausführungen in den meisten Fällen jedoch sehr knapp ausfielen bzw. nur die von den filmenden Mitarbeiter/innen explizit erfragte Zielsetzung enthalten, wurde auf eine angebotsübergreifende Auswertung bisher verzichtet.[9]

### 2.5.4  Videografien: Datenaufbereitung und Kennwertbildung

Aufgrund der Menge an Video-Datenmaterial (pro Fachkraft ca. 9–10 Stunden Videomaterial) wurde für die in den folgenden Kapiteln beschriebenen Auswertungen jeweils auf Teile des Gesamtdatensatzes zurückgegriffen.

Zur Analyse der *Freispielbegleitung* wurde zunächst die zweite Freispielaufnahme jeder Fachkraft herangezogen, sofern diese eine Mindestlaufzeit von 30 Minuten erreichte. Sie wurde gewählt, weil die Fachkräfte sich einerseits bereits ein wenig an die Videoaufnahmen gewöhnen konnten, andererseits aber noch nicht zu sehr von den wiederholten Aufnahmen beansprucht waren. Es kann auf Freispielaufnahmen von 88 Personen zurückgegriffen werden.

Für die Auswertungen der *Bildungsangebote* wurde eine Teilstichprobe von je 30 Fachkräften gezogen, wobei acht zur Gruppe der Erzieherinnen, zwölf zur Gruppe der akademisch ausgebildeten Fachkräfte in Deutschland sowie zehn zur Gruppe der Schweizer Kindergartenlehrpersonen gehören.[10] Es wurden nur diejenigen Fachkräfte in die Zufallsziehung miteinbezogen, die in Regelgruppen arbeiteten und von denen auswertbare Videodateien in allen vier Bildungsbereichen vorlagen. Zudem wurde da-

---

9    In Kapitel 5 wird im Rahmen der Domäne Bewegung, Körper und Gesundheit auf den Aspekt der Zielsetzung der Angebote dieses Bildungsbereichs eingegangen, der aus den jeweiligen Angebotsplanungen stammt. Das bewegungsspezifische Auswertungssystem wird im entsprechenden Kapitel eingeführt.

10   Die Bildungsangebote der einzelnen Domänen werden zudem im Rahmen von (Dissertations-)Projekten hinsichtlich domänenspezifischer Fragestellungen ausgewertet (vgl. Billmeier, in Vorb.; Gierl, in Vorb.; Janßen, in Vorb.)

rauf geachtet, dass die Angebote komplett aufgezeichnet wurden und vorwiegend einen (den gewünschten) Bildungsbereich umfassten.

Die auszuwertenden Videodaten der Hauptkamera (mit Fokus auf die Fachkraft) wurden in ein einheitliches Format komprimiert und in das Videoauswertungsprogramm Videograph (Version 4.2.1.22X3; Rimmele, 2012; für weitere Informationen vgl. Seidel, Kobarg, & Rimmele, 2005) implementiert. Für die Schweizer Videos wurde zusätzlich ein Sprachtranskript erstellt und eingelesen.

Alle Videos wurden um Sequenzen mit technischen Pannen (z.B. Tonausfall, Fachkraft nicht im Bild) bereinigt, bei den Freispielaufnahmen entfallen zudem für alle Kinder verpflichtende Frühstücksrunden oder Sitzkreise, da diese aufgrund der geringen Freiheitsgrade nicht als typische Freispielsituationen gelten (z.B. Hauser, 2013). Tabelle 2.7 liefert einen Überblick über die durchschnittliche Dauer der bisher ausgewerteten Videoaufnahmen zu den Freispielsituationen und domänenspezifischen Angeboten.

Tabelle 2.7:    Überblick über die durchschnittliche (kodierbare) Dauer der bisher ausgewerteten Videos zu den Freispielsituationen sowie den domänenspezifischen Angeboten (in Minuten)

| | $n$ | $M$ | $SD$ | Min. | Max. |
|---|---|---|---|---|---|
| Freispiel | 88 | 45.94 | 11.64 | 15.17 | 67.17 |
| Angebot: Bewegung, Körper und Gesundheit | 30 | 38.12 | 10.24 | 23.33 | 64.33 |
| Angebot: Kunst/ bildnerisch-ästhetisches Lernen | 30 | 37.52 | 10.87 | 19.33 | 65.33 |
| Angebot: Mathematik | 30 | 33.20 | 8.97 | 17.00 | 55.50 |
| Angebot: Naturwissenschaften | 30 | 32.15 | 10.48 | 15.00 | 66.00 |

Die Analyse des pädagogischen Handels der Fachkräfte in der Freispielbegleitung sowie in den domänenspezifischen Bildungsangeboten erfolgte mikroanalytisch. Im Gegensetz zu einem globaleren Rating, wie es bisher vielfach zur Einschätzung der Prozessqualität genutzt wird, z.B. anhand der KES-R (Tietze et al., 2007) oder auch des CLASS-Instruments (Pianta et al., 2008), war das Ziel im PRIMEL-Projekt, das pädagogische Handeln und die Interaktionen mit den Kindern differenziert zu erfassen. Dazu ist ein mikroanalytisches Vorgehen erforderlich, wie es etwa bei dem Beobachtungssystem Target Child Observation (TCO: Siraj-Blatchford et al., 2002) realisiert wird. Hierbei werden die interessierenden Aktivitäten der pädagogischen Fachkräfte vorab differenziert beschrieben und hinsichtlich ihres Auftretens in bestimmten Situationen erfasst. Bei einem solchen Vorgehen bieten sich zwei Methoden der Kodierung an: die Methode des Event Sampling oder die Methode des Time Sampling. Die Methode des Event Sampling bietet die Möglichkeit, die relevanten Verhaltensweisen bei ihrem Auftreten hinsichtlich der Häufigkeit, Dauer und Latenz zu kodieren. Schwierig ist dabei oft, den Anfangs- und Endzeitpunkt eines Ereignisses genau zu identifizieren. Ungeeignet ist eine solche Kodierung immer dann, wenn sich die relevanten Items kaum unabhängig voneinander kodieren lassen, wie das beispielsweise in Interaktionen häufig der Fall ist (Ostrov & Hart, 2013). Alternativ kann dann die Auswertung im Time Sampling erfolgen. Hier können die Beobachtungseinheiten in vorab festgelegten Zeitintervallen hinsichtlich ihres Auftretens kodiert werden. Insbesondere bei häufig auftretenden Verhaltensweisen ist diese Art der Aufzeichnung sehr geeignet. Nachteil dieser Methode ist, dass keine Aussagen über die tatsächliche Häufigkeit und Dauer von Verhaltensweisen getroffen werden können, weil ein Verhalten in jedem Intervall, in dem es auftritt, genau einmal – unabhängig von der absoluten Häufigkeit und der Dauer – kodiert wird (Ostrov & Hart, 2013). Wenn also ein und dasselbe Verhalten über einen längeren Zeitraum andauert, wird es in jedem Intervall erneut kodiert, in dem es beobachtbar ist. Dies muss bei der Darstellung und Interpretation der Ergebnisse berücksichtigt werden.

Im PRIMEL-Projekt wurde die Methode des Time Sampling (mit 10-Sekunden-Intervallen) gewählt, weil sich in ersten Analysen zeigte, dass bestimmte Aktivitäten sehr häufig vorkamen, einige Verhaltensweisen zeitgleich auftraten und sich die Festlegung von Anfangs- und Endzeitpunkten eines Verhaltens als äußerst schwierig erwies. Das Time Sampling ist in der Unterrichtsforschung üblich (Seidel, Prenzel & Kobarg, 2005; Ostrov & Hart, 2013) und wird auch im Elementarbereich beispielsweise mit dem TCO-System (Siraj-Blatchford et al., 2002) eingesetzt (hier allerdings mit etwas größeren Zeitintervallen von 30 Sekunden).

*Beobachtungssystem zur Erfassung der Prozessqualität im Elementarbereich*
Im Folgenden wird das im PRIMEL-Projekt entwickelte Beobachtungssystem zur Analyse des pädagogischen Handelns im Elementarbereich vorgestellt, das für die Videoauswertung der Freispielbegleitung sowie der vier Bildungsangebote eingesetzt wurde. Aufgrund der unterschiedlichen Kontextbedingungen zwischen Freispiel und Angeboten (z.B. räumliche Begrenzung und häufige Beschränkung auf Kleingruppen in den Angeboten) gibt es kleine Unterschiede in Bezug auf die Auswertung mit dem Beobachtungssystem, die ebenfalls erläutert werden.

Um eine bessere Strukturierung der Fachkraft-Kind-Interaktionen in den verschiedenen Spielgeschehen vornehmen zu können, erfolgte bei den Freispielvideos zunächst eine Charakterisierung aller kodierbaren 10-Sekunden-Intervalle über zwei Interaktionsmerkmale (vgl. Tab. 2.8). In den Angeboten war dies aufgrund der bereits erläuterten festgelegten Rahmenbedingungen nicht relevant.

Tabelle 2.8:    Interaktionsmerkmale aus dem Beobachtungssystem zur Erfassung der
                Prozessqualität im Elementarbereich

| | |
|---|---|
| Interaktionsform | 1. Dyade |
| | 2. Kleingruppe |
| | 3. Großgruppe |
| Redebeitrag | 1. Nur die Fachkraft spricht. |
| | 2. Nur ein Kind spricht. |
| | 3. Die Fachkraft spricht mit mind. einem Erwachsenen. |
| | 4. Die Fachkraft spricht mit mind. einem Kind. |
| | 5. Kinder sprechen untereinander. |

Die weiteren Items des Beobachtungssystems wurden in einem Zeitintervall von
zehn Sekunden jeweils immer dann kodiert, wenn sie auftraten. Im eingesetzten Beobachtungssystem können daher theoretisch – je nach Auftreten der einzelnen Items – zwischen keinem und allen Items in einem 10-Sekunden-Intervall
kodiert werden (Möglichkeit der Mehrfachkodierung), da beispielsweise zwei verschiedene pädagogische Handlungsweisen (z.B. eine offene Frage stellen und gleichzeitig ein Kind an die Hand nehmen) erfasst werden können oder eine Intervention
durch zwei Items erfasst werden kann (z.B. mit Wissensinput auf einen kindlichen
Lösungsprozess eingehen). Zur Kodierung der Freispiel-Videos wurden alle Items
des Systems (bis auf die später für die Angebotsauswertung hinzugefügten Items
I_17 und I_18) verwendet; die Auswertung der Bildungsangebote erfolgte aufgrund
einer stärker domänenspezifischen Fokussierung zum einen nur mit einem Teil der
Freispielitems, zum anderen um zwei Items ergänzt (I_05 bis I_18 sowie I_F). [11]

Im Folgenden wird das Beobachtungssystem in seinen theoretischen Bezügen vorgestellt. Das Beobachtungssystem zur Erfassung der Prozessqualität im Elementarbereich hat das Ziel, das pädagogische Handeln der Fachkraft in der Freispiel- und
Angebotsbegleitung mikroanalytisch zu beschreiben. Dabei wird das Auftreten spezifischer Aktivitäten und Interventionen der Fachkraft kodiert, die zunächst deduk-
tiv auf der Basis aktueller, internationaler Forschungsergebnisse zur Erfassung der
Prozessqualität im Elementarbereich abgeleitet und dann anhand des Videomaterials
induktiv ergänzt wurden. Dabei konnte auf Vorarbeiten aus zwei Vorläuferprojekten
zurückgegriffen werden (vgl. Lieger, 2008, 2014); das Beobachtungssystem wurde anschließend entsprechend der Zielsetzung des PRIMEL-Projekts revidiert und ergänzt.

Die Grobstruktur des Systems orientiert sich an der Trias pädagogischer
Interventionen, wie sie beispielsweise im CLASS-Instrument zu finden und über
Faktorenanalysen empirisch abgesichert ist (z.B. Pianta & Hamre, 2009). Im PRIMEL-
Projekt wurden Items in Anlehnung an die drei Bereiche der CLASS („instruc-
tional support", „emotional support" und „classroom organization") bzw. die von
Klieme et al. (2006) formulierten Qualitätsdimensionen guten Unterrichts („kognitive
Aktivierung", „unterstützendes Lernklima" und „Klassenführung") formuliert.

---

11    Für die Ergebnisdarstellung relevante Hinweise zur fachdidaktischen bzw. domänen-
      spezifischen Anpassung der Items vgl. Kap. 5–7.

Zur Absicherung einzelner Items des Beobachtungssystems wurden zusätzlich die KES-R (Tietze et al., 2007) und der Nationale Kriterienkatalog zur Einschätzung der pädagogischen Qualität von Kindertageseinrichtungen (Tietze & Viernickel, 2007) sowie für einzelne Beobachtungsbereiche spezifische Literatur herangezogen. Nach der deduktiven Entwicklung und Erprobung des Systems wurden die Item-Definitionen und -Abgrenzungen anhand von Videomaterial zu Freispielsituationen und einzelnen Bildungsangeboten induktiv ergänzt und in einem Abstimmungsprozess überarbeitet; entsprechende Ankerbeispiele sowie spezifische Kodierregeln für das Freispiel und die Bildungsangebote wurden hinzugefügt (für einen Überblick über das Beobachtungssystem siehe Anhang).

Die insgesamt 30 Items des Beobachtungssystems zur Erfassung der Prozessqualität im Elementarbereich lassen sich in die folgenden drei Bereiche unterteilen:
1. *Lernprozessgestaltung* (16 Items für das Freispiel bzw. 14 Items für die Angebote),
2. *Emotionsregulation und Beziehungsgestaltung* (4 Items) sowie
3. *Klassenführung* (8 Items).

Der Schwerpunkt im PRIMEL-Projekt liegt dabei auf dem ersten Bereich, weil es hier im engeren Sinne um Aktivitäten geht, die auf die Unterstützung von Lern- und Bildungsprozessen gerichtet sind (z.B. Klieme, 2006; Hardy & Steffensky, 2014), weshalb dieser Bereich die meiste Differenzierung und damit die höchste Anzahl an Items beinhaltet. Um aufgrund der Auftretenshäufigkeit der Items bzw. aufgrund von Item-Kombinationen Hinweise auf die Prozessqualität in der beobachteten Gruppe schließen zu können, wurden Items eingeführt, die das pädagogische Handeln auf verschiedenen Qualitätsstufen abbilden. Das mikroanalytische Vorgehen macht zudem eine zugespitzte Operationalisierung der zu kodierenden pädagogischen Interventionen notwendig, da es relativ schwierig ist, komplexe Handlungsmuster (wie z.B. Scaffolding-Prozesse) in kurzen Zeitintervallen zu erfassen.

In Tabelle 2.9 sind die einzelnen Items zu den drei Bereichen im Überblick dargestellt. Außerdem sollen die Überschneidungen mit der Dreiteilung von Prozessqualität, wie sie in der CLASS (Pianta et al., 2008) sowie bei Beschreibung der Unterrichtsqualität nach Klieme et al. (2006) zu finden sind, verdeutlicht werden.

Tabelle 2.9: Zuordnung der Items aus dem Beobachtungssystem zur Erfassung der Prozessqualität im Elementarbereich zu den drei Bereichen

| Item-Nr. | Name/ Item-Benennung |
|---|---|
| *BEREICH I: Lernprozessgestaltung* | |
| I_01 | Anregen zum gemeinsamen Tun |
| I_02 | Anregen zu Gesprächen untereinander |
| I_03 | Anwenden von Modellierungstechniken |
| I_04 | Stellen offener Fragen |
| I_05 | Erweiterung und Bereicherung des Spiels |
| I_06 | Inhaltliches Lob und Anerkennung |
| I_07 | Anregen zu motorischem oder praktischem Tun |
| I_08 | Anregen zum Explorieren und Forschen |
| I_09 | Anregen zum Formulieren der eigenen Gedanken und Überlegungen |
| I_10 | Anregen zum Nachdenken innerhalb einer Situation |
| I_11 | Anregen zum Weiterdenken über die Situation hinaus |
| I_12 | Wissensabfrage |
| I_13 | Verbaler Wissensinput |
| I_14 | Inhaltliches Reagieren/ Eingehen auf Wünsche und Fragen |
| I_15 | Inhaltliches Reagieren/Eingehen auf das Vorwissen und Können |
| I_16 | Inhaltliches Reagieren/ Eingehen auf Lösungsprozesse, Lösungsprodukte und Fehler |
| I_17[a] | Vormachen/ Vorzeigen |
| I_18[a] | Anregen zum Äußern von eigenen Erfahrungen und Erinnerungen |
| I_F | Fehler |
| *BEREICH II: Emotionsregulation und Beziehungsgestaltung* | |
| II_19 | Lob und Anerkennung in sozialen Situationen |
| II_20 | Anteilnahme und Regulation |
| II_21 | Reaktion auf Körperkontakt(wunsch) |
| II_22 | Körperkontakt(angebot) |
| *BEREICH III: Klassenführung* | |
| III_23 | Organisation des Spiels |
| III_24 | Beobachtung eines distalen Spielgeschehens/ Überblick über das Spiel |
| III_25 | Beobachtung eines proximalen Spielgeschehens |
| III_26 | Einführung, Aushandlung und Besprechung neuer Regeln |
| III_27 | Anwendung bestehender Regeln |
| III_28 | Reaktion auf Störung |
| III_29 | Reaktion auf Streitigkeiten und Partizipation bei der Streitschlichtung |
| III_30 | Rückmeldung auf die Aufhebung einer Störung/ eines Streits |

Anmerkung: [a] Dieses Item wurde nachträglich zur Analyse der Bildungsangebote ergänzt.

Aufgrund der verschiedenen Erfassungsmethoden der Prozessqualität (z.B. globales Rating über eine 7-stufige Skala und einen Beobachtungszyklus von 20 Minuten bei der CLASS vs. mikroanalytische Kodierung des Auftretens einzelner Interventionen im 10-Sekunden-Time-Sampling im PRIMEL-Projekt) gelingt eine Zuordnung der

Beobachtungseinheiten lediglich auf der Ebene der drei Bereiche („domains") der CLASS („instructional support", „emotional support" und „classroom organisation") sowie zur Trias der Unterrichtsqualität („kognitive Aktivierung", „unterstützendes Klima", „Unterrichtsführung"). Die feiner differenzierten Unterfacetten der drei Bereiche dieser Systeme lassen sich auf einer mikroanalytischen Ebene, wie sie im PRIMEL-System eingenommen wird, nicht immer abbilden. Beispielsweise ist die Erfassung eines Interaktionsprozesses im Sinne des „sustained shared thinking", welcher über eine gewisse Zeit andauern muss, kaum im 10-Sekunden-Time-Sampling zu kodieren ist. Auch eine allgemeinere Haltung, die sich beispielsweise in Form eines positiven Gruppenklimas oder der Sensitivität der pädagogischen Fachkraft den Kindern gegenüber zeigt und im CLASS-Instrument über ein globales Rating erfasst wird, soll mit dem hier gewählten Beobachtungssystem nicht erhoben werden, wird aber in anderen Teilprojekten realisiert.[12]

Im Bereich *Lernprozessgestaltung* des eingesetzten Beobachtungssystems werden (allgemein-)didaktische pädagogische Handlungsweisen der Fachkräfte zusammengefasst, die die Förderung von kognitiven Lern- und Bildungsprozessen der Kinder zum Ziel haben. Dabei werden die Interventionen der Fachkräfte nicht explizit domänenspezifisch, sondern bereichsübergreifend analysiert, in den Bildungsangeboten werden einzelne Items jedoch aus der domänenspezifischen Perspektive kodiert und interpretiert.

Fast alle Items aus dem ersten Bereich können der CLASS-Domäne „instructional support" zugeordnet werden, wobei die Items aus dem PRIMEL-System auf unterschiedlichen Qualitätsstufen der CLASS anzusiedeln sind. Einer der in der CLASS aufgeführten Aspekte, die kognitive Aktivierung, wird bei Klieme et al. (2006) als eines der zentralen Kriterien von Unterrichtsqualität angeführt, sodass ein Teil der PRIMEL-Items (I_08, I_09, I_10, I_11, I_18) sowohl der etwas breiter angelegten CLASS-Domäne als auch der kognitiven Aktivierung nach Klieme et al. (2006) zugeordnet werden kann. Hierunter werden pädagogische Handlungsweisen gefasst, die die Kinder beispielsweise zum Äußern von Vermutungen oder zum Problemlösen anregen sollen.

Die relativ große Anzahl der Items im Bereich Lernprozessgestaltung lässt zudem die Möglichkeit der Bildung von inhaltlich zusammenhängenden Unterskalen zu. So lassen sich Items bestimmen, die in erster Linie die alltagsintegrierte Förderung von sprachlichen und kommunikativen Kompetenzen der Kinder in den Blick nehmen (Item I_02, I_03, I_04) (vgl. etwa Schneider et al., 2012). Zudem lassen sich einige der Items hinsichtlich ihrer Anregungsqualität klassifizieren in solche, die die kindlichen Lern- und Denkprozesse eher weniger anregen, und solche, welche stärker anregen und der kognitiven Aktivierung nach Klieme et al. (2006) nahe kommen.

Aufgrund der Wichtigkeit sachlich richtiger Aussagen, werden sachlich falsche Aussagen innerhalb der kodierbaren Handlungsweisen im Bereich I unter dem Item Fehler (I_F) subsummiert (vgl. Leuchter & Saalbach, 2014).

Handlungsweisen der Fachkräfte auf der sozial-emotionalen Ebene werden im zweiten Bereich *Emotionsregulation und Beziehungsgestaltung* kodiert. Hierbei wird vor allem die Forschung im Kontext der Fachkraft-Kind-Bindung bzw. -Beziehung

---

12  Prozesshafte Unterstützungen der Fachkräfte im Sinne kognitiv aktivierender Interaktionen werden beispielsweise im Rahmen einer Dissertation untersucht (vgl. Tournier, in Vorb.).

herangezogen, die auf die Wichtigkeit einer qualitativ hochwertigen Bindungs- bzw. Beziehungsgestaltung als Grundlage für kindliche Entwicklungs- und Lernprozesse hinweist (Becker-Stoll & Textor, 2007; Ahnert, 2008). Es ist jedoch schwer möglich, beziehungsgestaltende Elemente wie emotionale Wärme mikroanalytisch hinsichtlich ihres Auftretens zu erfassen, da sich diese eher in unterschiedlicher Stärke, jedoch durchgehend in jeder Interaktion zeigen. Hier ist der Einsatz von Ratingsystemen mit Einschätzungen über einen längeren Zeitraum zu bevorzugen. Da im PRIMEL-System aber nicht ganz auf diesen Bereich verzichtet werden sollte, wurden einzelne mikroanalytisch erfassbare Handlungsweisen herausgegriffen, welche u.a. in der Bindungstheorie als relevante Aspekte identifiziert wurden:[13] Dies sind die Unterstützung bei der Regulation von Emotionen sowie das Ermöglichen physischer Nähe (Körperkontakt) zwischen Fachkraft und Kindern, die in vielen Erhebungsinstrumenten zur Fachkraft-Kind-Bindung erfasst werden (z.B. Waters & Deane, 1985; Booth, Kelly, Spieker & Zuckerman, 2003; Pianta et al., 2008; McCall, Groark & Fish, 2010). Die Unterscheidung des Initiators des Körperkontakts (Kind vs. Fachkraft) resultierte induktiv, da bei Durchsicht der Videos die Frage nach der Relation zwischen der Häufigkeit des Körperkontakts und dem Alter der Kinder aufkam und deshalb differenziert wird, von wem der Körperkontakt ausgeht. Alle vier Items des Bereichs Emotion und Beziehungsgestaltung lassen sich sowohl der CLASS-Domäne „emotional support" als auch der Facette des unterstützenden Klimas nach Klieme et al. (2006) zuordnen, bilden jedoch aufgrund der oben genannten Einschränkung durch das Analyseniveau nur einen Teil der dort beschriebenen Konstrukte ab.

Der dritte Bereich zur *Klassenführung* beinhaltet Items, die ihren Ursprung in der Unterrichtsforschung haben. Es sollen Interventionen der Fachkräfte erfasst werden, die einen möglichst reibungslosen und störungsfreien Spielablauf gewährleisten. Für die meisten Items dieses Bereichs lassen sich Analogien zu der CLASS-Domäne „classroom organization" finden, wobei sich vor allem die Inhalte decken, die sich auf einen störungsfreien Ablauf beziehen. Dieser Aspekt ist einer der grundlegenden im Classroom Management, der neben anderen Faktoren wie der Allgegenwärtigkeit bereits in den Arbeiten von Kounin (2006) genannt wurde.

Noch deutlichere Überschneidungen zeigen sich mit der Facette der Unterrichtsführung nach Klieme et al. (2006), welche sich in der aktuellen Literatur in proaktive und reaktive Strategien aufteilen lässt (z.B. Hennemann & Hillenbrand, 2010). Proaktive Strategien (Item III_23, III_24, III_25) beziehen sich eher auf die Gestaltung der aktuellen und störungsfreien Lernumgebung, während sich reaktive Strategien (Item III_28, III_29, III_30) explizit auf die Interventionen nach unangemessenem Verhalten der Kinder beziehen. Auch für die Operationalisierung im Bereich der Klassenführung sind Einschränkungen beim Einsatz des PRIMEL-Systems notwendig. So wird die Allgegenwärtigkeit der Fachkraft beispielsweise nur in Zügen über die Kodierung der distalen und proximalen Beobachtung des Spielgeschehens (Item III_24, III_25) erfasst, andere Aspekte der Klassenführung (z.B. die Vorbereitung) können gar nicht berücksichtigt werden.

---

13  Die Beziehungsgestaltung der Fachkräfte wird jedoch zusätzlich im Rahmen einer Dissertation anhand verschiedener methodischer Zugänge untersucht (vgl. Wadepohl, in Vorb.).

Die internen Konsistenzen der einzelnen Bereiche des PRIMEL-Beobachtungssystems zur Erfassung der Prozessqualität im Elementarbereich sind in Tabelle 2.10 aufgeführt.

Tabelle 2.10: Interne Konsistenz (Cronbachs Alpha) der einzelnen Bereiche des PRIMEL-Beobachtungssystems

| Bereiche | Zuordnung der Items zu den Bereichen | Interne Konsistenz [1] |
|---|---|---|
| Bereich I: Lernprozessgestaltung (16 Items) | I_01 bis I_18 (I_17, I_18; nur in den Angeboten) | $\alpha = 0.613$ |
| Unterbereich – Kognitive Aktivierung (4 Items) | I_08 bis I_11 I_18 (nur in den Angeboten) | $\alpha = 0.60$ |
| Unterbereich – Sprache und Kommunikation (3 Items) | I_02, I_03, I_04 | $\alpha = 0.46$ |
| Bereich II: Emotionsregulation und Beziehungsgestaltung (4 Items) | II_19 bis II_22 | $\alpha = 0.35$ |
| Bereich III: Klassenführung (8 Items) | III_23 bis III_30 | $\alpha = 0.38$ |

Anmerkung: [1] Die internen Konsistenzen wurden anhand der Kodierungen der Freispiel-Videos (n=88) berechnet, weshalb die Items I_17 und I_18 nicht einbezogen werden konnten

*Beurteilerübereinstimmung*

Aufgrund der Vielzahl der zu kodierenden Items (insgesamt 30 Items) fand die Auswertung der Videos in Kodiertandems statt, wobei jedes Tandem eine bestimmte Anzahl an Items über alle Freispiele bzw. die Bildungsangebote einer Domäne hinweg kodierte. Nachdem die Videos von beiden Kodiererinnen unabhängig voneinander bearbeitet wurden, wurden die Nicht-Übereinstimmungen in den Kodierungen identifiziert und kommunikativ validiert. Diese Art der Qualitätssicherung ist in der Bildungsforschung eine häufig herangezogene Methode, sodass von einer ausreichenden Objektivität der Daten ausgegangen werden kann (vgl. Steinke, 2007). Die Beurteilerübereinstimmung wurde fortlaufend jeweils nach zehn kodierten Videos berechnet, um bei ausreichender Übereinstimmung (mind. 80% Übereinstimmungen) ggf. eine Kodierung der Items durch eine Person zu ermöglichen. Dies gelang für beide Items der Interaktionsmerkmale sowie für wenige weitere Items des Beobachtungssystems (Item II_21, II_22, III_29). Die Objektivität der Kodierung dieser nur von einer Person kodierten Items wurde nach jedem zehnten Video erneut überprüft, wobei die prozentuale Übereinstimmung mind. 80% betragen musste. Konnte keine ausreichende Übereinstimmung erreicht werden, wurden alle bis dahin kodierten Videos (bis zur letzten gelungen Überprüfung) von einer zweiten Person nachkodiert und die Nicht-Übereinstimmungen wiederum kommunikativ validiert. Die mittlere prozentuale Beurteilerübereinstimmung für die einzelnen Blöcke ist in Tabelle 2.11 angegeben.

Die relativ geringe prozentuale Übereinstimmung lässt sich zum einen durch das eher mittel- bis hochinferente Niveau der Items des Beobachtungssystems erklären, die trotz der mikroanalytischen Vorgehensweise einen gewissen Interpretationsspielraum zulassen. Die zusätzliche Option der Mehrfachkodierungen, die in der Komplexität und zeitlichen Parallelität der pädagogischen Handlungen begründet ist, verlangt von den Kodiererinnen zudem einen hohen Grad an Aufmerksamkeit innerhalb eines 10-Sekunden-Intervalls. Durch die hohe Anzahl er kodierbaren Items war eine Aufteilung der einzelnen Items auf verschiedene Auswertungs-Tandems notwendig, wodurch zusätzliche Schwierigkeiten in Bezug auf die Abgrenzung der Items zwischen den Tandems entstanden. Aufgrund der Auswertungsmethode im 10-Sekunden-Time-Sampling und des verwendeten Auswertungsprogramms ergaben sich zusätzliche technische Probleme (wie beispielsweise ein unsystematisch auftretendes „Springen" der letzten Sekunden eines Intervalls in das nächste), die zu Übereinstimmungsfehlern führten.

Zum anderen stellt das Identifizieren selten vorkommender Items (wie z.B. Item I_10, I_11) im gesamten Datenmaterial eine Herausforderung dar (vgl. Wirtz & Caspar, 2002). Bei einem Großteil der 10-Sekunden-Intervalle stimmen die Beurteilerinnen darin überein, dass das Item nicht auftritt, was jedoch in die Berechnung der prozentualen Übereinstimmung (vgl. Tab. 2.11) nicht eingeht, da diese aus dem Verhältnis von kodierten Übereinstimmungen zur Summe der kodierten Übereinstimmungen und Nicht-Übereinstimmungen resultiert. Übereinstimmungen darin, dass ein Item *nicht* vorkommt, werden in dieser Berechnung nicht berücksichtigt.

Aufgrund des oben beschriebenen Verfahrens der Kodierung des Materials durch zwei Personen und der kommunikativen Validierung der Nicht-Übereinstimmungen kann dennoch von einer hinreichenden Objektivität der Kodierungen ausgegangen werden.

Tabelle 2.11: Beurteilerübereinstimmung in den drei Bereichen für die Videokodierung der Freispielbegleitung und der Bildungsangebote

| Bereich | Kodierte Items | Prozentuale Übereinstimmung |
|---|---|---|
| *Freispielbegleitung* | | |
| Bereich I | I_01 bis I_16 | 42.29 |
| Bereich II | II_19 bis II_22 | 65.65 |
| Bereich III | III_23 bis III_30 | 57.48 |
| Interaktionsmerkmale | Interaktionsform | 84.11 |
| | Redebeitrag | 84.21 |
| *Bildungsangebot: Bewegung, Körper und Gesundheit* | | |
| Bereich I | I_05 bis I_18 | 70.33 |
| *Bildungsangebot: Kunst/bildnerisch-ästhetisches Lernen* | | |
| Bereich I | I_05 bis I_18 | 33.62 |
| *Bildungsangebot: Mathematik* | | |
| Bereich I | I_05 bis I_18 | 41.65 |
| *Bildungsangebot: Naturwissenschaften* | | |
| Bereich I | I_05 bis I_18 | 55.90 |

Anmerkung: [1] Die prozentuale Übereinstimmung der Einzelitems wurde berechnet aus der Summe der Übereinstimmungen / (Summe der Übereinstimmungen + Nicht-Übereinstimmungen).

*Kennwertbildung auf Item-Ebene*
Zur weiteren Analyse wurden für jedes kodierte Video die absoluten Häufigkeiten der Kodierungen pro Item berechnet und in SPSS eingegeben. Da die Dauer der Videos unterschiedlich lang war (vgl. Tab. 2.7), können die absoluten Häufigkeiten nicht miteinander verglichen werden. Hierzu ist eine Relativierung an der Dauer der Videos notwendig. Hierbei bieten sich folgende Möglichkeiten an:

*1. Relativierung an der Gesamtsumme der Kodierungen bzw. an der Summe der Kodierungen innerhalb eines Bereichs*
Diese Art der Relativierung erlaubt Aussagen über den prozentualen Anteil einzelner Items oder Item-Kombinationen an der Gesamtsumme aller Kodierungen bzw. an der Summe der Kodierungen innerhalb eines Bereichs.

*2. Relativierung an der Videodauer von 30 Minuten*
Ein auch für die Praxis gut verständliches Vorgehen ist eine Relativierung der Kodierungen an einer einheitlichen Videodauer. Hierbei wurde eine Standardisierung auf 30 Minuten gewählt, da die meisten Videos mindestens 30 Minuten dauerten und somit nur bei einzelnen Personen mit Videodauern unter 30 Minuten geschätzt / hochgerechnet werden musste. Diese Kennwerte beschreiben also die Häufigkeit des Auftretens einzelner Items oder von Item-Kombinationen pro 30 Minuten. Aufgrund dieser Standardisierung können die Häufigkeiten der Kodierungen direkt miteinander verglichen werden.

*Kennwertbildung auf der Ebene der Kodierintervalle*[14]
Zur Analyse der Aktivitäten der pädagogischen Fachkräfte war zudem von Interesse, ob die Fachkräfte in einem Intervall vor allem Interventionen aus einem Bereich (z.B. Klassenführung) zeigen oder ob Interventionen aus verschiedenen Bereichen gleichzeitig angesprochen werden (z.B. Fachkraft weist auf eine Regel hin und tröstet ein Kind). Diese Analysen lassen Schlüsse zu, inwiefern die Fachkräfte zeitgleich Handlungen ausführen, die sich verschiedenen Bereichen zuordnen lassen (z.B. weil Kinder parallel verschiedene Anliegen haben) bzw. inwiefern die Fachkräfte nur innerhalb eines Bereichs handeln. Hier ist der Bereich der Lernprozessgestaltung von besonderem Interesse, da Studien zeigen, dass kognitiv förderliche Interaktionen zwischen Fachkraft und Kind nicht durch andere Interventionen (z.B. aus dem Bereich der Klassenführung) gestört werden sollten (Siraj-Blatchford et al., 2002; Sylva et al., 2004).

Um diese Frage klären zu können, wurden die 10-Sekunden-Intervalle daraufhin analysiert, ob ausschließlich Items aus einem Bereich kodiert wurden (reine Intervalle) oder ob Kodierungen aus mindestens zwei Bereichen kodiert wurden (Mischintervalle). Darüber hinaus wurden alle Intervalle ermittelt, in denen die Fachkraft kein kodierbares Verhalten zeigte (Leerintervalle). In Tabelle 2.12 ist dieses Vorgehen veranschaulicht.

---

14 Aufgrund der Fokussierung auf die Lernprozessgestaltung in den Bildungsangeboten (Bereich I mit den Items I_05 bis I_18) kann die Kennwertbildung auf Ebene der Kodierintervalle nur für die Analyse der Freispielbegleitung herangezogen werden.

Tabelle 2.12: Exemplarische Darstellung der Kennwertbildung auf der Ebene der Kodierintervalle (Rein-, Misch- sowie Leerintervalle).

| Bereich | Item | Rein-Intervall | Mischintervall | Mischintervall | Leerintervall |
|---------|------|:---:|:---:|:---:|:---:|
| I | I_01 | X | X | X | |
| I | I_02 | X | | | |
| II | II_19 | | X | X | |
| III | III_23 | | | X | |

Anmerkung: X gibt an, dass das Item im jeweiligen 10-Sekunden-Intervall kodiert wurde.

Für diese drei Variablen (reine, Misch- bzw. leere Intervalle) kann zur Vergleichbarkeit von Personen eine ähnliche Relativierung wie oben vorgenommen werden:

*1. Relativierung an der Videodauer von 30 Minuten*
Die Standardisierung auf 30 Minuten gibt an, wie viele reine, Misch- und Leerintervalle innerhalb von 30 Minuten auftreten.

Im nun folgenden Ergebnisteil werden zunächst ausgewählte Ergebnisse zur Bildungsarbeit in den Einrichtungen vorgestellt (vgl. Kap. 3). Anschließend werden aus einer eher allgemeindidaktischen Perspektive Analysen zum pädagogischen Handeln der Fachkräfte in der Freispielbegleitung dargestellt (vgl. Kap. 4). In den darauf folgenden Kapiteln (vgl. Kap. 5 bis 7) werden aus domänenspezifischer Perspektive ausgewählte Ergebnisse zu den vier Bildungsbereichen vorgestellt. Im letzten Ergebniskapitel (vgl. Kap. 8) wird eine vergleichende Analyse der Handlungskompetenzen von pädagogischen Fachkräften im Freispiel und in den vier Bildungsangeboten unter Berücksichtigung von Dispositionen und Planungskompetenzen vorgenommen.

## Literatur

Ahnert, L. (2008). Bindungsbeziehungen außerhalb der Familie: Tagesbetreuung und Erzieherinnen-Kind-Bindung. In L. Ahnert (Hrsg.), *Frühe Bindung. Entstehung und Entwicklung* (S. 256–277). München: Ernst Reinhardt.

Anders, Y. (2013). Stichwort: Auswirkungen frühkindlicher institutioneller Betreuung und Bildung. *Zeitschrift für Erziehungswissenschaft, 16* (2), 237–275.

Anders, Y., Grosse, C., Ebert, S., Roßbach, H.-G., & Weinert, S. (2013). Preschool and primary school influences on the development of children's early numeracy skills between the ages of 3 and 7 years in Germany. *School Effectiveness und School Improvement, 24* (2), 195–211.

Anders, Y., Roßbach, H.-G., Weinert, S., Ebert, S., Kuger, S., & von Maurice, J. (2012). Home and preschool learning environments and their relationship to the development of numeracy skills. *Early Childhood Research Quarterly, 27*, 231–244.

Arnett, J. (1989). Caregivers in day-care centers: Does training matter? *Journal of Applied Developmental Psychology, 10* (4), 541–552.

Atria, M., Strohmeier, D. & Spiel, C. (2006). Der Einsatz von Vignetten in der Programm-evaluation – Beispiele aus dem Anwendungsfeld „Gewalt in der Schule". In U. Flick (Hrsg.), *Qualitative Evaluationsforschung* (S. 233–249). Reinbek: Rowohlt.

Auspurg, K., Hinz, T. & Liebig, S. (2009). Komplexität von Vignetten, Lerneffekte und Plausibilität im Faktoriellen Survey. *Methoden, Daten, Analysen, 3* (1), 59–96. Verfüg-bar unter: https://kops.ub.uni-konstanz.de/xmlui/bitstream/handle/urn:nbn:de:bsz:352-opus-108853/04_Auspurg.pdf?sequence=1 [06.08.14]

Beck, E., Baer, M., Guldimann, T., Bischoff, S., Brühwiler, C., Müller, P., Niedermann, R., Rogalla, M. & Vogt, F. (2008). *Adaptive Lehrkompetenz. Analyse von Struktur, Ver-änderbarkeit und Wirkung handlungssteuernden Lehrerwissens.* Münster: Waxmann.

Becker-Stoll, F. & Textor, M. R. (Hrsg.). (2007). *Die Erzieherin-Kind-Beziehung: Zentrum von Bildung und Erziehung.* Berlin: Cornelsen.

Benz, C. (2012). Attitudes of Kindergarten Educators about Math. *Journal für Mathematik-Didaktik, 33* (2), 203–232.

Billmeier, U. (in Vorb.). *Lernbegleitung in Bewegungsangeboten in der Kita – Gestaltung be-wegungspädagogischer Arbeit unterschiedlich ausgebildeter Fachkräfte.* Dissertation, Pädagogische Hochschule Weingarten.

Blömeke, S., Müller, C., Felbrich, A. & Kaiser, G. (2008). Epistemologische Überzeugungen zur Mathematik. In S. Blömeke, G. Kaiser & R. Lehmann (Hrsg.), *Professionelle Kom-petenz angehender Lehrerinnen und Lehrer. Wissen, Überzeugungen und Lerngelegen-heiten deutscher Mathematikstudierender und -referendare* (S. 219–246). Münster: Waxmann.

Booth, C.L., Kelly, J.F., Spieker, S.J., & Zuckerman, T.G. (2003). Toddlers' Attachment Security to Child-Care Providers: The Safe and Secure Scale. *Early Education & Development, 14* (1), 83–100.

Bosshart, S. (2008). *Die Spielbegleitung im Kindergarten: Einstellungen und Handlungen im Vergleich.* Unveröffentlichte Masterthesis, Pädagogische Hochschule Weingarten.

Bosshart, S. (in Vorb.). *Spielbegleitung im Kindergarten.* Dissertation, Leibniz Universität Hannover.

Bowlby, J. (2008). *Bindung als sichere Basis: Grundlagen und Anwendung der Bindungs-theorie.* München: Ernst Reinhardt.

Burger, K. (2010). How does early childhood care and education affect cognitive develop-ment? An international review of the effects of early interventions for children from different social backgrounds. *Early Childhood Research Quarterly, 25* (2), 140–165.

Burkhart Bossi, C. (in Vorb.). *Muster der Alltagsstrukturierung im Elementarbereich. Eine Analyse des Kindergartenalltags.* Dissertation, Goethe-Universität Frankfurt am Main.

Curby, T.W., LoCasale-Crouch, J., Konold, T.R., Pianta, R.C., Howes, C., Burchinal, M., Bryant, D., Clifford, R., Early, D. & Barbarin, O. (2009). The relations of observed pre-k classroom quality profiles to children's achievement and social competence. *Early Education & Development, 20*, 346–372.

DJI (Deutsches Jugendinstitut) (2011). Einführung zum Praxismaterial aus dem Projekt „Sprachliche Bildung und Förderung für Kinder unter Drei". *Wissenschaftliche Texte.* Verfügbar unter: http://www.fruehe-chancen.de/files/informationen_fuer/spk/aus_der_praxis/application/pdf/dji_einfuehrung_praxismaterial_sprache_u3.pdf [05.08.2014].

Eberhardt, S.M. (2012). *Frühe naturwissenschaftliche Bildung im Elementarbereich – Erfassung des spezifischen Professionswissens von pädagogischen Fachkräften.* Unver-öffentlichte Forschungsarbeit, Universität Koblenz-Landau, Campus Landau.

Eifler, S. & Bentrup, C. (2003). *Zur Validität von Selbstberichten abweichenden und hilfrei-chen Verhaltens mit der Vignettenanalyse. Bielefelder Arbeiten zur Sozialpsychologie, 208.* Bielefeld: Universität, Fakultät für Soziologie. Verfügbar unter: http://www.uni-bielefeld.de/soz/pdf/Bazs208.pdf [05.08.14].

Eifler, S. (2008). Kriminelles und abweichendes Handeln im Alltag – Eine Studie zur Validität eines faktoriellen Surveys. In A. Groenemeyer & S. Wieseler (Hrsg.), *Soziologie sozialer Probleme und sozialer Kontrolle* (S. 277–296). Wiesbaden: VS-Verlag.

Fauth B., Decristan, D. Rieser, S. Klieme E. Büttner G. (2014). Student ratings of teaching quality in primary school: Dimensions and prediction of student outcomes. *Learning and Instruction, 29*, 1–9.

Fröhlich-Gildhoff, K., Nentwig-Gesemann, I. & Pietsch, S. (2011). *Kompetenzorientierung in der Qualifizierung frühpädagogischer Fachkräfte*. München: DJI/WiFF.

Fröhlich-Gildhoff, K., Weltzien, D., Kirstein, N., Pietsch, S. & Rauh, K. (2014). Expertise Kompetenzen früh-/kindheitspädagogischer Fachkräfte im Spannungsfeld von normativen Vorgaben und Praxis. Verfügbar unter: URL: http://www.bmfsfj.de/RedaktionBMFSFJ/Abteilung5/Pdf-Anlagen/14-expertise-kindheitspaedagogische-fachkraefte,property=pdf,bereich=bmfsfj,sprache=de,rwb=true.pdf [30.07.2014]

Fthenakis, W. (2009). Bildung neu definieren und Bildungsqualität von Anfang an sichern. *Betrifft Kinder, 03/09*, 6–10. Verfügbar unter: URL: http://www.fthenakis.de/cms/BetrifftKinder_03-09.pdf [05.08.2014]

Gierl, K. (in Vorb.). *Naturwissenschaftliche Interaktionsprozesse im Elementarbereich*. Masterarbeit, Universität Koblenz-Landau.

Göncü, A. & Weber, E. (2000). Preschoolers' Classroom Activities and Interactions with Peers and Teachers. *Early Education and Development, 11* (1), 93–107.

Hardy, I. & Steffensky, M. (2014). Prozessqualität im Kindergarten: Eine domänenspezifische Perspektive. *Unterrichtswissenschaft, 42* (2), 101–116.

Harms, T., Clifford, R. M., & Cryer, D. (2005). *Early childhood environment rating scale – Revised*. NY: Teachers College Press.

Hartke, B., Koch, K. & Diehl, K. (Hrsg.). (2010). *Förderung in der schulischen Eingangsstufe*. Stuttgart: Kohlhammer.

Hauser, B. (2013). *Spielen. Frühes Lernen in Familie, Krippe und Kindergarten*. Stuttgart: Kohlhammer.

Hennemann, T. & Hillenbrand, C. (2010). Klassenführung – Classroom Management. In B. Hartke, K. Koch & K. Diehl (Hrsg.), *Förderung in der schulischen Eingangsstufe* (S. 255–279). Stuttgart: Kohlhammer.

Jann, B. (2003). *Lohngerechtigkeit und Geschlechterdiskriminierung. Experimentelle Evidenz*. Unveröffentlichtes Manuskript, Eidgenössische Technische Hochschule Zürich.

Janßen, M. (in Vorb.). *Eine Analyse der bildnerisch-ästhetischen Entscheidungsstrukturen in Kunstangeboten von frühpädagogischen Fachkräften*. Dissertation, Pädagogische Hochschule Weingarten.

Kirstein, N., Fröhlich-Gildhoff, K. & Haderlein, R. (2012). *Von der Hochschule an die Kita. Berufliche Erfahrungen von Absolventinnen und Absolventen kindheitspädagogischer Bachelorstudiengänge*. München: DJI/WiFF.

Klieme, E. (2006). Empirische Unterrichtsforschung: aktuelle Entwicklungen, theoretische Grundlagen und fachspezifische Befunde. Einführung in den Thementeil. *Zeitschrift für Pädagogik, 52* (6), 765–773.

Klieme, E., Lipowsky, F, Rakocy, R. & Ratzka, N. (2006). Qualitätsdimensionen und Wirksamkeit von Mathematikunterricht. In M. Prenzel & L. Allolio-Näcke (Hrsg.), *Untersuchungen zur Bildungsqualitat von Schule* (S. 127–146). Münster: Waxmann.

König, A. (2006). *Dialogisch-entwickelnde Interaktionsprozesse zwischen ErzieherIn und Kind(-ern). Eine Videostudie aus dem Alltag des Kindergartens*. Verfügbar unter: https://eldorado.tu-dortmund.de/bitstream/2003/24563/1/Diss_veroeff.pdf [05.08.2014]

König, A. (2009). *Interaktionsprozesse zwischen ErzieherInnen und Kindern. Eine Videostudie aus dem Kindergartenalltag*. Wiesbaden: Verlag für Sozialwissenschaften.

Kounin, J.S. (2006). *Techniken der Klassenführung*. Münster: Waxmann.

Krammer, K. (2010). Individuelle Unterstützung im Unterricht mit 4- bis 8-jährigen Kindern. In M. Leuchter (Hrsg.), *Didaktik für die ersten Bildungsjahre. Unterricht mit 4- bis 8-jährigen Kindern* (S. 112–127). Zug: Klett und Balmer.

Kuger, S. & Kluczniok, K. (2008). Prozessqualität im Kindergarten. Konzept, Umsetzung und Befunde. *Zeitschrift für Erziehungswissenschaft, 10, Sonderheft 11*, 159–178.

Kunter, M. & Voss, T. (2011). Das Modell der Unterrichtsqualität in COACTIV: Eine multikriteriale Analyse. In M. Kunter, J. Baumert, W. Blum, U. Klusmann, S. Krauss & M. Neubrand (Hrsg.), *Professionelle Kompetenz von Lehrkräften – Ergebnisse des Forschungsprogramms COACTIV* (S. 85–113). Münster: Waxmann.

Lamb, M.E. (1998). Nonparental Child Care: Context, Quality, Correlates, and Consequences. In I.E. Sigel (Ed.), *Handbook of child psychology* (5th ed., pp. 73–133). New York u.a.: Wiley.

La Paro, L. M., Pianta, R. C., & Stuhlman, M. (2004). Classroom Assessment Scoring System (CLASS). Findings from the pre-K year. *Elementary School Journal, 105*, 409–426.

Leuchter, M. & Saalbach, H. (2014). Verbale Unterstützungsmaßnahmen im Rahmen eines naturwissenschaftlichen Lernangebots in Kindergarten und Grundschule. *Unterrichtswissenschaft, 42* (2), 117–131.

Lieger, C. (2008). Die Begleitung von 4- bis 8-jährigen Kinder in Freispielsituationen. Unveröffentlichte Masterarbeit, Pädagogische Hochschule St. Gallen und Pädagogische Hochschule Zentralschweiz.

Lieger, C. (2014). *Ansätze zur Professionalisierung von Elementarpädagoginnen in der Begleitung von Freispielsituationen.* Unveröffentlichte Dissertation, Pädagogische Hochschule Weingarten.

McCall, R.B., Groark, C.J., & Fish, L. (2010). A Caregiver-Child Social/Emotional and Relationship Rating Scale (CCSERRS). *Infant Mental Health, 2* (31), 201–219.

Mashburn, A.J., Pianta, R.C., Hamre, B.K., Downer, J.T., Barbarin, O., Bryant, D., Burchinal, M., Early, D., & Howes, C. (2008). Measures of pre-k quality and children's development of academic, language and social skills. *Child Development, 79* (3), 732–749.

Möller, K. & Hardy, I. (2014). Prozessqualität in Bildungseinrichtungen des Elementarbereichs. *Unterrichtswissenschaft, 42* (2), 98–100.

nifbe (Niedersächsisches Institut für frühkindliche Bildung und Entwicklung; Hrsg.). (2011). *Bildung braucht Beziehung: Selbstkompetenz stärken – Begabungen entfalten.* Freiburg im Breisgau [u.a.]: Herder.

Oser, F., Heinzer, S. & Salzmann, P. (2010). Die Messung der Qualität von professionellen Kompetenzprofilen von Lehrpersonen mit Hilfe der Einschätzung von Filmvignetten. *Unterrichtswissenschaft, 38*, 5–28.

Ostrov, J.M. & Hart, E.J. (2013). Observational methods. In T.D. Little (Ed.), *The Oxford Handbook of Quantitative Methods, Vol. 1: Foundations* (pp. 285–303). Oxford: Oxford University Press.

Pausewang, F. (2006). *Dem Spiel Raum geben. Grundlagen und Orientierungshilfen zur Spiel- und Freizeitgestaltung in sozialpädagogischen Einrichtungen.* Berlin: Cornelsen.

Petko, D. (2006). Kapitel 1: Kameraskript. In E. Klieme, C. Pauli & K. Reusser (Hrsg.), *Dokumentation der Erhebungs- und Auswertungsinstrumente zur schweizerisch-deutschen Videostudie „Unterrichtsqualität, Lernverhalten und mathematisches Verständnis". Teil 3: Videoanalysen* (Materialien zur Bildungsforschung Band 15, S. 15–37). Frankfurt am Main: Deutsches Institut für Internationale Pädagogische Forschung; Universität Zürich, Pädagogisches Institut.

Pianta, R.C. & Hamre, B.K. (2009). Conceptualization, measurement, and improvement of classroom processes: standardized observation can leverage capacity. *Educational Researcher, 38*, 109–119.

Pianta, R.C., La Paro, K., & Hamre, B.K. (2008). *Classroom Assessment Scoring System (CLASS).* Baltimore: Brookes.

Rimmele, R. (2012). *Videograph*. Kiel: Leibniz-Institut für die Pädagogik der Naturwissenschaften (IPN).

Rosenberger, K. (2009). „Tausend Nuancen des Wissens": textanalytische Rekonstruktionen zum Kompetenzerwerb in der LehrerInnenausbildung. *Zeitschrift für Qualitative Forschung, 10* (2), 263–291.

Rosenberger, K. (2013). *Differenzfähigkeit bei Lehramtsstudierenden. Eine Vignettenstudie.* Wiesbaden: Springer.

Schäfer, G.E. (2001): *Prozesse frühkindlicher Bildung.* Verfügbar unter: https://www.hf.uni-koeln.de/data/eso/File/Schaefer/Prozesse_Fruehkindlicher_Bildung.pdf [15.07.2014].

Schmotz, C. (2009). *Handlungsleitende Kognitionen beim Einsatz digitaler Medien.* Verfügbar unter:   http://edoc.hu-berlin.de/dissertationen/schmotz-christiane-2009-05-27/PDF/schmotz.pdf [05.08.2014].

Schneider, W., Baumert, J., Becker-Mrotzek, M., Hasselhorn, M., Kammermeyer, G., Rauschenbach, T., Roßbach, H.-G., Roth, H.-J., Rothweiler, M. & Stanat, P. (2012). *Expertise „Bildung durch Sprache und Schrift (BISS)": Bund-Länder-Initiative zur Sprachförderung, Sprachdiagnostik und Leseförderung.* Verfügbar unter: http://www.biss-sprachbildung.de/pdf/BiSS-Expertise.pdf [05.08.2014].

Seidel, T., Dalehefte, I.M. & Meyer, L. (2003). Aufzeichnen von Physikunterricht. In T. Seidel, M. Prenzel, R. Duit & M. Lehrke (Hrsg.), *IPN-Materialien. Technischer Bericht zur Videostudie „Lehr-Lern-Prozesse im Physikunterricht"; BIQUA* (S. 47–75). Kiel: IPN.

Seidel, T., Kobarg, M. & Rimmele, R. (2005). Video data processing procedures. In T. Seidel, M. Prenzel & M. Kobarg (Eds.), *How to run a video study. Technical report of the IPN video study* (pp. 54–69). Münster: Waxmann.

Seidel, T.; Prenzel, M. & Kobarg, M. (2005). *How to run a video study. Technical report of the IPN video study.* Münster: Waxmann.

Siraj-Blatchford, I., Sylva, K. Muttock, S., Gilden, R. & Bell, D. (2002). *Researching Effective Pedagogy in the Early Years.* Research Report No 356. London: University of Oxford, Department of Educational Studies.

Steinke, I. (2007). Qualitätssicherung in der qualitativen Forschung. In U. Kuckartz, H. Grunenberg & T. Dresing (Hrsg.), *Qualitative Datenanalyse: computergestützt* (S. 176–187), Wiesbaden: Verlag für Sozialwissenschaften.

Stiehler, S., Fritsche, C. & Reutlinger C. (2012). *Der Einsatz von Fall-Vignetten.* Verfügbar unter: http://www.sozialraum.de/der-einsatz-von-fall-vignetten.php [05.08.2014].

Streit, C. & Weber, C. (2013). Vignetten zur Erhebung von handlungsnahem, mathematik-spezifischem Wissen angehender Grundschullehrkräfte. In *Beiträge zum Mathematikunterricht 2013 Digital.* Verfügbar unter: http://www.mathematik.uni-dortmund.de/ieem/bzmu2013/Einzelvortraege/BzMU13-Streit.pdf [05.08.2014].

Sylva, K., Melhuish, E., Sammons, P., Siraj-Blatchford, I. & Taggart, B. (2004). *The Effective Provision of Pre-School Education (EPPE) Project: Findings from Preschool to end of Key Stage 1.* London: DfES/Institute of Education, University of London.

Thiel, O. (2009). Prozessqualität mathematischer Bildung im Kindergarten. In: *Beiträge zum Mathematikunterricht 2009 Digital.* Verfügbar unter: https://eldorado.tu-dortmund.de/bitstream/2003/31393/1/092.pdf [05.08.2014].

Tietze, W., Meischner, T., Gänsfuß, R., Grenner, K., Schuster, K.-M., Völkel, P. & Roßbach, H.-G. (1998). *Wie gut sind unsere Kindergärten? Eine Untersuchung zur pädagogischen Qualität in deutschen Kindergärten.* Neuwied: Luchterhand.

Tietze, W., Schuster, K.-M., Grenner, K. & Roßbach, H.-G. (2007). *Kindergarten-Skala (KES-R). Feststellung und Unterstützung pädagogischer Qualität in Kindergärten.* Berlin: Cornelsen.

Tietze, W. & Viernickel, S. (Hrsg.). (2007). *Pädagogische Qualität in Tageseinrichtungen für Kinder: Ein nationaler Kriterienkatalog* (3. Aufl.). Weinheim: Beltz.

Tournier, M. (in Vorb.). *Qualität kognitiver Fachkraft-Kind-Interaktionen in Freispiel- und Angebotssituationen.* Dissertation, Goethe-Universität, Frankfurt am Main.

Wadepohl, H. (in Vorb.). *Qualität der Erzieher/in-Kind-Bindung bzw. –Beziehung im Rahmen der Professionalisierung von Fachkräften im Elementarbereich.* Dissertation, Leibniz Universität Hannover.

Wagner, S. (ohne Jahr). *Kameraskript – Durchführung, Datenaufbereitung, Datenauswertung: aus dem Forschungsprojekt INTeB – Innovation naturwissenschaftlich-technischer Bildung in Grundschulen der Region Bodensee.* Unveröffentlichtes Manuskript, Pädagogische Hochschule Weingarten

Walter, C. & Fasseing, K. (2002). Dritter Unterrichtsbaustein: Das Freispiel. In C. Walter & K. Fasseing (Hrsg.), *Kindergarten. Grundlagen aktueller Kindergartendidaktik* (S. 205–233). Winterthur: ProKiGa.

Wannack, E. (2010). Bildung von 4- bis 8-jährigen Kindern: Grundlagen und Konzepte im Wandel. In M. Leuchter (Hrsg.): *Didaktik für die ersten Bildungsjahre. Unterricht mit 4- bis 8-jährigen Kindern* (S. 18–35). Zug: Klett und Balmer.

Wannack, E., Schütz, A., Arnaldi, U. (2009/2010). Die Spiel- und Lernbegleitung im Kindergarten. *4bis8 Fachzeitschrift für Kindergarten und Unterstufe – Spezialausgabe: Die Bedeutung des freien Spiels in der Kindergartendidaktik*, 10–12.

Waters, E. & Deane, K.E. (1985). Defining and Assessing Individual Differences in Attachment Relationships: Q-Methodology and the Organization of Behavior in Infancy and Early Childhood. *Monographs of the Society for Research in Child Development, 50* (1/2), 41–65.

Wirtz, M. & Caspar, F. (2002). *Beurteilerübereinstimmung und Beurteilerreliabilität.* Göttingen; Hogrefe.

*Carine Burkhardt Bossi, Catherine Lieger, Diemut Kucharz*

# 3. Die Struktur der teilnehmenden frühpädagogischen Einrichtungen in der Schweiz und in Deutschland

## 3.1 Einleitung

### 3.1.1 Theoretische Einbettung

Frühpädagogische Einrichtungen müssen verschiedenen Bedürfnissen von Kindern, deren Familien und auch den sich ändernden Lebens- sowie Erziehungsbedingungen und -vorstellungen gerecht werden. Dies zeigt sich u.a. in Diskursen zur Qualität der Einrichtungen und den Vorstellungen zu einer ‚guten‘ frühpädagogischen Fachkraft beziehungsweise einer qualitativ hochwertigen Institution (Betz, 2013, S. 262; Lieger, 2008, 2014). Den frühpädagogischen Einrichtungen wird eine Schlüsselrolle zugeschrieben bezüglich gleicher Startchancen für alle Kinder, unabhängig von ihrer Herkunft (Betz, 2013). Die Qualität der Bildungsarbeit in den Einrichtungen wird gleichzeitig durch gesellschaftliche, kulturelle und institutionelle Rahmenbedingungen beeinflusst, sie bedingen deren Kultur oder kollektiven Habitus (vgl. Kap. 1).

Jede frühpädagogische Einrichtung *hat* eine Kultur bzw. einen solchen Habitus und entwickelt eine eigene Organisationskultur. Diese beinhaltet vorherrschende Muster von Tätigkeiten wie das pädagogische Handeln, Normen, Empfindungen, Einstellungen, Überzeugungen und Werte. Dazu gehören auch Produkte, welche für eine Organisation kennzeichnend sind, wie beispielsweise bestimmte Tagesabläufe, (Trainings-)Programme oder Konzeptionen zu den pädagogischen Schwerpunkten etc. (French & Bell, 1994). Durch die Ausbildung eines solchen gemeinsamen Habitus wirkt die Organisation identitätsstiftend, orientierend und sozialintegrierend für ihre Akteure, für Personal und Kinder, deren Eltern, und hat dadurch einen Einfluss auf das Handeln des Individuums in der Institution (Schönig, 2002; Fröhlich-Gildhoff et al., 2014). *Kindergärten als Institution* zu betrachten bedeutet, dass die Verbindung zwischen den pädagogischen Akteuren und der sie umgebenden sozialen Umwelt interessiert. Ihre Umwelt, die Gesellschaft, verbindet mit der Institution bestimmte Erwartungen und Funktionen, die diese für die Gesellschaft zu erfüllen hat. Beim Begriff Organisation hingegen ist der Fokus stärker auf die Struktur und die Prozesse innerhalb der Einrichtung (z.B. auf die Teams und deren Leitung) gerichtet (Kuper & Thiel, 2010; Gräsel, 2014).

Im PRIMEL-Projekt wurden frühpädagogische Institutionen aus zwei Ländern in den Blick genommen, die zwar teils vergleichbaren, teils aber doch unterschiedlichen gesellschaftlichen Systemen mit ihren jeweiligen Werten, Normen und Ordnungen angehören. Wenn in diesem Kapitel die Ergebnisse zu den Rahmenbedingungen der Arbeit in Kindergärten berichtet werden, geschieht dies auch immer unter der Fragestellung, inwieweit sich hier unterschiedliche Kulturen von Organisationen ausgebildet haben.

### 3.1.2  Grenzziehung zwischen den Systemen

Historisch gesehen sind die frühpädagogischen Einrichtungen sowohl in Deutschland wie auch in der Schweiz vom Gedankengut Pestalozzis und Fröbels stark beeinflusst und haben vergleichbare Funktionen in der Gesellschaft wahrzunehmen. Der Kindergarten hat das primäre Ziel, die Kinder auf den Schuleintritt vorzubereiten. Die Kinder sollen gemäß ihres Entwicklungsstands und ihrer Bedürfnisse gefördert werden. Die Bildungs- und Lehrpläne setzen dafür auf eine ganzheitliche und fächerübergreifende Bildung (OECD, 2013).

In Deutschland gibt es seit 1996, entsprechend dem Kinder- und Jugendhilfegesetz (KJHG), einen Rechtsanspruch auf einen (halbtägigen) Kindergartenplatz für Kinder vom vollendeten dritten Lebensjahr bis zur Einschulung. Da die frühpädagogischen Einrichtungen nicht Teil der Schule sind, findet die Einschulung mit Eintritt in die 1. Grundschulklasse statt und der Besuch des Kindergartens ist freiwillig (OECD, 2013).

In der Schweiz dauert der Kindergarten, je nach Kanton, ein oder zwei Jahre. Annähernd 100% der Kinder besuchen den Kindergarten. Durch die interkantonale Vereinbarung über die Harmonisierung der obligatorischen Schule (HarmoS-Konkordat) ist der Kindergartenbesuch obligatorisch und dem Schulwesen zugehörig. In den Kantonen, die dem Konkordat beigetreten sind, werden die Kinder mit dem vollendeten vierten Lebensjahr (Stichtag 31. Juli) in den Kindergarten aufgenommen beziehungsweise eingeschult (EDK, 2011).

Dieser Unterschied, ob ein Kindergarten als Einrichtung der Jugendhilfe oder des Bildungssystems verstanden wird, kann Auswirkungen auf die Gestaltung der darin stattfindenden Arbeiten, eben den Habitus bzw. die Kultur der Einrichtung haben. Die Rahmenbedingungen, unter denen die Fachkräfte in der Schweiz und in Deutschland arbeiten, unterscheiden sich ebenfalls. Dies zeigt sich beispielsweise in den unterschiedlichen Begrifflichkeiten und Organisationsformen in der Schweiz und in Deutschland. Die pädagogischen Fachkräfte werden in der Schweiz als Lehrpersonen der Kindergartenstufe (Kindergartenlehrpersonen) oder als Kindergärtnerin bezeichnet. Sie arbeiten alle nach traditionellem Gruppenkonzept, wobei eine Gruppe einer Kindergartenklasse von in der Regel 16 bis 24 Kindern entspricht. Diese Terminologie, wie auch das Setting, wird durch die Zugehörigkeit zur Schule verstärkt. Sind unter einem Dach mehrere Gruppen vereint, so wird von mehreren Kindergärten gesprochen. In Deutschland werden die pädagogischen Fachkräfte Erzieherinnen oder Kindheitspädagoginnen genannt. In der Regel umfassen Einrichtungen (z.B. ein Kindergarten oder eine Kindertageseinrichtung) mehrere Gruppen und die Vielfalt der Organisationsform und der Gruppenstruktur variiert häufiger (Viernickel et al., 2013; Lieger, 2014).

In der Regel werden, wie in Kapitel 1 ausgeführt, zur Beschreibung der Qualität einer Institution im frühpädagogischen Bereich die drei Dimensionen Struktur-, Orientierungs- und Prozessqualität näher betrachtet (Kuger & Kluczniok, 2008), die miteinander in Beziehung stehen und sich gegenseitig beeinflussen (Tietze, Roßbach & Grenner, 2005). In vielen Untersuchungen wurden die Effekte der strukturellen Merkmale auf die kindliche Entwicklung analysiert (Roßbach, 2005; Kluczniok & Kuger, 2008; Roßbach & Hasselhorn, 2014). Im PRIMEL-Projekt wurden im ‚allgemeinen Fragebogen zur beruflichen Situation und zur Einrichtung bzw. zum

Kindergarten' neben den Angaben zur Person insbesondere auch Strukturmerkmale erfragt (vgl. Kap. 2). Im Folgenden werden die Ergebnisse dieses Fragebogens ausgewertet. In der Darstellung der Ergebnisse wird hauptsächlich auf die Dimension der Strukturqualität eingegangen, die mit diesem Fragebogen erfasst wurde.

## 3.2 Deskriptive Ergebnisse

### 3.2.1 Institutionelle Rahmenbedingungen

Im PRIMEL-Projekt wurden insgesamt 89 pädagogische Fachkräfte (D = 64 & CH = 25) befragt, die in 63 Einrichtungen tätig sind. Die Gruppen unterscheiden sich u.a. durch die Altersstruktur der Kinder. An der Untersuchung waren Gruppen beteiligt, die Kinder
– im Alter von drei bis sechs Jahren (in der Schweiz vier bis sieben Jahren),
– die auch unter Dreijährige
– oder solche die ausschließlich bis Dreijährige aufnehmen.

Tabelle 3.1:   Altersverteilung in Prozenten, n=89 (5 fehlend; gültig n=84)

| Altersgruppen /Organisationsform | Anzahl | Prozent |
|---|---|---|
| Kindergartenalter von 3 bis 6 (oder 7) Jahren | 60 | 71.4 |
| Gruppen mit Kindern auch unter 3 Jahren | 16 | 19 |
| Gruppen mit Kindern bis 3 Jahren | 8 | 9.5 |

Von den insgesamt 89 pädagogischen Fachkräften, die den Fragebogen zur beruflichen Situation und zur Einrichtung bzw. zum Kindergarten ausgefüllt haben, wurden von 84 Fachkräften Angaben zum Alter der Kinder notiert. Fünf haben dazu keine Angaben gemacht. Es sind 60 Fachkräfte, die mit Kindern im Kindergartenalter (Drei- bis Sechsjährige), 16 Fachkräfte, die mit auch unter Dreijährigen und 8 Fachkräfte, welche nur mit Kindern bis ins Alter von drei Jahren arbeiten, in einer sogenannten Krippe.

Ein wichtiger Faktor der Rahmenbedingung ist, wie viele Kinder in einer Einrichtung bzw. in einer Gruppe betreut werden. Da in der Schweiz der Kindergarten an die Grundschule angeschlossen ist, gibt es dort pro Einrichtung in den meisten Fällen nur eine oder zwei Kindergartenklassen, während in Deutschland die Kindertageseinrichtungen häufig über mehrere Gruppen verfügen. Dementsprechend ist die Gesamtanzahl der Kinder in deutschen Einrichtungen sehr viel größer als in der Schweiz, im Mittelwert sogar fast doppelt so hoch (Deutschland: M = 64.3, SD = 30.7; Schweiz: M = 32.8, SD = 18.4).

Tabelle 3.2:    Anzahl der Kinder in den Gruppen, Ländervergleich (Mittelwerte und
                Standardabweichung)

| Anzahl der Kinder (Mittelwert) | N | M | SD |
|---|---|---|---|
| Anzahl der Kinder pro Gruppe in D | 59 | 19,56 | 5,28 |
| Anzahl der Kinder pro Gruppe in CH | 25 | 18,32 | 2,94 |
| Anzahl der Kinder gesamt | 84 | 19,19 | 4,73 |

Die Gruppengröße unterscheidet sich zwischen Deutschland und der Schweiz dagegen nicht wesentlich (vgl. Tab. 3.2). Der Unterschied liegt jedoch in der Anzahl der pädagogischen Fachkräfte pro Gruppe: in Deutschland arbeitet mehr Personal in einer Gruppe als in der Schweiz (s.u.). Die Anzahl der Kinder mit Migrationshintergrund variiert in den Gruppen sehr stark, unabhängig von der Länderzugehörigkeit ($M = 14.9$; $SD = 15.5$), in den meisten Gruppen befinden sich zwischen 8 und 15 Kinder mit Migrationshintergrund.

Leider konnte der Personalschlüssel mit den Daten aus dem Fragebogen nicht errechnet werden, weil die sehr detaillierten Fragen danach, wie viele Fachkräfte mit welchen Stellenprozenten in der Einrichtung und den Gruppen arbeiten, zu vielen ungenauen und unvollständigen Angaben führten. Dennoch geben folgende deskriptive Daten einen Einblick: von den 25 Schweizer Kindergartenlehrpersonen geben lediglich vier an, dass sie zu zweit in einer Gruppe sind, alle anderen sind alleine. In Deutschland sieht es andersherum aus: In fast allen Gruppen sind zwei, drei oder mehr Fachkräfte zugegen.

### 3.2.2  Pädagogische Konzepte und Schwerpunkte

In den Fragebögen wurden zwei Fragen zur pädagogischen Konzeption der Einrichtungen gestellt: zum einen danach, ob eher in offenen oder geschlossenen Gruppen gearbeitet wird, zum anderen nach besonderen pädagogischen Schwerpunkten.

Bei der Frage nach den pädagogischen Konzepten unterschieden sich die Schweizer von den deutschen Fragebögen: Weil in der Schweiz die verschiedenen Gruppenkonzepte nicht vorkommen, gab es dort nur die Antwortmöglichkeit „Arbeit nach Bildungsplan" oder „Sonstiges". In Deutschland waren als Antwortmöglichkeiten drei Varianten des Gruppenkonzepts sowie die Kategorie „Sonstiges" zum Ankreuzen vorgegeben. Mehrfachnennungen waren zugelassen. Tabelle 3.3 zeigt die Antworten.

Tabelle 3.3:   Pädagogisches Konzept der Einrichtungen in Deutschland und der Schweiz
(N=86, 3 fehlend)

| Konzept | Deutschland n=61 | Schweiz n=25 |
|---|---|---|
| Offenes Gruppenkonzept | 14 | 0 |
| Teiloffenes Gruppenkonzept | 22 | 0 |
| Geschlossenes Gruppenkonzept | 23 | 0 |
| Arbeit nach Bildungsplan | 3 | 24 |
| Sonstige | 11 | 0 |

Erwartungsgemäß haben fast alle Schweizer Fachkräfte angegeben, nach dem Bildungsplan zu arbeiten. Bei den deutschen Einrichtungen verteilen sich die Antworten auf die verschiedenen Möglichkeiten fast gleichmäßig; das teiloffene und das geschlossene Konzept werden etwas häufiger praktiziert als das offene. Unter „Sonstiges" fanden sich unter anderem Aussagen wie „Montessori" oder „Situationsansatz", drei Fachkräfte in Deutschland gaben hier an, nach dem Bildungsplan zu arbeiten.

In der nächsten Frage sollten die Fachkräfte angeben, ob und wenn ja welchen pädagogischen Schwerpunkt es in ihrer Einrichtung gibt. Das Antwortformat war offen und die Nennungen wurden für die Ergebnisdarstellung zusammengefasst. Wie Tabelle 3.4 zeigt, gaben 45 Fachkräfte an, mit einem pädagogischen Schwerpunkt zu arbeiten. 16 Fachkräfte geben an, einen Schwerpunkt im Bereich Bewegung (inkl. Körper und Gesundheit) umzusetzen, fünf benennen den Schwerpunkt im Bereich Kunst (künstlerisch-ästhetisches Lernen) und acht Fachkräfte im naturwissenschaftlichen und technischen Bildungsbereich.

Tabelle 3.4:   Pädagogischer Schwerpunkt, n=89 (fehlend 5; gültig n=84)

| | Pädagogische Schwerpunkte | | | | | |
|---|---|---|---|---|---|---|
| | kein | Bewegung | Kunst | Naturwissenschaft | Sonstiges | mehrere |
| Alle Fachkräfte (n=84; 5 fehlend) | 39 46.4% | 16 19% | 5 6% | 8 9.5% | 11 13.1% | 5 6% |
| D: Kindertages-einrichtungen (n=60; 4 fehlend) | 22 36.7% | 14 3.3% | 5 8.3% | 7 11.7% | 8 13.3% | 4 6.7% |
| CH: Kindergärten (n=24; 1 fehlend) | 17 70.8% | 2 8.3% | 0 0% | 1 4.2% | 3 12.5% | 1 4.2% |

In der Schweiz werden vergleichsweise nur wenige zusätzliche pädagogische Schwerpunkte genannt, die über die Arbeit mit dem Bildungsplan hinausgehen.

### 3.2.3 Räumliche Ausstattung

Die Räume, deren Größe, Gestaltung und Funktion beeinflussen die Arbeit einer Einrichtung, sind aber gleichzeitig auch ein Ausdruck der dort geleisteten Bildungsarbeit, denn die Raumgestaltung und das pädagogische Konzept können einen Hinweis auf die Art und Weise der Bildungsarbeit geben. Manche pädagogischen Konzeptionen benötigen sogar eine bestimmte Raumausstattung, wie z.B. die Reggio- oder die Montessori-Pädagogik. Diese Rahmen- und Raumbedingungen stellen einen Teil der Identität der Einrichtung dar und beeinflussen die professionelle Handlungsweise und spiegeln dadurch einen Teil der Organisationskultur wieder. Mehrere Studien zeigen auf, dass die institutionellen Rahmenbedingungen, also die Fläche, die Ausstattung und Gestaltung der Räume, einen Einfluss auf die Kreativität, das Setting und dadurch auf das Verhalten der Kinder und die pädagogischen Fachkräfte haben können (OECD, 2013).

Bei der Auswertung der Fragebögen musste auf länderspezifische Eigenheiten Rücksicht genommen werden: In Deutschland beziehen sich die Angaben zu Raumgröße und -angeboten auf die gesamte Einrichtung, während sich jene der Schweizer Teilnehmenden auf den ,eigenen' Kindergarten, also den Gruppenraum beziehen. Um die Quadratmeterangaben dennoch miteinander vergleichen zu können, wurden für die Schweiz ausschließlich die effektiv nutzbare Fläche für die Kinder pro Gruppe und für Deutschland die Gesamtfläche der Einrichtung relativiert an der Gesamtzahl der Kinder in die Berechnung einbezogen.

Der OECD-Durchschnitt für Kindergärten liegt bei $2.9\,m^2$ pro Kind (OECD, 2013, S. 60 und S. 62). Die teilnehmenden Einrichtungen des PRIMEL-Projekts haben pro Kind eine Fläche zwischen $3.1\,m^2$ und $26.5\,m^2$ angegeben und liegen damit alle leicht bis deutlich über dem OECD-Durchschnitt. In der Tabelle 3.5 ist die Innenfläche pro Kind auch länderspezifisch dargestellt.

Tabelle 3.5:    $m^2$ pro Kind – Innenfläche der Einrichtungen, 3–6-Jährige, n=56, Spannweite und Mittelwerte

|  | $m^2$ pro Kind | | |
| --- | --- | --- | --- |
|  | Max | Min | Mittelwert |
| Alle (n=56) | 26.5 | 3.1 | 7.6 |
| Deutschland (n=38) | 26.4 | 3.1 | 8.2 |
| Schweiz (n=18) | 26.5 | 3.1 | 6.4 |

Die Durchschnittsfläche pro Kind liegt bei $7.6\,m^2$; in Deutschland liegt er bei $8.2\,m^2$ pro Kind und in der Schweiz bei $6.4\,m^2$ pro Kind. Der Vergleich ist mit Vorsicht zu betrachten, da in der Schweiz ausschließlich die direkten (Spiel-)Räume einberechnet sind, während in Deutschland auch Flure und andere Räume in die Berechnung eingingen.

Zusätzlich verfügen die meisten Einrichtungen über einen Außenbereich. Die Quadratmeterangaben des Außenbereichs variieren von $0\,m^2$ bis $2\,500\,m^2$.

Des Weiteren wurden die Fachkräfte gebeten anzugeben, welche weiteren oder besonderen Räume in der Einrichtung für die Kinder zur Verfügung stehen. Dazu konnten sie unter 13 Antwortmöglichkeiten auswählen, Mehrfachnennungen waren möglich.

Die große Mehrheit (22 von 25) der frühpädagogischen Fachkräfte in Deutschland nutzen einen Frühstücksbereich. 20 Fachkräfte geben an, über einen Bewegungsraum und ein Bauzimmer sowie über eine Bücherei oder Leseecke zu verfügen. 19 Personen haben einen Rollenspielbereich eingerichtet. 13 Fachkräfte nutzen im Alltag einen Werk- und einen Schlafraum. 12 Fachkräfte haben angegeben, über einen Ruheraum oder ein Rückzugsbereich zu verfügen. Ebenfalls 12 Fachkräfte ermöglichen das Experimentieren in einem Forscherzimmer. In einer Kinderküche können 9 Fachkräfte mit ihren Kindern arbeiten. Zusätzlich können 4 Personen noch in einen Musikraum gehen, 3 können auch einen Ausstellungsraum und 2 einen Künstlerraum oder einen Kreativbereich für die Bildungsarbeit nutzen.

In der Schweiz verfügen alle 18 Einrichtungen über einen Rollenspielbereich, ein Bauzimmer oder eine Bauecke, sowie eine Bücherei beziehungsweise eine Leseecke. 9 Kindergärtnerinnen geben an, einen Bewegungsraum und 8 einen Werkraum zu besitzen. In 7 Kindergärten ist eine für die Kinder nutzbare Kochgelegenheit vorhanden. Ebenfalls in 7 Kindergärten haben die Kinder die Möglichkeit, sich in einen Ruheraum oder in einen Rückzugsbereich zu begeben. Obwohl in der Schweiz die Pausenverpflegung (der ‚Znüni') meist im Stuhlkreis oder im Freien eingenommen wird, geben 5 Personen an, über einen Frühstücksbereich zu verfügen. Ferner geben 3 Kindergärtnerinnen an, eine Mal- bzw. Bastelecke eingerichtet zu haben. Zwei Kindergärten haben einen Musikraum und eine Einrichtung hat ein Forscherzimmer.

Tabelle 3.6 gibt einen Überblick zu den besonderen Räumen bezogen auf die Länder.

Tabelle 3.6:   Angaben besondere Räume (N=43)

| | Besondere Räume | | | | | |
|---|---|---|---|---|---|---|
| | Bewegungs-raum | Bau-zimmer | Werk-raum | Bücherei | Rollenspiel-bereich | Forscher-zimmer |
| Angaben Fachkräfte Deutschland (n=25) | 20 | 20 | 13 | 20 | 19 | 12 |
| Angaben Kindergärten Schweiz (n=18) | 9 | 18 | 8 | 18 | 18 | 1 |
| | Besondere Räume | | | | | |
| | Frühstücks-bereich | Musik-raum | Ruhe-raum | Schlaf-raum | Ausstellungs-raum | Kinder-küche |
| Angaben Fachkräfte Deutschland (n=25) | 22 | 4 | 12 | 13 | 3 | 9 |
| Angaben Kindergärten Schweiz (n=18) | 5 | 2 | 7 | 0 | 0 | 7 |

### 3.2.4 Tagesstrukturen

Tagesstrukturen sind, wie eingangs bereits festgehalten, ebenfalls ein Merkmal der Kultur einer Organisation.

Die Fachkräfte wurden danach gefragt, ob und welche festen Tagesstrukturen es in ihrer Einrichtung gibt. Bis auf eine Ausnahme bejahen diese Fragen alle Fachkräfte. Hinsichtlich der Art und Gestaltung der Strukturen zeigen sich kulturelle Unterschiede zwischen den beiden Ländern.

In fast allen Schweizer Kindergärten gibt es täglich einen gemeinsamen Beginn am Morgen und ein gemeinsames Frühstück („Znüni"). Ein gemeinsames Mittagessen wird nur in einem Kindergarten täglich angeboten. Täglich wiederkehrende Aktivitäten sind in fast allen Einrichtungen das Freispiel, geführte Lernangebote, ein Stuhlkreis sowie das Spiel im Freien (nur 1–2 Fachkräfte kreuzen dies nicht an).

In den deutschen Kindertageseinrichtungen (Kita) ist das Feld hinsichtlich der Art der Tagesstrukturen sehr viel heterogener. Tabelle 3.7 gibt einen Überblick darüber.

Tabelle 3.7:   Tagesstrukturen in deutschen Kitas

| Tagesstruktur | Nicht vorhanden | Täglich | Mehrmals pro Woche | Einmal pro Woche |
|---|---|---|---|---|
| Gemeinsamer Beginn (n= 62) | 17 | 41 | 1 | 3 |
| Gemeinsames Frühstück (n= 58) | 17 | 27 | 1 | 13 |
| Gemeins. Mittagessen (n= 63) | 10 | 53 | 0 | 0 |
| Freispiel (n= 63) | 0 | 58 | 3 | 2 |
| Bildungsangebot (n= 63) | 4 | 31 | 24 | 4 |
| Stuhlkreis (n= 60) | 8 | 38 | 12 | 2 |
| Spiel im Freien (n= 63) | 1 | 52 | 9 | 1 |

In den deutschen Kitas verzichten mehr als ein Viertel der Einrichtungen auf Elemente wie ein gemeinsamer Beginn oder ein gemeinsames Frühstück. Ein täglicher Stuhlkreis für alle Kinder wird nur von 63% der Kitas durchgeführt, die anderen machen dies gar nicht oder seltener. Der große Anteil von 84% der Kitas, die ein gemeinsames Mittagessen anbieten, zeigt, dass sich die Kitas immer mehr zu Ganztagseinrichtungen entwickeln.

Im Ländervergleich sieht man, dass das Freispiel sowohl in den deutschen wie auch den schweizerischen Einrichtungen eine sehr große Bedeutung hat. In der Schweiz nehmen die gelenkten Bildungsangebote einen vergleichbar hohen Rang ein, während diese in deutschen Kitas seltener durchgeführt werden.

Bezüglich der domänenspezifischen Bildungsangebote wurde danach gefragt, ob es für diese feste Zeiten gibt, zu denen sie stattfinden. Für den Bereich Köper, Bewegung und Gesundheit geben 75.6% aller Fachkräfte an, dass es hierfür feste Zeiten gibt. Dies könnte mit den Räumlichkeiten, der Benutzung einer Turnhalle oder eines Bewegungsraumes, zu tun haben. Für die anderen Bildungsbereiche geben mehr deutsche Einrichtungen an, dass es dafür feste Zeiten gibt (Mathematik: 35,6%

der deutschen und 16% der Schweizer Fachkräfte; Naturwissenschaft: 41.4% der deutschen und 20.8% der Schweizer Fachkräfte; Kunst: 33.9% der deutschen und 18.2% der Schweizer Fachkräfte).

### 3.2.5   Besuchte Fortbildungen

Die Fachkräfte wurden danach gefragt, wie viele und welche Fortbildungen sie in den vergangenen zwei Jahren absolviert haben. Angesichts der gestiegenen Anforderungen an die Tätigkeit einer Fachkraft ist davon auszugehen, dass alle Fachkräfte in Deutschland und der Schweiz mehr oder weniger regelmäßig Fortbildungen besuchen. Im Durchschnitt absolvierten die Fachkräfte knapp fünf (M = 4.86) Fortbildungen in den vergangenen Jahren, also pro Jahr zwei bis drei Fortbildungen. Allerdings variiert die Anzahl der Fortbildungen zwischen den Fachkräften erheblich, sie schwankt zwischen 0 und 16 besuchten Fortbildungen (SD = 3.5). Aber immerhin haben zehn von 83 Fachkräften angegeben, dass sie in den vergangenen zwei Jahren zehn und mehr Fortbildungen besucht haben, während es nur vier waren, die keine absolviert haben. Zusammenhänge bezüglich Land oder Ausbildungshintergrund gibt es keine.

   Zusätzlich wurden die Fachkräfte nach dem Bildungsbereich gefragt, zu dem sie Fortbildungen besucht haben. Hier schwanken die Angaben der 80 Fachkräfte, die diese Frage beantwortet haben, deutlich: Im Durchschnitt absolvierten die Fachkräfte zwei Fortbildungen (M = 2.15; SD = 2.1), die sie keinem der genannten Bildungsbereiche zuordnen konnten („sonstige"). Durchschnittlich eine Fortbildung wurde im pädagogisch-psychologischen Bereich (M = 0.88, SD = 0.96) besucht, eine halbe im Bereich Bewegung (M = 0.58, SD = 1.0) und Naturwissenschaften (M = 0.54, SD = 0.99). Die wenigsten Fortbildungen wurden im Bereich Kunst/Ästhetik (M = 0.3, SD = 0.62) und Mathematik (M = 0.13, SD = 0.33) besucht. In Mathematik haben überhaupt nur zehn von 80 Fachkräften eine Fortbildung besucht, während in Naturwissenschaften 28 Fachkräfte eine oder mehrere Fortbildungen besucht haben. Insgesamt zeigt die jeweils hohe Standardabweichung, dass die Häufigkeit der besuchten Fortbildungen stark variiert.

### 3.2.6   Bildungsarbeit

Ein Teil des Fragebogens bestand aus Fragen zur Umsetzung der bereichsspezifischen Bildungsarbeit. An dieser Stelle interessiert, wie die teilnehmenden Fachkräfte in den jeweiligen Einrichtungen ihre Bildungs- und Betreuungsarbeit gestalten. Es sollte herausgefunden werden, ob und in welchen Formen Kindern Lerngelegenheiten in den vier Domänen Mathematik, Naturwissenschaften, Bewegung und künstlerisch-ästhetisches Lernen geboten werden.

   In den Bereichen mathematische, naturwissenschaftliche Bildung, sowie in den Bereichen künstlerisch-ästhetisches Lernen und Körper Bewegung und Gesundheit zeigt sich über beide Länder hinweg ein homogenes Bild. In beiden Ländern werden Lerngelegenheiten in allen vier Bereichen zur Verfügung gestellt, teils in eher offenen, teils in stärker gelenkten Formen. Nur vereinzelt wird angegeben, in einzelnen Bildungsbereichen keine Umsetzung vorzunehmen: im mathematischen und naturwissenschaftlichen Bildungsbereich sind es jeweils zwei deutsche Fachkräfte, im Bereich Kunst sind es insgesamt 3 Personen (zwei in Deutschland und eine in der Schweiz). Bewegungsangebote gibt es in allen Einrichtungen.

Im Folgenden werden die Ergebnisse zu den Fragen nach der Form, in der die Lerngelegenheiten geboten werden, ausgewertet. Es wurde danach gefragt, ob es sich um offene oder geschlossene Angebote in den jeweiligen Domänen handelt, ob also die Teilnahme daran den Kindern freigestellt ist. Als dritte Möglichkeit wurde das situative Aufgreifen von Lerngelegenheiten beispielsweise im Freispiel genannt. Mehrfachnennungen waren möglich.

*Offene Lernangebote*

Unter offenen Lernangeboten wird in der Elementardidaktik verstanden, dass zu einem oder mehreren Bildungsbereichen Materialien etc. bereitstehen, sogenannte Lernumwelten, die von den Kindern genutzt werden können, auch mit Unterstützung durch die Fachkraft (Kucharz, 2012). Hierzu gibt eine Mehrheit der Fachkräfte an, solche Lernumwelten in allen vier Bereichen – Mathematik, Naturwissenschaft, Kunst und Bewegung – zu arrangieren. Im künstlerisch-ästhetischen Bereich sind solche offenen Angebote fast überall üblich (93.1%), in den anderen drei Bildungsbereichen zu einem großen Prozentsatz von über 80% (Mathematik 81.2%; Naturwissenschaft 82.4%, Bewegung 83.9%). Einen länderspezifisch auffallenden Unterschied gibt es im Bereich Mathematik: In den Schweizer Kindergärten bieten 24 von 25 Fachkräften (96%) mathematische Lernumwelten an, während das in Deutschland nur 75% der Fachkräfte angeben. In allen anderen Bereichen unterscheiden sich die Länder nicht voneinander.

*Geschlossene Lernangebote*

Neben den offenen Angeboten werden auch sogenannte geschlossene Bildungsangebote eingesetzt. Dabei handelt es sich um von der Fachkraft gelenkte und geführte Tätigkeiten, der Impuls geht von der Fachkraft aus. In allen vier Bildungsbereichen werden auch geschlossene Bildungsangebote durchgeführt, hier unterscheiden sich die Länder aber voneinander: In den Kindergärten der Schweiz finden mehr geschlossene und geführte Angebote statt. Jeweils ca. 90% der Schweizer Kindergartenlehrpersonen gibt an, angeleitete Bildungsangebote durchzuführen, in Deutschland schwanken die Angaben zwischen 50% und 80%. Tabelle 3.8 gibt genaue Auskunft. Da nicht alle deutschen Fachkräfte zu allen Bereichen Angaben gemacht haben, ist das „n" unterschiedlich groß.

Tabelle 3.8:    Geschlossene Lernangebote in den vier Bildungsbereichen in Deutschland und der Schweiz in Prozenten

| Bildungsbereich | Deutschland | Schweiz n=25 |
|---|---|---|
| Mathematik (n=85) | 50% | 92% |
| Bewegung (n=87) | 79% | 92% |
| Naturwissenschaft (n=85) | 60% | 88% |
| Kunst (n=87) | 72,6% | 92% |

Offenbar zeigen sich hier Besonderheiten, die mit der spezifischen Organisations-kultur des Kindergartens in der Schweiz zu tun haben. Durch die Zugehörigkeit zur Schule als Bildungseinrichtung sind geführte und angeleitete Bildungsangebote für die Kindergartenlehrpersonen selbstverständlicher Bestandteil der Bildungsarbeit als für die deutschen Kindertageseinrichtungen. In Deutschland fällt die geringe-re Bedeutung des Bereichs Mathematik auf: Hier werden im Vergleich zu den an-deren Bildungsbereichen den Kindern weniger geführte, aber auch weniger offene Lerngelegenheiten geboten.

*Situative Lerngelegenheiten*
Eine klare Mehrheit aller Fachkräfte gibt an, im Alltag, z.B. im Freispiel, die Möglichkeit zu nutzen, situativ Bildungsimpulse in den vier Bereichen zu setzen. Für den Bereich Mathematik sind das insgesamt 79 von 85 Fachkräften (92.9%), in Naturwissenschaften 77 von 85 Fachkräften (90.6%), in Kunst 81 von 87 Fachkräften (93.1%) und im Bereich Bewegung 74 von 87 Fachkräften (85.1%). Somit wird in bei-den Ländern das freie Spiel als wichtige situative Lernmöglichkeit wahrgenommen.

*Bildungsarbeit nach Programmen*
Die frühpädagogischen Fachkräfte wurden gefragt, ob sie bei den Bildungsangeboten mit bestehenden Förder- oder Trainingsprogrammen oder nach bestimm-ten Konzepten arbeiten oder diese selbst frei gestalten. Inzwischen gibt es zahlrei-che solcher didaktischen Materialien mit ganz unterschiedlichen Zielsetzungen auf dem Markt, die teilweise ein programmartiges Vorgehen implizieren, teilweise Anregungen zum freien Einsatz geben. Mehrheitlich geben die Fachkräfte an, dass sie die Angebote selbst frei gestalten, nur wenige arbeiten nach einem Programm oder mit fester Konzeption. Am eindeutigsten zeigt sich dies im Bereich der Kunst mit 92% und im naturwissenschaftlichen Bereich mit 88.2% frei gestaltetem Angebot. Im mathematischen Bereich geben dies 84.7% und im Bereich Bewegung 83.9% aller Fachkräfte an. Länderunterschiede zeigen sich nicht.

Vorgegebene Konzepte, nach denen gearbeitet wird, werden von den Schweizer Fachkräften nur ganz vereinzelt angegeben (zwei Fachkräfte), in Deutschland dagegen macht hier doch ca. ein Fünftel der Fachkräfte Angaben.

Im mathematischen Bildungsbereich wird am häufigsten das ‚Zahlenland‘ (einmal wird ‚Zahlenwald‘ angegeben) genannt. Daneben kommen Materialien wie ‚Flocards‘, ‚MiniLük‘ und ‚Montessori Mathematikmaterial‘ zum Einsatz.

Im Bildungsbereich Naturwissenschaft wird am häufigsten das Programm ‚*Das Haus der kleinen Forscher*‘ im Fragebogen notiert. Dieses Programm kommt aus einer gleichnamigen Stiftung in Deutschland, die landesweit die frühkindliche Bildung im naturwissenschaftlichen und technischen Bereich fördern will (s. Kap.1.3). Als weitere Programme oder Konzeptionen werden noch. ‚*Forschen mit Fred*‘, und der ‚*kosmische Bereich von Montessori*‘ genannt. Nennungen wie ‚*Experimente*‘ oder ‚*Wald*- bzw. *Naturtag*‘ bezeichnen dagegen eher freiere Aktivitäten.

Im Bereich Körper, Bewegung, und Gesundheit geben sogar 23 (26.4%) Fachkräfte an, nach einem Programm oder fester Konzeption zu arbeiten. Hier werden ‚*Mut tut gut*‘, ‚*Bewegungslandschaften*‘ und ‚*Kidzbox*‘, aufgeführt. Auch Bewegungsangebote wie ‚*Rhythmik*‘ und ‚*Psychomotorik*‘ werden angegeben. Ferner wird notiert, dass ‚*Bewegungsstunden*‘ und ‚*Turntage* bzw. *Sporttage*‘ durchgeführt werden, was damit zu erklären ist, dass einige pädagogische Einrichtungen zertifizierte Bewegungskindergärten sind. Im Bereich des künstlerisch-ästhetisches Lernens spielen Programme oder feste Konzeptionen kaum eine Rolle (8%).

## 3.3  Zusammenfassende Diskussion der Ergebnisse

Die vorgenommenen Analysen zeigen in manchen Bereichen Unterschiede zwischen den untersuchten Kindergärten und den Fachkräften in der Schweiz und in Deutschland. Diese Unterschiede liegen vor allem in den Rahmenbedingungen: In den Kindergärten der Schweiz wird durch die Zugehörigkeit zur Schule in festen Gruppen gearbeitet (Kindergartenklassen). Für jede Klasse steht in der Regel eine Kindergartenlehrperson zur Verfügung. In Einrichtungen in Deutschland wird, neben der Möglichkeit in festen Gruppen, vermehrt mit teiloffenen oder offenen Gruppen gearbeitet. Die Arbeit in teiloffenen und offenen Gruppen ermöglicht den Kindern mehrheitlich freie Wahl der Tätigkeit und verlangt dadurch keine Zuteilung der Kinder in eine fixe Gruppe und zu einer Bezugsperson. In jeder Kindertageseinrichtung gibt es in der Regel mehrere Gruppen, für die jeweils mehrere Fachkräfte zuständig sind. In der Schweiz orientieren sich alle Fachkräfte am Bildungsplan, während in deutschen Kindergärten durchaus verschiedene pädagogische Schwerpunkte gesetzt werden.

Diese unterschiedlichen Konstellationen können einen Einfluss auf die Arbeit in der Gruppe haben. Dadurch, dass eine Schweizer Kindergärtnerin alleine für eine Gruppe von knapp 20 Kindern zuständig ist, kann sie sich beispielsweise weniger einzelnen Kindern widmen als das deutsche Fachkräfte tun können. Viernickel et al. (2013) sehen einen Zusammenhang zwischen der Größe der Gruppen und der Organisationsform beziehungsweise den Konzepten der pädagogischen Arbeit. In der deutschen Teilstichprobe gaben mehr Fachkräfte an, in offenen oder teiloffenen Konzepten zu arbeiten, die es ermöglichen, Bildungsangebote bzw. Lernumwelten für die Kinder in unterschiedlichen Räumen themen- oder funktionsorientiert zu gestalten (Viernickel et al., 2013).

In anderen Bereichen dagegen zeigten sich große Übereinstimmungen zwischen den beiden Ländern. So liegen die pro Kind zur Verfügung stehenden Quadratmetern in beiden Ländern deutlich über dem internationalen Durchschnitt. Die

Raumaufteilung dagegen variiert: in der Schweiz verfügen alle vor allem über einen Gruppenraum mit verschiedenen Funktionsecken, aber nur wenigen zusätzlichen Räumen. In Deutschland stehen dagegen häufig spezielle Funktionsräume zur Verfügung oder die Gruppenräume wurden zu solchen Räumen umfunktioniert.

Sowohl in den Schweizer als auch in den deutschen Kindertageseinrichtungen gibt es feste, regelmäßig wiederkehrende Tagestrukturen wie gemeinsames Frühstück oder Ähnliches. Das Freispiel sowie Bildungsangebote sind ebenso feststehende und zentrale Formen der Kindergartenarbeit. Unterschiede zwischen den Ländern zeigen sich darin, dass die Ausgestaltung in den deutschen Einrichtungen vielfältiger ist als in den Schweizer Kindergärten. Sowohl das Freispiel als auch die Bildungsangebote werden für die domänenspezifische Bildungsarbeit genutzt, wobei in der Schweiz die geschlossene Bildungsarbeit häufiger und regelmäßiger stattfindet als in den deutschen Einrichtungen. Alle Fachkräfte besuchen regelmäßig Fortbildungen, wobei hier die Unterschiede beträchtlich, aber nicht länderspezifisch sind. Am wenigsten werden Fortbildungen zu Mathematik besucht.

Damit zeigen sich erwartungsgemäß strukturelle länderspezifische Unterschiede zwischen den befragten Fachkräften und den Einrichtungen, in denen sie arbeiten. Die Schweizer Fachkräfte arbeiten einheitlicher und mit mehr geregelten und festen Halbtagesrhythmisierungen. Die deutschen Kindertageseinrichtungen zeigen dagegen ein sehr heterogenes Bild, wie sie ihre Arbeit mit den Kindern strukturieren. Ob damit aber auch Qualitätsunterschiede in der Arbeit mit den Kindern auszumachen sind, kann anhand dieser Ergebnisse nicht beantwortet werden. Wenn die berichteten Strukturmerkmale Einfluss auf die Prozessqualität haben, müsste sich in den Videoanalysen bei den Schweizer Kindergärten ein einheitlicheres Bild zeigen als in den deutschen Einrichtungen.

## Literatur

Betz, T. (2013). Anforderungen an Fachkräfte in Kindertageseinrichtungen. In M. Stamm, D. Edelmann (Hrsg.), *Handbuch frühkindliche Bildungsforschung* (S. 259–272). Wiesbaden: Springer.

EDK Schweizerische Konferenz der kantonalen Erziehungsdirektoren (2011). *HarmoS-Konkordat. Harmonisierung der obligatorischen Schule Schweiz.* Verfügbar unter: http://www.nw.ch/dl.php/de/0cpm3-kn8x1d/edk_kurzinfo_harmos.pdf (Abruf am 06.08.2014).

French, W.L. & Bell, C.H. (1994). *Organisationsentwicklung. Sozialwissenschaftliche Strategien zur Organisationsveränderung* (4. Aufl.). Stuttgart: UTB.

Fröhlich-Gildhoff, K., Weltzien, D., Kirstein, N., Pietsch, S. & Rauh, K. (2014). *Expertise: Kompetenzen früh-/kindheitspädagogischer Fachkräfte im Spannungsfeld von normativen Vorgaben und Praxis.* Verfügbar unter: http://www.bmfsfj.de/RedaktionBMFSFJ/Abteilung5/Pdf-Anlagen/14-expertise-kindheitspaedagogische-fachraefte,property=pdf,bereich=bmfsfj,sprache=de,rwb=true.pdf [30.07.2014].

Gräsel, C. (2014). Lernumwelten in Schulen. In T. Seidel & A. Krapp (Hrsg.). *Pädagogische Psychologie* (S. 407–432). Weinheim: Beltz.

Kucharz, D. (Hrsg.) (2012). *Elementarbildung. Bachelor/Master.* Weinheim & Basel: Beltz.

Kuger, S. & Kluczniok, K. (2008). Prozessqualität im Kindergarten – Konzept, Umsetzung und Befunde. In H.G. Rossbach & H.G. Blossfeld (Hrsg.), *Frühpädagogische Förderung* der Institutionen. *Zeitschrift für Erziehungswissenschaft. Sonderheft 11* (S. 159–178). Wiesbaden: VS Verlag für Sozialwissenschaften.

Kuper, H. & Thiel, F. (2010). Erziehungswissenschaftliche Institutionen- und Organisations-forschung. In R. Tippelt & B. Schmidt (Hrsg.), *Handbuch Bildungsforschung.* (3. Aufl.; S. 483–498). Wiesbaden: VS Verlag für Sozialwissenschaften.

Lieger, C. (2008). *Die Begleitung von 4- bis 8-jährigen Kinder in Freispielsituationen.* Unver-öffentlichte Arbeit. Luzern und Rorschach: PHSG und PHZ.

Lieger, C. (2014). *Ansätze zur Professionalisierung von Elementarpädagoginnen in der Begleitung von Freispielsituationen.* Publikation in Vorbereitung.

OECD (2013). Education at a Glance / Bildung auf einen Blick. Verfügbar unter: http://www.wbv.de/openaccess/artikel/6001821gw (Abruf am 06.08.2014).

Roßbach, H.-G. (2005). Effekte qualitativ guter Betreuung, Bildung und Erziehung im frühen Kindesalter auf Kinder und ihre Familien. In Sachverständigenkommission Zwölfter Kinder- und Jungendbericht (Hrsg.), *Bildung, Erziehung und Betreuung von Kindern unter sechs Jahren* (S. 55–174). München: DJI.

Roßbach, H.-G. & Hasselhorn, M. (2014). Lernumwelten in vorschulischen Kindertages-einrichtungen. In T. Seidel & A. Krapp (Hrsg.). *Pädagogische Psychologie* (S. 387–405). Weinheim: Beltz.

Schönig, W. (2002). Organisationskultur der Schule als Schlüsselkonzept der Schul-entwicklung. *Zeitschrift für Pädagogik 48* (6), 815–834.

Sylva, K., Melhuish, E., Sammons, P., Siraj-Blatchford, I. & Taggart, B. (2004). *The Effective Provision of Pre-School Education (EPPE) Project: Findings from preschool to end of key Stage I.* London: DfES/Institute of Education, University of London.

Tietze, W., Roßbach, H-G. & Grenner, K. (2005). *Kinder von 4 bis 8 Jahren. Zur Qualität der Erziehung und Bildung in Kindergarten, Grundschule und Familie.* Weinheim: Beltz.

Viernickel, S., Nentwig-Gesemann, I., Nicolai, K., Schwarz, S. & Zenker, L. (2013). *Schlüssel zu guter Bildung, Erziehung und Betreuung. Bildungsaufgaben, Zeitkontingente und strukturelle Rahmenbedingungen in Kindertageseinrichtungen.* Berlin. Verfügbar unter: http://www.gew.de/Binaries/Binary96129/Expertise_Gute_Bildung_2013.pdf (Abruf am 06.04.2014).

Maike Tournier, Heike Wadepohl, Diemut Kucharz

# 4. Analyse des pädagogischen Handelns in der Freispielbegleitung

## 4.1 Einleitung

Das Spielen ist für Kinder im frühen Alter eine wichtige Form, in der sie sich die Welt aneignen und erschließen. Spielen und Lernen sind für Kinder kein Gegensatz, sondern gehören zusammen und ergänzen sich gegenseitig (Hauser, 2013). Insbesondere das Freispiel, eine zentrale Aktivität im Kindergarten, bietet für Kinder die Möglichkeit, sich interessengeleitet eigenen Lern- und Entwicklungsaufgaben zu stellen, wobei neben den Spielinhalten auch der Spielverlauf sowie die Rahmenbedingungen – soweit möglich – durch die Kinder bestimmt werden (Lorentz, 1999) (vgl. Kap. 1).

Die Begleitung dieses nicht angeleiteten Spiels erfordert von den Fachkräften hohe Kompetenzen in ihrem pädagogischen Handeln, um einerseits den Kindern Freiheit im Spiel zuzugestehen und andererseits einen anregungsreichen Rahmen zur Entwicklung und Bildung zu schaffen. Im Zusammenhang mit der Diskussion um die Prozessqualität in Kindertageseinrichtungen (vgl. Kap. 1) werden in diesem Kapitel drei Facetten des pädagogischen Handelns betrachtet: die Lernprozessgestaltung, der Bereich der Emotionsregulation und Beziehungsgestaltung sowie die Klassenführung (vgl. auch Trias der Unterrichtsqualität nach Klieme, Lipowsky, Rakoczy & Ratzka, 2006; CLASS: Pianta, La Paro & Hamre, 2007).

In Bezug auf die Lernprozessgestaltung bietet das Freispiel die besondere Chance, kindliche Interessen, Themen, Spielinhalte oder von den Kindern beobachtete Phänomene direkt und alltagsintegriert aufzugreifen, zu erweitern, mit den Kindern zu bearbeiten und damit Bildungsgelegenheiten zu schaffen (Siraj-Blatchford et al., 2002; Sylva et al., 2004; Hauser, 2013). Dabei werden der Aufbau und das Aufrechterhalten von hochwertigen Bindungsbeziehungen zu den Kindern als Basis für eine erfolgreiche Begleitung von Entwicklungs- und Lernprozessen verstanden (Pramling, 1990; Ostermeyer, 2006; Becker-Stoll & Textor, 2007; Schelle, 2011). In der frühpädagogischen Literatur werden neben klassischen Aufgaben aus dem Kontext der Bindungstheorie wie beispielsweise die Befriedigung der emotionalen Bedürfnisse nach Sicherheit, Trost oder Körperkontakt (Bowlby, 2006; Ahnert, 2007), auch Aspekte der Explorationsunterstützung diskutiert (Drieschner, 2011). Für ein störungsfreies Spiel ist es unabdingbar, dass die Fachkräfte auf Ebene der Klassenführung einen Rahmen für das kindlichen Spiel schaffen sowie bei Unterbrechungen oder Störungen des Spielflusses (z.B. durch Regelverstöße oder Streit) schnell und möglichst effektiv eingreifen und mit den Kindern gemeinsam Lösungen suchen (Pianta et al., 2007; WiFF, 2011).

Freispielsituationen gestalten sich im Gegensatz zu angeleiteten Situationen (z.B. Bildungsangebote) hoch komplex, da verschiedene Spielgeschehen parallel zueinander ablaufen und sich die Fachkräfte vielfältigen Anliegen, Wünschen und Interessen der Kinder gegenüber sehen (Faust, Götz, Hacker & Roßbach, 2004; Wannack, 2011, WiFF, 2011). Außerdem wird von den Fachkräften erwartet, dass sie durch intensive Beobachtung einzelner Kinder(gruppen) Spielinhalte und -themen sowie nicht genutzte oder potentielle Bildungschancen aufgreifen und als Lernprozesse gestalten (vgl. dazu die Bildungspläne für den Elementarbereich, vgl. Kap. 1), was von den Fachkräften ein vielseitiges Handlungsrepertoire und ein gutes Selbstmanagement fordert. Die Forschung der letzten Jahre betont die Forderung nach langanhaltenden kognitiven Interaktionen mit den Kindern (Siraj-Blatchford et al., 2002; Sylva et al., 2003, 2004), die nicht durch andere Interventionen (z.B. soziale Interaktionen aus dem Bereich der Klassenführung) unterbrochen werden sollen, um die Kinder optimal zu fördern, was angesichts der Komplexität der Situation nur schwer einzulösen ist. König (2006) weist in ihrer Studie auf ein Defizit in Bezug auf langanhaltende Interaktionen in deutschen Kindergärten hin, macht jedoch auch auf den Forschungsbedarf in diesem Bereich aufmerksam.

(Längsschnitt-)Studien attestieren Deutschland im internationalen Vergleich eher mittelmäßige oder gar schlechte Werte in Bezug auf die Prozessqualität in den Kindertageseinrichtungen und der damit in Verbindung gebrachten kindlichen Kompetenzentwicklung (PISA / Starting Strong: OECD, 2000a und b, 2001; EPPE-Studie: Sylva et al., 2004; ECCE-Studie: Tietze, 2004). Ein Aspekt, der in diesem Zusammenhang häufig angeführt wird, ist die in Deutschland erst in den letzten Jahren begonnene Akademisierung der frühpädagogischen Fachkräfte (vgl. Kap. 1). Eine Ausbildung auf akademischem Niveau wird demnach mit höheren pädagogischen Handlungskompetenzen in Bezug auf die Bildungsarbeit in Zusammenhang gebracht, die mit einer besseren (kognitiven) Entwicklung der Kinder einhergehen soll (Sylva et al., 2004; Siraj-Blatchford et al., 2002). Da in Deutschland und der Schweiz in den vergangenen Jahren aufgrund dieser Befunde der Ausbau einer akademischen Ausbildung für frühpädagogische Fachkräfte stattgefunden hat, ist es durchaus angebracht, erste Bilanz zu ziehen: Führt die Akademisierung pädagogischer Fachkräfte tatsächlich zu einer qualitativ hochwertigeren (Frei)Spielbegleitung, in der nicht nur die sozialen Belange im gemeinsamen Spiel zu klären sind, sondern Lernprozesse bei Kindern „spielerisch" angeregt werden?

## 4.2 Fragestellungen

Im Folgenden soll diese Kernfrage anhand von Videoanalysen der Freispielbegleitung aus dem PRIMEL-Projekt hinsichtlich der oben angeführten Qualitätsaspekte analysiert und die Ergebnisse diskutiert werden. Es lassen sich dabei folgende zwei konkrete Fragestellungen herleiten, die sich zunächst auf das pädagogische Handeln der Fachkräfte in Bezug auf die drei vorgestellten Handlungsbereiche Lernprozessgestaltung, Emotionsregulation und Beziehungsgestaltung sowie Klassenführung beziehen.

Fragestellung 1: Wie gestalten die pädagogischen Fachkräfte die Freispielbegleitung hinsichtlich der Quantität der kodierten Interventionen in den drei Handlungsbereichen?

Fragestellung 2: Wie gestalten die pädagogischen Fachkräfte die Freispielbegleitung hinsichtlich der Gleichzeitigkeit von Interventionen aus verschiedenen Handlungsbereichen resp. der Fokussierung auf einen Bereich?

Neben der Darstellung deskriptiver Analysen in Bezug auf die Ausgestaltung der Freispielbegleitung soll jeweils geprüft werden, ob sich zwischen den Fachkräften mit verschiedenen Ausbildungshintergründen Unterschiede im pädagogischen Handeln zeigen.

## 4.3  Stichprobe und methodisches Vorgehen

Zur Beantwortung der oben genannten Fragestellungen in Bezug auf die Freispielbegleitung der pädagogischen Fachkräfte kann eine Stichprobe von 88 Fachkräften herangezogen werden, da von einer akademisch ausgebildeten Fachkraft aus Deutschland keine Videoaufnahmen des Freispiels vorliegen. Die Videografien der Freispielbegleitung (jeweils eine der vier Aufnahmen) wurden anhand des im PRIMEL-Projekt entwickelten Beobachtungssystems zur Erfassung der Prozessqualität im Elementarbereich in folgenden drei Bereichen ausgewertet:[1]
– Bereich I: Lernprozessgestaltung (16 Items)
– Bereich II: Emotionsregulation und Beziehungsgestaltung (4 Items)
– Bereich III: Klassenführung (8 Items)

Um die Kodierungen der einzelnen Personen miteinander vergleichen zu können, muss – aufgrund der unterschiedlichen Videodauer – auf Relativierungen zurückgegriffen werden, weshalb im Folgenden ausschließlich an einer Videodauer von 30 Min. standardisierte Werte berichtet werden (zur Berechnung der Kennwerte vgl. Kap. 2).

## 4.4  Ergebnisse

### 4.4.1  Fragestellung 1: Wie gestalten die pädagogischen Fachkräfte die Freispielbegleitung hinsichtlich der Quantität der kodierten Interventionen in den drei Handlungsbereichen?

*Häufigkeit und Variabilität der Kodierungen in den drei Bereichen*

Zur Beantwortung der ersten Forschungsfrage werden zunächst die Häufigkeiten der kodierten Interventionen der pädagogischen Fachkräfte in der Freispielbegleitung auf Ebene der drei Handlungsbereiche dargestellt (vgl. Tab. 4.1).

---

1    Zur Beschreibung der Stichprobe, zur Auswahl der Freispielvideos und für eine genaue Beschreibung des Auswertungsprozesses vgl. Kap. 2

Tabelle 4.1:    Deskription der Kennwerte zur Häufigkeit der Kodierungen in den drei Bereichen
in 30 min (n = 88)

| | Prozentual | Absolut | |
|---|---|---|---|
| Bereiche | % | M | SD |
| Bereich I | 23.1% | 65.97 | 26.77 |
| Fehler I_F | 0.1% | 0.16 | 0.80 |
| Bereich II | 11.3% | 34.45 | 31.77 |
| Bereich III | 65.6% | 184.85 | 40.55 |

Anmerkung: Bereich I: Lernprozessgestaltung; Fehler I_F: sachlicher Fehler;
Bereich II: Emotionsregulation und Beziehungsgestaltung; Bereich III: Klassenführung

Auffällig sind die großen Unterschiede in der Anzahl der Kodierungen in den drei
Bereichen. Dabei nimmt der Anteil an Kodierungen im Handlungsbereich I Lernprozessgestaltung mit durchschnittlich 23.1% (plus 0.1% Kodierungen von sach-
lich falschen Aussagen) einen relativ geringen Teil ein, was bedeutet, dass sich
nur knapp jede vierte Kodierung auf Interventionen mit Blick auf kindliche
Bildungsprozesse bezieht. Der relativ geringe Mittelwert in diesem Bereich I
(M = 65.97, SD = 26.77 Kodierungen in 30 Minuten) weist darauf hin, dass die 16
Items des Bereichs in den Videos nicht alle beobachtet werden konnten bzw. jeweils
nur selten auftraten. Positiv zu bewerten ist allerdings der verschwindend geringe
Anteil an Kodierungen von sachlich falschen Aussagen. Da unbeabsichtigte fehlerhaf-
te Äußerungen durch die Fachkraft für den kindlichen Lernprozess wenig förderlich
sind, werden die Kodierungen „sachlicher Fehler" in den folgenden Analysen nicht
berücksichtigt.

Weiterhin zeigen die Analysen, dass eine große Mehrheit der Kodierungen
(durchschnittlich etwa 65%) dem Handlungsbereich III Klassenführung zugeordnet
werden konnten. Durchschnittlich konnte also jedem Kodier-Intervall eine Kodierung
aus dem Bereich der Klassenführung zugewiesen werden (M = 184.85, SD = 40.55
Kodierungen in 30 Minuten (= 180 Intervalle). Auf den mit nur vier Items relativ wenig umfangreichen Bereich der Emotionsregulation und Beziehungsgestaltung entfallen durchschnittlich 11.3% der Kodierungen.

Neben den großen Unterschieden zwischen den Bereichen fallen auch die großen Standardabweichungen auf, die auf eine hohe interindividuelle Varianz in den
Kodierungen hinweisen. Eine Korrelationsanalyse in Bezug auf die Häufigkeit der
Kodierungen über die drei Handlungsbereiche hinweg, ergibt keine signifikanten Ergebnisse (vgl. Tab. 4.2). Die hohen Standardabweichungen scheinen demnach nicht auf systematische interindividuelle Unterschiede in der Performanz zurückzuführen sein (z.B. auf Personen, die generell mehr oder längere kodierbare
Interventionen machen vs. Personen, die eher zurückhaltender sind), sondern eher
andere Interventionsmuster abzubilden (denkbar und wünschenswert wäre z.B. eine
adaptive Anpassung der Häufigkeit bzw. Dauer der Interventionen an die Bedürfnisse
der Kindergruppe).

Tabelle 4.2    Korrelation zwischen der Häufigkeit der Kodierungen der drei Bereiche in 30 min (n = 88)

|  | Bereich I | Bereich II | Bereich III |
|---|---|---|---|
| Bereich II | 0.127<br>n.s. |  |  |
| Bereich III | -0.045<br>n.s. | 0.008<br>n.s. |  |

Anmerkung: Bereich I: Lernprozessgestaltung; Bereich II: Emotionsregulation und Beziehungsgestaltung; Bereich III: Klassenführung

Nachdem die drei Interventionsbereiche einander gegenübergestellt wurden, soll nun auf der Ebene der einzelnen Items die Häufigkeit ihres Auftretens betrachtet werden. In den Tabellen 4.3, 4.4 und 4.5 sind die durchschnittlichen Häufigkeiten der einzelnen Items bzw. die prozentuale Verteilung der Items pro Bereich dargestellt, um einen Eindruck zu vermitteln, welche Items häufig und welche eher selten kodiert wurden. Im Folgenden werden einige interessante oder auffällige Aspekte herausgegriffen und näher erläutert.

Betrachtet man die Kodierungen im Bereich der Lernprozessgestaltung, fällt auf, dass einige Items vergleichsweise häufig und andere Items eher selten bzw. sogar extrem selten kodiert wurden. Zu den vergleichsweise häufig auftretenden Items gehören z.B. das Stellen offener Fragen (I_04: M = 13.20, SD = 6.60), welche als wichtige Technik zur Anregung der Sprachproduktion bei den Kindern gilt (Kucharz & Mackowiak, 2011). Auch sprachliche Modellierungen konnten relativ häufig (I_3: M = 9.91, SD = 9.31) kodiert werden. Im Gegensatz dazu wurden die Items wie z.B. das Anregen zum Explorieren oder das Anregen zum Nachdenken, die in den Bereich der kognitiven Aktivierung fallen (I_08 bis I_11, vgl. Kap. 2), extrem selten kodiert. In der Summe entfallen auf diese vier Items weniger als 2% aller Kodierungen innerhalb der Lernprozessgestaltung, was auf Defizite der Fachkräfte in Bezug auf kognitiv anregende und damit besonders förderliche Interaktionen im Freispiel hinweist. Pädagogische Interventionen, die hingegen ein vergleichsweise niedrigeres Anspruchsniveau aufweisen, also für die Fachkräfte einfacher umzusetzen sind, kommen dagegen häufiger vor und machen einen größeren Anteil an den Gesamtkodierungen im ersten Bereich aus (z.B. I_16: Eingehen auf Lösungsprozesse, -produkte und Fehler: M = 14.05, SD = 11–25; I_06: Inhaltliches Lob: M = 8.02, SD = 7.14).

Bei genauerer Betrachtung fällt auf, dass einige der Items aus Bereich I überhaupt bei nur wenigen Fachkräften mindestens einmal kodiert werden konnten. Dies trifft vor allem für die Items der kognitiven Aktivierung (I_08 bis I_11) zu; zwei dieser Items (I_08: Anregen zum Explorieren und Forschen, I_11: Anregen zum Weiterdenken über die Situation hinaus) wurden bei weniger als 10% aller 88 Fachkräfte beobachtet, die anderen beiden (I_09: Anregen zum Formulieren eigener Gedanken und Überlegungen, I_10: Anregen zum Nachdenken innerhalb einer Situation) bei weitaus weniger als der Hälfte aller Fachkräfte. Der Befund, dass einige Items äußerst selten und nur bei wenigen Personen kodiert wurden, wird bei der Diskussion der Ergebnisse aufgegriffen werden.

Tabelle 4.3:   Deskription der Kennwerte der Einzelitems in Bereich I (Lernprozessgestaltung) in 30 min (n = 88)

| Item | Prozentual | Absolut | | | | Anzahl |
|------|------------|---------|---|---|---|--------|
| | % | M | SD | Min. | Max. | Fachkräfte Kodierung >0 |
| I_01 | 5.4 | 3.18 | 2.27 | 0 | 11.95 | 82 |
| I_02 | 2.6 | 1.54 | 1.66 | 0 | 6.16 | 61 |
| I_03 | 14.5 | 9.91 | 9.31 | 0 | 57.09 | 84 |
| I_04 | 21.9 | 13.20 | 6.60 | 2.84 | 29.41 | 88 |
| I_05 | 1.1 | 0.64 | 0.87 | 0 | 3.59 | 44 |
| I_06 | 12.3 | 8.02 | 7.14 | 0 | 35.09 | 86 |
| I_07 | 4.1 | 2.61 | 3.09 | 0 | 14.85 | 68 |
| I_08 | 0.2 | 0.13 | 0.52 | 0 | 3.08 | 6 |
| I_09 | 0.7 | 0.43 | 0.96 | 0 | 6.19 | 30 |
| I_10 | 0.3 | 0.21 | 0.58 | 0 | 3.59 | 15 |
| I_11 | 0.1 | 0.10 | 0.35 | 0 | 1.79 | 8 |
| I_12 | 2.3 | 1.77 | 3.46 | 0 | 22.77 | 53 |
| I_13 | 5.1 | 3.71 | 4.44 | 0 | 19.25 | 73 |
| I_14 | 7.2 | 5.20 | 6.19 | 0 | 32.54 | 70 |
| I_15 | 1.7 | 1.26 | 2.65 | 0 | 14.24 | 39 |
| I_16 | 20.5 | 14.05 | 11.25 | 0 | 58.22 | 84 |

Anmerkung: Anzahl Fachkräfte Kodierung >0: Anzahl der Fachkräfte, bei denen das Item mind. einmal kodiert wurde.

I_01: Anregen zu gemeinsamen Tun
I_02: Anregen zu Gesprächen untereinander
I_03: Anwenden von Modellierungstechniken
I_04: Stellen offener Fragen
I_05: Erweiterung und Bereicherung des Spiels
I_06: Inhaltliches Lob und Anerkennung
I_07: Anregen zu motorischem oder praktischem Tun
I_08: Anregen zum Explorieren und Forschen
I_09: Anregen zum Formulieren eigener Gedanken und Überlegungen
I_10: Anregen zum Nachdenken innerhalb einer Situation
I_11: Anregen zum Weiterdenken über die Situation hinaus
I_12: Wissensabfrage
I_13: verbaler Wissensinput
I_14: Inhaltliches Reagieren und Eingehen auf Wünsche und Fragen der Kinder
I_15: Inhaltliches Reagieren und Eingehen auf das inhaltliche Vorwissen und Können der Kinder
I_16: Inhaltliches Reagieren und Eingehen auf Lösungsprozesse, Lösungsprodukte und Fehler der Kinder

Im zweiten Bereich der Emotionsregulation und Beziehungsgestaltung zeichnet sich deutlich ab, dass vor allem die Kodierungen des Körperkontakts ins Gewicht fallen. Sie machen über 80% aller Kodierungen dieses Bereichs aus, wohingegen sowohl das Lob auf soziales Verhalten (soziales Lob) als auch (stress-)regulatorische Interventionen von den Fachkräften eher selten (im Durchschnitt ein bis drei Kodierungen in 30 Minuten) eingesetzt werden (vgl. Tab. 4.4). Im Gegensatz zu den Items in Bereich I konnten alle Items aus Bereich II bei mehr als der Hälfte aller Fachkräfte mindestens einmal kodiert werden; die beiden Items zur Erfassung des Körperkontakts bei mehr als 80% aller ausgewerteten Videos.

Tabelle 4.4: Deskription der Kennwerte der Einzelitems in Bereich II (Emotionsregulation und Beziehungsgestaltung) in 30 min (n = 88)

| Item | Prozentual | Absolut | | | | Anzahl |
|------|------------|---------|------|------|------|--------|
| | % | M | SD | Min. | Max. | Fachkräfte Kodierung >0 |
| II_19 | 7.00 | 1.32 | 1.32 | 0 | 6.30 | 69 |
| II_20 | 6.7 | 2.64 | 4.63 | 0 | 31.00 | 52 |
| II_21 | 26.4 | 12.84 | 23.35 | 0 | 159.40 | 73 |
| II_22 | 59.9 | 17.64 | 14.70 | 0.59 | 82.89 | 88 |

Anmerkung: Anzahl Fachkräfte Kodierung >0: Anzahl der Fachkräfte, bei denen das Item mind. einmal kodiert wurde.

II_19 Lob und Anerkennung in sozialen Situationen
II_20 Anteilnahme und Regulation
II_21 Reaktion auf Körperkontakt(wunsch)
II_22 Körperkontakt(angebot)

Im Bereich Klassenführung lassen sich deutlich zwei Itemgruppen herauskristallisieren: zum einen Items, die vergleichsweise häufig und bei allen Personen kodiert werden konnten, (III_23 bis III_25) und zum anderen solche Items, die seltener und nicht durchgängig bei allen Personen kodiert wurden (III_26 bis III_30) (vgl. Tab. 4.5).

Die erste Gruppe umfasst Items, die entweder kodiert wurden, wenn die Fachkräfte spielorganisatorische Tätigkeiten durchführten (z.B. Material ausgeben, Spielorte absprechen) oder wenn sie die Kinder(gruppen) beobachteten. Die intensive Beobachtung der eigenen Kindergruppe gehört zu den präventiven Maßnahmen der Klassenführung und ist die Voraussetzung für einen reibungslosen Ablauf des Spielgeschehens, was von einem großen Teil der beobachteten Fachkräfte eingesetzt wird (über 50% der Kodierungen und eine durchschnittliche Häufigkeit von 40–60 Kodierungen pro 30 Minuten). Einen ebenfalls hohen Anteil haben spielorganisatorische Interventionen (37.0% aller Kodierungen, M = 67.69, SD = 23.81 in 30 Minuten), deren Bedeutung diskutiert werden muss.

Tabelle 4.5:    Deskription der Kennwerte der Einzelitems in Bereich III (Klassenführung)
in 30 min (n = 88)

| Item | Prozentual | Absolut | | | | Anzahl |
| | | | | | | Fachkräfte |
| | % | M | SD | Min. | Max. | Kodierung > 0 |
| --- | --- | --- | --- | --- | --- | --- |
| III_23 | 37.0 | 67.69 | 23.81 | 22.58 | 124.39 | 88 |
| III_24 | 31.8 | 58.35 | 23.12 | 19.81 | 114.69 | 88 |
| III_25 | 22.2 | 41.10 | 23.96 | 4.34 | 112.24 | 88 |
| III_26 | 1.7 | 4.17 | 15.20 | 0 | 130.91 | 53 |
| III_27 | 3.3 | 6.02 | 4.51 | 0 | 16.20 | 81 |
| III_28 | 2.3 | 4.41 | 4.88 | 0 | 19.70 | 69 |
| III_29 | 1.5 | 2.75 | 4.72 | 0 | 25.71 | 47 |
| III_30 | 0.2 | 0.36 | 0.72 | 0 | 3.60 | 25 |

Anmerkung: Anzahl Fachkräfte Kodierung >0: Anzahl der Fachkräfte, bei denen das Item mind. einmal kodiert wurde.

III_23 Organisation des Spiels
III_24: Beobachtung eines distalen Spielgeschehens
III_25: Beobachtung eines proximalen Spielgeschehens
III_26: Einführung, Aushandlung und Besprechung neuer Regeln
III_27: Anwendung bestehender Regeln
III_28: Reaktion auf Störung
III_29: Reaktion auf Streitigkeiten und Partizipation bei der Streitschlichtung
III_30: Rückmeldung auf die Aufhebung einer Störung/eines Streits

Handlungen, die dem Bereich der interventiven Klassenführung und damit der Reaktion auf Unterbrechungen des Spiels zuzuordnen sind (III_28 bis III_30; vgl. Kap. 2), konnten eher selten beobachtet werden, was darauf schließen lässt, dass das (präventive) Verhaltensmanagement der Fachkräfte relativ gut gelingt und nur in wenigen Fällen eingegriffen werden muss. Dies zeigt sich auch daran, dass die Anwendung interventiver Strategien durch die Fachkräfte nicht in allen Videoaufnahmen beobachtet werden konnte.

In Bezug auf die deskriptive Betrachtung der Häufigkeit der Kodierungen in den Handlungsbereichen Lernprozessgestaltung, Emotionsregulation und Beziehungsgestaltung sowie Klassenführung lässt sich also feststellen, dass die Fachkräfte verhältnismäßig wenig Interventionen im Bereich der Lernprozessgestaltung zeigen, wobei kognitiv anregende Handlungsweisen besonders selten und nur von einem kleineren Teil der Fachkräfte realisiert werden. Der Bereich der Beziehungsgestaltung lässt sich im hier eingesetzten Beobachtungssystem vor allem über den Körperkontakt zu den Kindern abbilden, Interventionen zur (Stress-)regulation sowie Komplimente oder anerkennende Äußerungen zur Person des Kindes konnten selten beobachtet werden. Mehr als 60% aller Kodierungen wurden dem Bereich der Klassenführung zugeordnet. Der Schwerpunkt liegt hier auf der Beobachtung der Kinder und in spielorganisatorischen Tätigkeiten, während interventive Strategien in der Regel eher selten eingesetzt werden (mussten).

*Einfluss des Ausbildungshintergrundes*

Im Folgenden soll anhand von multivariaten Varianzanalysen überprüft werden, ob die Ausbildung der Fachkräfte (Erzieherinnen in Deutschland, akademische Fachkräfte in Deutschland, Kindergartenlehrpersonen in der Schweiz) einen Einfluss auf das untersuchte pädagogische Handeln in der Freispielbegleitung hat. Ausgehend von aktueller Literatur kann angenommen werden, dass die Fachkräfte mit einer akademischen Ausbildung eine höhere Performanz (also mehr Interventionen) im Bereich der Lernprozessgestaltung zeigen als die fachschulisch ausgebildeten Fachkräfte (z.B. Sylva et al. 2004; die Befunde sind insgesamt eher heterogen, siehe Fröhlich-Gildhoff et al., 2014; vgl. Kap. 1). Für die Bereiche Emotionsregulation und Beziehungsgestaltung sowie Klassenführung lassen sich keine Hypothesen in Bezug auf die Quantität der Interventionen in Abhängigkeit von der Ausbildung ableiten, hier werden keine Unterschiede erwartet. Da sich die Schweizer Fachkräfte in ihrer Berufserfahrung signifikant von den deutschen Fachkräften unterscheiden (sie haben weniger Berufserfahrung, vgl. Kap. 2), wird für jede in diesem Kapitel dargestellte Varianzanalyse die Berufserfahrung als Kovariate mitberücksichtigt.

In Tabelle 4.6 werden die Ergebnisse der multivariaten Kovarianzanalyse (MANCOVA) hinsichtlich der drei Handlungsbereiche für die drei Stichprobengruppen (fachschulisch ausgebildete Fachkräfte in Deutschland (Erz. D), akademisch ausgebildete Fachkräfte in Deutschland (Akad. D), akademisch ausgebildete Fachkräfte in der Schweiz (KigaL. CH) berichtet.

Tabelle 4.6:   Mittelwerte und Standardabweichungen der Kodierungen der drei Bereiche in 30 min sowie Ergebnisse der multivariaten Kovarianzanalyse des Vergleichs der drei Ausbildungshintergründe (n = 87[2])

| | Erz. (D) (n = 34) | Akad. (D) (n = 28) | KigaL. (CH) (n = 25) | Kovariate Berufserfahrung | Faktor Ausbildung |
|---|---|---|---|---|---|
| *Multivariate Tests* | | | | F(3;81)=2.115 n.s. | *F (6; 164) = 3.879 p = 0.001* |
| | *M (SD)* | *M (SD)* | *M (SD)* | | |
| Bereich I | 74.52 (29.08) | 61.08 (25.93) | 60.43 (22.47) | | F (2; 83) = 3.287 p=0.042 |
| Bereich II | 42.28 [a] (38.35) | 40.83 [a] (28.27) | 15.08 [b] (12.11) | | F(2; 83)=9.852 p=0.000 |
| Bereich III | 181.68 (49.69) | 185.94 (33.66) | 188.48 (35.34) | | F(2; 83)= 0.013 n.s. |

Anmerkung: Erz.: Erzieherinnen, Akad: akademische Fachkräfte, Kigal.: Kindergartenlehrpersonen; [a], [b] signifikante Unterschiede zwischen den Gruppen (p < 0.01).

Die Ergebnisse zeigen keinen signifikanten Effekt für die Kovariate Berufserfahrung (F (3; 81) = 2.115, n.s.), jedoch einen signifikanten Effekt der unabhängigen Gruppierungsvariable Ausbildung (F (6, 164) = 3.879, p = 0.001), der dafür spricht, dass sich die Performanz der Fachkräfte je nach Ausbildungshintergrund unter-

---

2   Die Stichprobengröße reduziert sich von n = 88 auf n = 87 Personen, da von einer Person keine Angaben zur Berufserfahrung vorliegen und diese Person daher in den folgenden Analysen nicht berücksichtigt werden kann.

scheidet. Für den Bereich der Lernprozessgestaltung lässt sich lediglich ein über alle Gruppen hinweg zu interpretierender Effekt feststellen (F (2; 83) = 3.287, p = 0.042), in den paarweisen Gruppenvergleichen zeigen sich jedoch keine Unterschiede zwischen den einzelnen Gruppen (vgl. Tab. 4.6). Im Bereich der Emotionsregulation und Beziehungsgestaltung ergibt sich ebenfalls ein signifikanter Unterschied in Abhängigkeit des Ausbildungshintergrunds (F (2; 83) = 9.852, p < 0.0001), die Post-hoc-Analysen zeigen, dass dieser darauf zurückzuführen ist, dass die beiden deutschen Gruppen durchschnittlich signifikant mehr Kodierungen in Bereich II aufweisen, als die Schweizer Fachkräfte (vgl. Tab. 4.6). Kein signifikanter Einfluss der Ausbildungshintergründe ergibt sich in Bezug auf Häufigkeit der Kodierungen der Fachkräfte im Bereich der Klassenführung (F (2; 83) = 0.013, n.s.).

Aufgrund des oben genannten über alle Gruppen hinweg feststellbaren Einflusses des Ausbildungshintergrundes auf die durchschnittliche Anzahl der Kodierungen im Bereich der Lernprozessgestaltung werden in einem zweiten Schritt zwei besonders relevante Unterbereiche, der Bereich der kognitiven Aktivierung (I_08 bis I_11) sowie Interventionen im Bereich der Sprache und Kommunikation (I_02 bis I_04), hinsichtlich möglicher Gruppenunterschiede analysiert (vgl. Tab. 4.7).

Es zeigen sich zunächst sowohl signifikante Effekte für die Kovariate Berufserfahrung (F (2; 82) = 3.659, p = 0.030) als auch für den Gruppierungsfaktor Ausbildungshintergrund (F (4; 166) = 3.528, p = 0.009); die weiteren Analysen machen deutlich, dass der Effekt ausschließlich auf einen signifikanten Unterschied zwischen den Gruppen in Bezug auf die durchschnittliche Anzahl an Kodierungen im Bereich der Sprache und Kommunikation zurückzuführen ist (F (2; 83 = 7.492, p = 0.001): Bei den Schweizer Fachkräften konnten signifikant weniger Kodierungen dieses Unterbereichs beobachtet werden als für die beiden deutschen Gruppen (vgl. Tab. 4.7). Es muss berückichtigt werden, dass die Fachkräfte aus der Schweiz zudem eine signifikant geringere Berufserfahrung aufweisen als ihre deutschen Kolleginnen (vgl. Kap. 2), und diese sich signifikant auf den Bereich Sprache und Kommunikation auswirkt (Kovariate: F (1; 83) = 4.640, p = 0.034). Die durchschnittliche Anzahl an kognitiv aktivierenden Interventionen der Fachkräfte mit unterschiedlichen Ausbildungshintergründen unterscheidet sich jedoch nicht signifikant zwischen den drei Gruppen (vgl. Tab. 4.7), was einen Hinweis darauf gibt, dass die akademisch ausgebildeten Fachkräfte nicht – wie erwartet – die Kinder häufiger kognitiv aktivieren; bei allen Ausbildungsgruppen wurden hier gleichermaßen selten Interventionen kodiert.

Tabelle 4.7:    Mittelwerte und Standardabweichungen der Kodierungen in den Unterbereichen Kognitive Aktivierung und Sprache und Kommunikation in 30 min sowie Ergebnisse der multivariaten Kovarianzanalyse des Vergleichs der drei Ausbildungshintergründe (n=87)

| | Erz. (D) (n = 34) | Akad. (D) (n = 28) | KigaL (CH) (n = 25 | Kovariate Berufserfahrung | Faktor Ausbildung |
|---|---|---|---|---|---|
| Multivariate Tests | | | | $F_{(2;82)}=3.659$ $p=0.030$ | $F_{(4;166)}=3.528$ $p=0.009$ |
| | M (SD) | M( SD) | M (SD) | | |
| Kognitive Aktivierung | 1.05 (1.68) | 1.09 (2.14) | 0.37 (1.05) | $F_{(1;83)} = 1.712$ n.s. | $F_{(2;83)}=0.605$ n.s. |
| Sprache und Kommunikation | 27.07 [a] (12.69) | 27.67 [a] (15.67) | 17.66 [b] (8.67) | $F_{(1;83)} = 4.640$ $p=0.034$ | $F_{(2;83)} = 7.492$ $p=0.001$ |

Anmerkung: Erz.: Erzieherinnen, AKD: akademische Fachkräfte, KigaL.: Kindergartenlehrpersonen;
[a, b] signifikante Unterschiede zwischen den Gruppen (p < 0.01).

Neben der Frage, ob sich die Fachkräfte mit unterschiedlichen Ausbildungs-hintergründen hinsichtlich der Quantität der Kodierungen in den drei Handlungs-bereichen unterscheiden, stellt sich als letztes die Frage, ob sich im Bereich der Lern-prozessgestaltung ein Unterschied hinsichtlich des angewendeten Repertoires an Interventionen (durchschnittliche Anzahl *unterschiedlicher* Interventionen) zeigt. Fachkräfte, die über eine größere Bandbreite an Interventionsmöglichkeiten verfü-gen, können passgenauer auf die jeweils konkrete Situation und die Voraussetzungen und Bedürfnisse der Kinder reagieren (Lieger, 2014 i. Vorb.). Analog zur Herleitung der erwarteten Gruppenunterschiede in der Menge der Interventionen wird für das Repertoire erwartet, dass die akademischen Fachkräfte aus Deutschland und der Schweiz ein größeres Repertoire an verschiedenen Interventionen einsetzen als die Erzieherinnen (vgl. Kap. 1).

Für die vorhergehende Analyse des Bereichs Lernprozessgestaltung zeigte sich kein Einfluss der Kovariate Berufserfahrung (vgl. Tab. 4.6), weshalb diese in der fol-genden Analyse nicht erneut einbezogen wird. Da jedoch ein signifikanter positiver Zusammenhang zwischen der Anzahl unterschiedlicher Interventionen (Repertoire) und der (kodierbaren) Videodauer besteht (r = 0.337, p < 0.01), wird diese als Kovariate berücksichtigt.

Tabelle 4.8:    Mittelwerte und für das eingesetzte Repertoire im Bereich I (Lernprozessgestaltung) sowie Ergebnisse der einfaktoriellen Kovarianzanalyse des Vergleichs
der drei Ausbildungshintergründe (n = 88)

|  | Erz. (D) | AK (D) | KLP (CH) | Kovariate | Faktor |
|---|---|---|---|---|---|
|  | M (SD) | M (SD) | M (SD) | Videodauer in Minuten | Ausbildung |
| Repertoire Bereich I | 10.62 (1.95) | 10.39 (2.44) | 9.16 (1.75) | F (1; 84) = 6.404 p = 0.013 | F (2; 84) = 1.780 n.s. |

Hinsichtlich des Einflusses der Kovariate Videodauer ergibt sich erwartungsgemäß
ein signifikanter Effekt auf das Repertoire der Fachkräfte. Dagegen lassen sich keine
Effekte des Ausbildungshintergrundes auf das eingesetzte Repertoire im Bereich der
Lernprozessgestaltung finden. Dieses Ergebnis bestätigt die oben genannte Hypothese
nicht. In den ausgewerteten Videoaufnahmen konnten durchschnittlich neun bis elf
verschiedene Interventionen (maximal waren in der Freispielbegleitung 16 verschiedene Interventionen möglich; vgl. Kap. 2) in Bezug auf die Lernprozessgestaltung
festgestellt werden (vgl. Tab. 4.8).

In Bezug auf die bisher dargestellten Analysen lässt sich zusammenfassend feststellen, dass sich kaum signifikante Unterschiede zwischen den Fachkräften mit unterschiedlichen Ausbildungshintergründen zeigen. Entgegen der angenommenen
Hypothese, dass sich die akademisch ausgebildeten Fachkräfte vor allem in Bezug
auf die kognitive Förderung der Kinder, also im Bereich der Lernprozessgestaltung,
von den fachschulisch ausgebildeten Erzieherinnen unterscheiden, zeigt sich lediglich, dass die Schweizer Fachkräfte weniger Kodierungen im Unterbereich der
Sprache und Kommunikation erhalten. Ebenso zeigt sich hinsichtlich des Bereichs
Emotionsregulation und Beziehungsgestaltung ein Gruppenunterschied zwischen den
Fachkräften in der Schweiz und in Deutschland in dem Sinne, dass die Schweizer
Fachkräfte signifikant weniger Kodierungen in diesem Bereichs aufweisen als die
deutschen Fachkräfte. Für die Kodierungen im Bereich der Klassenführung lassen
sich keine signifikanten Unterschiede feststellen.

### 4.4.2    Fragestellung 2: Wie gestalten die pädagogischen Fachkräfte die Freispielbegleitung hinsichtlich der Gleichzeitigkeit von Interventionen aus verschiedenen Handlungsbereichen resp. der Fokussierung auf einen Bereich?

Pädagogisches Handeln ist – wie bereits beschrieben – per se von Komplexität geprägt und kann zeitgleich auf verschiedenen Ebenen stattfinden. Häufig müssen die
Fachkräfte zudem parallelen Anfragen bzw. Bedürfnissen von verschiedenen Kindern
gerecht werden, was unter Umständen auch bedeuten kann, sich zu entscheiden,
welche Anfrage bzw. welches Bedürfnis der Kinder im Vordergrund steht (Völker
& Schwer, 2011; vgl. Kap. 1). Auch in unseren Daten finden wir dieses Phänomen.
Immer wieder agierten die Fachkräfte innerhalb eines 10-Sekunden-Intervalls auf
verschiedenen Ebenen gleichzeitig: Sie nahmen z.B. ein Kind auf den Schoß (Bereich
Emotionsregulation und Beziehungsgestaltung) und klärten gleichzeitig, welche

Kinder miteinander ein Regelspiel spielen (Bereich Klassenführung). Betrachtet man das pädagogische Handeln der Fachkräfte unter diesem Aspekt, so lässt sich leicht nachvollziehen, warum wir im verwendeten Beobachtungssystem zur Erfassung der Prozessqualität Mehrfachkodierungen innerhalb eines 10-Sekunden-Intervalls zuließen (vgl. Kap. 2). Auf diese Weise ist es möglich, die Parallelität von pädagogischen Handlungen im Freispiel innerhalb der drei Bereiche zu analysieren. Dafür wurde pro 10-Sekunden-Intervall berechnet, ob für die Fachkräfte *keine* der Interventionen aus dem Beobachtungssystem (Leerintervalle), nur Interventionen aus *einem* der drei Bereiche (reine Intervalle) oder Interventionen aus *mehreren* (mindestens zwei) Bereichen (Mischintervalle) kodiert wurden (zur Kennwertbildung auf Ebene der Kodierintervalle vgl. Kap. 2).

Im Folgenden soll zunächst deskriptiv dargestellt werden, wie die Fachkräfte die Freispielbegleitung unter Berücksichtigung der zeitlichen Parallelität von Handlungen bzw. Interventionen gestalten. In einem zweiten Schritt wird dann geprüft, ob sich Gruppenunterschiede zwischen Fachkräften mit einer akademischen bzw. fachschulischen Ausbildung in Deutschland und der Schweiz hinsichtlich dieser Art der Analyse der Freispielbegleitung finden lassen.

*Häufigkeit der verschiedenen Intervallarten*
Betrachtet man die durchschnittlichen Anteile der drei verschiedenen Intervallarten (Leerintervall, reines Intervall und Mischintervall), so fällt auf, dass sich diese sehr ungleich verteilen (vgl. Tab. 4.9). Es wurden deutlich mehr reine Intervalle (56.9%) als Misch- (28.8%) oder Leerintervalle (14.4%) kodiert. Hinsichtlich der Zuordnung zu den Handlungsbereichen wurden lediglich 8.5% der Intervalle ausschließlich der Lernprozessgestaltung zugeordnet. Durchaus nachvollziehbar erscheint der ebenfalls sehr geringe Anteil an reinen Intervallen, in denen die Fachkräfte ausschließlich Kodierungen im Bereich der Emotionsregulation und Beziehungsgestaltung erhalten haben (3.0%), da sich dieser Bereich vor allem durch hohe Kodierungen der Items zum Körperkontakt und damit durch nicht-sprachliche Handlungen auszeichnet, die relativ einfach mit sprachlichen Handlungen (z.B. aus den anderen beiden Bereichen) kombiniert werden können. Im Gegensatz dazu stehen die 45.5% der Intervalle, die sich ausschließlich auf Interventionen der Klassenführung beziehen. Hier muss jedoch beachtet werden, dass neben spielorganisatorischen Interventionen auch die reine Beobachtung der Kinder(gruppen) diesem Bereich zuzuordnen und häufig aufgetreten ist (vgl. Tab. 4.5).

Tabelle 4.9:    Deskription der Kennwerte zur Häufigkeit der verschiedenen Intervallarten in 30 min (n=88)

| Intervalle | Prozentual | Absolut | |
|---|---|---|---|
| | % | M | SD |
| Reine Intervalle: Lernprozessgestaltung | 8.5 | 15.29 | 9.27 |
| Reine Intervalle: Emotionsregulation und Beziehungsgestaltung | 3.0 | 5.33 | 7.13 |
| Reine Intervalle: Klassenführung | 45.4 | 81.64 | 21.33 |
| Mischintervalle | 28.8 | 51.86 | 20.56 |
| Leerintervalle | 14.4 | 25.88 | 14.58 |

In 28.8% der Intervalle wurden Itemkombinationen aus mindestens zwei verschiedenen Handlungsbereichen kodiert. Dieser doch relativ hohe Anteil an Mischintervallen geht mit der oben beschriebenen Parallelität pädagogischen Handelns auf verschiedenen Ebenen und dem hohen Anforderungscharakter des Freispiels einher und bestätigt die These von der Komplexität pädagogischer Handlungssituationen (vgl. Kap. 1). In 14.4% der Intervalle konnten keine Interventionen der Fachkräfte erfasst werden.

Auch bei dieser Art der Analyse fallen die hohen Standardabweichungen auf, was deutlich macht, dass sich die Fachkräfte nicht nur hinsichtlich der Häufigkeit ihres Agierens, sondern auch hinsichtlich der Gleichzeitigkeit bzw. Fokussierung innerhalb ihrer Tätigkeiten unterscheiden.

*Einfluss des Ausbildungshintergrundes*

Analog zur den vorhergehenden Analysen zur Quantität der Interventionen stellt sich auch hier die Frage nach systematischen Unterschieden, die sich durch die unterschiedlichen Ausbildungen der Fachkräfte erklären lassen könnten. Für ein kognitiv förderliches Handeln wird in der Literatur auf die Bedeutung von gemeinsam geteilter Aufmerksamkeit und dialogisch entwickelten Interaktionsprozessen hingewiesen (z.B. Sylva et al., 2004; König, 2006), die für eine Fokussierung stehen, und Unterbrechungen etc. für den Aufbau solcher Prozesse eher als hinderlich anzusehen sind. Entsprechend der Hypothese zur Quantität des Auftretens ist ein verhältnismäßig höherer Anteil in der Lernprozessgestaltung (reine Intervalle) bei den akademisch ausgebildeten Fachkräften zu erwarten, aufgrund der oben vorgestellten Analysen lässt sich dieser Effekt aber nicht unbedingt erwarten. Bei den Schweizer Fachkräften sind dagegen reine Intervalle in den Bereichen Lernprozessgestaltung und Emotionsregulation und Beziehungsgestaltung eher weniger zu erwarten, weil sie alleine für die Kindergruppe verantwortlich sind und deshalb mehr Klassenführungsaufgaben übernehmen müssen (vgl. Kap. 3). Dies ließe sich dann aber nicht auf den Ausbildungshintergrund, sondern eher auf die Rahmenbedingungen zurückführen.

Für die Analysen wurde erneut die Kovariate Berufserfahrung miteinbezogenen; sie erweist sich aber als nicht relevanter Einflussfaktor ($F_{(4; 80)} = 2.269$, n.s.). Jedoch lässt sich in Bezug auf die abhängigen Variablen der Intervallarten ein hoch signifikanter Effekt des Ausbildungshintergrundes feststellen ($F_{(8; 162)} = 4.834$, p < 0.0001), der darauf hinweist, dass sich zwischen den Gruppen Unterschiede in der Fokussierung bzw. der Parallelität von Interventionen finden lassen.

Betrachtet man die Analysen zu den einzelnen Intervallarten (d.h. reine, Misch- und Leerintervalle), so lässt sich kein signifikanter Unterschied im Bereich der Lernprozessgestaltung nachweisen, was bedeutet, dass sich die Fachkräfte hinsichtlich des Anteils an rein kognitiven Interventionen nicht unterscheiden (F (2; 85) = 2.030, n.s.; vgl. Tab. 4.10). Insofern kann die oben formulierte Erwartung nicht bestätigt werden.

Analog zu den Ergebnissen zur ersten Fragestellung reproduziert sich im Bereich Emotionsregulation und Beziehungsgestaltung der signifikante Effekt in der Hinsicht, dass die Schweizer Fachkräfte nicht nur signifikant weniger (vgl. Tab. 4.6), sondern auch in signifikant weniger Intervallen ausschließlich in diesem Bereich intervenieren (F (2; 85) = 9.488, p < 0.0001).

Bei den reinen Intervallen zur Klassenführung zeigt sich jedoch ebenfalls ein hoch signifikanter Effekt im Bereich der Klassenführung (F (2; 85) = 13.622, p < 0.0001). Die Post-hoc-Analysen machen deutlich, dass die Fachkräfte in der Schweiz in signifikant mehr 10-Sekunden-Intervallen ausschließlich im Bereich der Klassenführung angesiedelte Handlungsweisen einsetzen als die deutschen Fachkräfte (vgl. Tab. 4.10). Insofern bestätigt sich die Erwartung, dass bei den Schweizer Fachkräften nicht in den Bereichen I und II, sondern im Bereich III, der Klassenführung am häufigsten reine Intervalle kodiert wurden.

Für die Analyse der Mischintervalle ergibt sich ebenfalls ein signifikanter Unterschied zwischen den Gruppen (F (2; 85) = 10.500, p < 0.0001), das heißt, dass bei den beiden deutschen Gruppen häufiger Itemkombinationen aus mindestens zwei verschiedenen Handlungsbereichen kodiert wurden als bei den Schweizer Fachkräften, was angesichts der vorherigen Analyse des reinen Intervalls im Bereich Klassenführung zu erwarten war. In Bezug auf die Leerintervalle gibt es keine signifikanten Unterschiede zwischen den drei Gruppen (F (2; 85) = 0.512, n.s.).

Tabelle 4.10:  Mittelwerte und Standardabweichungen der Intervallarten in 30 min sowie Ergebnisse der multivariaten Kovarianzanalyse des Vergleichs der drei Ausbildungshintergründe (n=87)

| Intervalltypus | Erz. (D) (n = 34) | Akad. (D) (n = 28) | KigaL. (CH) (n = 25) | Kovariate Berufserfahrung | Faktor Ausbildung |
|---|---|---|---|---|---|
| | Multivariate Tests | | | $F(4; 80)=2.269$ n.s. | $F(8; 162)=4.834$ $p < 0.0001$ |
| | M (SD) | M (SD) | M (SD) | | |
| Reine Intervalle: Lernprozess-gestaltung | 17.68 (11.35) | 12.70 (5.82) | 15.05 (8.97) | | $F(2; 85)=2.030$ n.s. |
| Reine Intervalle: Emotionsregulation und Beziehungs-gestaltung | 5.62 [a] (7.13) | 8.03 [a] (7.90) | 1.15 [b] (1.52) | | $F(2;85) = 9.488$ $p < 0.0001$ |
| Reine Intervalle: Klassenführung | 72.37 [a] (18.56) | 79.81 [a] (20.22) | 93.38 [b] (19.08) | | $F(2;85) = 13.622$ $p < 0.0001$ |
| Mischintervalle | 58.44 [a] (24.15) | 53.67 [a] (17.97) | 41.00 [b] (13.37) | | $F(2;85) = 10.500$ $p < 0.0001$ |
| Leerintervalle | 25.89 (15.54) | 25.80 (12.44) | 26.42 (16.09) | | $F(2;85) = 0.512$ n.s. |

Anmerkung: Erz.: Erzieherinnen, Akad.: akademische Fachkräfte, KigaL.: Kindergartenlehrpersonen; [a], [b] signifikante Unterschiede zwischen den Gruppen ($p < 0.01$).

## 4.5  Zusammenfassung und Diskussion der Ergebnisse

Ziel der vorausgegangenen Analysen war, die Interventionen der Fachkräfte in der Freispielbegleitung in den drei Bereichen der Prozessqualität (Lernprozessgestaltung, Emotionsregulation und Beziehungsgestaltung sowie Klassenführung) zu untersuchen. Dabei wurde analysiert, ob sich hinsichtlich der verschiedenen Ausbildungshintergründe der Fachkräfte Unterschiede in der Häufigkeit, der „Dosis" (vgl. Anders, 2013) sowie in der Breite (verschiedenartige Interventionen) des pädagogischen Handelns zeigen. Des Weiteren war von Interesse, wie häufig die Fachkräfte gleichzeitig in verschiedenen Handlungsbereichen agierten und entsprechend Kombinationen von Interventionen kodiert wurden oder wie häufig Interventionen aus nur einem der drei Bereiche beobachtbar waren. Auch hier wurde geprüft, inwieweit sich ein Zusammenhang mit der Ausbildung der Fachkräfte zeigt.

Im Folgenden werden zunächst die Befunde zur Quantität der Interventionen in den einzelnen Bereichen diskutiert.

*Bereich 1: Lernprozessgestaltung*
Die Annahme, dass die akademisch ausgebildeten Fachkräfte aus Deutschland und die Kindergartenlehrpersonen aus der Schweiz mehr Interventionen im Bereich Lernprozessgestaltung zeigen als die fachschulisch ausgebildeten Erzieherinnen,

kann durchgängig über die verschiedenen Analysen hinweg nicht bestätigt werden. Damit liegen die Ergebnisse konträr zu anderen Studienergebnissen wie beispielsweise der EPPE-Studie (Sylva et al., 2003; Sylva et al., 2004) oder der REPEY-Studie (Siraj-Blatchford et al., 2002) aus dem englischsprachigen Raum, die berichten, dass Fachkräfte mit einer höheren (akademischen) Qualifikation mehr kognitiv förderliche Interaktionen zeigen. Andere Studien, insbesondere aus dem deutschsprachigen Raum, zeigen dagegen diesen Zusammenhang zwischen Prozessqualität und Qualifikationsniveau der Fachkräfte nicht bzw. es werden uneindeutige Befunde berichtet (im Überblick: Fröhlich-Gildhoff et al., 2014; vgl. auch Kap. 1). Für die Schweizer Teilstichprobe kann zwar ein relativ hohes Qualifizierungsniveau der Fachkräfte, nämlich die akademische Ausbildung der Kindergartenlehrpersonen konstatiert werden, es liegen jedoch kaum Untersuchungen zur Prozessqualität in Schweizer Einrichtungen vor (Edelmann, Brandenberg & Mayr, 2013), was eine Einordnung dieser Ergebnisse in andere Forschungsarbeiten schwierig macht.

Besonders auffällig ist der Befund, dass insgesamt nur wenige Interventionen im Bereich Lernprozessgestaltung beobachtet wurden. Bei der detaillierten Betrachtung einzelner Itemgruppen zeigte sich, dass diese umso seltener kodiert wurden, je anspruchsvoller diese Interventionen im Bereich kognitiver Aktivierung sind. Verschiedene andere Studien kamen hier zu vergleichbaren Ergebnissen. Die REPEY-Studie (Siraj-Blatchford et al., 2002; Textor, o.J) berichtet, dass kognitiv förderliche Interaktionen auf hohem Niveau im Sinne des „sustained shared thinking" auch bei den Fachkräften mit hoher akademischer Qualifikation und in exzellenten Einrichtungen, wenn auch häufiger als in anderen Einrichtungen, insgesamt eher selten beobachtet werden konnten (in etwas mehr als 5% der kognitiven Interaktionen). Auch König (2006) konnte diesen Befund bestätigen; ähnliches berichten Leuchter und Saalbach (2014) im Rahmen von naturwissenschaftlichen Lernangeboten, in dem die verbalen Unterstützungsmaßnahmen von Kindergartenfachkräften und Grundschullehrkräften untersucht wurden.

Bei Überprüfung der Items zu Sprache und Kommunikation ergaben sich signifikante Werte, die aufzeigen, dass bei den deutschen Fachkräften mehr Interventionen in diesem Bereich beobachtet werden konnten, als bei den Schweizer Kindergartenlehrpersonen. Kuger und Kluczniok (2008) verweisen entlang ihrer Studienergebnisse darauf, dass die Häufigkeit der bereichsspezifischen Förderaktivitäten mit einer schlechteren Erzieher-Kind-Relation sinkt. Auch in anderen Studien wurde auf den Zusammenhang zwischen Gruppengröße und Sprachförderqualität hingewiesen (Gasteiger-Klicpera, Knapp & Kucharz, 2010; Roos, Polotzek & Schöler, 2010). Da die Schweizer Kindergartenlehrpersonen in der Regel alleine eine Kindergruppe betreuen (vgl. Kap. 3), kann dieses Ergebnis eventuell auf einen ähnlichen Effekt zurückgeführt werden. In ihrer Expertise „Schlüssel zu guter Bildung, Erziehung und Betreuung" verweisen Viernickel et al. (2013) auf verschiedene Studien, die ebenfalls einen Einfluss der Fachkraft-Kind-Relation auf die Prozessqualität nachweisen konnten (z.B. „Cost Quality and Outcomes Study" (CQC Team, 1995), „National Child care Staffing Study" (Blau, 1999), „European child care and Education Study" (Cryer et al., 1999). Je günstiger der Personalschlüssel, desto mehr Möglichkeiten für dyadische Situationen gibt es und desto länger kann sich eine Fachkraft mit einzelnen Kindern oder einer kleinen Kindergruppe beschäftigen;

all dies sind günstige Voraussetzungen für Kommunikation und kognitive Förderung (Viernickel et al., 2013).

Dadurch, dass die Schweizer Kindergartenlehrpersonen im Gegensatz zu den deutschen Fachkräften alleine für eine Klasse verantwortlich sind, haben sie nicht in gleicher Weise die Möglichkeit, Aufgaben und Verantwortungsbereiche mit Kolleginnen abzusprechen und zu teilen, so dass sie sich kaum für bestimmte Aktivitäten mit einzelnen Kindern oder einer kleinen Gruppe von Kindern aus der Gesamtgruppe herausziehen können, ohne den Überblick über die Gesamtgruppe zu verlieren. All dies stützt die Vermutung, dass das Fachkraft-Kind-Verhältnis einen Einfluss auf die Fachkraft-Kind-Interaktion hat. Allerdings darf nicht aus dem Blick gelassen werden, dass die Analyse für den Bereich Sprache und Kommunikation (vgl. Tab. 4.7) ein signifikantes Ergebnis für die Berufserfahrung erbracht hat. Somit könnte auch die deutlich niedrigere durchschnittliche Berufserfahrung der Schweizer Kindergartenlehrpersonen (vgl. dazu Kap. 2), die unter Umständen mit weniger Routine im Kindergartenalltag einhergeht, eine Rolle spielen.

Mit Blick auf die Gruppe der akademisch ausgebildeten Fachkräfte aus Deutschland muss jedoch auch die Frage gestellt werden, warum sich hier kein signifikanter Unterschied zu den Erzieherinnen aus Deutschland und ggf. den Schweizer Kindergartenlehrpersonen ergab. Dies hängt vermutlich mit der sehr heterogen zusammengesetzten Teilstichprobe zusammen, was ihre Ausbildungsprofile angeht (vgl. Kap. 2). Es dominieren dabei zwar sozialpädagogische Profile, angestrebt war aber eine eher homogene Stichprobe mit bereichsspezifisch ausgebildeten Kindheitspädagoginnen (vgl. Kap. 2, vgl. ausführlich dazu Kap. 9).

*Bereich II: Emotionsregulation und Beziehungsgestaltung*
Die Vermutung, dass sich die Fachkräfte im Handlungsbereich II Emotionsregulation und Beziehungsgestaltung nicht unterscheiden, konnte ebenfalls nicht bestätigt werden. Es zeigt sich durchgängig über alle Betrachtungen hinweg (Häufigkeit der Interventionen in Relation zu der Gesamtanzahl an Interventionen sowie Anzahl der Reinintervalle aus dem Handlungsbereich Emotionsregulation und Beziehungsgestaltung), dass bei den Schweizer Kindergartenlehrpersonen hier deutlich weniger Interventionen beobachtet werden konnten als bei den zwei deutschen Gruppen. Inwieweit hier ähnliche Erklärungen wie im Bereich Lernprozessgestaltung herangezogen werden können (Einfluss der Fachkraft-Kind-Relation auf die Beziehungsgestaltung, Viernickel et al., 2013), muss offen bleiben. Denkbar wäre außerdem, dass die Schulnähe eine etwas distanziertere Beziehungsgestaltung nahelegt, zumal die Kinder in der Regel auch etwas älter sind (mindestens 4 Jahre) als die Kinder in den deutschen Einrichtungen. Diese Vermutung kann aber nicht belegt werden.

Insgesamt kamen Interventionen in diesem Bereich eher selten vor (durchschnittlich 11.31% aller Kodierungen), wobei dieser auch nur mit wenigen Items abgebildet wurde. Insbesondere die Items, die sich auf die Emotionsregulation der Kinder beziehen, wurden ganz selten kodiert. Offenbar steht dies bei den Fachkräften nicht so sehr im Vordergrund, was einerseits verwundert, andererseits aufgrund der mit einem im Kindergartenalter rasant ansteigenden Autonomiedrang und damit verbundenen Selbstregulationskompetenzen der Kinder zusammenhängen könnte (Holodynski & Friedlmeier, 2006; Lengning & Lüpschen, 2012). Dies konnte in feineren Analysen bestätigt werden (Wadepohl & Mackowiak, 2013). Auffällig ist weiterhin, dass die Items zum Körperkontakt sehr häufig kodiert wurden. Dass Körperkontakt im Kindergartenalter einen wichtigen Aspekt zur Herstellung von Sicherheit und Schutz darstellt, ist vielfach belegt (Arnett, 1989; Pianta et al., 2008). Interessant sind in der vorliegenden Studie jedoch die Befunde zu der Initiierung des Körperkontakts: Der Körperkontakt geht häufiger von der Fachkraft (M= 12.84 ) als vom Kind (M = 17.64) aus bzw. dauert länger an, wenn die Fachkraft den Körperkontakt initiiert hat. Inwieweit diese Befund auf unterschiedliche Arten von Körperkontakt (z.B. die Fachkraft setzt sich das Kind auf den Schoß vs. das Kind stupst die Fachkraft an, um sie etwas zu fragen) zurückzuführen ist (vgl. z.B. Montagu, 1997), werden weitere Analysen zeigen.

*Bereich III: Klassenführung*
Die Hypothese, dass sich die Fachkräfte im Handlungsbereich Klassenführung nicht unterscheiden, kann nur auf den ersten Blick, aber nicht durchgängig bestätigt werden.

Betrachtet man die Quantität der Interventionen im Bereich Klassenführung, so kann bestätigt werden, dass sich die Fachkräfte nicht voneinander unterscheiden. Über alle Ausbildungsgruppen hinweg wurden Interventionen im Bereich Klassenführung in Relation zu der Anzahl der Interventionen aus den anderen beiden Handlungsbereichen sehr häufig beobachtet. Vor allem die Items „Organisation des Spiels", sowie „Beobachtung proximaler und distaler Spielgeschehen" wurden in Relation zu den anderen Interventionen dieses Handlungsbereichs sehr häufig kodiert. Damit zeigen alle Fachkräfte eine hohe Kompetenz in der präventiven Klassenführung, was eine wichtige Voraussetzung für einen störungsarmen Ablauf des Spielgeschehens ist.

Bei der Betrachtung der Rein- und Mischintervalle zeigten sich jedoch Unterschiede zwischen den Gruppen: Reine Intervalle mit ausschließlich Interventionen im Bereich der Klassenführung wurden signifikant häufiger bei den Schweizer Kindergartenlehrpersonen kodiert als bei beiden deutschen Gruppen. Bei der Analyse der Mischintervalle kehrt sich der Befund um, denn sowohl für die Erzieherinnen als auch für die akademisch ausgebildeten Fachkräfte aus Deutschland wurden deutlich mehr Intervalle kodiert, in denen Interventionen aus mehreren Bereichen kombiniert auftreten, als für die Schweizer Kindergartenlehrpersonen. Dieses häufige Auftreten von Kombinationen wurde oben schon mit der Komplexität der Freispielsituation erklärt. Für die Schweizer Kindergartenlehrpersonen stellt sich ihre pädagogische Situation insofern noch komplexer dar, als sie alleine für die gesamte Kindergartengruppe das Freispiel organisieren müssen. Vermutlich führt das zu einer Reduktion der Gleichzeitigkeit verschiedenartiger Interventionen und zu einer Konzentration auf den organisatorischen Bereich. Diese Vermutung wird durch explorative Beobachtungen im Videomaterial gestützt: Bei der Analyse der Videos fiel auf, dass die Kindergartenlehrpersonen auf eine stärkere Strukturierung und Regulierung der Spielsituationen bedacht waren. Während die Kinder in Deutschland in der Regel den Spielort, die Spielzeit und den Spielpartner frei und selbstbestimmt wählen konnten, wurden die Kinder in den Schweizer Klassen für gewöhnlich enger in ihrer Wahl eingegrenzt; durften den Spielbereich beispielsweise erst nach einer gewissen Zeit und nach Absprache wechseln. Hier könnten weitergehende, auch qualitative Analysen Aufschluss geben.

Insgesamt wird deutlich, dass die organisatorischen Aspekte im Elementarbereich einen großen Schwerpunkt in der alltäglichen Organisation des Freispiels ausmachen. Dabei wenden die Pädagoginnen vor allem präventive Interventionen an, das bedeutet, sie sorgen für einen reibungslosen Ablauf des Kindergartenalltags. Reaktives Handeln wie „Reaktion auf Störungen" wurden nur selten kodiert, weil kaum Störungen auftraten. Den dadurch geschaffenen Freiraum nutzen die Fachkräfte aber nur wenig für die Lernprozessgestaltung. Unabhängig vom Ausbildungshintergrund werden viel zu selten Freispielsituationen genutzt, um Kinder in ihren Interessen, Themen und beim Explorieren kognitiv herauszufordern und anzuregen. Dieser Befund war so nicht erwartet und wird in Kapitel 9 noch ausführlich zu diskutieren sein.

Die Videoanalyse zeigte darüber hinaus einige methodische Schwierigkeiten, die teilweise bereits in Kapitel 2 beschrieben wurden und in Kapitel 9 weiter ausgeführt werden.

Dennoch können aus den Befunden zur Freispielgestaltung Implikationen für eine Steigerung der Prozessqualität in Kindertagesstätten formuliert werden:

– Die durch alle Analysen hinweg wenigen Kodierungen im Bereich Lernprozessgestaltung weisen darauf hin, dass Interaktionen mit dem Potential kognitiver Förderung noch nicht in dem Maße festzustellen sind, wie sie in der wissenschaftlichen und bildungspolitischen Debatte gefordert und erwartet werden (vgl. Kap. 1). Daher erscheinen eine stärkere Fokussierung auf das Erkennen von bildungsförderlichen Spielsituationen von Kindern sowie der Erwerb von Kenntnissen über kognitiv förderliche Interaktionen in Freispielsituationen in der Ausbildung wie der Weiterbildung von Fachkräften weiterhin ein sehr relevantes Ziel zu sein.

– Der Bereich der Emotionsregulation und Beziehungsgestaltung konnte mit den wenigen Items nur unzureichend abgebildet werden. Dennoch fiel auf, dass Items zum sozialen Lob selten kodiert wurden, dieses jedoch einen wichtigen Aspekt zur Entwicklung eines guten Gruppenklimas und des kindlichen Selbstbewusstseins darstellt.

– Im Bereich der Klassenführung erweisen sich die deutschen und die Schweizer Fachkräfte als kompetent. Sie verstehen es, die komplexe Freispielsituation so zu organisieren und zu überblicken, dass ein nahezu störungsfreier Ablauf der Spielsituationen für die Kinder gewährleistet ist. Diese so geschaffene „Lernumgebung" nutzen sie aber zu wenig für kognitiv förderliche Interaktionen mit den Kindern. Hier ist eine weitere Sensibilisierung für anspruchsvolle und gleichzeitig kindgemäße Formen der Lernprozessgestaltung erforderlich.

– Für die Schweiz könnten die Befunde ein Hinweis sein, die Fachkraft-Kind-Relation in den Blick zu nehmen und die Kindergartenlehrpersonen durch Teamkolleginnen in der Führung der Klassen zu entlasten und damit die Prozessqualität zu steigern.

# Literatur

Ahnert, L. (2007). Von der Mutter-Kind- zur Erzieherinnen-Kind-Bindung? In F. Becker-Stoll & M. R. Textor (Hrsg.), *Die Erzieherin-Kind-Beziehung. Zentrum von Bildung und Erziehung* (S. 31–41). Berlin, Düsseldorf, Mannheim: Cornelsen.

Anders, Y. (2013). Stichwort: Auswirkungen frühkindlicher institutioneller Betreuung und Bildung. *Zeitschrift für Erziehungswissenschaft, 16* (2), 237–275.

Arnett, J. (1989). *Caregiver Interaction Scale.* Chapel Hill: FPG Child Development Institute.

Becker-Stoll, F. & Textor, M. R. (Hrsg.). (2007). *Die Erzieherin-Kind-Beziehung: Zentrum von Bildung und Erziehung.* Berlin, Düsseldorf, Mannheim: Cornelsen.

Blau, D.M. (1999). The effect of childcare characteristics on child development. *Journal of Human Resources, 34,* 786–822.

Bowlby, J. (2006). *Bindung.* München: Ernst Reinhardt.

CQC Team: Cost, Quality and Outcomes Study Team (1995). *Cost quality and child outcomes in child care centers.* Denver: Department of Economics, Center for Research in Economic and Social Policy.

Cryer, D., Tietze, W., Burchinal, M.R., Leal, T. & Palacios, J. (1999). Predicting process quality from structural quality in preschool programs: a cross-country comparison. *Early Childhood Research Quarterly, 14,* 339–361.

Drieschner, E. (2011). *Bindung und kognitive Entwicklung – Ein Zusammenspiel. Ergebnisse der Bindungsforschung für eine frühpädagogische Beziehungsdidaktik* (WiFF Expertisen Nr. 13). München: Deutsches Jugendinstitut.

Edelmann, D., Brandenberg, K. & Mayr, K. (2013). Frühkindliche Bildungsforschung in der Schweiz. In M. Stamm (Hrsg.), *Handbuch frühkindliche Bildungsforschung* (S. 165–181). Wiesbaden: Springer VS.

Faust, G., Götz, M., Hacker, H. & Roßbach, H.-G. (Hrsg.) (2004). *Anschlussfähige Bildungsprozesse im Elementar- und Primarbereich.* Bad Heilbrunn: Klinkhardt.

Fröhlich-Gildhoff, K., Weltzien, D., Kirstein, N., Pietsch, S. & Rauh, K. (2014): *Expertise Kompetenzen früh-/kindheitspädagogischer Fachkräfte im Spannungsfeld von normativen Vorgaben und Praxis.* Erstellt im Kontext der AG „Fachkräftegewinnung für die Kindertagesbetreuung" in Koordination des BMFSFJ März 2014. Verfügbar unter: http://fruehe-chancen.de/files/allgemein/application/pdf/expertise_kompetenzprofil.pdf [29.07.2014]

Gasteiger-Klicpera, B., Knapp, W. & Kucharz, D. (2010). *Abschlussbericht der Wissenschaftlichen Begleitung des Programms „Sag' mal was – Sprachförderung für Vorschulkinder".* http://www.sagmalwas-bw.de/media/WiBe%201/pdf/PH-Weingarten_Abschlussbericht_2010.pdf [05.09.2013].

Hauser, B. (2013). *Spielen. Frühes Lernen in Familie, Krippe und Kindergarten.* Stuttgart: Kohlhammer.

Holodynski, M. & Friedlmeier, W. (2006). *Emotionen – Entwicklung und Regulation.* Heidelberg: Springer Medizin.

Klieme, E., Lipowsky, F., Rakoczy, K. & Ratzka, N. (2006): Qualitätsdimensionen und Wirksamkeit von Mathematikunterricht – theoretische Grundlagen und ausgewählte Ergebnisse des Projekts „Pythagoras". In M. Prenzel & L. Allolio-Näcke (Hrsg.), *Untersuchungen zur Bildungsqualität von Schule* (S. 127–146). Münster u.a.: Waxmann.

König, A. (2006). *Dialogisch-entwickelnde Interaktionsprozesse zwischen ErzieherIn und Kind(-ern): Eine Videostudie aus dem Alltag des Kindergartens.* Verfügbar unter: https://eldorado.tu-dortmund.de/bitstream/2003/24563/1/Diss_veroeff.pdf [17.04.2014]

Kucharz, D. & Mackowiak, K. (2011). Sprachförderung in Kindergarten und Grundschule. Das Modell der Stadt Fellbach. *Die Grundschulzeitschrift, 242/243,* 42–43.

Kuger, S. & Kuluczniok, K. (2008). Prozessqualität im Kindergarten – Konzept, Umsetzung und Befunde. In H.G. Roßbach & H. P. Blossfeld (Hrsg.): *Frühpädagogische Förderung in Institutionen* (S. 159–178). Wiesbaden: VS Verlag für Sozialwissenschaften.

Lengning, A. & Lüpschen, N. (2012). *Bindung*. München: Ernst Reinhardt.

Leuchter, M., Saalbach, H. (2014). Verbale Unterstützungsmaßnahmen im Rahmen eines naturwissenschaftlichen Lernangebots in Kindergarten und Grundschule. *Unterrichtswissenschaft, 42* (2), 117–131.

Lorentz, G. (1999). *Freispiel im Kindergarten*. Freiburg u.a.: Herder

Montagu, A. (1997). *Körperkontakt: die Bedeutung der Haut für die Entwicklung des Menschen*. Stuttgart: Klett-Cotta.

OECD (2000a). *Measuring Student Knowledge and Skill:. The PISA 2000 Assessment of Reading, Mathematical and Scientific Literacy*. OECD. Paris.

OECD (2000b). *Reading for Change: Performance and Engagement across Countries Results from PISA 2000*. OECD. Paris

OECD (2001). *Starting Strong: Early Childhood Education and Care*. OECD. Paris

Ostermeyer, E. (2006). *Bildung durch Beziehung: Wie Erzieherinnen den Entwicklungs- und Lernprozess von Kindern fördern*. Freiburg: Verlag Herder

Pianta, R.C., Hamre, B.K. & La Paro, K.M. (2007). *Classroom assessment scoring system (CLASS). Manual. K-3*. Baltimore: Brookes.

Pramling, I. (1990). *Learning to learn: a study of Swedish preschool children*. New York u.a: Springer.

Roos, J., Polotzek, S. & Schöler, H. (2010). *EVAS Evaluationsstudie zur Sprachförderung von Vorschulkindern. Abschlussbericht der Wissenschaftlichen Begleitung der Sprachfördermaßnahmen im Programm „Sag' mal was – Sprachförderung für Vorschulkinder". Unmittelbare und längerfristige Wirkungen von Sprachförderungen in Mannheim und Heidelberg.* Verfügbar unter: http://www.sagmalwas-bw.de/media/WiBe%201/pdf/EVAS_Abschlussbericht_Januar2010.pdf [05.09.2013].

Schelle, R. (2011). *Die Bedeutung der Fachkraft im frühkindlichen Bildungsprozess. Didaktik im Elementarbereich. Eine Expertise der Weiterbildungsinitiative Frühpädagogische Fachkräfte WiFF*. Deutsches Jugendinstitut (DJI) (Hrsg.): München. Verfügbar unter: http://www.weiterbildungsinitiative.de/uploads/media/WiFF_Expertise_18_Schelle_Internet_PDF.pdf [31.07.2014]

Siraj-Blatchford, I., Sylva, K., Muttock, S., Gilden, R. & Bell. D. (2002). Researching Effective Pedagogy in the Early Years (REPEY). Research Report No. 356. Norwich: Queen's Printer. Verfügbar unter: http://www.ioe.ac.uk/REPEY_research_report.pdf [01.08.2014]

Sylva, K., Melhuish, E., Sammons, P., Siraj-Blatchford. I., Taggart, B. & Elliot, K. (2003): *The effektive Provision of Pre-School Education (EPPE) Project: Findings From The Pre-School Perriod*. Research Brief, Brief No: RBX15-03. Verfügbar unter: http://www.ioe.ac.uk/RB_Final_Report_3-7.pdf [01.08.2014]

Sylva, K., Melhuish, E. C., Sammons, P., Siraj-Blatchford, I. & Taggart, B. (2004): *The Effective Provision of Pre-School Education (EPPE) Project: Final Report*. Verfügbar unter: http://eprints.ioe.ac.uk/5309/1/sylva2004EPPEfinal.pdf [01.08.2014]

Textor, R.M. (o.J.): Forschungsergebnisse zur Effektivität frühkindlicher Bildung: EPPE, REPEY und SPEEL. In *Kindergartenpädagogik- Online-Handbuch*. Verfügbar unter: http://www.kindergartenpaedagogik.de/1615.html [29.07.2014]

Tietze, W. (2004). Pädagogische Qualität in Familie, Kindergarten und Grundschule und ihre Bedeutung für die kindliche Entwicklung. In G. Faust, M. Götz, H. Hacker & H.-G. Roßbach (Hrsg.), *Anschlussfähige Bildungsprozesse im Elementar- und Primarbereich* (S. 139–153). Bad Heilbrunn: Klinkhardt.

Viernickel, S., Nentwig-Gesemann, I., Nicolai, K., Schwarz, S. & Zenker, L. (2013). *Schlüssel zu guter Bildung, Betreuung und Erziehung – wissenschaftliche Parameter zur Bestimmung der pädagogischen Fachkraft-Kind-Relation*. In Der Paritätische Gesamtverband; Diakonisches Werk der EKD e.V.; Gewerkschaft Erziehung und Wissenschaft (Hrsg.). 2., korrigierte Auflage. Verfügbar unter: http://www.gew.de/Binaries/Binary47887/expertise_gute_betreuung_web.pdf [29.07.2014]

Völker, S. & Schwer, C. (2011). Bindung und Begabungsentfaltung: Analyse einer Szene aus dem Kita-Alltag. In: nifbe (Hrsg.). *Bildung braucht Beziehung: Selbstkompetenz stärken – Begabung entfalten*, (S. 71–78). Freiburg: Herder.

Wadepohl, H. & Mackowiak, K. (2013). Entwicklung und Erprobung eines Beobachtungs-instruments zur Analyse der Beziehungs- bzw. Bindungsgestaltung von frühpäda-gogischen Fachkräften in Freispielsituationen. In K. Fröhlich-Gildhoff, I. Nentwig-Gesemann, A. König, U. Stenger & D. Weltzien (Hrsg.), *Forschung in der Früh-pädagogik, VI. Interaktion zwischen Fachkräften und Kindern* (S. 87–118). Freiburg: Verlag FEL (Forschung, Entwicklung, Lehre).

Wannack, E. (2011). Die Bedeutung des freien Spiels in der Kindergartendidaktik. 4bis8 Fachzeitschrift für Kindergarten und Unterstufe Spezialausgabe, gesammelte Artikel aus den Heften 9/09, 12/09, 3/10. Verfügbar unter: http://www.4bis8.ch/platform/content/element/15639/4bis8_spezial_definitv_o_beschnitt_72dpi.pdf [01.08.2014].

WiFF, (2011). *Frühe Bildung – Bedeutung und Aufgaben der pädagogischen Fachkraft. Grundlagen für die kompetenzorientierte Weiterbildung.* DJI e.V. (Hrsg): München. Verfügbar unter: http://www.weiterbildungsinitiative.de/publikationen/details/data/fruehe-bildung-bedeutung-und-aufgaben-der-paedagogischen-fachkraft/ [29.07.2014].

*Ursula Billmeier, Sergio Ziroli*

# 5. Bewegungsbildung in der frühen Kindheit
## Zur Begleitung und Gestaltung von Bewegungssituationen

## 5.1 Domäne Bewegung, Körper und Gesundheit[1]

Bewegung ist Grundlage einer gesunden Entwicklung von Kindern. Ihre Wirkung ist nicht nur beschränkt auf motorische Aspekte, sondern sie ist insbesondere in frühkindlichen Entwicklungsphasen auch für die physische und psychische Gesundheit sowie die soziale und kognitive Entwicklung von großer Bedeutung. Die vielfältigen Bildungsmöglichkeiten mit und durch Bewegung reichen weit über die körperliche Entwicklung hinaus (Ziroli & Singrün, 2012).

Bewegung bietet Freude, vielfältige Erkenntnisse über sich selbst, die dingliche und räumliche Umwelt, über soziale und kulturelle Gegebenheiten. Bewegungsaktivitäten in unterschiedlichsten Formen und Arrangements, sei es als unverbindliches und offenes Spiel oder Vorformen traditioneller Sportarten, leisten einen wichtigen Beitrag zur Erfüllung des Erziehungs- und Bildungsauftrags von Kindertageseinrichtungen, sie sind elementar für die ganzheitliche Bildung von Kindern.

Kinder haben ein Grundbedürfnis nach Bewegung und müssen sich bewegen, um sich gesund im Sinne von Wohlbefinden nach salutogenetischer Überzeugung zu entwickeln. In keinem Lebensabschnitt spielt Bewegung eine so große Rolle wie in der Kindheit und zu keiner Zeit sind körperlich-sinnliche Erfahrungen so wichtig. Bewegung und ein positives Selbst- und Körperkonzept sind Motoren für die Gesamtentwicklung des Kindes in allen seinen Facetten. Charakteristisch für die Entwicklungsförderung durch und mit Bewegung ist, dass das Kind sich seine Welt aktiv, mit allen Sinnen und vor allem in Bewegung erschließt (ebd.). Somit ist der Bereich Bewegung, Körper und Gesundheit sowohl als eigener Bildungsgegenstand als auch als Medium zur Erziehung in den Bildungsplänen von Kindertagesstätten mit entsprechendem Auftrag verankert. Die adäquate Begleitung und Gestaltung von Bewegungssituationen erfordert von den pädagogischen Fachkräften domänenspezifische Affinität und Kompetenz. Neben offenen und situativen bewegungsbezogenen Lerngelegenheiten erfährt die bewegungsbezogene Förderung durch strukturierte Angebote einen besonderen Stellenwert.

---

1  Die Domäne zentriert sich im Rahmen des Projekts auf den Bereich Bewegung. Die Ergänzung Körper und Gesundheit ist der Tatsache geschuldet, dass einerseits mit Bewegung Körperlichkeit und Gesundheit direkt verbunden sind und andererseits, dass die drei Begriffe in vielen Orientierungs- und Bildungsplänen in unterschiedlicher Akzentuierung vorkommen.

## 5.2 Fragestellungen

Bei der Analyse des Datenmaterials werden auf der Basis aktueller Qualitätsdiskussionen drei Ebenen beleuchtet: die Einstellung der pädagogischen Fachkraft zur Domäne Bewegung und das prozessuale Handeln der Fachkraft in Bewegungsangeboten. Ebenso werden Strukturmerkmale betrachtet, welche für die Bewegungsbildung in Kindertagesstätten von Relevanz sind. Im Detail wird hierzu von den folgenden Fragen ausgegangen:

*Einstellung der pädagogischen Fachkraft in der Domäne Bewegung, Körper und Gesundheit*
Welche Einstellungen zeigen die pädagogischen Fachkräfte in der Domäne Bewegung allgemein? Wie sieht ihr bewegungsbezogenes Fähigkeitsselbstkonzept aus, welche Relevanz wird der Bewegungsbildung in der Kindertagesstätte beigemessen und welche persönlichen Bezüge zur Domäne sind feststellbar? Zeigen sich Unterschiede zwischen den pädagogischen Fachkräften mit fachschulischer Ausbildung und akademischer Ausbildung in Deutschland und Kindergartenlehrpersonen mit akademischer Ausbildung in der Schweiz?

*Planung von Bewegungsangeboten*
Welche Ziele werden in der Angebotsplanung von Bewegungseinheiten genannt? Lassen sich Unterschiede zwischen den unterschiedlich ausgebildeten pädagogischen Fachkräften feststellen?

*Handeln der Fachkraft im Bewegungsangebot*
Wie begleiten die Fachkräfte bewegungsbezogene Bildungsangebote? Welche Items des Beobachtungssystems lassen sich in Bewegungsangeboten bei den pädagogischen Fachkräften beobachten? Gibt es hinsichtlich der Kodierungshäufigkeit von Impulsen und Anregungen sowie bezüglich des Interventionsspektrums Unterschiede zwischen den Fachkräften mit unterschiedlicher Ausbildung?

Gibt es Zusammenhänge zwischen Anzahl und Spektrum der Kodierungen in den Bewegungsangeboten und lässt sich jeweils ein Zusammenhang mit den Einstellungen der Fachkräfte erkennen?

*Strukturelle Bedingungen*
Welche strukturellen Bedingungen für bewegungsbezogene Bildungsarbeit existieren hinsichtlich Raum- und Materialausstattung in den Kindertagesstätten? Lassen sich unterschiedliche strukturelle Bedingungen zur Umsetzung von Bewegungsangeboten vor dem Hintergrund unterschiedlicher Ausbildungsgruppen erkennen? Wie häufig werden Fortbildungsaktivitäten im Bereich Bewegung in Anspruch genommen? Existieren ausbildungsabhängige Unterschiede?

## 5.3  Domänenspezifische Hinweise zu Datenanalyse

Fokussiert man den Bereich Bewegung, Körper und Gesundheit genauer, erfordert er ergänzende methodische Vorgehensweisen und Hinweise.

*Allgemeiner und domänenspezifischer Fragebogen*
Die für Bewegung ausschlaggebenden allgemeinen Informationen über strukturelle Bedingungen in der Einrichtung wurden im Fragebogen zur beruflichen Situation und Einrichtung erhoben (vgl. Kap. 2 und 3). Neben den allgemeinen Fragen sind für die Domäne die Angaben zu Fortbildungen im Bereich Bewegung für die fachspezifische Auswertung von besonderem Interesse. Zur räumlichen und materiellen Ausstattung wurden die Innen- und Außenfläche, das Vorhandenseins eines Bewegungsraumes oder die Nutzung einer externen Sportstätte und die materielle Ausstattung im Außenbereich erfragt. Ebenso wurde die Durchführungshäufigkeit von Bewegungsangeboten von Festangestellten erhoben.

Im domänenspezifischen Fragebogen wurden neben den erwähnten Dimensionen zur Erfassung der Einstellung der Fachkräfte zur Domäne mittels Likert-Skalen weitere Fragen zum persönlichen Bezug zu Bewegung und Sport gestellt. Diese wurden nicht in den beschriebenen Einstellungsskalen (vgl. Kap. 2) und deren Konsistenz mit einberechnet, sie ermöglichen jedoch ergänzende Einblicke auf Itemebene. Beispielsweise wurde nach der Häufigkeit des eigenen Sporttreibens und nach zusätzlichen Qualifikationen im Bereich Bewegung (z.B. Lizenz im Bereich Bewegung und Sport) gefragt.

Die Auswertung der Fragebögen bezieht sich auf die Gesamtstichprobe von N = 89 (vgl. Kap. 2). Aufgrund von fehlenden Werten in den Daten gehen bei den verschiedenen Analysen unterschiedliche Teilstichproben in die Auswertung ein.

*Angebotsplanung*
Die in der Angebotsplanung enthaltene Zielsetzung des Bewegungsangebots wurde mithilfe eines dafür entwickelten und bewegungsspezifischen Kategoriensystems analysiert. Hierzu wurden die dem Bildungsbereich Bewegung, Körper und Gesundheit zugeordneten Zielsetzungen des Gemeinsamen Rahmenplans der Länder für die frühe Bildung in Kindertageseinrichtungen (JMK und KMK, 2004) und des Orientierungsplans Baden-Württemberg (Ministerium für Kultus, Jugend und Sport Baden-Württemberg, 2011) herausgearbeitet und mit den vorliegenden sportwissenschaftlichen Theorien (Zimmer, 2001, 2008, 2012a, b) abgeglichen und ergänzt. Die theoretischen Annahmen und Empfehlungen zu den relevanten Merkmalen, welche in der Literatur genannt werden, wurden in Kategorien operationalisiert, voneinander abgegrenzt und durch Teilstichproben des zu analysierenden Materials ergänzt. Die deduktiv-induktiv erstellten Items wurden zur besseren Verständlichkeit und Abgrenzung mit passenden Ankerbeispielen aus dem Material verdeutlicht (Lotz, Lipowsky & Faust, 2013). Nach der Validierung des Kategoriensystems wurden zur objektiven Analyse die Zielangaben in der Angebotsplanung von zwei voneinander unabhängigen Kodiererinnen mithilfe des Programms Atlas.ti, Version 6.2. (Friese, 2011), bearbeitet.

Das Kategoriensystem zur Zielanalyse umfasst insgesamt 21 Kategorien, die sich inhaltlich auf die Förderung im körperlich-motorischen, emotionalen, sozialen und kognitiven Bereich beziehen (vgl. Tab. 5.1).

Tabelle 5.1:    Angebotszielkategorien in der Planung von Bewegungsangeboten

| | |
|---|---|
| 1 | Förderung der koordinativen Fähigkeiten |
| 2 | Förderung der konditionellen Fähigkeiten |
| 3 | Schulung grundlegender grobmotorischer Bewegungsformen |
| 4 | Entfaltung des Selbst-/Körperkonzepts |
| 5 | Schulung der fein-/grafomotorischen Fähigkeiten |
| 6 | Auseinandersetzung mit der räumlichen/dinglichen Umwelt |
| 7 | Förderung von Freude an der Bewegung |
| 8 | Entdecken der Sexualität |
| 9 | Förderung der Mundmotorik |
| 10 | Förderung der Kognition und Sprachentwicklung |
| 11 | Förderung der Sinneswahrnehmung |
| 12 | Entspannung |
| 13 | Förderung der emotionalen Entwicklung |
| 14 | Förderung der sozialen Entwicklung |
| 15 | Förderung von Fantasie, Kreativität und Eigentätigkeit; Förderung der Eigenständigkeit |
| 16 | Überprüfen des Entwicklungsstandes der Kinder |
| 17 | Musizieren |
| 18 | Herausforderungen bieten, Anreize schaffen, Grenzen austesten und annehmen |
| 19 | Grundlagen für eine gesunde körperliche Entwicklung |
| 20 | Heranführen an grundlegende Prinzipien der Naturwissenschaften |

Bei insgesamt 131 Zitaten der Teilauswertung n = 49 von insgesamt 73 Angebotsplanungen gab es bei lediglich zwölf Zielformulierungen unterschiedliche Zuordnungen der beiden Kodiererinnen, dies entspricht einer Beobachterübereinstimmung von 90.8%. Die zwölf nichtübereinstimmenden Kodierungen wurden nach klärender Expertenabsprache einer Kategorie zugeordnet.

*Angebotskategoriensystem: Bewegungsspezifische Auslegung der Items*
Das Beobachtungssystem ist domänenübergreifend konzipiert, die eingesetzten Items (I_05 – I_18, vgl. Kap. 2) wurden zudem im Hinblick auf den Bereich Bewegung, Körper und Gesundheit präzisiert und ausgelegt. Auf diese Weise können die domänenspezifischen Gegebenheiten in bewegungstypischen Settings leichter beobachtet und kodiert werden.

Das Item „Anregen zu motorischem oder praktischem Tun" erfasst somit ausschließlich Anregungen zu körperlichen Aktivitäten, die im frühkindlichen Bereich für die Kinder eine konditionelle und koordinative Herausforderung darstellen bzw. den elementaren motorischen Fertigkeiten zuzuordnen sind (Bockhorst & Mashur, 2004; Zimmer, 2012a). Sinneserfahrungen und feinmotorische Tätigkeiten werden hier nicht erfasst. Bei dem Item „Erweiterung und Bereicherung des Spiels" gibt die

Fachkraft weiterführende Impulse, sodass vielfältige Bewegungserlebnisse ermöglicht werden. Diese Anregungen der Pädagogin wirken als indirekte Anregung zum motorischen Tun mit neuen Herausforderungen, mit anderen Bewegungsanforderungen oder mit der Notwendigkeit von neuen strategischen Vorgehensweisen zur Bewältigung der Bewegungshandlung (Zimmer, 2012a). Eine kognitive Anregung im bewegungsspezifischen Sinne beinhaltet i.d.R. Denk- und Verstehensprozesse von Bewegungshandlungen (Kramer, 2010). Diese beinhalten Bewegungsformen, körperliche Merkmale oder das Erkennen von Zusammenhängen des körperlichen Tuns mit Schwerkräften, Dynamik, usw.

Bei den Items, die das inhaltliche Eingehen auf die Kinder erfassen, kommt in der Domäne Bewegung, Körper und Gesundheit der für die Bewegungsförderung typischen körperlichen Hilfestellung der Fachkraft zur Bewältigung einer Bewegungshandlung oder der Hilfestellung durch Geräteauswahl/-konstellation eine besondere Bedeutung zu (Zimmer, 2006, 2012a). Ebenso verhält es sich mit der Kategorie „Vormachen". Sie hat eine spezielle Bedeutung für den Bildungsbereich Bewegung als körperbetontes Fach. In der Bewegungsbildung wird in der Vermittlung von prozeduralem Wissen oftmals zum Vormachen, also der visuellen Vermittlung gegriffen und diese bei Bedarf durch verbale Instruktionen unterstützt (Bräutigam, 2006).

Für die Auswertung wird von insgesamt 80 videografierten Bewegungsangeboten eine Teilstichprobe von 30 Fachkräften herangezogen, die sich aus 8 Erzieherinnen, 12 akademisch ausgebildeten Fachkräften und 10 Kindergartenlehrpersonen zusammensetzt (vgl. Kap. 2).

## 5.4  Ergebnisse der Domäne Bewegung

Die Ergebnisse zu bewegungsbezogenen Einstellungen der pädagogischen Fachkräfte sowie die domänenspezifische Lernbegleitung in Bewegungsangeboten stehen im Mittelpunkt der folgenden Abschnitte. Auch unterschiedliche Ausbildungshintergründe der Fachkräfte sowie deren Auswirkungen auf die verschiedenen Aspekte bewegungspädagogischer Bildungsarbeit im Kindergarten werden vergleichend betrachtet und analysiert. Zudem werden bestimmte Strukturmerkmale der Einrichtungen untersucht.

*Ergebnisse zur Einstellung der Fachkräfte*
Bei der globalen Betrachtung der Einstellung zur Domäne Bewegung (Cronbachs α = 0.710, 22 Items; Skalenbildung durch Items mit den Antwortmöglichkeiten von 1 = „stimme überhaupt nicht zu" bis 5 = „stimme vollkommen zu"; Interne Konsistenten vgl. Kap. 2) unterscheiden sich die drei Ausbildungsgruppen in der Tendenz nur geringfügig (F (2, 48) = 2.483, p = 0.094). Dabei zeigt die Post-hoc-Analyse, dass diese Tendenz vor allem durch den Unterschied zwischen den deutschen Erzieherinnen und den Schweizer Kindergartenlehrpersonen bedingt ist. Die Kindergartenlehrpersonen zeigen einen deutlich geringeren Wert in der globalen Einstellung gegenüber der Domäne (p = 0.055).

Ein zu beachtender Aspekt für die Betrachtung der Skalen der Einstellung ist die Berufserfahrung der pädagogischen Fachkräfte. Für die folgenden Analysen wurde die Stichprobengruppe in zwei Gruppen unterteilt, eine mit weniger Berufserfahrung zwischen 0.5 und 9.5 Jahren (n = 56: das sind 41.2% der fachschulischen Erzieher, 58.6% der akademischen Fachkräfte aus Deutschland und 100.0% der Kindergartenlehrpersonen aus der Schweiz; die Unterteilung erfolgte mittels der durchschnittlichen Berufserfahrung aller Fachkräfte M = 9.5 Jahre) und eine Gruppe mit viel Berufserfahrung über 9.6 Jahre (n = 32). Bezieht man diese Variable in die Analyse mit ein, wird ersichtlich, dass sie der entscheidende Faktor für den Wert der globalen Einstellung der Fachkraft im Bereich Bewegung ist. Mit 20.7% Varianzaufklärung ist der Einfluss höchst signifikant (p = 0.001). So besteht ein signifikanter positiver Zusammenhang zwischen der Berufserfahrung und der globalen Einstellung, das heißt eine höhere Einstellung tritt zusammen mit einer längeren Berufserfahrung auf (r (49) = 0.512, p = 0.000). Betrachtet man die zwei Gruppen vergleichend, können deutliche Unterschiede bezogen auf die globale Einstellung im Bereich Bewegung nachgewiesen werden (F (1, 49) = 10.588, p = 0.002). Die Fachkräfte mit weniger Berufserfahrung erzielen durchschnittlich einen Wert von M = 3.91 (SD = 0.31), die Fachkräfte mit mehr Berufserfahrung einen Mittelwert von M = 4.23 (SD = 0.39). Da die Kindergartenlehrpersonen der Schweiz signifikant jünger sind als die deutschen Fachkräfte, wurde die Variable Länderzugehörigkeit nochmals überprüft. Die Kovarianzanalysen verdeutlichen, dass keine landesspezifische Abhängigkeit bei der Einstellung der Fachkräfte vorliegt, sondern diese nur auf die tatsächliche Berufserfahrung zurückzuführen ist (Varianzaufklärung von 0,0%, n.s.). Zu beachten ist jedoch, dass die untersuchten schweizerischen Fachkräfte alle in der Gruppe mit weniger Berufserfahrung zu finden sind. Insgesamt betrachtend ist trotz dieser Unterschiede generell eine sehr positive Gesamteinstellung zur Domäne Bewegung festzustellen.

Abbildung 5.1:   Domänenspezifische Gesamteinstellung und Berufserfahrung (n = 50)

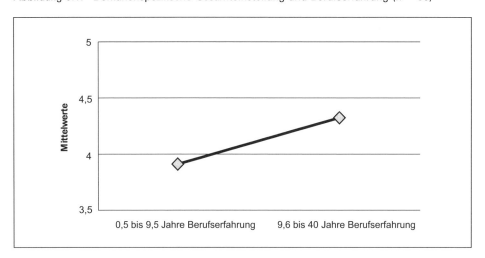

Auch die Relevanz der Domäne Bewegung für die Gesamtbildung der heran-
wachsenden Kinder ist von allen Fachkräften mit einem Mittelwert von M=4.41
(SD = 0.42) auf der 5-stufigen Likert-Skala sehr hoch (Cronbachs $\alpha$ = 0.725, 10
Items). Die drei unterschiedlich ausgebildeten Gruppen der Fachkräfte unterscheiden sich signifikant (F (2, 75) = 5.451; p = 0.006; die Post-hoc-Analyse weist wiederum einen Unterschied zwischen den Gruppen der deutschen Erzieher und der
Schweizer Kindergartenlehrpersonen auf). Auch hier konnte ein signifikanter Einfluss
der Berufserfahrung festgestellt werden. Die Kovarianzanalyse ergibt zwar eine geringe Varianzaufklärung von 7.4% (p = 0.017), es besteht jedoch ein bedeutender
Zusammenhang zwischen den Werten der Relevanzbeimessung und der Berufspraxis
in Jahren (r (76) = 0.360, p = 0.000). Betrachtet man hierbei wiederum die zwei zuvor gebildeten Gruppen mit weniger und mehr Berufserfahrung, ist ersichtlich, dass
Fachkräfte mit 9.6 oder mehr Jahren Berufserfahrung den Bildungsbereich Bewegung
weitaus relevanter betrachten (M = 4.64, SD = 0.41), als die Fachkräfte mit 9.5 oder
weniger Jahren Berufserfahrung (M = 4.27, SD = 0.36; F(1, 76) = 16.898, p = 0.000).

Abbildung 5.2:  Relevanz des Bereichs Bewegung für die Gesamtentwicklung des Kindes und
Berufserfahrung (n = 78)

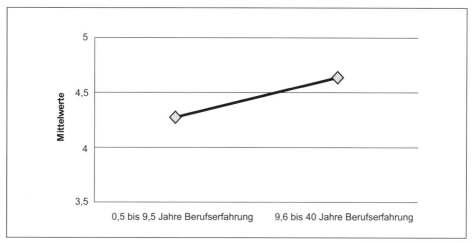

Weitere Analysen zum Fähigkeitsselbstkonzept (Cronbachs $\alpha$ = 0.724, 4 Items) zeigen, dass sich alle pädagogischen Fachkräfte in der Domäne Bewegung viel zutrauen
(M = 4.21, SD = 0.74). Ein Unterschied zwischen den drei Gruppen unterschiedlicher
Ausbildung (F (2, 74) = 1.721, n.s.) oder zwischen den zwei Gruppen mit weniger
oder mehr Berufserfahrung (F (1, 75) = 0.269, n.s.) zeigt sich nicht.

   Der eigene Bezug zu Bewegung und Sport konnte durch die Skalenbildung nur
unbefriedigend abgebildet werden. Ein Blick auf einzelne Fragen mit teilweise abwei-
chendem Skalenniveau ermöglicht zusätzliche und interessante Einblicke. Es zeigt
sich, dass Bewegung und Sport im Lebensalltag der Fachkräfte mit einem Mittelwert
von 4.06 (SD = 0.89) zwar sehr wichtig ist, die fachschulisch Ausgebildeten jedoch den höchsten persönlichen Bezug in dieser Hinsicht (M = 4.27, SD = 0.98) im
Vergleich mit den akademisch ausgebildeten Fachkräften in Deutschland (M = 3.89,
SD = 0.86) aufweisen.

Bei der Frage nach der Häufigkeit des eigenen Sporttreibens ist auf explorativer Ebene auffallend, dass vor allem die akademisch ausgebildeten Fachkräfte aus Deutschland zu 25% angeben, gar keinen Sport zu treiben, bei den Schweizern sind es hingegen nur knapp 5%. Die Fachkräfte in der Schweiz treiben ihrer Angabe nach mit knapp 62% zweimal und mehr pro Woche am meisten Sport.

Tabelle 5.2:   Zur Häufigkeit des Sporttreibens der pädagogischen Fachkräfte (Angaben in Prozent, n = 80)

| Ausbildung | 2x und mehr | 1x/Woche | 1x/Monat | kein Sporttreiben |
|---|---|---|---|---|
| Alle Fachkräfte | 47.2 | 27.0 | 3.4 | 12.4 |
| Erzieherinnen D | 51.6 | 38.7 | 0.0 | 9.7 |
| Akademisch ausgebildete Fachkräfte D | 46.4 | 25.0 | 3.6 | 25.0 |
| Kindergartenlehrpersonen CH | 61.9 | 23.8 | 9.5 | 4.8 |

Die Fachkräfte wurden auch danach gefragt, ob sie eine zusätzliche Qualifikation im Bereich Bewegung und Sport haben, z.B. eine Übungsleiter- oder Trainerlizenz. Hier zeigen sich deutliche Unterschiede zwischen den drei Gruppen ($\chi^2$ (2) = 12.812, p = 0.002). Von den akademisch ausgebildeten Kindergartenlehrpersonen aus der Schweiz besitzen 65.2% eine zusätzliche sportliche Qualifikation, bei den deutschen Erzieherinnen sind es lediglich 31.3%. Die akademisch ausgebildeten Fachkräfte in Deutschland bilden mit 17.9% das deutliche Schlusslicht.

Abbildung 5.3:   Zusatzqualifikationen im Bereich Bewegung und Sport (Angaben in Prozent, n=83)

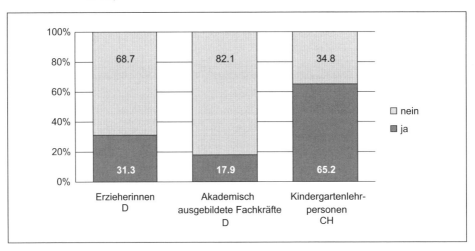

*Ergebnisse zur Angebotsplanung*
Die Analyse der Angebotsplanungsunterlagen hinsichtlich der Zielsetzungen für die durchgeführten Bewegungseinheiten ergab, dass die in den Bildungsplänen und in der frühkindlich orientierten Sportwissenschaft diskutierten Ziele in unterschiedlicher Häufigkeit Berücksichtigung finden.

Insgesamt wurden von nur 71.4% aller Fachkräfte überhaupt Ziele formuliert, die restlichen 28.6% der Befragten gaben keine Zielsetzung für das Bewegungsangebot in ihrer Planung an. Dabei geben die Schweizer Kindergartenlehrpersonen signifikant weniger oft Ziele in der Angebotsplanung an, als die in Deutschland ausgebildeten Fachkräfte ($\chi^2$ (1) = 4.360, p = 0.050).

Die „Förderung von Freude an Bewegung" wurde von über 30% der Fachkräfte in der Planung angegeben. 28.6% der Fachkräfte nannten weiterhin die „Förderung von sozialen Fähigkeiten", gefolgt von der „Förderung der koordinativen Fähigkeiten" und der „Schulung grobmotorischer Bewegungsformen". Auch die „Auseinandersetzung mit der räumlichen / dinglichen Umwelt" und die „Förderung von Fantasie, Kreativität und Eigentätigkeit sowie die Förderung der Eigenständigkeit" wurden von 22.4% der Fachkräfte in der Planung von Bewegungsangeboten als Ziele angegeben. „Entdecken der Sexualität" wurde hingegen von keiner Fachkraft als Ziel erwähnt.

Abbildung 5.4: Zielnennungen in der Angebotsplanung (Mehrfachnennungen möglich; Angaben in Prozent, n=49)

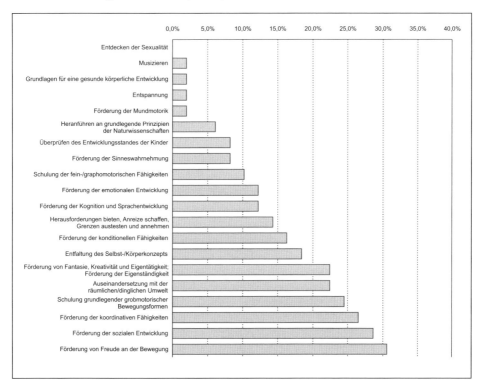

Unterschiede zwischen den Ausbildungsgruppen konnten nur bei einer der ermittelten Zielangaben, der oft genannten „Förderung von Freude an Bewegung" ($\chi^2$ (1) = 7.495, p = 0.008), festgestellt werden. Von den deutschen Erzieherinnen und akademisch ausgebildeten Fachkräften wurde dieses Item zu 43.8% als Ziel formuliert, von den Schweizer Kindheitspädagogen hingegen nur zu 5.8%

*Lernbegleitung von Fachkräften in Bewegungsangeboten*

Die Analyse der Bewegungsvideos mittels des eingesetzten Beobachtungssystems zeigt, dass sich in Bewegungsangeboten vier Kategorien mehrheitlich erfassen lassen. Dabei ist das „Anregen zum motorischen / praktischen Tun" mit 33.9% der Kodierungen die am meisten zu beobachtende Intervention der pädagogischen Fachkräfte. In 21.2% der Interventionen gehen die Fachkräfte auf Lösungsprozesse und Fehler der Kinder ein und in 20.6% der Interventionen loben sie für bewegungsbezogene Aktivitäten der Kinder. 17.1% nimmt das „Vormachen" in den Bildungsangeboten Bewegung ein. Das „Variieren und Erweitern der Lerngelegenheit" umfasst lediglich einen Anteil von 2.8% der erfassten Sequenzen. Die Items zur kognitiven Aktivierung weisen insgesamt einen Anteil von nur 4.2% des Interventionsverhaltens auf. Auch das „inhaltliche Eingehen auf bewegungsbezogene Wünsche und Fragen" und das „Vorwissen und Können" können nur mit verschwindend geringem Anteil von 0.6% und 1.4% innerhalb der Interventionen identifiziert werden.

Abbildung 5.5: Durchschnittlicher prozentualer Anteil der einzelnen Items relativiert an der Summe der Gesamtkodierung der einzelnen Fachkräfte (Angaben in Prozent; n = 30)

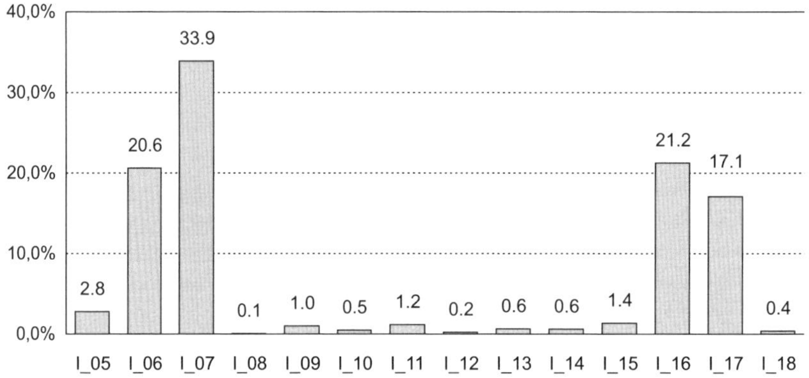

| Item | Itemname | „kognitive Aktivierung" |
|------|----------|------------------------|
| I_05 | Erweiterung und Bereicherung des Spiels | |
| I_06 | Inhaltliches Lob und Anerkennung | |
| I_07 | Anregen zu motorischem oder praktischem Tun | |
| I_08 | Anregen zum Explorieren und Forschen | X |
| I_09 | Anregen zum Formulieren der eigenen Gedanken und Überlegungen | X |
| I_10 | Anregen zum Nachdenken innerhalb einer Situation | X |
| I_11 | Anregen zum Weiterdenken (über die Situation hinaus) | X |
| I_12 | Wissensabfrage | |
| I_13 | Verbaler Wissensinput | |
| I_14 | Inhaltliches Reagieren/Eingehen auf Wünsche und Fragen zum Spiel | |
| I_15 | Inhaltliches Reagieren/Eingehen auf das Vorwissen und Können | |
| I_16 | Inhaltliches Reagieren/Eingehen auf Lösungsprozesse, Lösungsprodukte und Fehler | |
| I_17 | Vormachen/Vorzeigen | |
| I_18 | Anregen zum Äußern von eigenen Erfahrungen und Erinnerungen | X |

Statistische Gruppenunterschiede sind aufgrund der geringen Stichprobengröße von n = 30 zurückhaltend zu interpretieren. Es lassen sich jedoch mittels explorativer Analysen und auf deskriptiver Ebene Tendenzen erkennen, nach denen fachschulisch ausgebildete Fachkräfte aus Deutschland durchschnittlich ein breiteres Spektrum an erfassten Items zeigen und sowohl insgesamt als auch im Bereich der „kognitiven Aktivierung" mehr Kodierungen aufweisen, als die akademischen Fachkräfte in Deutschland und der Schweiz.

*Spektrum der Kodierungen*
Die Mittelwertvergleiche bestätigen diese Tendenz, jedoch ergibt der statistische Vergleich der drei Gruppen sowie die Post-hoc-Tests keine signifikanten Ergebnisse ($F = (2, 27) = 2.542$, $p = 0.097$). Vergleicht man hingegen die Gruppe der fachschulisch ausgebildeten Erzieherinnen mit der Gruppe der deutschen und schweizerischen Fachkräfte mit akademischer Ausbildung im Gesamten, wird der Unterschied signifikant ($F (1, 28) = 5.271$, $p = 0.029$). Die Variationsbreite der anregenden Interventionen pendelt sich bei den akademischen Fachkräften aus Deutschland und der Schweiz bei einem Mittel von 6.58 (SD = 2.23) bzw. 6.60 (SD = 2.02) verschiedenen Kategorien ein, bei den fachschulisch Ausgebildeten liegt der Durchschnitt bei 8.38 erfassten Kategorien (SD = 1.93). Die größte Spannweite von 3 bis 11 Kategorien lässt sich bei den akademisch ausgebildeten Fachkräften aus Deutschland feststellen. Eine Gesamtbetrachtung der Fachkräfte ergibt durchschnittlich 7.07 unterschiedliche Kategorien in einem Bewegungsangebot, wobei hierbei eine Spannweite von 3 bis 12 Kategorien analysiert werden konnte.

Tabelle 5.3:   Spektrum der erfassten Items in Bewegungsangeboten (n = 30)

| Ausbildung | N | M | SD | Min. | Max. |
|---|---|---|---|---|---|
| Alle Fachkräfte | 30 | 7.07 | 2.02 | 3 | 12 |
| Erzieherinnen D | 8 | 8.38 | 1.92 | 6 | 12 |
| Akademisch ausgebildete Fachkräfte D | 12 | 6.58 | 2.23 | 3 | 11 |
| Kindergartenlehrpersonen CH | 10 | 6.6 | 1.43 | 4 | 9 |

*Häufigkeit der Kodierungen*
Relativiert man die Anzahl der Kodierungen in jedem Angebot auf 30 Minuten (die 10-Sekunden-Intervalle werden mit 6 x 30 multipliziert, sodass 180 Intervalle einer Zeitspanne von 30 Minuten entsprechen), wird deutlich, wie oft eine Kodierung durchschnittlich in einem 30-minütigen Bewegungsangebot erfasst wird.

Insgesamt werden im Mittel 76.85 Kodierungen in 30 Minuten erfasst. Die Spannweite erstreckt sich dabei von 17.22 bis 167.07 Kodierungen (SD = 31.96). Die vergleichende Betrachtung der drei Stichprobengruppen hinsichtlich der Häufigkeit der Kodierungen ergibt wiederum keine signifikanten Ergebnisse ($F = (2, 27) = 2.542$, $p = 0.097$; Post-hoc-Tests n.s.). Erstellt man den Vergleich auf der Basis von zwei Gruppen, ist der Unterschied signifikant ($F (1, 28) = 5.1781$, $p = 0.031$), das heißt, auch hier unterscheiden sich die fachschulisch ausgebildeten Erzieherinnen von den akademisch ausgebildeten Kolleginnen in Deutschland und der Schweiz.

Mit M = 97.43 (SD = 31.69) Kodierungen in 30 Minuten weisen die Erzieherinnen mehr Kodierungen auf, als die akademisch ausgebildeten Fachkräfte in Deutschland (M = 68.46, SD = 32.41) und in der Schweiz (M = 70.44, SD = 19.64).

Tabelle 5.4:    Häufigkeit der Kodierungen relativiert an 30 Minuten Bewegungsangebot (n = 30)

| Ausbildung | n | M | SD | Min. | Max. |
|---|---|---|---|---|---|
| Alle Fachkräfte | 30 | 76.85 | 31.96 | 17.22 | 167.07 |
| Erzieherinnen D | 8 | 97.43 | 37.72 | 44.77 | 167.07 |
| Akademisch ausgebildete Fachkräfte D | 12 | 68.46 | 32.41 | 17.22 | 116.21 |
| Kindergartenlehrpersonen CH | 10 | 70.44 | 19.64 | 50.66 | 114.27 |

*Kognitive Aktivierung*

Betrachtet man die selten vorkommenden Items zur kognitiven Aktivierung auf einer Skala (Item I_08, I_09, I_10, I_11, I_18), werden in einem 30-minütigen Angebot im Mittel drei bis viermal kognitive Anregungen in Bewegungsangeboten gegeben (M = 3.48, SD = 1.94).

Der Mittelwertvergleich der drei Gruppen unterschiedlich ausgebildeter Fachkräfte ergibt keinen Aufschluss hinsichtlich etwaiger Unterschiede ($F_{(2, 27)}$ = 0.861, n.s.; Post-hoc-Tests n.s.), der Vergleich von Erzieherinnen und akademisch ausgebildeten Fachkräften in Deutschland und der Schweiz ebenso nicht ($F_{(1, 28)}$ = 0.009, n.s.). Durch statistische Analysen konnte hier mit einer Varianzaufklärung von 16,7% ein geringer, jedoch signifikanter Einfluss der Berufserfahrung nachgewiesen werden (p = 0.031). Demnach geben Fachkräfte mit 9,5 Jahren oder weniger Berufserfahrung tendenziell weniger kognitive Impulse im Hinblick auf die kognitive Aktivierung der Kinder, als Fachkräfte mit mehr Berufserfahrung ($F_{(1,28)}$ = 3.332, p = 0.079).

Bei vergleichendem Blick auf die drei Gruppen unterschiedlicher Ausbildung auf deskriptiver Ebene ist zu erkennen, dass die fachschulisch ausgebildeten Erzieherinnen aus Deutschland den höchsten Wert erreichen (M = 4.23, SD = 1.44), also durchschnittlich über viermal pro Angebot die Kinder kognitiv aktivieren. Bei den akademisch ausgebildeten Fachkräften aus Deutschland lassen sich auch hier am wenigsten Interventionen beobachten. Durchschnittlich aktivieren sie die Kinder ca. dreimal (M = 3.07, (SD = 2.48) kognitiv pro Angebot, jedoch ist die Spannweite in dieser Gruppe mit null bis acht Anregungen in 30 Minuten auffällig hoch.

Tabelle 5.5:   Häufigkeit der Kodierungen der Skala „Kognitive Aktivierung" relativiert an 30
Minuten Bewegungsangebot (n = 30)

| Ausbildung | n | M | SD | Min. | Max. |
|---|---|---|---|---|---|
| Alle Fachkräfte | 30 | 3.48 | 1.94 | 0.39 | 7.86 |
| Erzieherinnen D | 8 | 4.23 | 1.44 | 2.29 | 6.48 |
| Akademisch ausgebildete Fachkräfte D | 12 | 3.07 | 2.48 | 0.39 | 7.86 |
| Kindergartenlehrpersonen CH | 10 | 3.68 | 1.52 | 1.22 | 6.02 |

Durch eine Korrelationsanalyse konnte ermittelt werden, dass ein mittlerer positiver
Zusammenhang zwischen dem Interventionsspektrum, also der Breite der gezeigten
Interventionen, und der Anzahl an Kodierungen vorliegt (r (28) = 0.542, p = 0.001).
Folglich können bei Fachkräften, die mehr intervenieren, gleichzeitig mehr verschie-
dene Items des Beobachtungssystems erfasst werden und umgekehrt.

*Zusammenhänge zwischen Handeln und Einstellung der Fachkräfte*
Auf der Grundlage der vorliegenden Daten konnte untersucht werden, ob Zusammenhänge zwischen dem Handeln in der Angebotsbegleitung und der Einstellung
der Fachkräfte bestehen. Im Detail werden Anzahl und Breite der Kodierungen in
den Bewegungsangeboten zusammenhängend mit der globalen Einstellung, dem
Fähigkeitsselbstkonzept und der Relevanzbeimessung hinsichtlich der Domäne betrachtet.

Es zeigte sich dabei, dass tendenziell von einem positiven, jedoch nicht signifikanten Zusammenhang der globalen Einstellung und dem Spektrum der gezeigten Interventionen ausgegangen werden kann (r (28) = 0.284, p = 0.098; n=30).
Eine besondere Betrachtung der Gruppe der Fachkräfte mit viel Berufserfahrung,
zwischen 9.6 und 40 Jahren (n=32), ergibt dabei einen hohen und signifikanten
Zusammenhang zwischen der globalen bewegungsbezogenen Einstellung und dem
Interventionsspektrum (r (17)= 0.683, p= 0.033). In dieser Gruppe zeigen Fachkräfte
mit hohen Werten in der domänenspezifischen Einstellung auch ein breiteres
Interventionsspektrum. Demgegenüber können keine bedeutenden Zusammenhänge
zwischen dem Fähigkeitsselbstkonzept sowie der Relevanzbeimessung der Fachkräfte
und dem Interventionsspektrum festgestellt werden (r 26) = 0.203; p = n.s. und
r (27) = 0.106, p = n.s.).

Betrachtet man den Zusammenhang zwischen der Anzahl der Kodierungen
und der globalen Einstellung sowie dem Fähigkeitsselbstkonzept im Bereich
Bewegung, Körper und Gesundheit, ist bei beiden Skalen ein mittlerer positiver
Zusammenhang zu erkennen. Das heißt, Fachkräfte mit vielen Kodierungen in den
Bewegungsangeboten weisen auch eine hohe Einstellung auf (r (18) = 0.478, p = .033;
n=20) und haben ein höheres Fähigkeitsselbstkonzept (r (26)= 0.463, p = 0.013; n=28).
Bei der Betrachtung der Berufserfahrung zeigt sich, dass die Korrelation vor allem
durch die Fachkräfte mit wenig Berufserfahrung (0 bis 9.5 Jahre) hervorgerufen wird.
In dieser Gruppe ergeben sich noch positivere mittlere Zusammenhänge zwischen
der Anzahl an Kodierungen und sowohl der globalen Einstellung (r (11) = 0.431,
p = 0.043; n=13) als auch des Fähigkeitsselbstkonzepts im Bereich Bewegung

(r (16) = 0.471, p = 0.009; n=18). Die Korrelationen der Gruppe mit viel Berufserfahrungen hingegen sind nicht signifikant (r (5) = 0.429. p = n.s. und r (27) =
0.163, p = n.s.). Ein Zusammenhang zwischen Anzahl der Kodierungen und der
Relevanzbeimessung zur Domäne Bewegung kann nicht nachgewiesen werden
(r (27)= 0.101, p = n.s.).

*Ergebnisse zu strukturellen Merkmalen*

Für die Erfassung der strukturellen Bedingungen wurden die Fachkräfte nach der
Umsetzungshäufigkeit von Bewegungsangeboten von festangestelltem Personal in ihrer Einrichtung gefragt. Anhand der 5-stufigen Antwortskala konnte ermittelt werden, dass Bewegungsangebote relativ häufig in Kindertagesstätten durchgeführt werden. Im Detail zeigt sich, dass strukturierte Angebote mehrmals (50.6%) oder einmal
pro Woche (34.9%) in den Kindertagesstätten stattfinden. Bei 6% der Befragten werden keine Angebote zur Bewegungsbildung von Festangestellten durchgeführt, bei
7.2% unregelmäßig. Der statistische Vergleich zeigt keine Unterschiede zwischen den
unterschiedlich ausgebildeten Fachkräften ($\chi^2$ (2) = 3.292, n.s.).

Abbildung 5.6:   Bewegungsangebote von Festangestellten (Angaben in Prozent, n = 83)

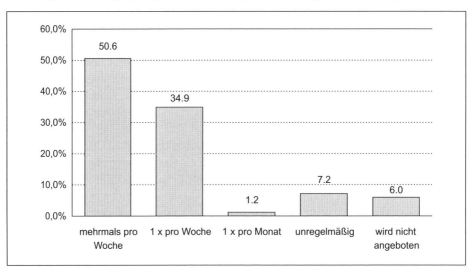

Die räumlichen Voraussetzungen betrachtend, stellt man fest, dass fast alle deutschen
Kindertagesstätten über einen eigenen Bewegungsraum verfügen (84.4% bzw. 86.7%,
vgl. Abb. 5.7). In den Schweizer Einrichtungen hingegen existiert im Unterschied
dazu nur gut zur Hälfte (52.0%) ein eigener Raum für Bewegung ($\chi^2$ (2) = 10.953,
p = 0.002). Dafür nutzen die Kindertagesstätten in der Schweiz zu 96% eine externe
Sporthalle, die deutschen Fachkräfte nur zu 17.9% bzw. 41.4%[2] (vgl. Abb. 5.8).

---

2    Chi-Quadrat-Test nicht möglich, da mehr als 25% der Zellen einen erwarteten Wert kleiner
     5 haben.

Abbildung 5.7: Vorhandensein eines eigenen Bewegungsraums (Angaben in Prozent, n = 87)

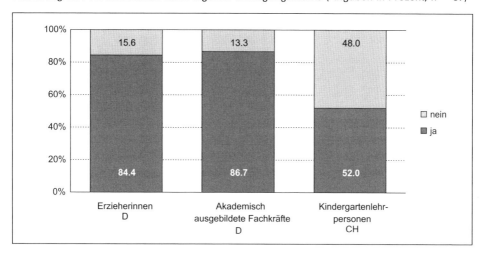

Abbildung 5.8: Nutzung einer externen Sporthalle (Angaben in Prozent, n = 82)

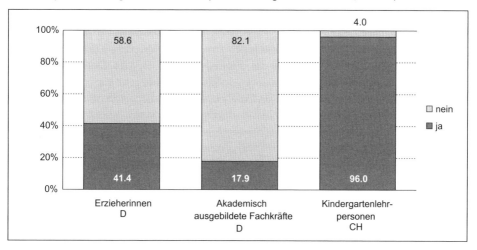

Die bewegungsbezogenen Materialien im Außenbereich sind nach Angaben der Fachkräfte in allen Kindertagesstätten in fast allen Bereichen vorhanden. Lediglich Bewegungsbaustellen, Bewegungs- und Sinnesparcours sind nicht in allen Einrichtungengen existent. Vor allem die Schweizer Einrichtungen haben diesbezüglich weniger Ausstattung. Lediglich 16.0% weisen eine Bewegungsbaustelle (bei den deutschen Einrichtungen sind es 29.5%) aus, nur 36.0% einen Bewegungsparcours (in den deutschen Einrichtungen sind es 49.2%) und keine Schweizer Fachkraft (0%) hat einen Sinnesparcours (in den deutschen Einrichtungen sind es 23.0%).

Abbildung 5.9:  Material im Außenbereich (Angaben in Prozent, n = 86)

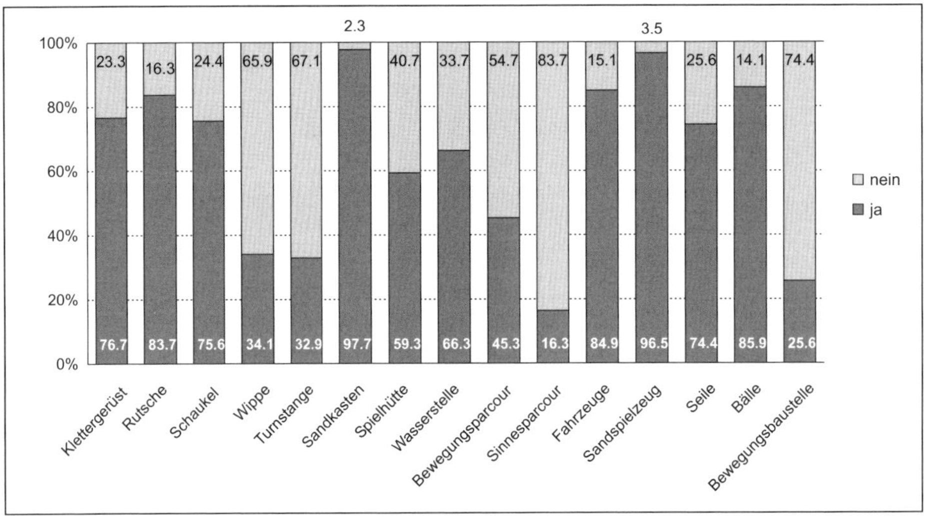

Ein weiterer relevanter Aspekt bietet die Betrachtung des Fortbildungsverhaltens der Befragten. Die Analyse zeigt, dass von den Fachkräften in den vergangenen zwei Jahren die meisten Fortbildungen im Bereich Pädagogik/Psychologie besucht wurden (M = 0.86). Von den im Projekt vertretenen vier Domänen wurden im Bereich Bewegung am häufigsten Fortbildungen wahrgenommen (M = 0.58) (vgl. Abb. 5.10). Bei einer explorativen Analyse wird deutlich, dass die fachschulisch ausgebildeten Fachkräfte in Deutschland durchschnittlich am meisten (M = 0.90, SD = 1.40) Fortbildungen im Bereich Bewegung besuchen, die akademisch ausgebildeten Fachkräfte aus Deutschland am wenigsten (M = 0.20, SD = 0.78)[3]. Betrachtet man die Gruppen hinsichtlich der Berufserfahrung vergleichend, fällt auf, dass vor allem die Fachkräfte, die schon seit 9,5 Jahren oder mehr in der Praxis arbeiten, in den letzten Jahren viele Fortbildungen im Bereich Bewegung besucht haben (M = 0.79, SD = 1.42), wesentlich mehr als die Fachkräfte mit weniger Berufserfahrung (M = 0.46, SD = 0.75) (vgl. Abb. 5.11).

---

3    Chi-Quadrat-Test nicht möglich, da mehr als 25% der Zellen einen erwarteten Wert kleiner 5 haben.

Abbildung 5.10: Häufigkeit besuchter Fortbildungen (Angabe von Mittelwerten, n = 83)

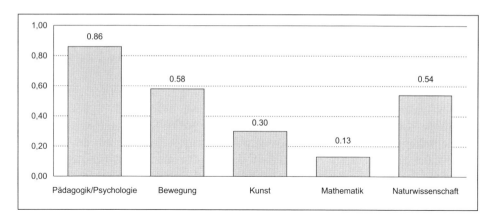

Abbildung 5.11: Häufigkeit besuchter Fortbildungen in der Domäne Bewegung (Angabe von Mittelwerten, n = 81)

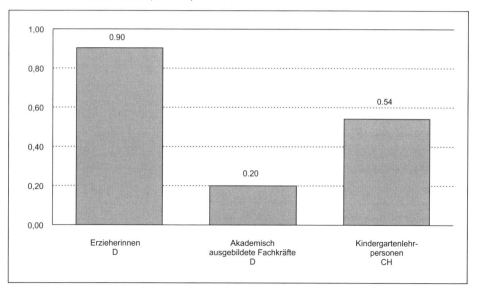

## 5.5  Diskussion der Ergebnisse

*Zur Einstellung der Fachkräfte*

Die Ergebnisse zur Einstellung der Fachkräfte in der Domäne zeigen, dass der Bewegungsbildung insgesamt eine hohe Relevanz bei allen Subgruppen beigemessen wird, auch wenn die Fachkräfte mit weniger Berufserfahrung in Deutschland und die Fachkräfte der Schweiz den Bildungsbereich Bewegung, Körper und Gesundheit weitaus weniger wichtig erachten als die Fachkräfte mit mehr Berufserfahrung in Deutschland. Gleiches gilt für die globale Einstellung zur Domäne. Das Fähigkeitsselbstkonzept in der Domäne Bewegung ist bei allen drei Gruppen mit unterschiedlichen Ausprägungen gut ausgebildet, alle Fachkräfte trauen sich unabhängig von ihrer Ausbildung und ihrer Berufserfahrung sehr viel zu. Wie einige Items des Fragebogens aber zeigen, weisen die akademisch ausgebildeten Fachkräfte in Deutschland weniger Bezug und signifikant weniger Zusatzqualifikationen im Bereich Bewegung auf als die fachschulisch ausgebildeten Erzieherinnen und die Schweizer Kindergartenlehrpersonen.

Die Ergebnisse zur hohen allgemeinen Einstellung in der Domäne entsprechen den Resultaten der vom BMBF in Auftrag gegebenen Studie BiK – „Bewegung in der frühen Kindheit" (Fischer et al. 2013; Fischer, 2014). Durch eine repräsentative Online-Befragung 2012 wurde das bewegungsbezogene Fachverständnis des Personals von Kindertagesstätten in Abhängigkeit der in den Bildungsplänen festgelegten Sinnfelder des Bereichs Bewegung, Gesundheit und Ernährung erhoben. Auch hier zeigte sich, dass Bewegung von frühpädagogischen Fachkräften vorrangig als Medium der Entwicklungsförderung gesehen wird, nicht so sehr als eigener Lerngegenstand oder als Medium zum Lernen und zur Gesundheitserziehung. Der Domäne wurde insgesamt eine immens hohe Bedeutung beigemessen (Stahl von Zabern et al., 2013). Auch die Ergebnisse hinsichtlich des Fähigkeitsselbstkonzepts in der bewegungsbezogenen pädagogischen Arbeit können durch die bundesweite WiFF-Befragung zur Selbsteinschätzung von Frühpädagogen gestützt werden. Laut der Studie fühlen sich die Fachkräfte sowohl im Bereich Sport und Bewegung als auch im Bereich Gesundheit und Ernährung sicher bzw. sehr sicher (Beher & Walter, 2012).

Von der akademischen Ausbildung in Deutschland und der Schweiz ist bekannt, dass aufgrund des darin geforderten Professionalitätsanspruchs in der frühkindlichen Bildung bereits eine stärkere Fokussierung auf die Bildungsbereiche besteht. Deshalb lag im Vorfeld der vorliegenden Studie die Annahme nahe, dass akademisch ausgebildete Fachkräfte aufgrund einer stärker bereichsspezifischen und wissenschaftlich orientierten Ausbildung eine positivere allgemeine Einstellung (erhöhte domänenspezifische Wertbeimessung allgemein), ein höheres Fähigkeitsselbstkonzept und eine höhere Relevanzbeimessung in der Domäne Bewegung aufweisen. Die Ergebnisse des Projekts bestätigen diese Annahme nicht, verweisen eher auf einen Zusammenhang mit der Berufserfahrung. Die Fachkräfte, die schon länger in der Praxis arbeiten und damit zu Zweidritteln in der Stichprobe eine fachschulische Ausbildung durchlaufen haben, zeigen bei der bewegungsbezogenen Einstellung die höchsten Werte. In diesem Zusammenhang stellt sich unweigerlich die Frage, ob die längere Berufserfahrung die bewegungsbezogene Einstellung der Fachkräfte positiv beeinflusst hat und die Erfahrungen aus der Praxis die Relevanz des Bildungsbereichs bei den Fachkräften durch Beobachtungen und jahrelange Arbeit mit den Kindern erhöhen oder ob die untersuchten Fachkräfte in ihrer Ausbildung einen stärkeren Fokus auf der Bewegungsbildung hatten. Weitere Detailuntersuchungen sind notwendig, um diese Frage abschließend zu beantworten und resultierende Konsequenzen abzuleiten. Die vorliegenden Ergebnisse deuten aber darauf hin, dass in der derzeitigen akademischen Ausbildung von Kindheitspädagoginnen in Deutschland die spezifische Kompetenzentwicklung im Bereich Bewegung, Körper und Gesundheit noch zu kurz kommt. Krüger, (2007, 2011), Krüger & Haas (2010) und Fischer (2014) stellen in dieser Hinsicht ebenfalls fest, dass der Bildungsbereich Bewegung, Ernährung und Gesundheit in den in Deutschland vorhandenen Studienplänen in Inhalt und Umfang sehr heterogen enthalten ist. Der Stundenanteil, der sich konkret auf den Bereich bezieht, in aller Regel nur als gering oder teilweise gar nicht berücksichtigt beurteilt werden muss.

In der Angebotsplanung zeigt sich der Umgang mit den Zielen der Bildungspläne größtenteils zentriert, begrenzt und in vielen Fällen unberücksichtigt. Einzelne Zielsetzungen wurden sehr häufig kodiert, andere sehr selten bis gar nicht. Unterschiede zwischen den Ausbildungsgruppen lassen sich nicht erkennen, außer, dass die Vermittlung von „Freude an Bewegung" eher von den deutschen als von den Schweizer Fachkräften angegeben wird. Das könnte einerseits daran liegen, dass sich die in den Bildungsplänen postulierten Ziele der Bewegungsbildung in Deutschland und der Schweiz in vielen Aspekten gleichen und andererseits, dass der Anteil der Schweizer Fachkräfte bei der Nichtangabe von Zielen in den durchgeführten Bewegungsangeboten dominieren, weil in der Schweiz i. d. R. stundenplanähnliche Wochenpläne entwickelt werden, die der Angliederung an das Primarwesen geschuldet sind. Diese Pläne bieten für jede einzelne Bildungseinheit möglicherweise nur wenig Platz für schriftliche Planungen und setzen für das Bewegungsangebot meist nur das Thema der Stunde fest.

Die konkrete Planung von Bildungsprozessen gilt aber als grundlegende Voraussetzung für effektives Handeln und erfordert deshalb eine klare Zielorientierung. Mitunter werden die Rahmenbedingungen und Handlungsalternativen im Planungsvorgang transparent. Planung ist außerdem verbindlicher Bestandteil der Teamarbeit, dokumentiert zugleich und dient als Reflexionsgrundlage für eine kritische Nachbearbeitung (Böcher, 2013). Die Planung systematisiert das vorhabende Handeln und soll als Orientierung bei der Durchführung des Bildungsangebots hilfreich sein und dennoch offen für situative Gegebenheiten (ebd.). Die Interventionsstudie von Strüber (2014) unterstreicht die in der vorliegenden Studie gewonnene Erkenntnis, dass Bewegungsangebote insgesamt nur wenig geplant und grundlegend strukturiert ausgerichtet werden. Auch sie stellt ein eher diffuses Vorgehen der Fachkräfte bei der Vorbereitung der Bewegungsstunde heraus. Die mangelnden Zielformulierungen können durch den Mangel eines bewegungspädagogischen Konzepts und damit verbundener geringfügiger Bedeutung dieses Zusammenhangs in der Ausbildung begründet sein.

*Zur Lernbegleitung der Fachkräfte*

In der Angebotsbegleitung zeigt sich bei der Analyse mittels des entwickelten Beobachtungssystems, dass im Bereich der Impulse und Anregungen vor allem vier der vierzehn deklarierten Items im praktischen Handeln der pädagogischen Fachkräfte in Bewegungsangeboten beobachtbar sind (I_06 Lob, I_07 Anregen zu motorischem oder praktischem Tun, I_16 Inhaltliches Reagieren / Eingehen auf Lösungsprozesse, Lösungsprodukte und Fehler, I_17 Vormachen). Eine kognitive Anregung im Sinne der selektierten Items wird nur minimal im Handeln sichtbar. Es zeigen sich hierbei keine signifikanten Unterschiede zwischen den Ausbildungsgruppen. Jedoch ist auf deskriptiver Ebene erkennbar, dass von den fachschulisch ausgebildeten Erzieherinnen in Deutschland mehr Interventionen insgesamt und auch im Bereich der kognitiven Aktivierung ausgehen sowie ein größeres Interventionsspektrum an unterschiedlichen Interventionsformen in den durchgeführten Bewegungsangeboten zu beobachten ist. Die akademisch ausgebildeten Fachkräfte, insbesondere aus Deutschland, weisen hingegen die niedrigsten Werte im Interventionsverhalten auf. Ebenso ist festzuhalten, dass ein hohe Anzahl an Kodierungen mit einem großen Interventionsspektrum korreliert und tendenziell ein geringer Zusammenhang zwischen der festgestellten globalen Einstellung zur Domäne und dem Interventionsspektrum.

Ein mittlerer Zusammenhang der globalen Einstellung und des Fähigkeitsselbstkonzept im Bereich Bewegung mit der Anzahl an Kodierungen ist hingegen deutlich nachweisbar.

Die der Untersuchung zugrunde gelegte Annahme, dass die akademisch ausgebildeten Fachkräfte in Deutschland und der Schweiz aufgrund ihrer Ausbildung ein breiteres Interventionsspektrum und mehr Interventionen als die fachschulisch Ausgebildeten zeigen, kann daher durch die Ergebnisse nicht bestätigt werden. Vielmehr zeigen sich die fachschulischen Erzieherinnen in ihrem Interventionsverhalten breiter und intensiver. Eine Erklärung hierfür könnte die stärkere Praxisorientierung der fachschulischen Ausbildung sein. Andererseits zeigen die Fachkräfte mit diesem Ausbildungshintergrund auch den stärksten persönlichen Bezug zum Bereich Bewegung und Sport, was ebenfalls oder zudem die erhöhte Interventionsaktivität in der Bildungsarbeit miterklären kann.

*Zu den Strukturmerkmalen*

Generell sind alle Kindertagesstätten sowohl räumlich als auch materiell gut ausgestattet. Daraus ist zu schließen, dass Bewegung als wichtige Bildungsdimension zumindest hinsichtlich der Ausstattung einen festen Stellenwert in den Einrichtungen errungen hat. Dieses Ergebnis ist sehr positiv zu werten, zumal die Umsetzung von sinnvoller bewegungspädagogischer Arbeit, die die individuelle Entwicklung des Kindes herausfordern und fördern möchte, auch stark von strukturellen Rahmenbedingungen in der Kindertagesstätte abhängen (Zimmer, 2012a, 2012b). Dies ist im Bereich Bewegung, Körper und Gesundheit insbesondere der Tatsache geschuldet, dass körperliche und bewegungsbezogene Erfahrungen und -erlebnisse in unterschiedlichsten offenen, situativen und gezielten Zusammenhängen gemacht werden können.

In den Schweizer Kindergärten existieren nur gut zur Hälfte eigene Bewegungsräume, dafür nutzen sie in den meisten Fällen eine externe Sporthalle. Bestimmender Grund dafür ist, dass die Schweizer Kindertagesstätten meist an Schulen angegliedert sind und die vorhandene Schulsporthalle nutzen können. Das in Schweizer Kindergärten wenig identifizierte Vorkommen von Bewegungs-/Sinnesparcours und Bewegungsbaustellen ist vermutlich dadurch begründet, dass damit eng verbundene psychomotorische Förderideen und -programme in der Schweiz im Gegensatz zu Deutschland noch weniger etabliert sind.

Nach Angaben der Fachkräfte werden regelmäßig Bewegungsangebote für die Kinder von den Festangestellten durchgeführt. Dies entspricht auch den Ergebnissen der BiK-Studie, die ähnliche Ergebnisse zur Umsetzungshäufigkeit von Bewegungsangeboten in den Kindertagesstätten angeben (Fischer, 2014). Den Forderungen der Orientierungspläne nach regelmäßiger Umsetzung von strukturierten Bewegungsangeboten wird folglich in der Kindergartenrealität entsprochen.

Hinsichtlich besuchter Fortbildungen in den letzten zwei Jahren sind die Fachkräfte im Bereich Bewegung, Körper und Gesundheit aus domänenorientierter Sicht sehr aktiv. Der explorative und vergleichende Blick auf die gewonnenen Daten hierzu verdeutlicht, dass unter Betrachtung des Ausbildungshintergrunds auffällt, dass die Fortbildungsaktivitäten der akademisch Ausgebildeten in Deutschland im Gegensatz zu den anderen zwei Gruppen wesentlich geringer ausfällt. Auch lässt sich feststellen, dass vor allem Fachkräfte mit mehr Berufserfahrung häufiger Fortbildungen im Bereich Bewegung besuchen, als die Kollegen mit weniger Erfahrungen in der Praxis. Hier stellt sich die Frage, ob die höhere Fortbildungsaktivität im Bereich Bewegung im Vergleich zu anderen Domänen durch die mangelhafte Qualifizierung durch die Ausbildung der Fachkräfte begründet ist und Defizite ausgeglichen werden sollen. Denn sowohl die fachschulische als auch die akademische Ausbildung im Bereich Bewegung wird in bereichsspezifischen Diskussion oftmals als unzureichend bewertet (u.a. Krüger, 2007, 2011; Krüger & Haas, 2010; Ziroli & Singrün, 2013; Fischer 2014). Aus der BiK-Studie geht hervor, dass gerade in den neu postulierten Themen des Bildungsauftrags ein entsprechender Fortbildungswunsch bei den Fachkräften besteht und in der Ausbildung in den bewegungsbezogenen Inhalten nur ein geringer bzw. mittlerer Stellenwert beigemessen wird (Fischer, 2014). Die vorliegenden Ergebnisse legen nahe, dass neben den recht positiven räumlichen und materiellen Bedingungen in den Kindertagesstätten insbesondere die fundierte fachliche Qualifikation der Fachkräfte wesentliches Merkmal einer Qualitätssteigerung im Bereich Bewegung, Körper und Gesundheit sein kann und insbesondere zu entsprechenden Steuerungen in der akademischen Ausbildung von Elementarpädagoginnen Berücksichtigung finden sollte.

## Literatur

Beher, K. & Walter, M. (2012). *Qualifikationen und Weiterbildung frühpädagogischer Fachkräfte. Bundesweite Befragung von Einrichtungsleitungen und Fachkräften in Kindertageseinrichtungen: Zehn Fragen – Zehn Antworten.* Deutsches Jugendinstitut e.V.: München. Zugriff am 17.07.2013 unter http://www.weiterbildungsinitiative.de/uploads/media/Studie_BeherWalter.pdf.

Bockhorst, R. & Masuhr, A. (2004). *Wahrnehmungs- und Bewegungsförderung in Kindertageseinrichtungen. GUV Informationen Sicherheit und Gesundheitsschutz in Kindertageseinrichtungen.* München: Bundesverband der Unfallkassen.

Böcher, H. (Hrsg.). (2013). *Erziehen, bilden und begleiten. Das Lehrbuch für Erzieherinnen und Erzieher.* Bildungsverlag EINS: Köln.

Bräutigam, M. (2006). *Sportdidaktik. Ein Lehrbuch in 12 Lektionen* (2. Aufl.). Aachen: Meyer & Meyer.

Fischer et al. (2013). BMBF-Projekt BIK – Bewegung in der Frühen Kindheit. Zugriff am 23.Juli 2014 unter http://www.kompetenzprofil-bik.de.

Fischer, K. (2014). Bewegung in der Kindheitspädagogik in Deutschland – Profilierung des Aus- und Weiterbildungsbereichs. In I. Hunger & R. Zimmer (Hrsg.), *Inklusion bewegt – Herausforderung für die frühkindliche Bildung* (S. 127–141). Schondorf: Hofmann.

Friese, S. (2011). *ATLAS.ti 6. Concepts and Functions.* Zugriff am 20. Juli 2014 unter http://www.atlasti.com/uploads/media/miniManual_v6_2011_02.pdf.

JMK & KMK – Jugendministerkonferenz und Kultusministerkonferenz (2004). *Gemeinsamer Rahmen der Länder für die frühe Bildung in Kindertageseinrichtungen.* Zugriff am 19. Oktober 2013 unter http://www.kmk.org/fileadmin/veroeffentlichungen_beschluesse/2004/2004_06_04-Fruehe-Bildung-Kitas.pdf.

Kramer, K. (2010). Individuelle Unterstützung im Unterricht mit 4- bis 8-jährigen Kindern. In M. Leuchter (Hrsg.), *Didaktik für die ersten Bildungsjahre. Unterricht mit 4- bis 8-jährigen Kindern*. Seelze: Klett und Balmer.

Krüger, F. (2007). Bewegung/Bewegungserziehung als Bildungsbereich im Kindergarten: Berufsalltag und Erzieherausbildung zwischen Anspruch und Wirklichkeit. In I. Hunger & R. Zimmer (Hrsg.), *Bewegung, Bildung, Gesundheit. Entwicklung fördern von Anfang an* (S. 153–157). Schondorf: Hoffmann.

Krüger, F.-W. (2011). Bewegung als Bildungsbereich in Kitas. Pädagogischer Anspruch, Kompetenzbedarf, Professionalisierung von Erzieherinnen. *motorik 34* (1), 2–10.

Krüger, F. & Haas, R. (2010). Der Bildungsbereich Bewegung in der Ausbildung von Erzieherinnen an Fachschulen für Sozialpädagogik und an Fachhochschulen. In I. Hunger & R. Zimmer (Hrsg.), *Bildungschancen durch Bewegung – von früher Kindheit an* (S. 163–166). Schorndorf: Hofmann.

Lotz, M., Lipowsky, F. & Faust, G. (2013). *Dokumentation der Erhebungsinstrumente des Projekts „Persönlichkeits- und Lernentwicklung von Grundschulkindern" (PERLE). 3. Technischer Bericht zu den PERLE-Videostudien. Materialien zur Bildungsforschung, 23* (3). Frankfurt am Main: Gesellschaft zur Förderung Pädagogischer Forschung (GFPF). Zugriff am 10. Oktober 2013 unter http://www.pedocs.de/volltexte/2013/7702/pdf/MatBild_Bd23_3.pdf.

Ministerium für Kultus, Jugend und Sport Baden-Württemberg (Hrsg.). (2011). Lehrplan für das Berufskolleg. Sport- und Bewegungspädagogik (Wahlpflichtfach). Zugriff am 12. Mai 2014 unter http://www.ls-bw.de/bildungsplaene/beruflschulen/bk/bk_entw/fs-sozpaed/BK-FS-Sozpaed-TZ_Sport-Beweg-Paedagogik_11_3743.pdf.

Stahl von Zabern, J., von Zabern, L., Kopic, A., Klein, J. & Beudels, W. (2013). Bewegungsbezogene Qualifikationen frühpädagogischer Fachkräfte. Empirische Befunde des Verbundprojektes „Bewegung in der frühen Kindheit" (BIK) zum Aus- und Fortbildungsstand frühpädagogischer Fachkräfte im Bildungsbereich Bewegung. *motorik, 36* (3), 132–137.

Strüber, K. (2014). Evaluation einer bewegungspädagogischen Fortbildung für frühpädagogische Fachkräfte unter Betrachtung der Subjektiven Theorien der beruflichen Akteurinnen. *motorik, 37* (1), 4–10.

Zimmer, R. (2001*). Alles über den Bewegungskindergarten. Profile für KiTas und Kindergärten*. Freiburg im Breisgau: Herder.

Zimmer, R. (2006). *Handbuch der Psychomotorik. Theorie und Praxis der psychomotorischen Förderung von Kindern*. Freiburg im Breisgau: Herder.

Zimmer, R. (2008). Lernen durch Wahrnehmung und Bewegung. Grundlagen der Bewegungserziehung. In S. Ebert (Hrsg.), *Die Bildungsbereiche im Kindergarten. Orientierungswissen für Erzieherinnen*. Freiburg im Breisgau: Herder.

Zimmer, R. (2012a). *Handbuch der Bewegungserziehung. Grundlagen für Ausbildung und pädagogische Praxis*. Freiburg im Breisgau: Herder.

Zimmer, R. (2012b). Kindergärten in Bewegung – Was zeichnet einen Bewegungskindergarten aus? *motorik, 35* (4), 15–22.

Ziroli, S. & Singrün, P. (2012). Bewegung, Spiel und Sport. In D. Kucharz et al. (Hrsg.), *Elementarbildung. Bachelor/Master* (S. 157–192). Weinheim, Basel: Beltz.

*Caroline Hüttel, Elisabeth Rathgeb-Schnierer*

# 6. Lernprozessgestaltung in mathematischen Bildungsangeboten

Die frühkindliche mathematische Bildung rückte in den letzten Jahren zunehmend in den Blick der mathematikdidaktischen Forschung. Während zunächst ein großer Schwerpunkt auf der Diagnose und Förderung sowie der Entwicklung und Evaluation von Materialien, Lernangeboten und Lehrgängen lag (vgl. Kap. 1), taucht nun immer mehr die Frage nach der professionellen Gestaltung und Begleitung von mathematischen Lernprozessen im Kindergarten auf (vgl. Schuler, 2013).

Domänenspezifische Bildungsangebote zu planen, durchzuführen und zu begleiten ist eine der zahlreichen Aufgaben, die der pädagogischen Fachkraft im Kindergartenalltag obliegt (Ellermann, 2007; Thiesen, 2010; Ministerium für Kultus, Jugend und Sport Baden Württemberg, 2011). Das Ziel von mathematischen Angeboten liegt dabei nicht nur in der Förderung sogenannter Vorläuferfähigkeiten (Krajewski, 2005; Hellmich & Köster, 2008; Kaufmann, 2010), sondern im Ermöglichen von Grunderfahrungen in verschiedenen Inhaltsbereichen (Rathgeb-Schnierer, 2012).

Angebote eignen sich insbesondere deshalb für mathematische Bildung im Kindergarten, da durch sie gezielt Lerngelegenheiten geschaffen werden können, die möglicherweise für manche Kinder im Kindergartenalltag so nie entstehen würden (vgl. Kap. 1). Somit eröffnen Angebote die Möglichkeit, speziell mathematische Erfahrungen anzuregen und auf diese zu fokussieren.

Schuler (2013) zeigte in ihrer Studie zur mathematischen Bildung in formal offenen Situationen, dass die Begleitung der frühpädagogischen Fachkraft das entscheidende Kriterium dafür darstellt, ob sich aus einer mathematisch gehaltvollen Situation – die im Alltag entsteht oder konkret durch ein Bildungsangebot angeregt wird – eine mathematische Lerngelegenheit entwickelt (vgl. Kap. 1).

Die Begleitung von mathematischen Angeboten setzt bei der Fachkraft verschiedene Kompetenzen voraus (vgl. Kap. 1). Generell sollte sie in der Lage sein, mathematische Angebote zu gestalten, die dem Entwicklungsstand der Kinder entsprechen (Crowther, 2005; Rathgeb-Schnierer & Wittmann, 2008). Hierfür muss die Fachkraft nicht nur den Entwicklungsstand erfassen können, sondern auch das mathematische Potenzial des verwendeten Materials kennen und in der Situation nutzen können (Rathgeb-Schnierer & Wittmann, 2008). Insgesamt kann sie nur dann bei den Kindern Lernprozesse adäquat anregen und begleiten, wenn sie über fachdidaktisches Wissen verfügt (Brunner et al., 2006). Wichtig bei der Begleitung sind vor allem gezielte Impulse und (Nach-)Fragen zur Erweiterung und Vertiefung der kindlichen Erfahrungen (Kaufmann, 2010), um in einem ko-konstruktiven Prozess die Entwicklung von mathematischen Kompetenzen anzuregen.

Ausgehend von diesen Anforderungen an die Fachkräfte im Allgemeinen und den Erwartungen aus mathematikdidaktischer Sicht im Speziellen soll in diesem Buchkapitel die Lernprozessgestaltung in Mathematik im Fokus stehen.

## 6.1 Fragestellungen

In diesem Kapitel stehen die Fragen im Zentrum, wie pädagogische Fachkräfte mathematische Bildungsangebote gestalten und welche Einstellungen sie zur Domäne Mathematik haben. Diese führen zu folgenden Detailfragen:

a) Wie wird das *Angebotssetting* gestaltet hinsichtlich
   - der Gruppengröße?
   - der durchgeführten Inhalte?
b) Wie setzten Fachkräfte die *Lernprozessgestaltung* in den Angeboten um?
   - Inwiefern werden Unterschiede bei den Fachkräften mit verschiedenen Ausbildungshintergründen sichtbar?
   - Welches Spektrum an verschiedenen Handlungsweisen zeigt sich in den Videos?
   - Inwiefern werden Impulse zur kognitiven Aktivierung eingesetzt?
   - Inwiefern zeigen sich Impulse von niedriger Anregungsqualität?
   - Unterscheidet sich die Lernprozessgestaltung in Abhängigkeit von den umgesetzten Inhaltsbereichen?
c) Welche *Einstellungen* haben Fachkräfte zur Domäne Mathematik?
   - Inwiefern zeigen sich Unterschiede bei den Fachkräften mit verschiedenen Ausbildungshintergründen?
   - Welchen Einfluss haben die Einstellungen auf die Lernprozessgestaltung in den mathematischen Angeboten?

## 6.2 Erhebungsinstrumente und Stichproben

Zur Beantwortung der Fragen wird auf verschiedenes Datenmaterial zurückgegriffen:

Die Kodierung der mathematischen Angebote erfolgte durch das Beobachtungssystem zur Erfassung der Prozessqualität im Elementarbereich (Bereich I, Items I_05 bis I_18; vgl. Kap. 2). Um eine Vergleichbarkeit der Auswertungen des Freispiels und der Angebote zu gewährleisten, wurde in beiden Fällen dieselben Items genutzt, auch wenn diese vorrangig unter allgemeindidaktischer Perspektive entstanden sind. Bei der Erprobung der Übertragbarkeit des Beobachtungssystems zur Erfassung der Prozessqualität im Elementarbereich für die Angebotsauswertung zeigte sich, dass dieses Vorgehen deshalb möglich ist, da die Items Aspekte umfassen, die aus mathematikdidaktischer Perspektive wichtige Qualitätsmerkmale darstellen (Hüttel, 2013).

Für die Auswertung wurde eine Teilstichprobe von 30 Fachkräften herangezogen, die sich aus 8 Erzieherinnen, 12 akademisch ausgebildeten Fachkräften und 10 Kindergartenlehrpersonen zusammensetzt (zur näheren Beschreibung der Gesamtstichprobe vgl. Kap. 2).

Bei der nachfolgend dargestellten Auswertung der Lernprozessgestaltung werden speziell die beiden bereits vorgestellten Unterbereiche „kognitive Aktivierung" und „Items mit niedriger Anregungsqualität" herangezogen (vgl. Kap. 2).

Dem Unterbereich „kognitive Aktivierung" (I_08 bis I_11 sowie I_18) kommt eine bedeutende Rolle zu, da er aus mathematikdidaktischer Sicht als ein wichtiges Qualitätsmerkmal der Lernbegleitung betrachtet wird (Klieme, Lipowsky, Rakocy & Ratzka, 2006; Lipowsky, 2007; Klieme & Rakoczy, 2008). Kognitive Aktivierung der Kinder ist zwar nicht direkt beobachtbar, lässt sich jedoch unter anderem durch die Anregung zum Nachdenken über den Inhalt oder über Beziehungen sowie die Qualität der Interaktionen identifizieren (Klieme et al., 2006; Lipowsky, 2007; Pauli, Drollinger-Vetter, Hugener & Lipowsky, 2008; Drollinger-Vetter, 2011). In der weiteren Auswertung umfasst der Unterbereich „kognitive Aktivierung" folgende Items:

– I_08: Anregen zum Explorieren und Forschen
– I_09: Anregen zum Formulieren der eigenen Gedanken und Überlegungen
– I_10: Anregen zum Nachdenken innerhalb der Situation
– I_11: Anregen zum Weiterdenken über die Situation hinaus
– I_18: Anregen zum Äußern von eigenen Erfahrungen und Erinnerungen

Die Aufteilung der Items zu den beiden Unterbereichen „kognitive Aktivierung" und „Items mit niedriger Anregungsqualität" ermöglicht eine differenzierte Charakterisierung der Lernprozessgestaltung durch die Fachkräfte. Während mit den Items zur kognitiven Aktivierung (I_08 bis I_11 sowie I_18) eine vertiefte Auseinandersetzung mit Sachverhalten erfasst wird, beziehen sich die Items mit niedriger Anregungsqualität (I_05, I_07 sowie I_12 bis I_17) auf eine niederschwellige Unterstützung. Niederschwellig deshalb, weil keine vertiefte Durchdringung oder Reflexion herausgefordert wird. In diesem Unterbereich werden folgende Items zusammengefasst:

– I_05: Erweiterung und Bereicherung des Spiels
– I_07: Anregen zu motorischem oder praktischem Tun
– I_12: Wissensabfrage
– I_13: Verbaler Wissensinput
– I_14: Inhaltliches Reagieren / Eingehen auf Wünsche und Fragen
– I_15: Inhaltliches Reagieren / Eingehen auf das Vorwissen und Können
– I_16: Inhaltliches Reagieren / Eingehen auf Lösungsprozesse, Lösungsprodukte und Fehler
– I_17: Vormachen / Vorzeigen

Die erste thematische Systematisierung der Angebote erfolgte mit Hilfe eines dafür entwickelten, mathematikspezifischen Kategoriensystems. Grundlage waren die zentralen inhaltlichen Leitideen, welche für das mathematische Lernen von Kindern im Kindergarten und Schule beschrieben werden (KMK, 2005; Steinweg, 2008; Bönig, 2010).

Das Kategoriensystem umfasst insgesamt sechs disjunkte Kategorien, von denen sich fünf auf die Inhaltsbereiche beziehen und in einer Restkategorie diejenigen Angebote zusammengefasst wurden, die keinem Inhaltsbereich eindeutig zuzuordnen waren (vgl. Tab. 6.1).

Tabelle 6.1:    Kategoriensystem zur Klassifizierung der Angebote nach den Inhalten

| Kategorien-Nr. | Name der Kategorie | Beispiel |
| --- | --- | --- |
| 1 | Muster und Strukturen | Muster aus verschiedenen Materialien nach- und weiterlegen |
| 2 | Größen und Messen | Alltagsgegenstände mit unterschiedlichen Messgeräten (Zollstock, Maßband, Lineal) messen |
| 3 | Zahlen und Operationen | Zahlen der Größe nach anordnen und Mengen zuordnen |
| 4 | Raum und Form | Körper aus Zahnstochern und Erbsen bauen |
| 5 | Daten, Häufigkeit und Wahrscheinlichkeit | Kinderspezifische Daten sammeln (Haustier, Lieblingsfarbe, …) |
| 9 | nicht klassifizierbar | Stationen zum Messen, Sortieren und Zählen |

Bei der inhaltsbezogenen Kodierung der mathematischen Angebote wurde jedes Angebot jeweils der Kategorie zugeordnet, die dem inhaltlichen Schwerpunkt entsprach. Dies erfolgte durch zwei voneinander unabhängige Kodiererinnen. Nachdem beide Kodiererinnen die einzelnen Angebote einer Kategorie zugeordnet hatten, wurden die Nicht-Übereinstimmungen kommunikativ validiert (vgl. Mayring, 2002; Steinke, 2007).

Für die inhaltliche Kodierung konnten 29 der 30 Angebote genutzt werden, da eines nicht zuzuordnen war.

Aussagen bezüglich der Einstellungen zur Domäne Mathematik werden mittels der ausgewerteten Fragebögen getroffen (vgl. Kap. 2). Hierfür wurde wiederum eine Teilstichprobe von 30 Fragebögen genutzt, nämlich genau die Fragebögen der Fachkräfte deren Angebote auch ausgewertet wurden.[1]

## 6.3  Setting der mathematischen Bildungsangebote

Insgesamt liegen in der Domäne Mathematik videografierte Angebote von 81 Fachkräften vor. Unter Berücksichtigung bestimmter Kriterien wurde hieraus für die Auswertung eine Teilstichprobe von 30 Angeboten gezogen (für die genauere Stichprobenziehung vgl. Kap. 2).

Um einen ersten Überblick über das zur Auswertung vorliegende Datenmaterial zu geben, werden in diesem Teilkapitel die Angebotssettings durch die Gruppengrößen und die Klassifizierung nach umgesetzten Inhalten beschrieben. Da diese Teilstichprobe in den Angeboten stellvertretend für die Gesamtstichprobe ausgewertet wurde, erfolgt ein Vergleich mit den Ergebnissen des Angebotssettings mit der Gesamtstichprobe. Da die Teilstichprobe für Generalisierungen zu klein ist, sind die Ergebnisse vor diesem Hintergrund zu interpretieren.

---

1    Aufgrund von Missings wurden bei den einzelnen Skalen eine unterschiedliche Anzahl an Fragebögen berücksichtigt (vgl. tabellarische Darstellung der Ergebnisse).

## 6.3.1  Gruppengröße

Bei der genaueren Betrachtung der Gesamtstichprobe im Hinblick auf die Gruppen-größe bei den Angeboten fällt auf, dass diese mit einer Anzahl zwischen einem und 24 teilnehmenden Kindern durchgeführt wurden: also sowohl in Klein- als auch in Großgruppen. Durchschnittlich nahmen dabei 8.41 Kinder (SD = 4.88) an den Angeboten teil (vgl. Tab. 6.2).

Tabelle 6.2:    Anzahl der Kinder in den Angeboten der Gesamt- und Teilstichprobe

|  | n | M | SD | Min. | Max. |
|---|---|---|---|---|---|
| Gesamtstichprobe | 81 | 8.41 | 4.88 | 1.00 | 24.00 |
| Teilstichprobe für die Auswertung der Lernprozessgestaltung | 30 | 8.83 | 4.99 | 3.00 | 21.00 |

Bei der durchschnittlichen Gruppengröße der ausgewählten Teilstichprobe (n = 30) zeigen sich keine signifikante Abweichung von der durchschnittlichen Anzahl an Kindern in der Gesamtstichprobe ($F_{(1; 74)}$ = 1.488, n.s.). Wiederum finden Angebote in Klein- und Großgruppen statt, bei denen die Anzahl an teilnehmenden Kindern zwischen drei und 21 Kindern stark schwankt. Allerdings entspricht auch hier die durchschnittliche Anzahl an Kinder (M = 8.83, SD = 4.99) die einer Kleingruppe.

## 6.3.2  Inhaltsbereiche

Die Kategorisierung in Abbildung 6.1 liefert einen ersten Überblick über die umgesetzten Inhalte und gibt somit Hinweise auf die thematischen Präferenzen der Fachkräfte in den Angeboten.

Bei den gesamten mathematischen Angeboten (n = 81) beziehen sich 53.1% auf den Inhaltsbereich „Zahlen und Operationen" und 16.0% auf den Inhaltsbereich „Muster und Strukturen". Die restlichen Angebote verteilen sich nahezu gleichmäßig auf die Inhaltsbereiche „Raum und Form" (12.3%) sowie „Größen und Messen" (13.6%). Zum Inhaltsbereich „Daten, Häufigkeit und Wahrscheinlichkeit" werden in der Gesamtstichprobe keine Angebote gemacht und außerdem sind 4.9% der Angebote (n = 4) nicht klassifizierbar.

In der Teilstichprobe (n = 30) liegt der inhaltliche Schwerpunkte auf dem Bereich „Zahlen und Operation" (40.0%), gefolgt von dem Bereich „Muster und Strukturen" (23.3%). Konkret beziehen sich die Angebote zu „Zahlen und Operationen" vor allem auf den Aspekt der Zuordnung von Mengen und Zahlen, wohingegen es bei den Angeboten zu „Muster und Strukturen" vorwiegend um das Weiterlegen von vorgegebenen Mustern oder Erfinden eigener Muster geht. Auffällig ist, dass es sich bei den Angeboten ausschließlich um geometrische und nicht um arithmetische Muster handelt.

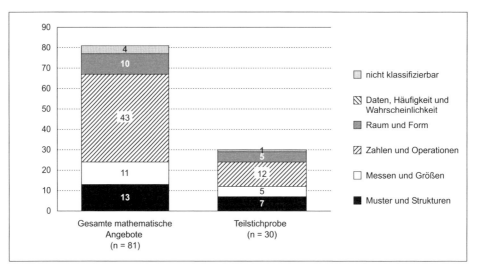

Abbildung 6.1: Kategorisierung der Angebote nach den Inhaltsbereichen der Gesamt- und Teilstichprobe

Eine prozentuale Gleichverteilung zeigt sich bei Angeboten aus den Inhalts-bereichen „Größen und Messen" sowie „Raum und Form" – beide Bereiche wer-den zu 16.7% umgesetzt. Dabei beinhalten Angebote aus dem Bereich „Größen und Messen" Aktivitäten zum Abmessen von Gegenständen oder Kindern sowie zum Kennenlernen von Maßeinheiten. Bei den Angeboten aus dem Inhaltsbereich „Raum und Form" geht es vorwiegend um das Kennenlernen von verschiedenen geometri-schen Formen, wie beispielsweise Kreis, Dreieck, Rechteck und Quadrat.

Nur 3.3% (n = 1) der 30 Angebote können keinem Inhaltsbereich zugeordnet wer-den, da hierbei verschiedene Stationen zu unterschiedlichen Inhaltsbereichen durch-geführt werden.

Beim Vergleich der beiden Stichproben unterscheidet sich die Verteilung der Inhaltsbereiche in der Teilstichprobe nicht signifikant von der Gesamtstichprobe ($F (1; 79) = 0.222$, n.s.). In beiden Fällen lassen sich die Angebote inhaltlich vor allem dem Bereich „Zahlen und Operationen" (53.1% bzw. 40.0%) sowie zu einem etwas kleineren Teil dem Bereich „Muster und Strukturen" (16.0% bzw. 23.3%) zuordnen.

## 6.4  Ergebnisse zum pädagogischen Handeln bei der Lernprozessgestaltung

Nachdem ein erster Überblick über die Angebote gegeben wurde, steht nun die Darstellung der Ergebnisse hinsichtlich der Lernprozessgestaltung im Fokus. Dabei erfolgt zunächst die Beschreibung des prozentualen Verhältnisses der kodierten Items zueinander. In der sich anschließenden Analyse der durchschnittlichen Häufigkeit der Kodierungen (gesamt und bereichsspezifisch) werden zwei Gruppenvariablen be-trachtet: der Ausbildungshintergrund und der umgesetzte Inhaltsbereich. Mögliche

Unterschiede bei der Lernprozessgestaltung in Abhängigkeit von diesen beiden Variablen werden anhand von Varianzanalysen getestet.[2]

### 6.4.1 Spektrum der kodierten Items

Hinsichtlich der Lernprozessgestaltung in den mathematischen Angeboten ist zunächst die Frage von Interesse, welches Spektrum an verschiedenen Items die Fachkräfte zeigen. Dies ist von Relevanz, weil das Spektrum eventuell Hinweise auf eine Flexibilität im Handeln der Fachkräfte sowie auf die Breite des Repertoires gibt. Beides könnte für eine qualitativ höherwertige Lernprozessgestaltung sprechen.

Tabelle 6.3 verdeutlicht, dass die Fachkräfte im Durchschnitt 7.97 (SD = 2.14) verschiedene Items pro Angebot einsetzen, wodurch im Mittel etwas mehr als die Hälfte aller möglichen Handlungsweisen bei der Lernprozessgestaltung vorkommen. Von den insgesamt 14 verschiedenen kodierbaren Items in den Angeboten, beläuft sich das Repertoire der Fachkräfte auf eine Spanne von 4 bis 13 Items.

Tabelle 6.3:  Durchschnittliches Spektrum an verschiedenen Items bei der Lernprozessgestaltung in Abhängigkeit vom Ausbildungshintergrund

|  | *n* | *M* | *SD* | *Min.* | *Max.* |
|---|---|---|---|---|---|
| Gesamt | 30 | 7.97 | 2.14 | 4.00 | 13.00 |
| Erzieherinnen (D) | 8 | 9.38 | 2.92 | 4.00 | 13.00 |
| Akademisch ausgebildete Fachkräfte (D) | 12 | 8.00 | 1.35 | 6.00 | 11.00 |
| Kindergartenlehrpersonen (CH) | 10 | 6.80 | 1.62 | 5.00 | 09.00 |

Betrachtet man die gezeigten Handlungsweisen getrennt nach den Ausbildungsgruppen, setzen die Erzieherinnen signifikant mehr unterschiedliche Handlungsweisen ein als die Schweizer Kindergartenlehrpersonen ($F (2; 27) = 3.848$, $p = 0.034$). Dabei ist bei den Erzieherinnen die Breite des Spektrums an verschiedenen kodierten Items am größten (Spanne: 4–13 Items).

Die Betrachtung des Spektrums der kodierten Items ist besonders für den Unterbereich „kognitive Aktivierung" interessant, da sich dort signifikante Unterschiede ergeben: Die Erzieherinnen weisen ein signifikant breiteres Spektrum an Items zur kognitiven Aktivierung auf als die akademisch ausgebildeten Fachkräfte ($F (2; 27) = 7.146$, $p = 0.034$) und die Kindergartenlehrpersonen ($F (2; 27) = 7.146$, $p = 0.004$).

---

2   Aufgrund der signifikanten Differenzen der Berufserfahrungen bei den Fachkräften (vgl. Kap. 2), wurde bei allen folgenden Ergebnissen mittels einer Kovarianzanalyse ein möglicher Einfluss der Berufserfahrungen auf die Lernprozessgestaltung getestet, wobei sich keine signifikanten Effekte zeigten.

### 6.4.2 Häufigkeitsanalysen

Anknüpfend an das breite Spektrum von gezeigten Handlungsweisen der Fachkräfte, wird nun die Lernprozessgestaltung von mathematischen Angeboten genauer angeschaut. Dabei soll insbesondere untersucht werden, wie häufig die Items durchschnittlich in den Angeboten vorkommen, welche Lernprozessgestaltung die Angebote meist kennzeichnet und ob sich Unterschiede im Hinblick auf die Ausbildungshintergründe oder die umgesetzten Inhaltsbereiche zeigen.

Für die nachfolgenden Auswertungen werden diejenigen Kodierungen nicht berücksichtigt, die fachliche Fehler der Fachkräfte einschließen, da diese den Lernzuwachs der Kinder beeinflussen könnten (vgl. Leuchter & Saalbach, 2014). Dabei handelt es sich in den mathematischen Angeboten mit 2 Kodierungen lediglich um 0.07% der Gesamtkodierungen.

**Verteilung der Items**

Um einen Gesamteindruck über das kodierte Datenmaterial zu bekommen, wird zunächst ein Überblick über das prozentuale Verhältnis der kodierten Items gegeben, der auf der Relativierung der Items an der Gesamtsumme der Kodierungen basiert (vgl. Kap. 2).

Hierbei wird deutlich, dass die Items im Durchschnitt verschieden häufig kodiert wurden (Überblick vgl. Abb. 6.2).

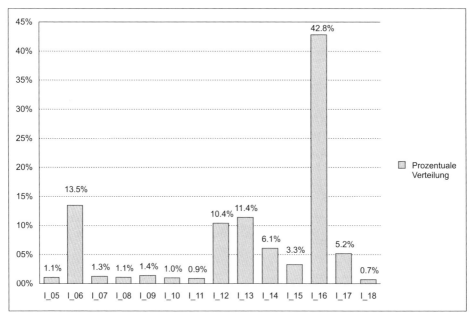

Abbildung 6.2:    Prozentuale Verteilung der kodierten Items relativiert an der Gesamtanzahl an Kodierungen (n = 30)

Während das Item „Inhaltliches Reagieren/Eingehen auf Lösungsprozesse, Lösungsprodukte und Fehler" (I_16) 42.8% aller Kodierungen ausmacht, liegen viele Items deutlich unter 10.0%. Dabei haben die Items mit niedriger Anregungsqualität (I_05, I_07 sowie I_12 bis I_17) vielfach einen höheren Wert als 10.0% oder liegen nur etwas unter diesem Wert. Auffällig ist, dass die Items zur kognitiven Aktivierung einen äußerst geringen prozentualen Anteil (5.0%) aller Kodierungen ausmachen.

## Auswertung einzelner (Unter-)Bereiche

Nachdem gezeigt werden konnte, dass die einzelnen Items unterschiedlich häufig vorkommen, wird in diesem Abschnitt die Lernprozessgestaltung der Fachkräfte unter verschiedenen Perspektiven detaillierter analysiert: zum einen im Hinblick auf die Summe der kodierten Items aus Bereich I, zum anderen mit dem Fokus auf zwei ausgewählte Unterbereiche.

Bei diesen Analysen wird wiederum die Lernprozessgestaltung in Abhängigkeit vom Ausbildungshintergrund mitbetrachtet.

Um eine Vergleichbarkeit zwischen den unterschiedlich langen Angeboten zu ermöglichen, werden alle weiteren Befunde auf der Basis der Relativierung an der Videodauer von 30 Minuten beschrieben (vgl. Kap. 2).

### Summe der kodierten Items pro 30 Minuten

Die Befunde hinsichtlich aller kodierten Items in Bereich I (I_05, I_07 bis I_18) zeigen, dass die Fachkräfte in den mathematischen Angeboten die Lernprozesse der Kinder im Mittel mit 89.93 Impulsen begleiten.

Bei der Betrachtung der durchschnittlichen Anzahl an Kodierungen fällt eine hohe Standardabweichung (SD = 29.02) ebenso auf wie die große Spannbreite, die sich von 32.84 (Min.) bis 161.33 (Max.) Kodierungen pro 30 Minuten erstreckt (vgl. Tab. 6.4). Demzufolge sind Hinweise auf Differenzen in der Intensität der Lernprozessgestaltung der Fachkräfte erkennbar.

Tabelle 6.4:  Darstellung der durchschnittlichen Summe der kodierten Items pro 30 Minuten in Abhängigkeit vom Ausbildungshintergrund

| | n | M | SD | Min. | Max. |
|---|---|---|---|---|---|
| Gesamt | 30 | 89.93 | 29.02 | 32.84 | 161.33 |
| Erzieherinnen (D) | 8 | 86.21 | 42.04 | 32.84 | 161.33 |
| Akademisch ausgebildete Fachkräfte (D) | 12 | 94.43 | 23.49 | 58.26 | 128.70 |
| Kindergartenlehrpersonen (CH) | 10 | 87.50 | 24.86 | 59.02 | 124.85 |

Die varianzanalytische Auswertung zeigt keinen signifikanten Unterschied zwischen den drei Ausbildungsgruppen (F (2; 27) = 0.232, n.s.).

Deskriptive Auswertungen lassen erkennen, dass die akademisch ausgebildeten Fachkräfte (M = 94.43, SD = 23.49) im Durchschnitt zwar am intensivsten begleiten, jedoch die Standardabweichungen in allen drei Ausbildungsgruppen und insbesondere bei den Erzieherinnen (SD = 42.02) sehr hoch sind.

*Kognitive Aktivierung pro 30 Minuten*

Die deskriptive Analyse der Lernprozessgestaltung verdeutlicht, dass die Fachkräfte durchschnittlich nur selten Impulse zur kognitiven Aktivierung (I_08 bis I_11 sowie I_18) der Kinder einsetzen (M = 4.15, SD = 5.69; vgl. Tab. 6.5).

Auffallend ist, dass die Abweichung (SD = 5.69) einen höheren Wert aufweist als die durchschnittliche Anzahl an Kodierungen selbst (M = 4.15). Insgesamt zeigt sich bei der Stichprobe insofern eine große Spannweite an Anregungen, da viele Fachkräfte keine Impulse (n = 10) zur kognitiven Aktivierung der Kinder geben, andere wiederum deutlich häufiger versuchen, eine kognitive Aktivierung zu initiieren (Max. = 24.06).

Tabelle 6.5:    Darstellung der durchschnittlichen Kodierungen der Items zur kognitiven Aktivierung pro 30 Minuten in Abhängigkeit vom Ausbildungshintergrund

|  | n | M | SD | Min. | Max. |
|---|---|---|---|---|---|
| Gesamt | 30 | 4.15 | 5.69 | 0.00 | 24.06 |
| Erzieherinnen (D) | 8 | 6.12 | 7.61 | 0.00 | 24.06 |
| Akademisch ausgebildete Fachkräfte (D) | 12 | 4.38 | 5.63 | 0.00 | 18.62 |
| Kindergartenlehrpersonen (CH) | 10 | 2.29 | 3.61 | 0.00 | 10.72 |

Bezüglich der Häufigkeit der kognitiven Aktivierung lassen sich keine signifikanten Unterschiede zwischen den drei Ausbildungsgruppen feststellen (F (2; 27) = 1.031, n.s.).

Zudem finden sich in allen drei Gruppen Fachkräfte, die keine Aktivierung initiieren, wobei es bei den Erzieherinnen (n = 1) und den akademisch ausgebildeten Fachkräften (n = 3) weniger Personen sind als bei den Schweizer Kindergartenlehrpersonen (n = 6).

*Items mit niedriger Anregungsqualität pro 30 Minuten*

In den Daten gibt es einerseits wenig Hinweise auf Impulse zur kognitiven Aktivierung, andererseits zeigen die Fachkräfte durchaus ein hohes Maß an Lernprozessgestaltung, das durch Items mit niedriger Anregungsqualität (I_05, I_07 sowie I_12 bis I_17) charakterisiert ist (vgl. Tab. 6.6): Durchschnittlich werden 73.66 Impulse gegeben, die die Lern- und Denkwege der Kinder wenig anregen. Es wird also deutlich, dass die Lernprozessgestaltung in den Angeboten zu einem großen Teil durch niederschwellige Unterstützung erfolgt. Dabei gibt es wiederum insgesamt höhere Abweichungen zum Durchschnittswert (SD = 25.91).

Tabelle 6.6:  Darstellung der durchschnittlichen Kodierungen der Items mit niedriger
Anregungsqualität pro 30 Minuten in Abhängigkeit vom Ausbildungshintergrund

|  | *n* | *M* | *SD* | *Min.* | *Max.* |
|---|---|---|---|---|---|
| Gesamt | 30 | 73.66 | 25.91 | 20.68 | 147.14 |
| Erzieherinnen (D) | 8 | 68.46 | 38.91 | 20.68 | 147.14 |
| Akademisch ausgebildete Fachkräfte (D) | 12 | 80.71 | 20.69 | 45.56 | 111.30 |
| Kindergartenlehrpersonen (CH) | 10 | 69.38 | 18.73 | 43.28 | 96.74 |

Der Vergleich der drei Ausbildungsgruppen ergibt keinen signifikanten Effekt
(F (2; 27) = 0.728, n.s.).

Betrachtet man die Lernprozessgestaltung wiederum mittels deskriptiver Auswertungen, dann wird deutlich, dass die akademisch ausgebildeten Fachkräfte viele
Impulse (M = 80.71, SD = 20.69) einsetzen.

**Verschiedene Inhaltsbereiche**

In den vorangegangenen Ausführungen wurde gezeigt, dass in den mathematischen
Angeboten bestimmte Items häufig und andere kaum kodiert werden konnten. Nun
stellt sich die Frage, ob dieses Muster auch dann auftritt, wenn die unterschiedlichen
Inhaltsbereiche der Angebote getrennt betrachten werden (vgl. Abb. 6.2) und dabei
wiederum zunächst alle kodierten Items aus Bereich I analysiert und danach auf die
zwei ausgewählten Unterbereiche fokussiert wird.

Auf Grundlage der nicht nachweisbaren signifikanten Effekte des Ausbildungshintergrunds auf die Lernprozessgestaltung, wird diese Gruppenvariable nicht weiter berücksichtigt, sondern die Lernprozessgestaltung nun unter dem Fokus der umgesetzten Inhalte analysiert.

*Summe der kodierten Items pro 30 Minuten*
Hinsichtlich der durchschnittlichen Summe der kodierten Items (I_05, I_07
bis I_18) haben die Angebote in allen vier Inhaltsbereichen hohe zweistellige
Durchschnittswerte (vgl. Tab. 6.7). Aufgrund der kleinen Zellbesetzung wurden die
Tests non-parametrisch durchgeführt, wobei sich keine signifikanten Unterschiede
zwischen den einzelnen Inhaltsbereichen erkennen lassen (Kruskal-Wallis-Test:
$\chi^2$ (3) = 0.821, n.s.).

Tabelle 6.7:  Darstellung der durchschnittlichen Summe der kodierten Items pro 30 Minuten
in Abhängigkeit vom Inhalt (n = 29)

|  | *n* | *M* | *SD* | *Min.* | *Max.* |
|---|---|---|---|---|---|
| Muster und Strukturen | 7 | 91.67 | 28.18 | 59.02 | 124.85 |
| Größen und Messen | 5 | 92.08 | 40.57 | 60.35 | 161.33 |
| Zahlen und Operationen | 12 | 90.79 | 25.45 | 45.00 | 128.70 |
| Raum und Form | 5 | 78.73 | 34.47 | 32.84 | 118.36 |

*Kognitive Aktivierung pro 30 Minuten*
Betrachtet man den Unterbereich „kognitive Aktivierung" (I_08 bis I_11 sowie I_18), dann lässt sich, wie bereits beschrieben, eine deutlich geringere Anzahl an kodierten Items mit hoher Anregungsqualität erkennen (vgl. Tab. 6.8).

Tabelle 6.8:    Darstellung der durchschnittlichen Kodierungen der Items zur kognitiven Aktivierung pro 30 Minuten in Abhängigkeit vom Inhalt (n = 29)

|  | *n* | *M* | *SD* | *Min.* | *Max.* |
|---|---|---|---|---|---|
| Muster und Strukturen | 7 | 7.78 | 6.27 | 0.00 | 18.62 |
| Größen und Messen | 5 | 1.66 | 2.17 | 0.00 | 5.23 |
| Zahlen und Operationen | 12 | 1.38 | 1.78 | 0.00 | 5.36 |
| Raum und Form | 5 | 9.03 | 8.61 | 2.24 | 24.06 |

Für die kleine Stichprobe zeigt sich ein signifikanter Unterschied zwischen den Inhaltsbereichen (Kruskal-Wallis-Test: $\chi^2$ (3) = 12.832, p = 0.005): Bei Angeboten zu den Inhaltsbereichen „Raum und Form" sowie „Muster und Strukturen" werden signifikant mehr Impulse zur kognitiven Aktivierung gegeben als bei Angeboten zum Inhaltsbereich „Zahlen und Operationen" (vgl. Tab. 6.8).

*Items mit niedriger Anregungsqualität pro 30 Minuten*
Vergleicht man das Vorkommen der Items mit niedriger Anregungsqualität (I_05, I_07 sowie I_12 bis I_17) mit den Items zur kognitiven Aktivierung, offenbart sich auch in Bezug auf die Inhaltsbereiche ein bereits bekanntes Muster: während die kognitive Aktivierung selten auftritt, ist die Anzahl an Kodierungen im Unterbereich „Items mit niedriger Anregungsqualität" vergleichsweise hoch (vgl. Tab. 6.9).

Tabelle 6.9:    Darstellung der durchschnittlichen Kodierungen der Items mit niedriger Anregungsqualität pro 30 Minuten in Abhängigkeit vom Inhalt (n = 29)

|  | *n* | *M* | *SD* | *Min.* | *Max.* |
|---|---|---|---|---|---|
| Muster und Strukturen | 7 | 69.20 | 20.66 | 43.28 | 91.76 |
| Größen und Messen | 5 | 81.44 | 37.65 | 53.06 | 147.14 |
| Zahlen und Operationen | 12 | 76.38 | 21.73 | 37.74 | 111.30 |
| Raum und Form | 5 | 61.01 | 32.31 | 20.68 | 98.63 |

Die Analysen lassen keinen signifikanten Effekt bezüglich der Häufigkeit an Items mit niedriger Anregungsqualität in Abhängigkeit vom umgesetzten Inhaltsbereich erkennen (Kruskal-Wallis-Test: $\chi^2$ (3) = 1.248, n.s.).

Betrachtet man die Kodierungen basierend auf den deskriptiven Auswertungen, zeigen sich – im Gegensatz zur kognitiven Aktivierung – bei den Items mit niedriger Anregungsqualität viele Kodierungen in den Angeboten zu „Zahlen und Operationen" (M = 76.38, SD = 21.73) sowie zu „Größen und Messen" (M = 81.44, SD = 37.65; vgl. Tab. 6.9).

## 6.5 Ergebnisse zu den Einstellungen zur Domäne Mathematik sowie zu Zusammenhängen mit der Lernprozessgestaltung

In diesem Teilkapitel werden zunächst die Einstellungen der Fachkräfte zur Domäne Mathematik beschrieben, bevor ein möglicher Zusammenhang zum Handeln der Fachkräfte in Bezug auf die Lernprozessgestaltung untersucht wird.

### 6.5.1 Einstellungen zur Domäne Mathematik

Bei der Auswertung der Fragebögen hinsichtlich der Globalskala[3] wird ersichtlich, dass die Fachkräfte (n = 26) generell eine positive Einstellung zur Domäne Mathematik haben (M = 4.14, SD = 0.58). Im Allgemeinen liegen die Werte bei allen drei Ausbildungsgruppen auf der 5-stufigen Skala deutlich über der Mitte. Allerdings können bisher keine Hinweise auf signifikante Differenzen zwischen den Fachkräften abhängig von ihrem Ausbildungshintergrund nachgewiesen werden (F (2; 23) = 1.722, n.s.). Deskriptiv betrachtet haben die Schweizer Kindergartenlehrpersonen (M = 4.41, SD = 0.24) im Durchschnitt etwas positivere Einstellungen als die Erzieherinnen (M = 4.07, SD = 0.66) und die akademisch ausgebildeten Fachkräften (M = 3.93, SD = 0.69).

Betrachtet man die einzelnen Skalen des Fragebogens (vgl. Kap. 2), lassen sich auch hier keine signifikante Unterschiede zwischen den drei Ausbildungsgruppen erkennen (vgl. Tab. 6.10).

Tabelle 6.10: Darstellung der Einstellungen zur Domäne Mathematik in Abhängigkeit vom Ausbildungshintergrund

|  | n | F |
| --- | --- | --- |
| Globalskala | 26 | 1.722 |
| Eigener Bezug zum Bildungsbereich | 30 | 2.848 |
| Relevanz des Bildungsbereichs | 26 | 1.569 |
| Fähigkeitsselbstkonzept in diesem Bildungsbereich | 29 | 0.633 |
| Wissen zu diesem Bildungsbereich | 29 | 0.138 |

*p < 0.05

### 6.5.2 Einstellungen zur Domäne Mathematik und Lernprozessgestaltung

Im weiteren Verlauf wird untersucht, ob die Einstellungen der Fachkräfte einen Einfluss auf das Handeln haben. Dabei wird zunächst die Summe der Kodierungen in Bereich I und danach separat der Unterbereich „kognitive Aktivierung" betrachtet.

---

3   Die internen Konsistenzen der Skalen können Kap. 2 entnommen werden.

*Summe der kodierten Items pro 30 Minuten*

Es lassen sich keine signifikanten Zusammenhänge zwischen der Häufigkeit der Kodierungen zur Lernprozessgestaltung und den Einstellungen finden. Dies gilt sowohl für die globale Einstellung der Fachkräfte zur Domäne Mathematik ($r = -0.118$, n.s.) als auch für die einzelnen Skalen (vgl. Tab. 6.11).

Tabelle 6.11: Korrelationen zwischen den Einstellungen und der Summe der kodierten Items pro 30 Minuten

|  | n | r |
|---|---|---|
| Globalskala | 26 | - 0.118 |
| Eigener Bezug zum Bildungsbereich | 30 | - 0.208 |
| Relevanz des Bildungsbereichs | 26 | - 0.147 |
| Fähigkeitsselbstkonzept in diesem Bildungsbereich | 29 | - 0.039 |
| Wissen zu diesem Bildungsbereich | 29 | 0.123 |

*p < 0.05

Es kann also nicht davon ausgegangen werden, dass Fachkräfte mit einer positiveren Einstellung zur Domäne Mathematik die Lernprozesse der Kinder während der mathematischen Angebote intensiver begleiten als Fachkräfte mit einer weniger positiven Einstellung.

*Kognitive Aktivierung pro 30 Minuten*

Die Frage, ob im Unterbereich „kognitive Aktivierung" ein Zusammenhang zwischen den Einstellungen und der Anzahl der kodierten Items erkennbar ist, muss für die herangezogene Stichprobe größtenteils verneint werden. Sowohl auf der Globalskala ($r = 0.207$, n.s.) als auch auf drei der vier Einzelskalen lassen sich keine signifikanten Zusammenhänge nachweisen (vgl. Tab. 6.12). Eine Ausnahme bildet jedoch die Skala „Wissen zu diesem Bildungsbereich" bei der sich eine positive Korrelation zwischen den Einstellungen zur Domäne Mathematik und der Gesamtanzahl an Items zur kognitiven Aktivierung zeigen lässt ($r = 0.375$, $p = 0.045$).

Tabelle 6.12: Korrelationen zwischen den Einstellungen und den Items zur kognitiven Aktivierung pro 30 Minuten

|  | n | r |
|---|---|---|
| Globalskala | 26 | 0.207 |
| Eigener Bezug zum Bildungsbereich | 30 | 0.086 |
| Relevanz des Bildungsbereichs | 26 | 0.063 |
| Fähigkeitsselbstkonzept in diesem Bildungsbereich | 29 | 0.175 |
| Wissen zu diesem Bildungsbereich | 29 | 0.375* |

*p < 0.05

## 6.6  Diskussion

Die im Rahmen der vorliegenden Teilstudie gewonnenen Ergebnisse zur Lernprozessgestaltung von Fachkräften in mathematischen Angeboten werden nachfolgend vor dem Hintergrund der eingangs gestellten Fragestellungen und bereits vorliegender Forschungsergebnisse diskutiert.

a) Wie wird das *Angebotssetting* gestaltet hinsichtlich der Gruppengröße und der
   durchgeführten Inhalte?
Bei den mathematischen Angeboten der Teilstichprobe schwankt die Anzahl der
Kinder zwischen einer Klein- und Großgruppe (Spanne: 3.00–21.00 Kinder).
Durchschnittlich findet die Umsetzung meist in einer Kleingruppe statt (M = 8.41,
SD = 4.99). Diese Beobachtung deckt sich mit der Charakterisierung der Gruppen-
größe von Angeboten in der Literatur (Ellermann, 2007).

Bei der Systematisierung der Angebote nach den Inhaltsbereichen wird deutlich, dass Angebote vermehrt im Inhaltsbereich „Zahlen und Operationen" (40.0%)
gemacht werden. Möglicherweise lässt sich dies durch das Mathematikbild der
Fachkräfte erklären. Benz (2012) zeigte in ihrer Fragebogenstudie zur Einstellung
von Fachkräften gegenüber Mathematik, dass die Fachkräfte im Feld (n = 281) mit
Mathematik im Kindergarten vorwiegend „Zählen" und „Mengen" verbinden. Im
Fragebogen wurden auf die offene Frage „Das sollten meiner Meinung nach Kinder
im Kindergarten im mathematischen Bereich lernen" (Benz, 2008, S. 281) in den
meisten Fällen „Zählen" (55.0%)[4] und „Mengen" (34.0%) genannt. Weitaus weniger häufig gaben die Fachkräfte das „Rechnen" (13.0%), „Messen" (15.0%) und die
„Geometrie" (21.0%) an. Vor diesem Hintergrund könnte vorsichtig vermutet werden,
dass die Fachkräfte für Aktivitäten aus dem Bereich „Zahl und Operationen" stärker
sensibilisiert sind als für Aktivitäten aus den anderen Inhaltsbereichen.

In der Fragebogenstudie von Benz (2012) sind bezüglich der genannten Inhalte
ähnliche Tendenzen erkennbar wie bei den umgesetzten Inhalten im Rahmen der
mathematischen Angebote in der Gesamt- und Teilstichprobe im Projekt PRIMEL.

b) Wie setzen Fachkräfte die *Lernprozessgestaltung* in den Angeboten um?
Insgesamt lässt sich in den mathematischen Angeboten durchschnittlich eine häufige
Lernprozessgestaltung feststellen (M = 89.93, SD = 29.02). Gleichzeitig fällt eine gro-
ße Spannbreite in der Summe der kodierten Items auf (Spanne: 32.84–161.33 Items).
Es gibt sowohl Fachkräfte, die sehr intensiv und viel begleiten, als auch solche, die die
Kinder in den Angeboten kaum begleiten.

Unabhängig vom Ausbildungshintergrund sind generell zwei Tendenzen bezüglich
des Vorkommens einzelner Items zu erkennen: Es gibt einerseits einzelne Items, die
sehr selten und nur bei wenigen Fachkräften kodiert werden. Andererseits finden sich
Items, die nahezu bei jeder Fachkraft vorkommen.

In der vorliegenden Stichprobe werden Anzeichen für ein breites Spektrum an
Handlungsweisen der Fachkräfte ersichtlich (Spanne: 4.00–13.00 Items). Dabei stellt

---

4    Für die Beantwortung der offenen Frage waren Mehrfachnennungen möglich, sodass sich
     die Prozente jeweils auf die Anzahl an Fachkräften bezieht, die diesen Bereich nannten.

sich die Frage, ob ein größeres Spektrum ein Hinweis für höhere Qualität in der Lernprozessgestaltung darstellt. Da eine angemessene Begleitung von den Kindern und der Situation abhängig ist, könnte ein großes Spektrum durchaus mit einer gewissen Flexibilität in Verbindung gebracht werden sowie mit der Fähigkeit, situationsadäquat auf die Bedürfnisse und Wünsche der Kinder einzugehen (Tietze, Schuster, Grenner & Roßbach, 2005; Leiss, 2007; Nentwig-Gesemann & Schnadt, 2008; Thiesen, 2010). Allerdings machen Forschungsarbeiten auch deutlich, dass die Qualität des pädagogischen Handelns von weitaus mehr Faktoren als der Flexibilität abhängt (u.a. Dubberke, Kunter, McElvany, Brunner & Baumert, 2008; Klieme & Rakoczy, 2008).

Hinsichtlich der gezeigten Handlungsweisen ist bei den Erzieherinnen ein größeres Spektrum an verschiedenen Items zu erkennen (Spanne: 4.00–13.00 Items) als bei den akademisch ausgebildeten Fachkräften (Spanne: 6.00–11.00 Items) und den Schweizer Kindergartenlehrpersonen (Spanne: 5.00–9.00 Items). Die dabei gefundenen signifikanten Unterschiede zwischen Erzieherinnen und Kindergartenlehrpersonen ($F (2; 27) = 3.848$, $p = 0.034$) können aufgrund der kleinen Stichprobe zwar nicht generalisiert werden, jedoch erste Hinweise für mögliche Unterschiede in Abhängigkeit vom Ausbildungshintergrund sein.

Die gezeigten Handlungsweisen lassen sich bei allen Fachkräften überwiegend durch Items mit niedriger Anregungsqualität beschreiben. Sechs von acht Items mit niedriger Anregungsqualität kommen bei 76.6 bis 96.6% der Fachkräfte vor, während Items zur kognitiven Aktivierung lediglich bei 23.3 bis 33.3% der Fachkräfte auftreten. Das Spektrum an Handlungsweisen wird generell geringer, wenn Fachkräfte weniger verschiedene Items zur kognitiven Aktivierung einsetzen. Vor diesem Hintergrund lässt sich das signifikant geringere Spektrum an Items bei den Schweizer Kindergartenlehrpersonen ($F (2; 27) = 3.848$, $p = 0.034$) gerade dadurch erklären, dass sie ebenso signifikant weniger Items zur kognitiven Aktivierung der Kinder einsetzen als die Erzieherinnen ($F (2; 27) = 7.146$, $p = 0.004$).

Interessant ist in diesem Zusammenhang die Frage, ob bei der Auswertung aller mathematischen Angebote dieselben Unterschiede bezüglich des Spektrums der gezeigten Handlungsweisen zwischen den drei Ausbildungsgruppen bestehen.

Die Ergebnisse zur Art der Unterstützung verdeutlichen, dass die pädagogischen Fachkräfte im Rahmen der mathematischen Angebote die Kinder nur selten kognitiv aktivieren ($M = 4.15$, $SD = 5.59$). So treten zum einen die Items aus dem Unterbereich „kognitive Aktivierung" bei einem Drittel der Fachkräfte (33.3%) überhaupt nicht auf. Zum anderen fällt auf, dass selbst bei Fachkräften, die die Kinder im Rahmen eines Angebots kognitiv anregen, diese Art der Anregung häufig nicht wiederholt erfolgt. Insgesamt zeigt die Auswertung der Lernprozessgestaltung in den Angeboten, dass die Kinder überwiegend auf einem niedrigen Anregungsniveau begleitet werden ($M = 73.66$, $SD = 25.91$). Dieses Ergebnis deckt sich mit Befunden aus anderen Studien, die herausgefunden haben, dass anspruchsvolle Begleitungen in Kindergarten kaum auftreten (u.a. Sylva, Melhuis, Sammons, Siraj-Blatchford & Taggart, 2004; König, 2009).

Eine Erklärung für die dargestellten Ergebnisse könnte im Zusammenhang zwischen kognitiver Aktivierung, qualitätsvollem pädagogischen Handeln und den dafür notwendigen Kompetenzen liegen. Sowohl Lipowsky (2007) als auch Leuchter &

Saalbach (2014) sehen gerade in der kognitiven Aktivierung einen Indikator für qualitatives pädagogisches Handeln, welches höhere Kompetenzen und fachdidaktisches Wissen auf Seiten der Fachkräfte voraussetzt. Ebenso kann das seltene Vorkommen der Items dadurch erklärt werden, dass die Realisierung der kognitiven Aktivierung eine besondere Herausforderungen darstellt, vor allem weil eine hohe Flexibilität im Denken vorausgesetzt wird (Lipowsky, 2007). Demzufolge lassen sich die überwiegenden Handlungsweisen mit niedrigem Anregungsniveau dadurch erklären, dass eine Lernprozessgestaltung auf niedrigem Niveau leichter umsetzbar ist.

Dass generell wenig kognitive Aktivierungen bei den mathematischen Angeboten kodiert wurde, könnte auch auf die genutzten Items zurückzuführen sein. Im Rahmen des PRIMEL-Projekts konnte nur eine Auswahl an Items zur Erfassung der kognitiven Aktivierung eingesetzt werden. Aus mathematikdidaktischer Sicht wären weitere Items sachdienlich, wie zum Beispiel das Anregen zum Vergleichen von Zahlen oder Gegenständen oder das Anregen zum Klassifizieren und Sortieren. Innerhalb der Angebotsauswertung waren die beschriebenen Anregungsformen beobachtbar, die sich allerdings mit dem Beobachtungssystem zur Erfassung der Prozessqualität im Elementarbereich (vgl. Kap. 2) bisher nicht abbilden lassen. Daher wäre es interessant der Frage nachzugehen, ob bei der Auswertung der mathematischen Angebote mit ergänzten Items andere Tendenzen in der Lernprozessgestaltung durch die Fachkräfte sichtbar würden.

Betrachtet man nun die überwiegend wenig anregende Lernprozessgestaltung hinsichtlich der Ausbildungsgruppen, dann lassen sich in der vorliegenden Teilstichprobe keine signifikanten Unterschiede im pädagogischen Handeln abhängig vom Ausbildungshintergrund finden. Dies gilt sowohl bezogen auf die Summe aller kodierten Items ($F_{(2; 27)} = 0.232$, n.s.) als auch auf die Items mit niedriger Anregungsqualität ($F_{(2; 27)} = 0.728$, n.s.).

Impulse zur kognitiven Aktivierung kommen bei allen 30 Fachkräften selten vor und es bestehen keine Unterschiede zwischen den Ausbildungsgruppen in der Häufigkeit der Kodierungen ($F_{(2; 27)} = 1.031$, n.s.). Die Kindergartenlehrpersonen zeigen innerhalb der Angebote zwar deutlich weniger verschiedene Items zur kognitiven Aktivierung, setzten diese jedoch häufiger ein. Folglich lassen sich insgesamt keine Unterschiede erkennen, wenn man die Lernprozessgestaltung vor dem Hintergrund der Häufigkeit der kodierten Items zur kognitiven Aktivierung betrachtet. Dieser Befund der fehlenden Unterschiede in der kognitiven Aktivierung deckt sich mit Vergleichsstudien zur Unterrichtsqualität bei deutschen und Schweizer Lehrkräften (Clausen, Reusser & Klieme, 2003).

Diese bisher nicht erkennbaren Differenzen zwischen den Ausbildungsgruppen könnten damit zusammenhängen, dass die ausgewertete Stichprobe zu klein ist und daher die Befunde vorsichtig zu interpretieren sind. Folglich wäre zur Überprüfung von möglichen Unterschieden die Auswertung aller Angebote der Gesamtstichprobe notwendig.

Eine weitere Ursache für fehlende Differenzen könnte in der Zusammensetzung der einzelnen Ausbildungsgruppen liegen. Die große Heterogenität innerhalb der Gruppe der akademisch ausgebildeten Fachkräfte (vgl. Kap. 2) spielt dabei möglicherweise ebenso eine Rolle wie deren größere Anzahl in der Teilstichprobe.

Die hohen Mittelwerte sowie die relativ großen Standardabweichungen in allen drei Ausbildungsgruppen deuten darauf hin, dass die Gruppen in sich nicht homogen sind, weshalb sich insgesamt die Frage stellt, inwiefern die Lernprozessgestaltung lediglich von der Ausbildung der Fachkräfte abhängt. Ebenso wäre es denkbar, dass weitere Faktoren, wie beispielswiese die Haltung der Fachkraft (Fröhlich-Gildhoff, Nentwig-Gesemann & Pietsch, 2011) oder das Kindergartenkonzept, einen Einfluss auf die Lernprozessgestaltung haben könnten. Mögliche Einflussfaktoren wären in weiteren Untersuchungen zu überprüfen.

Nachdem keine Unterschiede in der Lernprozessgestaltung in Abhängigkeit vom Ausbildungshintergrund gefunden werden konnten, wurden die Angebote hinsichtlich der Variable des umgesetzten Inhalts genauer analysiert.

Bezogen auf die gesamte Lernprozessgestaltung wird bei den Angeboten aus allen vier vorkommenden Inhaltsbereichen in ähnlicher Weise deutlich, dass die Fachkräfte überwiegend mit niedrig anregenden Impulsen begleiten.

Die inhaltsbezogene Analyse zeigt zudem ein weiteres interessantes Bild: Einerseits findet bei Angeboten im Bereich „Muster und Strukturen" sowie „Raum und Form" signifikant häufiger eine kognitive Aktivierung durch die Fachkräfte statt als bei Angeboten zu „Zahl und Operationen" ($\chi^2$ (3) = 12.832, p = 0.005). Andererseits lässt sich bei Angeboten zu den Bereichen „Größen und Messen" sowie „Zahlen und Operationen" häufig eine Lernprozessgestaltung durch Items mit niedriger Anregungsqualität erkennen.

Eine Erklärung kann möglicherweise in der Spezifik der Inhaltsbereiche liegen: Insbesondere bei „Muster und Strukturen" bietet es sich an, diese genauer zu untersuchen (vgl. Item I_08) und dabei die Kinder zum Nachdenken (vgl. z.B. Item I_10) anzuregen. Zudem müssen die Kinder ein zugrunde liegendes Bildungsprinzip analysieren und verstehen, um ein bestehendes Muster fortzuführen zu können. Auch beim Inhaltsbereich „Raum und Form" bietet es sich an, verschiedene Formen und Körper zu erkunden und dabei die Kinder Unterschiede und Gemeinsamkeiten entdecken und benennen zu lassen (I_08, I_09). Zusätzlich wäre es auch hier denkbar, im Anschluss an das Kennenlernen der verschiedenen Formen, mit diesen ein Muster zu legen und zu untersuchen (I_08, I_09 oder I_10). Die aktive Rolle der Kinder beim Erfinden und Untersuchen von Mustern oder Erkunden von Formen und Körpern scheint eine Lernprozessgestaltung im Sinne der kognitiven Aktivierung zu begünstigen. Dies deckt sich mit Befunden aus der Literatur, in der vor allem offene, herausfordernde sowie problemlösende Aufgaben als gewinnbringend für eine kognitive Aktivierung angesehen werden (Lipowsky, 2007; Reusser & Pauli, 2010; Waldis, Grob, Pauli & Reusser, 2010; Leuders & Holzäpfel, 2011).

Auch die Tatsache, dass in den Angeboten zu den beiden Inhaltsbereichen „Zahlen und Operationen" (M = 76.38, SD = 21.73) sowie „Größen und Messen" (M = 81.44, SD = 37.65) in vielen Fällen niedrigschwellige Anregungen zu erkennen sind, lässt sich datenbasiert nachvollziehen: Häufig fragen die Fachkräfte Zahlen oder Messergebnisse ab (I_12, I_16) oder lassen sich diese von den Kindern benennen bzw. erklären (I_14, I_17 oder I_18). Gerade bei Angeboten zu „Zahlen und Operationen" könnte vermutet werden, dass die kognitive Aktivierung für die Fachkräfte deshalb eine besondere Herausforderung darstellt, weil sich dieser Inhaltsbereich auf abstrakte Objekte bezieht. Ebenso ist vorstellbar, dass durch spezielle Förderprogramme zur Schulung sogenannter Vorläuferfertigkeiten (Zahlenland: Preiß, 2004, 2005; MzZ: Krajewski, Nieding & Schneider, 2007) bei den Fachkräften der Eindruck erweckt wird, dass in diesem Bereich stark instruktiv und fertigkeitsorientiert gearbeitet werden muss. Damit wäre erklärbar, weshalb die Lernprozessgestaltung der Fachkräfte in diesen Angeboten mehr durch Wissen abfragen und vermitteln gekennzeichnet ist als durch kognitive Aktivierung.

Zusammenfassend ergibt sich bei der Auswertung der Lernprozessgestaltung in den mathematischen Angeboten für die kleine Stichprobe ein erster Hinweis darauf, dass es zwar keine Unterschiede in Abhängigkeit vom Ausbildungshintergrund gibt, sich aber dennoch bezüglich der umgesetzten Inhalte erste Differenzen finden lassen.

Bringt man die beschriebenen Ergebnisse zur Lernprozessgestaltung in Abhängigkeit vom Ausbildungshintergrund und von den umgesetzten Inhalten zueinander in Beziehung, könnten daraus weitere Erklärungen entstehen.

Die bisher fehlenden Unterschiede in der Lernprozessgestaltung in Abhängigkeit vom Ausbildungshintergrund liegen eventuell daran, dass in allen drei Ausbildungsgruppen Angebote vorkommen, die möglicherweise eine bestimmte Form der Lernprozessbegleitung begünstigen.

Die Ergebnisse der inhaltlichen Auswertung liefern auch eine Erklärung für die stets hohen Standardabweichungen hinsichtlich der kognitiven Aktivierung innerhalb aller drei Ausbildungsgruppen. In allen Gruppen werden Angebote sowohl einerseits zum Bereich „Zahlen und Operationen" als auch andererseits zu „Muster und Strukturen" oder „Raum und Form" durchgeführt. Folglich sind jeweils Angebote mit hoher und niedriger durchschnittlicher Anzahl an kognitiver Aktivierung in allen drei Ausbildungsgruppen vorhanden und dadurch die hohen Standardabweichungen nachvollziehbar.

Zudem geben die Auswertungsbefunde einen Hinweis auf die geringe durchschnittliche Häufigkeit der Items zur kognitiven Aktivierung. Zum Inhaltsbereich „Zahlen und Operationen" werden in der Teilstichprobe prozentual die meisten Angebote durchgeführt (40.0%); gleichzeitig werden in diesem Inhaltsbereich aber auch durchschnittlich die wenigsten Items zur kognitiven Aktivierung eingesetzt.

Insgesamt lassen sich zwar keine signifikanten aber deskriptiv betrachtet tendenzielle Unterschiede zwischen den Gruppen nachweisen, die nicht vom umgesetzten Inhalt abhängig sind. Die Kindergartenlehrpersonen begleiten die Kinder unabhängig vom umgesetzten Inhalt durchschnittlich etwas weniger. Somit könnte sich bei der Auswertung der Gesamtstichprobe durchaus ein Einfluss des Ausbildungshintergrunds auf die Lernprozessgestaltung erkennen lassen. Dieser Annahme, sollte im Rahmen der weiteren Datenauswertung nachgegangen werden.

c) Welche *Einstellungen* haben Fachkräfte zur Domäne Mathematik?
Bei der Auswertung der Fragebögen zeigen sich insgesamt sehr positive Einstellungen der Fachkräfte gegenüber der Domäne Mathematik (M = 4.16, SD = 0.58). Dies deckt sich mit den Befunden von Benz (2008, 2012), die in ihrer Fragebogenstudie mit 589 pädagogischen Fachkräften durchgängig mehr positive als negative Einstellungen zur Mathematik identifizieren konnte.

Dabei lassen sich hinsichtlich der Einstellungen zur Domäne Mathematik keine signifikanten Unterschiede in Abhängigkeit vom Ausbildungshintergrund nachweisen (F (2; 23) = 1.722, n.s.). Auch, wenn die Stichprobe sehr klein ist, könnte dies ein Hinweis darauf sein, dass die Einstellungen nicht unbedingt von der Ausbildung abhängen, sondern vielmehr von personenbezogenen Faktoren geprägt sein könnten (vgl. u.a. Aronson, Wilson & Akert, 2004).

Für die Teilstichprobe kann bisher kein Einfluss der Einstellungen auf die Häufigkeit der Summe der kodierten Items nachgewiesen werden (r = − 0.118, n.s.). Jedoch stellen die nahezu identischen Einstellungen aller Fachkräfte zur Domäne Mathematik sowie die ähnliche Lernprozessgestaltung in den Angeboten ein Problem für die Überprüfung des Einflusses dar. Demzufolge können kaum Aussagen bezüglich des Zusammenhangs gemacht werden. Vielmehr wäre es denkbar, dass sich bei Fachkräften mit weniger positiven Einstellungen eine andere Charakterisierung der Gestaltung von Lernprozessen finden lassen würde.

Auffallend ist, dass die Schweizer Kindergartenlehrpersonen einerseits in ihren positiven Einstellungen zur Domäne Mathematik sehr homogen sind (M = 4.41, SD = 0.24; Spanne: 4.13–4.91), andererseits die Kinder in den Angeboten durchschnittlich eher weniger begleiten. Dies könnte als Hinweis gedeutet werden, dass die Lernprozessgestaltung nicht unbedingt von positiven Einstellungen abhängt. Da es sich jedoch um eine sehr kleine Stichprobe handelt, können diese Befunde wiederum nicht generalisiert werden.

Der gleiche Argumentationsstrang gilt auch für den bisher nicht nachweisbaren Einfluss der Einstellungen auf die Anzahl an Impulsen zur kognitive Aktivierung (r = 0.207, n.s.). Hierbei spielt – abgesehen von den generell positiven Einstellungen der Fachkräfte – auch der Sachverhalt eine Rolle, dass alle Fachkräfte die Kinder überwiegend auf der Basis einer niedrigen Anregung begleiten und insgesamt bei wenigen Fachkräften kognitiv aktivierende Impulse kodiert wurden.

Die positive Korrelation zwischen der Skala „Wissen zu diesem Bildungsbereich" und der Anzahl an kodierten Items zur kognitiven Aktivierung (r = 0.375, p = 0.045), stützt die Forderung nach fachdidaktischem Wissen als Voraussetzung für die adäquate Anregung und Begleitung der Kinder (Brunner et al., 2006). Dieser Zusammenhang sollte jedoch bei der gesamten Stichprobe überprüft werden.

## Literatur

Aronson, E., Wilson, T. D. & Akert, R. M. (2004). *Sozialpsychologie* (4., Auflage). München: Pearson Education International.

Benz, C. (2008). „Zahlen sind nichts Schlimmes" – Vorstellungen von Erzieherinnen über Mathematik im Kindergarten. In E. Vásárhelyi (Hrsg.), *Beiträge zum Mathematikunterricht 2008. Vorträge auf der 42. Tagung für Didaktik der Mathematik vom 13.3.2008 bis 18.3.2008 in Budapest* (S. 279–282). Münster: Verlag für wissenschaftliche Texte und Medien.

Benz, C. (2012). Attitudes of Kindergarten Educators about Math. *Journal für Mathematik-Didaktik,* 203–232.

Bönig, D. (2010). Mit Kindern Mathematik entdecken – Aspekte der mathematischen Frühförderung. In D. Bönig, B. Schlag & J. Streit-Lehmann (Hrsg.), *Bildungsjournal*

*Frühe Kindheit – Mathematik, Naturwissenschaft & Technik* (1. Auflage, S. 7–13). Berlin: Cornelsen Scriptor.

Brunner, M., Kunter, M., Krauss, S., Baumert, J., Blum, W., Dubberke, T. et al. (2006). Welche Zusammenhänge bestehen zwischen dem fachspezifischen Professionswissen von Mathematiklehrkräften und ihrer Ausbildung sowie beruflichen Fortbildung? *Zeitschrift für Erziehungswissenschaft, 521–544.*

Clausen, M., Reusser, K. & Klieme, E. (2003). Unterrichtsqualität auf der Basis hoch-inferenter Unterrichtsbeurteilungen. Ein Vergleich zwischen Deutschland und der deutschsprachigen Schweiz. *Unterrichtswissenschaft, 31* (2), 122–141.

Crowther, I. (2005). *Im Kindergarten kreativ und effektiv lernen – auf die Umgebung kommt es an.* Weinheim, Basel: Beltz.

Drollinger-Vetter, B. (2011). *Verstehenselemente und strukturelle Klarheit: Fachdidaktische Qualität der Anleitung von mathematischen Verstehensprozessen im Unterricht.* Münster: Waxmann.

Dubberke, T., Kunter, M., McElvany, N., Brunner, M. & Baumert, J. (2008). Lerntheoretische Überzeugungen von Mathematiklehrkräften. Einflüsse auf die Unterrichtsgestaltung und den Lernerfolg von Schülerinnen und Schülern. *Zeitschrift für Pädagogische Psychologie, 22* (3-4), 193–206.

Ellermann, W. (2007). *Bildungsarbeit im Kindergarten erfolgreich planen* (Sozialpädagogische Praxis, Bd. 5). Berlin/Düsseldorf/Mannheim: Cornelsen Scriptor.

Fröhlich-Gildhoff, K., Nentwig-Gesemann, I. & Pietsch, S. (2011). *Kompetenzorientierung in der Qualifizierung frühpädagogischer Fachkräfte* (WiFF Expertisen Nr. 19). München: Deutsches Jugendinstitut.

Hellmich, F. & Köster, H. (Hrsg.). (2008). *Vorschulische Bildungsprozesse in Mathematik und Naturwissenschaften.* Bad Heilbrunn: Klinkhardt.

Hüttel, C. (2013). *Wie gestalten pädagogische Fachkräfte mathematische Bildungsangebote im Elementarbereich? Erprobung und Anpassung eines bestehenden Kategoriensystems zur Analyse der Qualität von Angebotsgestaltung und -begleitung.* Unveröffentlichte Masterthesis, Pädagogische Hochschule Weingarten.

Kaufmann, S. (2010). *Handbuch für die frühe mathematische Bildung* (1. Aufl.). Braunschweig: Schroedel.

Klieme, E., Lipowsky, F, Rakoczy, R. & Ratzka, N. (2006). Qualitätsdimensionen und Wirksamkeit von Mathematikunterricht. In M. Prenzel & L. Allolio-Näcke (Hrsg.), *Untersuchungen zur Bildungsqualität von Schule* (S. 127–146). Münster: Waxmann.

Klieme, E. & Rakoczy, K. (2008). Empirische Unterrichtsforschung und Fachdidaktik. Outcome-orientierte Messung und Prozessqualität des Unterrichts. *Zeitschrift für Pädagogik, 54* (2), 222–237.

KMK: Sekretariat der Ständigen Konferenz der Kultusminister der Länder in der Bundesrepublik Deutschland (Hrsg.) (2005). *Beschlüsse der Kultusministerkonferenz. Bildungsstandards im Fach Mathematik für den Primarbereich. Beschluss vom 15.10.2004.* München/Neuwied: Luchterhand.

König, A. (2009). *Interaktionsprozesse zwischen ErieherInnen und Kindern.* Wiesbaden: VS Verlag.

Krajewski, K. (2005). Früherkennung und Frühförderung von Risikokindern. In M. Aster & J. H. Lorenz (Hrsg.), *Rechenstörungen bei Kindern* (S. 150–164). Göttingen: Vandenhoeck & Ruprecht.

Krajewski, K., Nieding, G. & Schneider, W. (2007). *Mengen, zählen, Zahlen (MZZ).* Berlin: Cornelsen.

Leiss, D. (2007). *„Hilf mir es selbst zu tun"– Lehrerinterventionen beim mathematischen Modellieren.* Hildesheim: Franzbecker.

Leuchter, M. & Saalbach, H. (2014). Verbale Unterstützungsmaßnahmen im Rahmen eines naturwissenschaftlichen Lernangebots in Kindergarten und Grundschule. *Unterrichtswissenschaft, 42* (2), 117–131.

Leuders, T. & Holzäpfel, L. (2011). Kognitive Aktivierung im Mathematikunterricht. *Unterrichtswissenschaft, 39,* 213–230.

Lipowsky, F. (2007). Was wissen wir über guten Unterricht?. Im Fokus: die fachliche Lernentwicklung. *Friedrich-Jahresheft* (25), 26–30.

Mayring, P. (2002). *Einführung in die Qualitative Sozialforschung. Eine Anleitung zu qualitativem Denken.* (5., überarbeite und neu gestaltete Auflage). Weinheim; Basel: Beltz.

Ministerium für Kultus, Jugend und Sport Baden Württemberg (2011). *Orientierungsplan für Bildung und Erziehung in baden-württembergischen Kindergärten und weiteren Kindertageseinrichtungen.* Fassung vom 15. März 2011. Verfügbar unter: http://www.kultusportal-bw.de/site/pbs-bw/get/documents/KULTUS.Dachmandant/KULTUS/import/pb5start/pdf/KM_KIGA_Orientierungsplan_2011.pdf [04.08.2014].

Nentwig-Gesemann, I. & Schnadt, P. (2008) Stärkung der Erziehungskompetenz von Erzieherinnen und Erziehern. In Landeskommission Berlin gegen Gewalt (Hrsg.), *Berliner Forum Gewaltprävention. Dokumentation des 8. Berliner Präventionstages.*

Pauli, C., Drollinger-Vetter, B., Hugener, I. & Lipowsky, F. (2008). Kognitive Aktivierung im Mathematikunterricht. *Zeitschrift für Pädagogische Psychologie, 22* (2), 127–133.

Preiß, G. (2004 u. 2005). *Leitfaden Zahlenland.* 2 Bände. Kirchzarten: Zahlenland Verlag Prof. Preiß.

Rathgeb-Schnierer, E. (2012). Mathematische Bildung. In D. Kucharz et al. (Hrsg.), *Elementarbildung. Bachelor/Master* (S. 50–85). Weinheim / Basel: Beltz.

Rathgeb-Schnierer, E. & Wittmann, G. (2008). Mathematische Kompetenzen von Kindern am Schulanfang – mehr als Zählen und Rechnen? In M. Plieninger & E. Schumacher (Hrsg.), *Auf den Anfang kommt es an. Bildung und Erziehung im Kindergarten und im Übergang zur Grundschule* (2. Aufl., S. 173–191). Schwäbisch Gmünd: Pädagogische Hochschule.

Reusser, K. & Pauli, C. (2010). Unterrichtsgestaltung und Unterrichtsqualität – Ergebnisse einer internationalen und schweizerischen Videostudie zum Mathematikunterricht: Einleitung und Überblick. In K. Reusser, C. Pauli & M. Waldis (Hrsg.), *Unterrichtsgestaltung und Unterrichtsqualität – Ergebnisse einer internationalen und schweizerischen Videostudie zum Mathematikunterricht* (S. 9–32). Münster: Waxmann.

Schuler, S. (2013). *Mathematische Bildung im Kindergarten in formal offenen Situationen. Eine Untersuchung am Beispiel von Spielen zum Erwerb des Zahlbegriffs.* Münster: Waxmann.

Steinke, I. (2007). Qualitätssicherung in der qualitativen Forschung. In U. Kuckartz, H. Grunenberg & T. Dresing (Hrsg.), *Qualitative Datenanalyse: computergestützt* (S. 176–187). Wiesbaden: Verlag für Sozialwissenschaften.

Steinweg, S. (2008). Zwischen Kindergarten und Schule – Mathematische Basiskompetenzen im Übergang. In F. Hellmich & H. Köster (Hrsg.), *Vorschulische Bildungsprozesse in Mathematik und Naturwissenschaften* (S. 143–159). Bad Heilbrunn: Klinkhardt.

Sylva, K., Melhuish, E., Sammons, P., Siraj-Blatchford, I., Taggart, B. & Elliot, K. (2004). The Effective Provision of Pre-School Education Project – Zu den Auswirkungen vorschulischer Einrichtungen in England. In G. Faust, M. Götz, H. Hacker & H. Rossbach (Hrsg.), *Anschlussfähige Bildungsprozesse im Elementar- und Primarbereich* (S. 154–167). Bad Heilbrunn: Klinkhardt.

Thiesen, P. (2010). *Die gezielte Beschäftigung im Kindergarten: Vorbereiten – Durchführen – Auswerten* (14., aktualis. Auflage). Freiburg im Breisgau: Lambertus.

Tietze, W., Schuster, K.-M., Grenner, K. & Roßbach, H.-G. (Hrsg.). (2005). *Kindergarten-Skala (KES-R). Feststellung und Unterstützung pädagogischer Qualität in Kindergärten* (3. Auflage). Berlin / Düsseldorf / Mannheim: Cornelsen Scriptor.

Waldis, M., Grob, U., Pauli, C. & Reusser, K. (2010). Der schweizerische Mathematikunterricht aus der Sicht von Schülerinnen und Schüler und in der Perspektive hochinferenter Beobachterurteile. In K. Reusser, C. Pauli & M. Waldis (Hrsg.), *Unterrichtsgestaltung und Unterrichtsqualität – Ergebnisse einer internationalen und schweizerischen Videostudie zum Mathematikunterricht* (S. 171–208). Münster: Waxmann.

*Alexander Kauertz, Katharina Gierl*

# 7. Naturwissenschaften im Elementarbereich

## Analyse von Angeboten im naturwissenschaftlichen Bildungsbereich

## 7.1 Einleitung

Mit der Einführung der Bildungspläne für den Elementarbereich stehen die pädagogischen Fachkräfte unter anderem vor der Aufgabe, naturwissenschaftliche Bildungsangebote zu gestalten, erste Grunderfahrungen naturwissenschaftlicher Phänomene zu ermöglichen und naturwissenschaftliche Denk- und Arbeitsweisen zu vermitteln. Es konnte gezeigt werden, dass Kinder bereits im Vorschulalter Teilkompetenzen des wissenschaftlichen Denkens erreichen, welches die Forderung nach einer frühen Förderung dieser Kompetenzen unterstützt (Sodian, 2008). Bislang liegen nur wenige Ergebnisse vor, wie diese Kompetenzen gefördert werden können. Innerhalb der allgemeinen Qualitätsdiskussion frühkindlicher Bildung (vgl. Kap. 1) werden Strukturmerkmale der Einrichtung, Orientierungsmerkmale der pädagogischen Fachkraft und insbesondere Prozessmerkmale des Angebots als entscheidende Faktoren für die Qualität der Kindertagesstätte angesehen. Im Fokus dieser Teilstudie stehen die Untersuchung der Einflüsse einzelner Strukturmerkmale und die personenspezifischen Merkmale der Fachkraft auf die Anregungsprozesse naturwissenschaftlicher Denk- und Arbeitsweisen.

## 7.2 Forschungsfragen

Untersucht werden zwei Forschungsfragen:
– Welchen Einfluss haben die Konzeption, räumliche und materielle Ausstattung der Einrichtungen auf die Anregungsprozesse innerhalb naturwissenschaftlicher Angebote?
– Welchen Einfluss haben personenspezifische Merkmale der Fachkraft auf die Anregung naturwissenschaftlicher Denk- und Arbeitsprozesse?

## 7.3 Datengrundlage und Stichprobe

Für den naturwissenschaftlichen Bildungsbereich liegen Daten von n = 30 Angeboten vor, die sich gleichmäßig auf die drei Gruppen von pädagogischen Fachkräften verteilen (Erzieherinnen, akademisch ausgebildete Fachkräfte, Kindergartenlehrpersonen). Diese sind in Bezug auf die in Kapitel 2 (Tab. 2.9) beschriebenen Items des Beobachtungsinstruments auf der Basis von 10-Sekunden-Intervallen eingeschätzt worden. Die Länge des Angebots wurde, wie ebenfalls dort beschrieben, auf 30 Minuten standardisiert. Die Items wurden dabei, analog zu dem Verfahren in den an-

deren Domänen, fachspezifisch – in diesem Fall also naturwissenschaftlich – ausgelegt. Innerhalb der Items wurden solche identifiziert und zusammengefasst, die auf
eine besonders deutliche kognitiv orientierte Anregung hindeuten und in diesem Fall
also eine Anregung zum naturwissenschaftlichen Denken darstellen. Es kann somit
für jedes Angebot das Verhältnis aus allen Impulsen und Äußerungen der Fachkraft
und den im Hinblick auf die Naturwissenschaften kognitiv anregenden Äußerungen
gebildet werden. Dieses Verhältnis wird der Tatsache gerecht, dass je nach pädago-
gischem Stil oder Persönlichkeit der Fachkraft (zurückhaltend, engagiert mitma-
chend o.ä.), Anzahl oder Aktivität der Kinder ein sehr unterschiedliches Ausmaß an
Interaktion zu beobachten ist, das per se zunächst keine Aussage über die Qualität
zulässt. Es wäre aber prinzipiell für ein naturwissenschaftliches Angebot wünschenswert, wenn ein möglichst großer Anteil der Interaktionen kognitiv anregend gestaltet wird, um Bildungschancen im naturwissenschaftlichen Bereich zu eröffnen (Siraj-
Blatchford & Manni, 2008). Das Verhältnis stellt damit einen ersten Schätzwert für
die Qualität der kognitiven Anregung dar.

Über die Einschätzungen aus dem Beobachtungsinstrument hinaus liegen zu
den meisten Angeboten (n > 19, M(n) = 29) zusätzliche Informationen zum pädagogischen Konzept, dem vorhandenen Material und zur Fachkraft vor (vgl. Kap. 2,
Tab. 2.3). Mit diesen Daten soll geprüft werden, ob die Konzeption der Einrichtung,
das vorhandene Material oder Merkmale der Fachkraft Einfluss auf die Anregung
zum naturwissenschaftlichen Denken haben. Aufgrund der Stichprobengröße von
n = 30 werden lediglich die Haupteffekte der drei Bereiche Konzeption, Material und
Fachkraft untersucht. Die Bereiche haben dabei bereits a priori eine unterschiedliche Relevanz für die Erklärung der Varianz des Merkmals naturwissenschaftliche
Anregung. Die Konzeption der Einrichtung kann als eher distales Merkmal angesehen werden, das Material ist bereits näher am Anregungsprozess und die Fachkraft
hat einen unmittelbaren, proximalen Einfluss auf diesen Prozess. In einer Großzahl
der Studien zur Untersuchung der Qualität von Kindertageseinrichtungen wird von
einem Einfluss der einzelnen Merkmale ausgegangen (Kuger & Kluczniok, 2008). Im
Rahmen der Study of Early Child Care konnte jedoch nur ein geringer und auch in-
direkter Einfluss der Strukturmerkmale auf die Entwicklung des Kindes nachgewiesen werden (NICHD Early Child Care Research Network, 2002). Es konnte gezeigt
werden, dass einzelne Strukturmerkmale über die Prozessmerkmale auf die kognitive und soziale Entwicklung der Kinder Einfluss nehmen. Durch die unterschiedliche
Distanz zum Anregungsprozess wären nur geringe Effekte zu erwarten, die mit der
vorhandenen Stichprobe nicht mit der hinreichenden Power aufgeklärt werden könnten.

Von den beteiligten Einrichtungen haben 12 Einrichtungen keinen speziellen
Schwerpunkt und 3 Einrichtungen haben einen naturwissenschaftlichen Schwerpunkt
(z.B. Haus der kleinen Forscher). In 6 Einrichtungen wird mehrmals pro Woche
ein Angebot im naturwissenschaftlichen Bildungsbereich von einer festangestellten Fachkraft durchgeführt, in etwa der Hälfte der Einrichtungen (n = 12; 5 fehlende Angaben) nur unregelmäßig. In 16 Fällen ist die Teilnahme (auch) verpflichtend,
in 8 Fällen ausschließlich freiwillig (5 Angaben fehlen). Die meisten untersuchten Angebote wurden von Kindern im Regelgruppenalter (3 bis 6 Jahre) wahrgenommen, in 9 Einrichtungen wurde eine Gruppe von Kindern gefilmt, bei denen

auch unter Dreijähre teilnahmen, in einer Einrichtung wurde ein Angebot für eine Krippengruppe (jünger als 3 Jahre) gestaltet (eine fehlende Angabe).

## 7.4 Die Konzeptionen der Einrichtungen und deren Einfluss auf naturwissenschaftliche Angebote

Es kann daher angenommen werden, dass das pädagogische Konzept der Einrichtung zumindest durch organisatorische Anforderungen einen Effekt auf die Art der Impulse und Lernprozessbegleitung im naturwissenschaftlichen Bildungsbereich hat. Je weniger Einschränkungen durch die Konzeption für die Teilnahme der Kinder am Angebot bestehen, desto heterogener wird die Gruppe sein und entsprechend mehr individuelle Impulse und Steuerung durch die pädagogische Fachkraft werden notwendig sein. Der Anteil der kognitiv aktivierenden Impulse könnte bei weniger organisatorischer Struktur geringer sein, da mehr organisatorische Interventionen erforderlich sind, etwa um neu hinzukommende Kinder zu integrieren oder auf individuelle Materialwünsche einzugehen. Daher ist in diesem Bereich auch die Altersspanne der gefilmten Kinder berücksichtigt worden. Das pädagogische Konzept wurde zum einen im Hinblick auf ein offenes, teiloffenes oder geschlossenes Konzept erfragt. Davon zu unterscheiden ist im schweizerischen Teil der Stichprobe das dort durch den Bildungsplan vorgegebene Konzept sowie weitere mögliche Konzeptionen, die von den Einrichtungen im offenen Antwortformat angegeben werden konnten (z.B. Situationsansatz). Zudem wurde erfasst, in welcher Trägerschaft sich der Kindergarten befindet. Darüber hinaus wurde speziell für naturwissenschaftliche Angebote erfasst, inwieweit sie frei gestaltet werden oder einer mehr oder weniger offenen Konzeption folgen, ob sie von festangestellten Fachkräften oder anderen durchgeführt werden, ob dafür feste Zeiten vorgesehen sind, die Kinder freiwillig daran teilnehmen können und ob es Angebote für die Gesamtgruppe gibt.

Tabelle 7.1 gibt einen Überblick über die Häufigkeit der Antworten zu den einzelnen Aspekten der Konzeption (Mehrfachnennungen möglich). Die meisten Einrichtungen haben demnach ein teiloffenes oder offenes Konzept. Das ist konsistent mit der Angabe, dass naturwissenschaftliche Angebote in fast allen Einrichtungen auch aus Situationen im Freispiel entwickelt werden und Angebote frei von Konzeptionen (z.B. „Forschen mit Fred", Lück, 2007) und offen hinsichtlich der Teilnahme der Kinder gestaltet werden. In den meisten Einrichtungen werden allerdings sowohl offene als auch geschlossene Angebote durchgeführt und in der großen Mehrheit der Einrichtungen (n = 25, 2 fehlende Angaben) gibt es Angebote für Kleingruppen, wie sie für diese Studie durchgeführt wurden. Lediglich in einer der deutschen Einrichtung wird der naturwissenschaftliche Bildungsbereich nicht durch Angebote umgesetzt.

Tabelle 7.1    Übersicht der Konzeption der Einrichtung und der naturwissenschaftlichen
               Angebote der n=30

| Konzept | Anzahl von 30 Einrichtungen |
|---|---|
| Gruppenkonzept oder geschlossenes Konzept | 7 |
| Teiloffenes Konzept | 9 |
| Offenes Konzept | 5 |
| Konzept nach Bildungsplan der Schweiz | 10 |
| Sonstige Konzepte – Situationsansatz | 1 |
| Sonstige Konzepte – anderer Ansatz | 1 |
| *Konzept für naturwissenschaftliche Angebote* | |
| Angebote frei gestaltet | 29 |
| Angebote nach fester Konzeption | 7 |
| Angebote offen gestaltet | 24 |
| Angebote geschlossen gestaltet | 23 |
| Situatives Aufgreifen im Freispiel | 28 |
| Keine Umsetzung des naturwissenschaftlichen Bildungsbereichs | 1 |
| Feste Zeiten für Bildungsangebote | 11 (eine Angabe fehlt) |
| Angebote für Kleingruppen | 25 (zwei Angaben fehlen) |

Für den Vergleich der Konzeptionen der Einrichtungen werden das *offene Konzept* und die *sonstigen Konzepte* zusammengefasst (n = 6), die ebenfalls als deutlich offenere Konzepte angesehen werden können (z.B. der Situationsansatz). Um die Mehrfachzuordnung aufzulösen, werden dabei Einrichtungen, die angegeben haben, sowohl ein offenes oder teiloffenes sowie ein geschlossenes Konzept zu verfolgen, dem geschlossenem Konzept zugeordnet. Als abhängige Variable wird dabei das Verhältnis zwischen den kognitiven Anregungen und der Gesamtzahl der Impulse und Äußerungen genutzt. Dabei zeigt sich kein Unterschied zwischen diesen Konzepten ($F(2, 30) = 1,414$; $p = .270$). Für den Vergleich zwischen der Schweizer Konzeption und den anderen zeigt sich jedoch ein signifikanter Unterschied ($F(1, 30) = 7,921$; $p = .009$) zugunsten der nicht-schweizerischen Konzeptionen ($M(CH) = .128$; $M(andere) = .185$). Wählt man die Gesamtzahl der kognitiven Anregungen (ohne Standardisierung an der Gesamtzahl der Äußerungen) als abhängige Variable, so zeigt sich auch zwischen den verschiedenen Konzeptionen ein signifikanter Unterschied ($F(2, 30) = 3,796$; $p = .043$; $R^2 = .309$) und zwischen der Schweizer Konzeption und den anderen ($F(1, 30) = 13,566$; $p = .001$). Dabei zeigt sich ein Vorteil der teiloffenen Konzeption gegenüber den geschlossenen und offenen Konzeptionen im Post-hoc-Test (LSD) (vgl. Tab. 7.2).

Tabelle 7.2:    Kognitive Aktivierung in Abhängigkeit des Konzepts

| Offenheit der Konzeption | Mittelwert | Standardabweichung | N |
|---|---|---|---|
| geschlossenes Konzept | 23.86 | 20.94 | 7 |
| teiloffenes Konzept | 51.43 | 11.99 | 7 |
| offenes Konzept oder sonstiges | 44.70 | 24.22 | 6 |
| Insgesamt | 39.76 | 22.12 | 20 |

AV: Kognitive Aktivierung in 30min (5 Items)

Tabelle 7.3    Post-hoc-Test (LSD)

| (I) Offenheit der Konzeption | (J) Offenheit der Konzeption | Mittlere Differenz (I-J) | Standard-fehler | Sig. | 95%-Konfidenzintervall | |
|---|---|---|---|---|---|---|
| | | | | | Unter-grenze | Ober-grenze |
| eher geschlosse-nes Konzept | eher offenes Konzept | -27,575 | 10,393 | ,017 | -49,503 | -5,648 |
| | offenes Konzept oder sonstiges | -20,846 | 10,818 | ,071 | -43,669 | 1,978 |
| eher offenes Konzept | eher geschlossenes Konzept | 27,575 | 10,393 | ,017 | 5,648 | 49,503 |
| | offenes Konzept oder sonstiges | 6,730 | 10,818 | ,542 | -16,094 | 29,553 |

Hinsichtlich der Variablen zur Beschreibung der Konzeption naturwissenschaftlicher Angebote gibt es zwischen den Einrichtungen keine nennenswerten Unterschiede (Tab. 7.3). Auch Einrichtungen, die festen Konzeptionen folgen geben an, dass sie ebenso auch freie Angebote gestalten (eine Einrichtung gibt an, weder einer festen Konzeption zu folgen noch freie Angebote auszubringen). Ein Vergleich von Einrichtungen, die auch festen Konzeptionen im naturwissenschaftlichen Bereich folgen, mit solchen, die ausschließlich frei konzipierte Angebote machen, zeigt keine Unterschiede beim Verhältnis von kognitiven Anregungen zur Gesamtzahl der inhaltlichen Interaktionen (Levene-Test der Varianzen: F = .291; p = .594; T(28) = -.685; p = .499). Ebenso wenig macht es einen Unterschied, ob eine Einrichtung Zeiten für ihre naturwissenschaftlichen Angebote festgelegt hat oder nicht (Levene-Test der Varianzen: F = .148; p = .703; T(27) = .059; p = .953). Diese Befunde haben auch für die Gesamtzahl der kognitiven Anregungen als abhängiger Variable Bestand.

Zusammenfassend ergibt sich für den Bereich der Konzeption keine große Relevanz für die Erklärung der naturwissenschaftsbezogenen kognitiven Anregungen. Es wird jedoch deutlich, dass die schweizerische Konzeption offenbar andere Schwerpunkte setzt. In der Gesamtzahl kognitiver Anforderungen profitieren teiloffene Konzeptionen gegenüber offenen und geschlossenen Angeboten. Dieser Vorteil verschwindet jedoch, wenn man die Anzahl an der Gesamtzahl der inhaltlichen Interaktionen relativiert.

## 7.5  Verfügbares Material und sein Einfluss auf naturwissenschaftliche Angebote

Im naturwissenschaftlichen Bildungsbereich spielt das Handeln mit Material im Sinne eines Explorierens von Phänomenen oder Experimentierens als planvolles Handeln eine wichtige Rolle. Die Möglichkeiten solche Versuche durchzuführen steigt mit der Verfügbarkeit passenden Materials. Zahlreiche Ideen und Vorschläge aus Büchern und dem Internet beziehen sich auf bestimmte Alltagsmaterialien, die für den naturwissenschaftlichen Bildungsbereich genutzt werden können, aber etwa in ausreichender Zahl verfügbar sein müssen oder deren Beschaffung für die Fachkraft ggf. mit Kosten und Aufwand verbunden sind. Je weniger Material vorhanden ist, desto weniger explizite Bezugspunkte für naturwissenschaftlich passende, kognitiv anregende Impulse und Interaktionen kann die Fachkraft nutzen. Zusätzlich wird eine flexible Anpassung an Ideen zur Verwendung des Materials erschwert, so dass die Fachkraft ggf. entsprechende Impulse nicht sinnvoll geben kann. Um die Verfügbarkeit von naturwissenschaftlich sinnvollem Material zu erfassen, wurde erfragt, ob Material von der Fachkraft oder den Eltern mitgebracht werden muss, ob Material in der Einrichtung vorhanden ist, ob es strukturiert gelagert wird (z.B. in Boxen oder Koffern) und welche Quellen für Ideen zugänglich sind, bzw. wie viele Programme und Materialien in der Einrichtung vorhanden sind.

Tabelle 7.4    Übersicht der räumlichen Möglichkeiten und Materialverfügbarkeit der Teilstichprobe n=30

| Räumliche Möglichkeiten | Anzahl von 30 Einrichtungen |
|---|:---:|
| Forscherzimmer | 10 |
| Werkraum | 18 |
| Wiese im Außenbereich | 27 |
| Hof im Außenbereich | 21 |
| Bäume im Außenbereich | 29 |
| Sandkasten im Außenbereich | 29 |
| Wasserstelle im Außenbereich | 21 |
| Sinnesparcours im Außenbereich | 6 |
| Nutzgarten im Außenbereich | 16 |
| Nutzung eines Waldes mind. einmal pro Woche | 11 |
| Mehr als 4 relevante räumliche Möglichkeiten für den naturwissenschaftlichen Bildungsbereich | 24 |
| *Materialverfügbarkeit* | |
| Material von Fachkraft oder Eltern | 22 |
| Material in der Einrichtung vorhanden | 23 |
| Material in Boxen oder Kisten gelagert | 13 |
| Weitere Quellen verfügbar | 11 |

Ebenfalls förderlich ist ein entsprechend eingerichteter Bereich in der Einrichtung, der zum Forschen da ist und einlädt (z.B. Forscherraum). Da Naturwissenschaften aber auch von einem unmittelbaren Kontakt zur Natur abhängen können, wird ebenfalls erfasst, wie der Außenbereich gestaltet ist (Wiese, Hof, Bäume, Sandkasten, Wasserstelle, Sinnesparcours, Nutzgarten, Wald). Je mehr solcher Möglichkeiten den Kindern zur Verfügung stehen, desto einfacher kann die Fachkraft sinnvolle naturwissenschaftliche Impulse und Anregungen geben, da sie auf Erlebnisse und Erfahrungen an diesen Orten verweisen kann, die den Kindern aus ihrem Alltag vertraut sind. Tabelle 7.4 gibt einen Überblick über die Möglichkeiten der beteiligten Einrichtung, naturwissenschaftliche Angebote zu gestalten.

Als weitere Quellen wurden das Programm von G. Lück (n = 2) und die Stiftung „Haus der kleinen Forscher" (n = 3) genannt. In n = 13 Einrichtungen sind wenigstens zwei Programme oder Materialiensets verfügbar (10 fehlende Angaben). Bei der Verfügbarkeit eines Waldes nutzen n = 4 Einrichtungen den Wald selten oder nie, n = 10 Einrichtungen nutzen ihn 1- bis 3-Mal pro Monat (5 fehlende Angaben). Fast jeder Einrichtung ist es möglich, eine Wiese, einen Hof, Bäume, Sandkasten oder eine Wasserstelle im Außengelände zu nutzen (21 < n < 29). Die meisten Einrichtungen haben 5 oder 6 räumliche Möglichkeiten, die für den Naturwissenschaftlichen Bildungsbereich relevant sein können. Lediglich eine Einrichtung verfügt über nur einen Bereich, zwei Einrichtungen verfügen über das Maximum von 7 Bereichen. Deutliche Unterschiede ergaben sich bei der Möglichkeit, Forschungs- oder Werkräume, einen Garten oder regelmäßig einen Wald zu nutzen. Ein Sinnesparcours steht nur einer Minderheit zur Verfügung.

Tabelle 7.5:   Einfluss räumlicher Möglichkeiten auf die kognitiven Anregungen

| Räumliche Möglichkeit | AV: Verhältnis kognitiver Anregung zur Anzahl Impulse insgesamt | | AV: Kognitive Anregung | |
|---|---|---|---|---|
| | T | Sig. p | T | Sig. p |
| Wald | 0.272 (df = 23) | .788 | 0.980 (df = 23) | .337 |
| Garten | -1.203 (df = 28) | .239 | -1.152 (df = 28) | .259 |
| Forschungsraum | -0.966 (df = 28) | .342 | -0.245 (df = 28) | .808 |
| Werkraum | -0.487 (df = 28) | .630 | 0.229 (df = 28) | .821 |

Wie in Tabelle 7.5 ersichtlich, haben die einzelnen räumlichen Möglichkeiten keinen Einfluss auf die Anregungen zum naturwissenschaftlichen Denken. Offensichtlich werden die Möglichkeiten der einzelnen Räume im Hinblick auf die naturwissenschaftlichen Bildungsangebote nicht optimal genutzt. Insgesamt jedoch steigt mit der Anzahl der Möglichkeiten auch die Chance zur naturwissenschaftlich-kognitiven Aktivierung der Kinder, wie eingangs vermutet. Es zeigt sich eine positive Korrelation zwischen der Anzahl einschlägiger räumlicher Möglichkeiten und dem Verhältnis kognitiver Anregungen zur Anzahl der Interaktionen insgesamt (r = .485; p = .007; n = 30) und etwas schwächer auch zur Gesamtzahl kognitiver Aktivierungen ohne Relativierung (r = .386; p = .035; n = 30).

Bei der Materialverfügbarkeit unterscheiden sich die Einrichtungen vor allem hinsichtlich einer strukturierten Ablage des Materials und der Verfügbarkeit weiterer Quellen. In beiden Fällen zeigt sich ein tendenzieller positiver Effekt auf das Verhältnis kognitiver Anregung zur Gesamtheit der Interaktionen (für strukturierte Ablage: $T(28) = -1.469$; $p = .153$; für Verfügbarkeit weiterer Quellen: $T(28) = -1.530$; $p = .137$). Dies könnte auch durch eine tendenziell positive Haltung der Einrichtung oder Leitung der Einrichtung gegenüber dem naturwissenschaftlichen Bildungsbereich begründet sein, was die Anschaffung und strukturierte Lagerung von Material begünstigt.

Zusammenfassend zeigt sich, dass Materialverfügbarkeit und einzelne Räume keinen deutlichen Effekt auf die Anregungen zum naturwissenschaftlichen Denken haben. Ist die Einrichtung jedoch mit möglichst vielfältigen und verschiedenen für den naturwissenschaftlichen Bildungsbereich geeigneten räumlichen Möglichkeiten ausgestattet, steigt die relative Anzahl naturwissenschaftsbezogener kognitiver Anregungen.

## 7.6 Merkmale der pädagogischen Fachkraft und deren Einfluss auf naturwissenschaftliche Angebote

Die pädagogische Fachkraft regt mit Hilfe von Impulsen naturwissenschaftliche Bildungsprozesse bei den Kindern an. Während die Konzeption der Einrichtung, das verfügbare Material und die räumlichen Bedingungen nur mittelbar auf diese Anregungen wirken, ist das Professionswissen der Fachkraft ein unmittelbarer Faktor für ihr pädagogisches Handeln. Je umfangreicher ihre Erfahrung im naturwissenschaftlichen Bildungsbereich ist, je souveräner sie mit den Kindern und ihren Ideen umgehen kann und je relevanter sie diesen Bildungsbereich einschätzt, desto häufiger kann sie passende kognitive Anregungen bieten, die zu naturwissenschaftlichem Denken und Handeln der Kinder führen können. Sie kann durch ihr Wissen und ihre Erfahrung auch mögliche Defizite bei der Ausstattung kompensieren. Bislang ist wenig bekannt, über welches naturwissenschaftliche Wissen pädagogische Fachkräfte verfügen müssen, wie deutlich ein positiver Bezug erkennbar sein sollte und welches Fähigkeitsselbstkonzept erforderlich ist.

Die in dieser Studie eingesetzten Fragebögen zur Erfassung des eigenen Bezugs zur Domäne und dem Fähigkeitsselbstkonzept sind angelehnt an Untersuchungen aus dem schulischen Bereich, die teilweise genutzt werden, um entsprechende Konstrukte bei Schülerinnen und Schülern zu erfassen. Der Fragebogen zum Verständnis der Domäne und zu domänenbezogenen Anregung von Lernprozessen wurde spezifisch für den Elementarbereich entwickelt, eine umfassende Validierung steht jedoch noch aus. Die Kennwerte der Instrumente sind in Tabelle 2.5 berichtet. Aufgrund der geringen Reliabilitäten der Skalen, die unter anderem auch durch die geringen Item- und Probandenzahlen bedingt sind, werden Zusammenhänge tendenziell unterschätzt, so dass Effekte möglicherweise nicht erkennbar werden.

Es wurden als zentrale Merkmale der pädagogischen Fachkraft der Bezug zu den Naturwissenschaften erfasst (9 Items), das Fähigkeitsselbstkonzept bezüglich der Naturwissenschaften (5 Items), ein Grundverständnis anhand eines exemplarischen Themas (Mondphasen, 4 Items) und einer darauf bezogenen Lernprozessbegleitung (5 Items). Für alle Items wurde eine fünfstufige Likert-Skala genutzt. Das Professionswissen wurde zudem durch die Ausbildung der Fachkraft, ihre Berufserfahrung und die Anzahl der Fortbildungen in den letzten Jahren geprägt. Als Merkmal der Stichprobe dient daher der Ausbildungshintergrund, der in drei Kategorien unterschieden wird: fachschulisch ausgebildete Erzieherin in Deutschland (n = 8), akademisch ausgebildete Fachkraft in Deutschland (n = 12) und Kindergartenlehrperson in der Schweiz (n = 10). Da auch die Lebenserfahrung der Fachkräfte einen Effekt haben könnte, wurde auch das Alter erfasst und berücksichtigt. Alle Fachkräfte, die an diesem Teil der Studie beteiligt waren, sind weiblich.

Tabelle 7.6 gibt einen Überblick über die erfassten Merkmale und deren Verteilung in der vorliegenden Stichprobe. Es zeigt sich hinsichtlich der zentralen Merkmale, die mittels fünf-stufigem Fragebogen erfasst wurden, eine eher positive Tendenz im Mittelwert und eine relativ geringe Standardabweichung. Da es sich bei der Erhebung um eine Selbstauskunft handelt, können entsprechende Effekte wie etwa soziale Erwünschtheit nicht ausgeschlossen werden. Bei der Berufserfahrung und beim Alter der Versuchspersonen (Vpn) zeigt sich dagegen eine große Streuung. Nur ein Teil der Fachkräfte hat eine naturwissenschaftsbezogene Fortbildung besucht (n = 12), obwohl im Mittel jede Fachkraft ca. 5 Fortbildungen in den vergangenen beiden Jahren besucht hat.

Tabelle 7.6    Verteilung der Merkmale der päd. Fachkräfte (VpN = Versuchspersonen)

|  | N | Minimum | Maximum | Mittelwert | Standardabweichung |
|---|---|---|---|---|---|
| Eigener Bezug zur Domäne Naturwissenschaften | 29 | 2,22 | 5,00 | 3,452 | ,710 |
| Verständnis/ Relevanz der Domäne Naturwissenschaften | 27 | 2,00 | 5,00 | 3,546 | ,800 |
| Fähigkeitsselbstkonzept der Domäne Naturwissenschaften | 30 | 1,40 | 4,60 | 3,213 | ,748 |
| Wissen zum Anregen von Lernprozessen in der Domäne Naturwissenschaften | 27 | 2,60 | 5,00 | 3,533 | ,549 |
| Berufserfahrung in Jahren | 30 | ,5 | 33,0 | 9,860 | 9,998 |
| Anzahl der Fortbildungen: Naturwissenschaften | 30 | 0 | 6 | ,70 | 1,264 |
| Gesamtanzahl absolvierter Fortbildungen der Vpn in den letzten 2 Jahren | 30 | 0 | 13 | 4,80 | 3,112 |
| Alter der Vpn | 30 | 22 | 55 | 33,95 | 10,485 |

Die in Tabelle 7.7 dargestellte Korrelationsstruktur zeigt, dass bei den Fragebogenskalen durchaus von unterschiedlichen Konstrukten ausgegangen werden kann, eine Globalskala über alle Items aber die beiden Konstrukte *Eigener Bezug zur Domäne* und *Fähigkeitsselbstkonzept* gut abdecken könnte und reliabler erfassbar macht (Cronbachs $\alpha$ = .908, 14 Items). Im Hinblick auf Interkorrelationen zu anderen Merkmalen gibt es keinen Effekt von Alter, Berufserfahrung und allgemeinen

Fortbildungen auf die Fragebogenskalen. Da durch die pädagogische Tätigkeit selbst nicht notwendigerweise eine Entwicklung in diesen Skalen stattfindet, ist hier auch kein Zusammenhang zu erwarten. Im Hinblick auf die naturwissenschaftsbezogene Fortbildung wäre zu erwarten, dass sich insbesondere das Wissen zum Anregen von Lernprozessen dadurch verändert. Hier zeigt sich eine Korrelation von r = .490 (p = .009) zwischen der Anzahl der naturwissenschaftsbezogenen Fortbildungen und der Ausprägung des Konstrukts.

Tabelle 7.7    Korrelationsstruktur zwischen den Fragebogenskalen

| | | Eigener Bezug zur Domäne Naturwissenschaften | Verständnis/ Relevanz der Domäne Naturwissenschaften | Fähigkeitsselbstkonzept der Domäne Naturwissenschaften | Wissen zum Anregen von Lernprozessen in der Domäne Naturwissenschaften |
|---|---|---|---|---|---|
| Verständnis/ Relevanz der Domäne Naturwissenschaften | Korrelation nach Pearson | ,234 | | | |
| | Signifikanz (2-seitig) | ,239 | | | |
| | N | 27 | | | |
| Fähigkeitsselbstkonzept der Domäne Naturwissenschaften | Korrelation nach Pearson | ,554** | ,159 | | |
| | Signifikanz (2-seitig) | ,002 | ,429 | | |
| | N | 29 | 27 | | |
| Wissen zum Anregen von Lernprozessen in der Domäne Naturwissenschaften | Korrelation nach Pearson | -,223 | -,258 | -,196 | |
| | Signifikanz (2-seitig) | ,273 | ,213 | ,326 | |
| | N | 26 | 25 | 27 | |
| Naturwissenschaften Globalskala (23 Items) | Korrelation nach Pearson | ,822** | ,385 | ,728** | ,162 |
| | Signifikanz (2-seitig) | ,000 | ,058 | ,000 | ,439 |
| | N | 25 | 25 | 25 | 25 |

** Korrelation ist auf dem Niveau von 0,01 signifikant.

Da die Interkorrelationen zwischen den Fragebogenskalen nicht signifikant sind, wenn die beiden Konstrukte zur Globalskala zusammengefasst werden, und zudem keine Korrelation zur Berufserfahrung vorliegt, können mit Hilfe einer MANOVA Unterschiede bezüglich des Ausbildungshintergrundes untersucht werden. Hierbei zeigt sich, dass insgesamt kein Effekt vorliegt (Pillai-Spur = .391; F(8, 25) = 1,217; p = .314). Es gibt jedoch einen tendenziellen Effekt der Berufserfahrung (F(2, 25) = 2,837; p = .080).

In einem Regressionsmodell soll nun geprüft werden, ob die Fragebogenskalen und die Berufserfahrung Prädiktoren für das Verhältnis von naturwissenschaftsbezogenen kognitiven Anregungen zur Gesamtzahl von Interaktionen darstellen. Werden alle Prädiktoren ins Modell aufgenommen (Methode Einschluss), so ergibt sich jedoch kein sinnvolles Modell (korrigiertes $R^2$ = .124; keine signifikanten beta-Koeffizienten). Lediglich für die Skala zur Anregung von Lernprozessen ergibt sich ein tendenziell signifikanter Effekt (β = .397; p = .071). Betrachtet man diesen Effekt isoliert in einer Regression, so bleibt genug Varianz erhalten, um den Zusammenhang mit β = .395 (p = .041) abzubilden ($R^2$ = .156). Weitere Effekte lassen sich nicht nachweisen.

Zusammenfassend können die Merkmale der pädagogischen Fachkraft nur ansatzweise mit dem Verhältnis kognitiver Anregung zur Gesamtzahl der Interaktionen in Verbindung gebracht werden. Berufs- und Lebenserfahrung, das domänenspezifische Verständnis und das entsprechende Fähigkeitsselbstkonzept zeigen mit den genutzten Instrumenten keinen Zusammenhang zur Qualität der kognitiven Anregung. Erwartungskonform dagegen zeigt sich ein mittlerer Effekt des Wissens zum Anregen von Lernprozessen. Die Qualität der Fragebogenskalen führt gegebenenfalls zu einer Unterschätzung bestehender Zusammenhänge und erfordert auch eine vorsichtige Interpretation des gefunden Zusammenhangs.

## 7.7 Zusammenfassung der Ergebnisse

In den drei Bereichen Konzeption der Einrichtung, Material und Räumlichkeit sowie den Merkmalen der pädagogischen Fachkraft lassen sich Effekte auf das Verhältnis von kognitiven naturwissenschaftsbezogenen Anregungen zur Gesamtheit der Interaktion finden, was sich als Indiz für Qualität des Angebots deuten lässt. So erscheint bei der Konzeption ein teiloffenes Konzept für naturwissenschaftliche Angebote produktiv. Beim Material spielen die systematische Ablage und der Zugang zu vielfältigen Quellen eine Rolle. Ein vielfältig gestaltetes Umfeld, das naturwissenschaftliche Bezüge ermöglicht, trägt ebenfalls positiv zur Qualität von Angeboten bei. Ein ausgeprägtes Wissen der Fachkraft in Bezug auf naturwissenschaftliche Lernprozesse begünstigt die Qualität ebenfalls. Mögliche Interaktionseffekte können aufgrund der Stichprobengröße nicht untersucht werden.

Die Verteilung des Qualitätsmaßes zeigt eine Verteilung über die gesamte Skala (Min = .04; Max = .80) mit einem Mittelwert bei M = .388 (SD = .187). Es sind somit etwa 40 % der Interaktionen im naturwissenschaftlichen Angebot kognitiv adäquat aktivierend. Davon ausgehend, dass die kognitiven Aspekte im Sinne des Weltverstehens im naturwissenschaftlichen Bildungsbereich zentral sind, wäre eine höhere Quote wünschenswert. Insbesondere, da durch den Inhalt bereits nahegelegt ist, Fragen zum Weiterdenken etc. zu stellen („was passiert wenn …?"), die bereits ohne tieferes Verständnis der Naturwissenschaften zu einem kognitiv aktivierenden Impuls führen.

Ein stärker qualitativer Blick auf die Videos zeigt, dass es im Wesentlichen zwei Vorgehensweisen der deutschen Fachkräfte gibt. Bei der ersten Vorgehensweise wird eng an einem gegebenen Versuch gearbeitet, bei dem die Kinder kleinschrittige Angaben zu dessen Durchführung erhalten und anschließend nach Erklärungen der Beobachtung suchen. Bei der zweiten Vorgehensweise steht das Philosophieren über Ursachen und Zusammenhänge naturwissenschaftlicher Phänomene aus dem Alltag im Vordergrund. Nach Steffensky (2012) ist für ein nachhaltiges Verständnis im naturwissenschaftlichen Bildungsbereich eine Mischung beider Vorgehensweisen förderlich. Es konnte in ihrer Studie gezeigt werden, dass die Kombination von experimentellen Lerngelegenheiten und Gesprächen über naturwissenschaftliche, alltagsrelevante Situationen einen signifikanten Unterschied im Zuwachs von Wissen der Kinder erreichten, im Gegensatz zu Angeboten, die nur einen der Schwerpunkte beinhalteten. Bei den Schweizer Angeboten zeigt sich jedoch ein grundlegend anderer Ansatz naturwissenschaftliche Angebote zu gestalten. Alle Kindergartenlehrpersonen dieser (Teil-)Stichprobe wählten einen erlebnisorientierten Zugang. Die naturwissenschaftlichen Inhalte werden dabei mit Hilfe von Geschichten oder Rollenspielen vermittelt. Meist gibt es einen Hauptcharakter mit dem sich die Kinder identifizieren können. Das Experimentieren kommt dabei in den hier analysierten Angeboten nicht vor. Die Ergebnisse deuten darauf hin, dass die Kindergartenlehrpersonen die Kinder dadurch weniger häufig kognitiv aktivieren, als die deutschen Fachkräfte, die fast alle experimentelle Anteile im Angebot berücksichtigten.

## Literatur

Kuger, S. & Kluczniok, K. (2008). Prozessqualität im Kindergarten. Konzept, Umsetzung und Befunde. *Zeitschrift für Erziehungswissenschaft , 10, Sonderheft 11,* 159–178.

Lück, G. (2007). *Forschen mit Fred. Naturwissenschaften im Kindergarten. Handbuch.* Oberursel: Finken Verlag.

NICHD Early Child Care Research Network (2002). Child-care structure – process – outcome: Direct and indirect effects of child care quality on young children's development. *Psychological Science, 13,* 199-206.

Siraj-Blatchford, I. & Manni, L. (2008). 'Would you like to tidy up now?' An analysis of adult questioning in the English Foundation Stage. Early Years: *An International Research Journal, 26* (1), 5-22.

Sodian, B. (2008): *Entwicklung des Denkens.* In R. Oerter & L. Montada (Hrsg.). Entwicklungspsychologie (6. Aufl., S. 436-479). Weinheim: Beltz.

Steffensky, M., Lankes, E.M., Carstensen, C.H. & Nölke, C. (2012). Alltagssituationen und Experimente – Was sind geeignete naturwissenschaftliche Lerngelegenheiten für Kindergartenkinder? *Zeitschrift für Erziehungswissenschaft, 15,* 37-54. DOI: 10.1007/s11618-012-0262-

*Katja Mackowiak, Heike Wadepohl, Susanne Bosshart*

# 8. Analyse der Kompetenzen von pädagogischen Fachkräften im Freispiel und in Bildungsangeboten

## Ausgewählte Ergebnisse zur Triangulation der Daten

## 8.1 Einleitung

In diesem Kapitel werden die verschiedenen Verfahren, die im PRIMEL-Projekt eingesetzt wurden, miteinander in Beziehung gesetzt. Ziel ist dabei herauszufinden, welche Zusammenhänge sich zwischen den verschiedenen Kompetenzaspekten auf Seiten der pädagogischen Fachkräfte nachweisen lassen und wie die pädagogische Arbeit in unterschiedlichen Kontexten (Freispiel vs. Bildungsangebote) gestaltet wird. Da eine umfassende Triangulation der Daten den Rahmen eines einzelnen Kapitels sprengen würde, werden auf der Basis sowohl theoretischer Überlegungen als auch empirischer Befunde ausgewählte Aspekte in die Analysen einbezogen. Dabei sollen zwei Fragestellungen bearbeitet werden, die im Folgenden näher skizziert werden.

## 8.2 Fragestellungen

### 8.2.1 Fragestellung 1: Zusammenhänge zwischen der pädagogischen Orientierung, der Handlungsplanung und dem konkreten Handeln

Im Bereich der frühkindlichen Bildung wird – wie in der Lehrerbildungsforschung – in den letzten Jahren zunehmend der Versuch unternommen, die Kompetenzen der pädagogischen Fachkräfte zu beschreiben, zu erfassen und in ihrem Wechselspiel zu modellieren (vgl. etwa das Modell von Fröhlich-Gildhoff, Nentwig-Gesemann & Pietsch, 2011/2014). Dabei wird – in Anlehnung an Weinert (2001) und die Arbeitsgruppe um Baumert (Baumert & Kunter, 2006; Baumert et al., 2010; Kunter et al., 2011) – davon ausgegangen, dass professionelle Kompetenz eine fachliche, fachdidaktische und pädagogische Handlungsfähigkeit beinhaltet, die auf Wissen basiert und flexibel auf konkrete Situationen und Kontexte anwendbar ist. Beeinflusst wird diese durch Überzeugungen und Werthaltungen, motivationale Faktoren und selbstregulative Fähigkeiten.

In der Forschung lassen sich eine Vielzahl von Kompetenzmodellen finden, die in unterschiedlicher Weise diese Aspekte berücksichtigen (Frey & Jung, 2011). Zur Operationalisierung dieser Faktoren werden zudem sehr unterschiedliche methodische Zugänge gewählt (z.B. Fragebögen, Interviews, Wissenstests, Analyse von Fallbeispielen und Szenarien, Videoanalysen des professionellen Handelns in konkreten Situationen). Die zu verzeichnende Vielfalt an Modellen und Methoden macht eine Vergleichbarkeit der Ergebnisse häufig sehr schwierig (Frey & Jung, 2011).

Im Bereich der frühkindlichen Bildung lässt sich diese Vielfalt ebenfalls konstatieren; zwar existieren mit der KES-R (Tietze, Schuster, Grenner & Roßbach, 2007) oder

der CLASS (Pianta, La Paro & Hamre, 2008) bereits umfangreich erprobte Verfahren zur Erfassung der Prozessqualität; dennoch gibt es darüber hinaus sehr unterschiedliche Herangehensweisen (z.B. eher qualitativ vs. eher quantitativ, eher mikro- oder eher makroanalytisch), um verschiedene Facetten der Qualität der pädagogischen Arbeit in frühkindlichen Institutionen zu erfassen (vgl. z.B. die AWiFF-Projekte: www.weiterbildungsinitiative.de).

Im Forschungsprojekt PRIMEL wurde ebenfalls mittels unterschiedlicher methodischer Zugänge versucht, verschiedene Kompetenzfacetten und mögliche Einflussfaktoren zu berücksichtigen, welche im Zusammenspiel das professionelle Handeln einer Fachkraft beeinflussen und damit die Prozessqualität mitbestimmen. In den vorangegangen Kapiteln wurden dabei die Instrumente zunächst einzeln in den Blick genommen und aus allgemeindidaktischer und domänenspezifischer Sicht analysiert, wie pädagogische Fachkräfte das Freispiel der Kinder begleiten und domänenspezifische Angebote gestalten (vgl. Kap. 4 bis 7).

Im ersten Teil dieses Kapitels wird der Versuch unternommen, die verschiedenen Kompetenzfacetten miteinander in Beziehung zu setzen und ihr Zusammenwirken zu analysieren. So wird theoretisch davon ausgegangen, dass sich pädagogische Orientierungen (z.B. hinsichtlich der eigenen Rolle im kindlichen Lernprozess) und domänenspezifische Einstellungen (z.B. hinsichtlich der Vermittlung von Lerninhalten) (z.B. Anders, 2012) ebenso wie das Professionswissen auf die Situationswahrnehmung, die Zielvorstellungen und Handlungsplanung sowie das professionelle Handeln in einer konkreten Situation auswirken (z.B. Tietze et al., 1998; Kluczniok, Anders & Ebert, 2011; Fröhlich-Gildhoff et al., 2011/2014; Hardy & Steffensky, 2014). Die Kompetenzen der pädagogischen Fachkräfte bestimmen im Wesentlichen die Interaktionsgestaltung mit den Kindern, also die Prozessqualität; und diese wiederum hat einen bedeutsamen Einfluss auf kindliche Lern- und Bildungsprozesse sowie langfristig auf die kindlichen Leistungen (z.B. Kluczniok et al., 2011; Anders, 2013).

Anders (2012, S. 19) formuliert in ihrer Expertise entsprechend: „Eine konstruktivistische und an kindlichen Entwicklungsbedingungen orientierte Einstellung scheint mit qualitativ besseren Lerngelegenheiten und einer besseren Kompetenzentwicklung einherzugehen.".

Eine Reihe von Befunden bestätigt diese Schlussfolgerung. So konnte z.B. die Studie von Pianta et al. (2005) Zusammenhänge zwischen einer traditionellen Orientierung (eher lehrer-, statt kindzentriert) und einer geringeren Prozessqualität (erfasst über das CLASS-Instrument) nachweisen. Auch Kluczniok et al. (2011) konnten im Rahmen der BiKS-Studie den Einfluss der Fördereinstellung auf die Prozessqualität (und auch auf die kindlichen Leistungen) abbilden (vgl. für den Grundschulbereich etwa die Studie von Staub & Stern, 2002). Allerdings gibt es auch gegensätzliche Befunde, wie etwa in der Studie von Hedge und Cassidy (2009), in der pädagogische Fachkräfte ihre Überzeugungen entwicklungsangemessener formulierten, als dass in ihrer pädagogischen Praxis sichtbar wurde (vgl. auch Tietze et al., 1998).

Im PRIMEL-Projekt sollen diese Zusammenhänge ebenfalls analysiert werden. Dazu wird zum einen die mittels Fragebogen erfasste pädagogische Orientierung im Hinblick auf die eigene Rolle im Lernprozess der Kinder (ko-konstruktivistische Haltung), zum anderen die Situationswahrnehmung und Handlungsplanung, erhoben mittels Vignette, berücksichtigt (vgl. Kap. 2). Es soll geklärt werden, wie diese beiden Aspekte miteinander sowie mit dem Handeln der pädagogischen Fachkraft in der Freispielbegleitung (vor allem im Bereich der Unterstützung von Bildungsprozessen) korrelieren. Dabei wird davon ausgegangen, dass es positive Zusammenhänge zwischen einer ko-konstruktivistischen Einstellung, der Situationsanalyse und Handlungsplanung sowie dem professionellen Handeln in einer Situation gibt. Pädagogische Fachkräfte, die sich selbst als hoch ko-konstruktivistisch einschätzen, sollten entsprechend höhere Werte in der Handlungsplanung und auch mehr Kodierungen in der Freispielbegleitung (insbesondere bei der Lernprozessgestaltung) aufweisen. In Bezug auf die Situationsanalyse können unterschiedliche Vorhersagen getroffen werden, weil eine genaue Situationseinschätzung einerseits Voraussetzung für die Handlungsplanung und -durchführung ist, andererseits aber nicht automatisch zum Handeln führen muss.

### 8.2.2   Fragestellung 2: Interaktionsgestaltung im Freispiel und in den vier Bildungsangeboten

Die Begleitung des Freispiels sowie die Gestaltung von Bildungsangeboten gehört zu den zentralen Aufgaben von Fachkräften; diese setzen aber ein hohes fachliches und fachdidaktisches Wissen in den verschiedenen Domänen voraus (zur Kompetenzdebatte siehe z.B. Fröhlich-Gildhoff, Weltzien, Kirstein, Pietsch & Rauh, 2014). Ob dieses Wissen vorliegt, hängt unter anderem von der Aus- und Weiterbildung ab. In Deutschland und der Schweiz genießen fachschulische Erzieherinnen bzw. Kindergartenlehrpersonen eher eine Breitbandausbildung, d.h., in den Curricula werden in der Regel viele Bildungsbereiche (so auch die vier im PRIMEL-Projekt berücksichtigten) angesprochen. Trotzdem lassen sich je nach Fachschule bzw. Hochschule unterschiedliche Schwerpunkte ausmachen. In den Bachelor-Studiengängen in Deutschland lässt sich ein sehr heterogenes Curriculum konstatieren (Mackowiak, 2010), obwohl es Bestrebungen gibt, einen verbindlichen Orientierungsrahmen bzw. ein Kerncurriculum zu etablieren (Robert Bosch Stiftung, 2008).

Vor diesem Hintergrund soll im zweiten Teil dieses Beitrag analysiert werden, ob die pädagogischen Fachkräfte sich im Freispiel und in den verschiedenen Bildungsangeboten ähnlich verhalten oder ob sich spezifische Unterschiede zwischen der Freispielbegleitung und der Gestaltung von Bildungsangeboten zeigen. Darüber hinaus soll auch untersucht werden, ob die pädagogischen Fachkräfte in Angeboten mit unterschiedlichen Bildungsthemen ihre Interaktionen in ähnlicher Weise gestalten oder ob sich hier domänenspezifische Unterschiede zeigen. Mit diesen Analysen wird der Frage nachgegangen, ob die Bildungsarbeit im Elementarbereich bereichsübergreifend (z.B. in der Bewegungs-, künstlerisch-ästhetischen, mathematischen und naturwissenschaftlichen Bildung) in ähnlicher Weise kompetent gestaltet wird (d.h. ob kompetente Fachkräfte in allen Bereichen kompetent sind) oder ob pädagogische Fachkräfte domänenspezifische Kompetenzen zeigen – was sich z.B. in Unterschieden in der Häufigkeit der Kodierungen von (vor allem kognitiv anregenden) Impulsen zeigen könnte. Vorhersagen zu dieser Frage sind kaum möglich, da neben der Ausbildung viele weitere Faktoren (z.B. auch Vorlieben und Einstellungen hinsichtlich der Bildungsbereiche) das pädagogische Handeln und die Entwicklung von Kompetenzen beeinflussen.

## 8.3  Methode

Zur Beantwortung der beiden Fragestellungen wurden unterschiedliche Instrumente und Teilstichproben aus dem PRIMEL-Projekt herangezogen. In Tabelle 8.1 werden die jeweils verwendeten Instrumente in das Kompetenzmodell von Fröhlich-Gildhoff et al. (2011/ 2014) eingeordnet.

Tabelle 8.1:    Einordnung der für die Triangulation genutzten Instrumente in das Kompetenzmodell von Fröhlich-Gildhoff et al. (2011/2014)

| | *Disposition* | | *Performanz* |
|---|---|---|---|
| | Wissen, Motivation, Handlungspotenziale | Situations-wahrnehmung, Handlungsplanung | Handeln in der Situation |
| *Fragestellung 1:* Zusammenhänge zwischen den pädagogischen Orientierungen, der Situationswahrnehmung/ Handlungsplanung und dem konkreten Handeln (N = 89) | Päd.-psychologischer Fragebogen zur Erfassung der ko-konstruktivistischen Orientierung | Allgemein-didaktische Vignette zur Erfassung der Situationsanalyse und Handlungs-planung | Videografie zur Erfassung des pädagogischen Handelns im Freispiel (Bereich I: Lernprozessgestaltung) |
| *Fragestellung 2:* Zusammenhänge zwischen der Lernprozessgestaltung im Freispiel und den vier Bildungsangeboten (n = 30) | | | Videografien zur Erfassung des pädagogischen Handelns im Freispiel und in den vier Bildungsangeboten (Bereich I: Lernprozessgestaltung) |

### 8.3.1  Methodisches Vorgehen zu Fragestellung 1: Zusammenhänge zwischen der pädagogischen Orientierung, der Handlungsplanung und dem konkreten Handeln

Die Auswertung dieser Fragestellung basiert auf der Gesamtstichprobe (N = 89). Zur Prüfung der Zusammenhänge zwischen Einstellungen, Situationswahrnehmung, Handlungsplanung und dem konkreten Handeln in der Situation, wie es im Modell von Fröhlich-Gildhoff et al. (2011/2014) postuliert wird, werden folgende Instrumente aus dem PRIMEL-Projekt herangezogen: Zur Erfassung der pädagogischen Orientierung im Hinblick auf die eigene Rolle im kindlichen Lernprozess wird die Skala „Selbstbildung vs. Ko-Konstruktion" des pädagogisch-psychologischen Fragebogens genutzt. Die Situationsanalyse und reflektierte Handlungsplanung wird mittels allgemeindidaktischer Fallvignette zu einer konkreten pädagogischen Alltagssituation erhoben. Hier wurden die Antworten zu Frage 1 (Situationswahrnehmung) und Frage 3 (Handlungsvorschläge) herangezogen. Von Interesse waren hierbei besonders die Kodierungen auf der spielinhaltlichen Ebene, bei der es (analog zur Videokodierung, Bereich I) um die Analyse und Begleitung von Spielprozessen geht. Als Handlungsmaß werden wiederum die Kodierungen im Bereich I des Freispiel-Kodiersystems berücksichtigt (vgl. Kap. 2).

### 8.3.2 Methodisches Vorgehen zu Fragestellung 2: Interaktionsgestaltung im Freispiel und in den vier Bildungsangeboten

Im Rahmen der zweiten Fragestellung, die auf einer Teilstichprobe von 30 pädagogischen Fachkräften (unter Berücksichtigung der drei Ausbildungsgruppen) basiert,[1] werden auf der Ebene des konkreten Handelns die Freispielsituation sowie die vier Bildungsangebote miteinander verglichen. Als Maße werden die Kodierungen zur Interaktionsgestaltung der pädagogischen Fachkraft in Bereich I des Beobachtungssystems (Lernprozessgestaltung) genutzt (vgl. Kap. 2). Da es kleine Unterschiede in der Anzahl der Beobachtungsitems im Freispiel und in den Bildungsangeboten gibt (vgl. Kap. 2), wurden zur direkten Vergleichbarkeit der Ergebnisse nur diejenigen Items genutzt, die für die Kodierung des Freispiels *und* der Angebote herangezogen wurden (I_05 bis I_16) Da die Stichprobe mit 30 Teilnehmerinnen relativ klein ausfällt, haben diese Analysen einen explorativen Charakter und müssen entsprechend vorsichtig interpretiert und in der weiteren Auswertung der Gesamtstichprobe erhärtet werden.

## 8.4  Ergebnisse

### 8.4.1  Analyse der Zusammenhänge zwischen der pädagogischen Orientierung, der Handlungsplanung und dem konkreten Handeln (Fragestellung 1)

Bevor auf diese Fragestellung näher eingegangen wird, soll in einem ersten Schritt ein kurzer Überblick über die deskriptiven Ergebnisse zu den Instrumenten gegeben werden, da die Fragebogen-Skala und die Vignette bisher noch nicht in die Analysen einbezogen wurden und die im Folgenden berichteten Ergebnisse vor diesem Hintergrund besser eingeordnet werden können. Außerdem werden Unterschiede zwischen den drei Ausbildungsgruppen überprüft, um diese ggfs. mit zu berücksichtigen (vgl. Tab. 8.2).

In der 5-stufigen Fragebogen-Skala „Selbstbildung vs. Ko-Konstruktion" zur Erfassung der Einstellung zur eigenen Rolle im kindlichen Lernprozess (ko-konstruk-

---

1    Aufgrund der Fülle an Daten und des sehr engen Projekt-Zeitplans konnten bisher nicht alle Angebote ausgewertet werden. Aufgrund von fehlenden Werten in einzelnen Videografien konnte für die Teilstichprobe der fachschulischen Erzieherinnen letztendlich nur auf 7 Personen zurückgegriffen werden.

tivistische Orientierung) lag der Mittelwert bei 3.19 (SD = 0.57), d.h., die pädagogischen Fachkräfte kreuzen im Durchschnitt den mittleren Bereich der Skala an, schätzen damit ihre eigene aktive Rolle als durchschnittlich bedeutsam für die kindliche Lernbegleitung ein.

Tabelle 8.2:    Deskription der Kennwerte zur pädagogischen Orientierung, zur Situationswahrnehmung und Handlungsplanung sowie zum konkreten Handeln und Ergebnisse des Gruppenvergleichs (n=88)

| | Erzieherinnen (D) (n=34) | akademische Fachkräfte D (n=29) | Kindergarten-lehrpersonen (CH) (n=25) | Unterschiede zwischen den 3 Ausbildungsgruppen | |
|---|---|---|---|---|---|
| *Fragebogen* | M (SD) | M (SD) | M (SD) | **F (2;85)** | **p** |
| Ko-konstruktivistische Orientierung | 3,19 [a, b] (0.54) | 2.95 [a] (0.64) | 3.47 [b] (0.40) | 6.264 | 0.003 |
| *Vignette* | | | | **F (2;85)** | |
| Situations-wahrnehmung gesamt (Frage 1) | 3.29 (2.12) | 4.10 (1.99) | 2.96 (1.62) | 2.527 | n.s. |
| Situations-wahrnehmung auf spielinhaltlicher Ebene (Frage 1) | 1.56 (1.28) | 1.90 (1.47) | 1,52 (0.96) | 0.762 | n.s. |
| Handlungsvorschläge gesamt (Frage 3) | 2.91 (2.33) | 3.28 (1.93) | 3.88 (1.62) | 1.668 | n.s. |
| Handlungsvorschläge auf spielinhaltlicher Ebene (Frage 3) | 1.68 (1.93) | 2.14 (2.01) | 2.44 (1.53) | 1.272 | n.s. |
| *Freispiel-Videografie* | | | | **F (2;85)** | |
| Kodierungen in Bereich I (pro 30 min) | 74.52 (29.08) | 60.72 (25.53) | 60.43 (22.47) | 2.952 | n.s. |

[a], [b] signifikante Unterschiede zwischen den Gruppen (p < 0.05)

Bei der schriftlichen Bearbeitung der Vignette wurden von allen Probandinnen durchschnittlich 9.27 (SD = 3.94) unterschiedliche Aspekte angesprochen. Im Bereich der Situationsanalyse (Frage 1) wurden im Durchschnitt 3.47 (SD = 1.98) Äußerungen notiert, davon bezogen sich 1.66 (SD = 1.27) Nennungen auf den Spielinhalt. Im Bereich der Handlungsplanung (Frage 3) nannten die Teilnehmerinnen durchschnittlich 3.31 (SD = 2.03) Interventionen, 2.04 (SD = 1.86) Interventionen waren spielinhaltlicher Art. Auffällig sind die recht großen Standardabweichungen, die zeigen, wie unterschiedlich ausführlich die einzelnen Fragen bearbeitet wurden (die Angaben der Probandinnen lagen zwischen einem und 23 Aspekten).

Im Bereich der Freispiel-Videografie wurden durchschnittlich 65.97 (SD = 26.77) Kodierungen in Bereich I (Lernprozessgestaltung) pro 30 Minuten notiert (für differenziertere Angaben vgl. Kap. 4).

Eine Prüfung auf Unterschiede zwischen den drei Ausbildungsgruppen (fachschulisch oder akademisch ausgebildete Fachkräfte in Deutschland, akademisch ausgebildete Fachkräfte in der Schweiz) erbrachte ein signifikantes Ergebnis in Bezug auf die pädagogische Orientierung (Fragebogen: F (2;85) = 6.246; p<0.003): Die Schweizer Kindergartenlehrpersonen schätzen sich im Hinblick auf ihre ko-konstruktivistische Orientierung im Durchschnitt signifikant höher ein als die akademisch ausgebildeten Fachkräfte in Deutschland. Die deutschen Erzieherinnen liegen im Durchschnitt zwischen den beiden anderen Gruppen und unterscheiden sich weder von der einen noch von der anderen Gruppe signifikant (vgl. Tab. 8.2). Im Hinblick auf die Situationswahrnehmung bzw. Handlungsplanung (Vignette) lassen sich dagegen keine signifikanten Unterschiede zwischen den drei Ausbildungsgruppen konstatieren (zur Analyse der Freispiel-Videografie vgl. Kap. 4[2]).

Die Überprüfung der Zusammenhänge zwischen der pädagogischen Orientierung im Hinblick auf die eigene Rolle im kindlichen Lernprozess (Fragebogen-Skala „Selbstbildung vs. Ko-Konstruktion") und den Vignetten-Kennwerten erbrachte folgende Befunde (vgl. Tab. 8.3) je geringer die ko-konstruktivistische Orientierung eingeschätzt wird, desto höher fällt die Anzahl der Nennungen zu Frage 1 (Situationsanalyse) aus (Situationseinschätzungen auf der spielinhaltlichen Ebene allein korrelieren dagegen nicht signifikant mit der ko-konstruktivistischen Orientierung). Dieses Ergebnis ist insofern stimmig, als es bei diesen Antworten zunächst um eine Einschätzung der Situation (und zwar auf allen Ebenen) geht und noch nicht um ein Eingreifen und Handeln. Laut Kompetenzmodell von Fröhlich-Gildhoff et al. (2011/2014) beeinflusst die Situationsanalyse als eine wesentliche Kompetenz das Handeln in einer professionellen Situation. Je nachdem wie die Situation und die Notwendigkeit eines Eingreifens eingeschätzt werden, kommt es im Anschluss zu einer Handlungsplanung und / oder zum Handeln.

Nimmt man bei der Vignetten-Kodierung zusätzlich die Nennungen der Fachkräfte, dass sie zunächst beobachten und / oder explizit nicht eingreifen (Antworten auf Frage 3) zur Situationsanalyse hinzu (weil sie im eigentlich Sinne keine Interventionen darstellen, sondern ebenfalls zur Situationsanalyse gehören), so fällt der negative Zusammenhang noch etwas deutlicher aus (r = -0.315; p < 0.002), was die oben formulierte Modellannahme erhärtet. Betrachtet man die Zusammenhänge zwischen der Orientierung und Handlungsplanung (Frage 3), zeigt sich kein signifikanter Zusammenhang mit der Gesamtzahl der genannten Interventionen, wohl aber – hypothesenkonform – ein positiver Zusammenhang zwischen der ko-konstruktivistischen Orientierung und der Anzahl der genannten Interventionen auf der spielinhaltlichen Ebene: Personen, die sich selbst eine aktive Rolle im kindlichen Lernprozess zuschreiben, würden häufiger in die Situation eingreifen und das Spiel der Kinder anregen und unterstützen als solche, deren Einstellung eher in Richtung Selbstbildung tendiert. Für die Gesamtzahl der vorgeschlagenen Interventionen in allen drei Bereichen zeigt sich dieser Zusammenhang nicht (Interventionsideen auf der Beziehungsebene oder der Ebene der Klassenführung scheinen folglich nicht von der ko-konstruktivistischen Orientierung beeinflusst zu werden), es geht also speziell um die Handlungsvorschläge, die sich auf das Spiel der Kinder konzentrieren.

---

2    Das in Tabelle 8.2 berichtete Ergebnis der Varianzanalyse unterscheidet sich geringfügig von dem in Kapitel 4 berichteten Effekt, weil dort als weiterer Einflussfaktor (Kovariate) die Berufserfahrung berücksichtigt wurde.

Tabelle 8.3:    Korrelationen zwischen der pädagogischen Orientierung (Fragebogen) und der Situationsanalyse und Handlungsplanung (allgemeindidaktische Vignette) (n=88)

| | Vignette | | | |
|---|---|---|---|---|
| Fragebogen | Situations-wahrnehmung gesamt (Frage 1) | Situations-wahrnehmung auf spiel-inhaltlicher Ebene (Frage 1) | Handlungs-vorschläge gesamt (Frage 3) | Handlungs-vorschläge auf spielinhaltlicher Ebene (Frage 3) |
| Ko-konstruktivistische Orientierung | -0.296** | -0.132 | 0.133 | 0.192* |

* p < 0.05; ** p < 0.01 (einseitig)

Um Zusammenhänge zwischen der pädagogischen Orientierung und Handlungs-planung einerseits sowie dem konkreten professionellen Handeln andererseits zu ana-lysieren, wurden in einem letzten Schritt die ko-konstruktivistische Orientierung (Fragebogen) sowie Handlungsvorschläge (Frage 3 der Vignette) mit den konkre-ten Interaktionskodierungen im Freispielvideo korreliert. Dabei wurde zum ei-nen die ko-konstruktivistische Orientierung mit den Video-Kodierungen in Bereich I (Lernprozessgestaltung) des Beobachtungssystems korreliert; zum anderen wur-den jeweils die drei Bereiche (Lernprozessgestaltung, Beziehungsgestaltung und Klassenführung) der Vignette (Frage 3) mit den jeweiligen drei Videobereichen korreliert, weil entsprechende Beziehungen zwischen der Handlungsplanung und dem Handeln vor allem innerhalb jedes Bereichs erwartet wurde (und nicht un-bedingt über die Bereiche hinweg). Bei diesen Analysen zeigten sich keine signifi-kanten Befunde. Lediglich eine tendenzielle, positive Beziehung zwischen einer ko-konstruktivistischen Orientierung und einer höheren Anzahl an Kodierungen in Bereich I des Freispiel konnte beobachtet werden (r = 0.167; p < 0.063), was zumin-dest in die erwartete Richtung deutet. Eine höhere Anzahl von Handlungsvorschlägen in der Vignette (z.B. mehr Interventionsideen im Bereich der Klassenführung) ging dagegen nicht einher mit einer höheren Kodierung von Interventionen im ent-sprechenden Bereich des Freispielvideos (also mehr Kodierungen im Bereich der Organisation / Klassenführung). Ein Zusammenhang zwischen der Handlungsplanung in einer hypothetischen Spielsituation und dem Handeln in einer konkreten Spielsituation, wie sie bei Fröhlich-Gildhoff et al. (2011/2014) postuliert wird, lässt sich also mit den hier vorgestellten Ergebnissen des PRIMEL-Projekts nicht bestäti-gen.

### 8.4.2    Analyse der Interaktionsgestaltung im Freispiel und in den vier Bildungsangeboten (Fragestellung 2)

Im Folgenden wird die Begleitung des Freispiels und der vier Bildungsangebote ge-nauer analysiert. Hierzu wurden die Kodierungen des Bereichs I des Beobachtungs-systems (Lernprozessgestaltung) herangezogen, um insbesondere die Unterstützung von Bildungsprozessen im engeren Sinne in den Fokus zu nehmen. In Abbildung

8.1 wird zunächst die durchschnittliche Anzahl der Gesamtkodierungen in Bereich I des Beobachtungssystems für das Freispiel und die vier Bildungsangebote im Überblick vorgestellt. Zusätzlich werden die Kodierungen der kognitiv anregenden Interventionen in den fünf Videografien im Vergleich dazu ergänzt, da es besonders diese Interventionen sind, die kindliche Lern- und Bildungsprozesse unterstützen und fördern (z.B. Klieme et al., 2006; Kuger & Kluczniok, 2008; Kunter & Voss, 2011; Hardy & Steffensky, 2014). Betrachtet man die Gesamtzahl der Kodierungen in Bereich I, so liegen die Durchschnittswerte zwischen 54.63 (SD = 36.57) im Freispiel und 84.00 (SD = 27.79) Kodierungen pro 30 Minuten im mathematischen Bildungsangebot. Die Standardabweichungen sind bei allen videografierten Settings hoch (SD = 22.45 bis 36.57), was die große Variation in der Interaktionsgestaltung der Personen verdeutlicht.

Abbildung 8.1    „Durchschnittliche Anzahl der Kodierungen im Bereich I (Lernprozessgestaltung) im Freispiel und in den vier Bildungsangeboten pro 30 min (n=27)

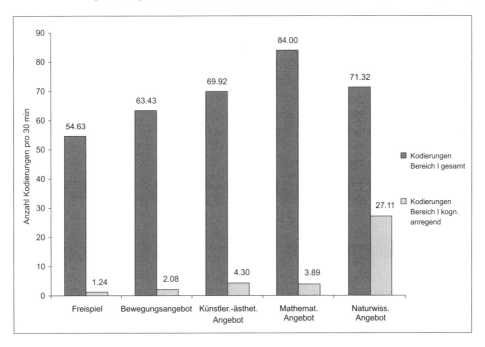

Im Vergleich dazu fallen die Kodierungen der kognitiv anregenden Interventionen sehr gering aus. Sie liegen für die Gesamtgruppe durchschnittlich zwischen 1.24 (SD: 2.16) im Freispiel) und 27.11 (SD = 21.60) Kodierungen im naturwissenschaftlichen Angebot. Hierbei fällt besonders das letztgenannte Angebot auf, bei dem einerseits nicht die höchste Gesamtzahl an Kodierungen im Bereich I vorliegt, dafür aber eine deutlich höhere Anzahl kognitiv anregender Interventionen als in allen anderen Videografien zu beobachten ist. Auch bei diesem Kennwert ist die Standardabweichung groß (SD = 2.16 bis 21.60).

Zur Prüfung der Frage, ob sich die Probandinnen in der Häufigkeit der Kodierungen im Freispiel und in den vier Bildungsangeboten unterscheiden, wurden zwei Varianzanalysen mit Messwiederholung durchgeführt. In einem ersten Schritt wurden als Messwiederholungsfaktor die Kodierungen im Bereich I des Beobachtungssystems (Lernprozessgestaltung) sowohl im Freispiel als auch in den vier Bildungsangeboten aufgenommen (abhängige Messung mit den Kodierungen in den fünf Videografien; vgl. Tab. 8.4). Als unabhängige Variable gingen die drei Ausbildungsgruppen in die Analyse ein. Die Ergebnisse ergaben einen signifikanten Effekt der Messwiederholung ($F (4; 96) = 3.358$; $p < 0.013$), der dafür spricht, dass sich die Kodierungen im Bereich I in den fünf verschiedenen Videografien unterscheiden. Die Einzelvergleiche zwischen den fünf Videografien (Post-hoc-Analysen) erbrachten lediglich einen tendenziellen Unterschied zwischen dem Freispiel und dem mathematischen Bildungsangebot ($p < 0.053$). Als weiteres Ergebnis zeigte sich ein signifikanter Effekt für die Ausbildungsgruppe ($F (2; 24) = 3.972$; $p < 0.033$). Da die Interaktion zwischen dem Faktor Ausbildungsgruppe und dem Messwiederholungsfaktor kein signifikantes Ergebnis erreichte, kann der Effekt der Ausbildungsgruppe nur über alle Videografien hinweg interpretiert werden. Die Post-hoc-Analysen für die drei Ausbildungsgruppen erbrachten nur tendenzielle Ergebnisse in der Form, dass die Schweizer Fachkräfte marginal weniger Kodierungen im Bereich I des Beobachtungssystems erhielten als die deutschen Erzieherinnen ($p < 0.065$) und die akademisch ausgebildeten Fachkräfte ($p < 0.093$).

In einem zweiten Schritt wurden statt der Gesamtkodierungen nur die kognitiv aktivierenden Interventionen aus dem Bereich I des Beobachtungssystems in den fünf verschiedenen Videografien miteinander verglichen. Die Analyse wurde analog zur ersten durchgeführt, nur dass statt der Gesamtkodierungen in Bereich I des Beobachtungssystems die kognitiv anregenden Interventionen im Freispiel und in den vier Angeboten als 5-stufiger Messwiederholungsfaktor eingingen. Die Ergebnisse dieser Analyse sind vergleichbar zur ersten, allerdings fallen sie deutlicher aus. Es gibt einen signifikanten Messwiederholungseffekt ($F (4; 96) = 46.034$; $p < 0.0001$), der besagt, dass sich die fünf Videografien im Hinblick auf die Anzahl der kodierten hoch anregenden Interventionen signifikant unterscheiden. Die Post-hoc-Analysen ergaben folgende signifikante Unterschiede in Bezug auf die fünf Videos. Das Freispiel unterscheidet sich signifikant in der Anzahl der Kodierungen kognitiv anregender Interventionen von drei der vier Bildungsangeboten – in jedem Fall mit Ausnahme des Bewegungsangebots werden im Freispiel signifikant weniger kognitiv anregende Interventionen kodiert als in den Bildungsangeboten (Bewegungsangebot: n.s.; künstlerisch-ästhetisches Angebot: $p < 0.020$; mathematisches Angebot: $p < 0.045$; naturwissenschaftliches Angebot: $p < 0.0001$).

Ein Vergleich der vier Bildungsangebote zeigt zudem, dass sich das naturwissenschaftliche Angebot von allen anderen Bildungsangeboten hoch signifikant in der Form unterscheidet, dass hier mehr kognitiv anregende Interventionen kodiert werden als in allen anderen Angeboten (alle Unterschiede $p < 0.0001$). Die anderen Bildungsangebote unterscheiden sich nicht signifikant in der Häufigkeit der Kodierungen kognitiv anregender Interventionen voneinander. Neben diesem Messwiederholungseffekt erbrachte die Analyse ebenfalls einen Effekt der Ausbildungsgruppe ($F (2; 24) = 11.038$; $p < 0.0001$). Post-hoc-Analysen für die drei Ausbildungsgruppen erbrachten in dieser Analyse signifikante Ergebnisse in der Form, dass bei den Schweizer Fachkräften bedeutsam weniger kognitiv anregende Interventionen in den fünf Videografien kodiert wurden als bei den deutschen Erzieherinnen ($p < 0.001$) und bei den akademisch ausgebildeten Fachkräfte ($p < 0.010$). Da zudem die Interaktion zwischen der Ausbildungsgruppe und der Messwiederholung ein signifikantes Ergebnis erbrachte (F (8; 96) = 4.763; $p < 0.0001$), deutet das auf Gruppenunterschiede in den verschiedenen Videografien hin. Hier fällt das naturwissenschaftliche Angebot auf, bei dem die Differenz zwischen den Schweizer und den beiden deutschen Gruppen besonders groß ist.

Tabelle 8.4:    Mittelwerte und Standardabweichungen der Gesamtkodierungen in Bereich I sowie der kognitiv anregenden Interventionen pro 30 min für das Freispiel und die vier Bildungsangebote sowie Ergebnisse der Varianzanalyse mit Messwiederholung (n=27)

| | Frei-spiel | Angebot Bewegung | Angebot Kunst | Angebot Mathe | Angebot Naturwiss. | Messwiederholung | Haupteffekt Ausbildung | Interaktion Ausbildung x Messwiederholung |
|---|---|---|---|---|---|---|---|---|
| | M (SD) | M (SD) | M (SD) | M (SD) | M (SD) | F (4;96) | F (2;24) | F (8;96) |
| Gesamtkodierungen in Bereich I (Lernprozessgestaltung) pro 30 min | 54.63 (36.57) | 63.43 (22.45) | 69.92 (28.44) | 84.00 (27.79) | 71.32 (36.03) | 3.358 $p < 0.013$ | 3.927 $p < 0.033$ | 1.245 n.s. |
| | M (SD) | M (SD) | M (SD) | M (SD) | M (SD) | F (4;96) | F (2;24) | F (8;96) |
| Kognitiv anregende Interventionen pro 30 min | 1.24[a] (2.16) | 2.08[a, b] (2.36) | 4.30[b] (5.53) | 3.89[b] (5.57) | 27.11[c] (21.60) | 46.034 $p < 0.0001$ | 11.038 $p < 0.0001$ Erz/akad. FK D > KigaL CH | 4.763 $p < 0.0001$ |

a, b, c signifikante Unterschiede zwischen den Gruppen ($p < 0.05$)
Erz.: Erzieherinnen (Deutschland), akad. FK: akademische Fachkräfte (Deutschland), KigaL: Kindergartenlehrpersonen (Schweiz)

## 8.5  Diskussion

### 8.5.1  Diskussion der Zusammenhänge zwischen der pädagogischen Orientierung, der Handlungsplanung und dem konkreten Handeln

In diesem Kapitel wurde in einem ersten Schritt der Versuch unternommen, die Zusammenhänge zwischen verschiedenen Kompetenzfacetten, wie sie in unterschiedlichen Kompetenzmodellen (z.B. Fröhlich-Gildhoff et al., 2011/2014) formuliert werden, empirisch zu überprüfen. Ein erstes Ergebnis zeigt, dass die pädagogischen Fachkräfte in dieser Studie ihre ko-konstruktivistische Orientierung im Durchschnitt nicht sehr hoch einschätzen, der Mittelwert liegt mit 3.19 fast in der

Mitte zwischen den beiden Polen Selbstbildung vs. Ko-Konstruktion. Dieser Befund zeigt, dass beide Einstellungen bzw. Haltungen in der PRIMEL-Stichprobe vertreten sind. Dies entspricht durchaus der aktuellen Bildungsdiskussion, in der die Konzepte der Selbstbildung (z.B. Schäfer, 2001) und Ko-Konstruktion (z.B. Fthenakis, 2009) im Elementarbereich vertreten und kritisch reflektiert werden und in unterschiedlicher Akzentuierung Eingang in die Bildungspläne der verschiedenen Bundesländer gefunden haben. Die Befunde fallen allerdings anders aus als z.B. bei Kluczinok et al. (2011), die in der BiKS-Studie deutlich höhere Angaben von Erzieherinnen in Bezug auf ihre allgemeine Fördereinstellung fanden (M = 3.92, SD = 0.19 auf einer vierstufigen Skala). Auch Mischo, Wahl, Hendler und Strohmer (2012) konnten bei einer großen Stichprobe von pädagogischen Fachkräften, die sich in der Ausbildung bzw. im Studium befanden, hohe Werte in der ko-konstruktivistischen Einstellung nachweisen (M = 3.59, SD = 0.33 auf einer 4-stufigen Skala). Insbesondere der letztgenannte Befund lässt sich mit der Annahme von Dippelhofer-Stiem (2000, 2006) in Einklang bringen, dass sich die Einstellungen angehender pädagogischer Fachkräfte im Verlauf der beruflichen Ausbildung zunächst sehr ambitioniert entwickeln, dann aber mit zunehmender Berufserfahrung „realistischer" werden und sich dem beruflichen Umfeld anpassen. Der in dieser Studie gefundene Effekte, dass die Schweizer Probandinnen die höchsten Werte in der ko-konstruktivistischen Orientierung zeigen, könnte demnach auf die unterschiedliche Dauer der Berufserfahrung zurückzuführen sein, die bei dieser Gruppe deutlich geringer war als in den beiden deutschen Teilstichproben (vgl. Kap. 2).

Da davon ausgegangen wird und die Befunde auch in die Richtung weisen, dass Orientierungen eine handlungsleitende Funktion erfüllen (z.B. Kluczniok et al., 2011; Mischo et al., 2012; Hardy & Steffensky, 2014), wurde der Zusammenhang zwischen der ko-konstruktivistischen Orientierung und der Situationswahrnehmung, Handlungsplanung und dem konkreten Handeln auch im PRIMEL-Projekt untersucht (vgl. das Kompetenzmodell von Fröhlich-Gildhoff et al., 2011/2014). Die Befunde fallen allerdings nicht eindeutig aus. Die Ergebnisse weisen darauf hin, dass es – modellkonform – Zusammenhänge zwischen der Orientierung und der Handlungsplanung (sowie auch mit der Situationsanalyse) gibt. Personen, die sich höher ko-konstruktivistisch einschätzen, äußern bei der Bearbeitung der Vignette mehr Handlungsvorschläge auf der spielinhaltlichen Ebene, also zur Lernprozessgestaltung. Sie fokussieren also die Handlungsebene und planen Interventionen, die sich auf das Spiel der Kinder richten. Umgekehrt nennen Personen, die sich eher weniger ko-konstruktivistisch einschätzen, mehr Aspekte, die sich auf die Situationseinschätzung beziehen, was durchaus zu einer Haltung gemäß dem Selbstbildungsansatz passt, weil hier nicht die Handlungsplanung im Vordergrund steht, sondern vor allem Kognitionen zur Situationsanalyse formuliert werden. Insgesamt fallen die Korrelationen aber eher gering aus.

Bezieht man die konkrete Handlungsebene (Videokodierungen) ein, zeigen sich keinerlei signifikante Befunde. Zwar zeichnet sich eine Tendenz in der erwarteten Richtung ab, dass ausgeprägtere ko-konstruktivistische Orientierungen mit einer größeren Anzahl an Kodierungen im Bereich der Lernprozessgestaltung einhergehen, diese verfehlt aber das Signifikanzniveau; die Situationswahrnehmung und

Handlungsplanung korrelieren zudem nicht mit der Häufigkeit der Kodierungen im Bereich der Lernprozessgestaltung.

Wie lassen sich diese dem Modell widersprechenden Ergebnisse erklären? Die pädagogischen Orientierungen werden über Selbstauskünfte, die Situationsanalyse und Handlungsplanung über die schriftliche Bearbeitung einer hypothetischen pädagogischen Situation erfasst; beide methodischen Zugänge basieren auf Selbstbeschreibungen (welche professionelle Haltung habe ich?) bzw. -zuschreibungen (wie würde ich in der beschriebenen Vignetten-Situation denken und handeln?) und müssen nicht unbedingt mit dem tatsächlich gezeigten professionellen Handeln übereinstimmen (z.B. Hughes, 1998; Eifler & Bentrup, 2003). Auch Kluczniok et al. (2011) berichten von widersprüchlichen Befunden im Hinblick auf den Einfluss der pädagogischen Orientierungen auf die Interaktionsgestaltung (vgl. auch Kuger & Kluczniok, 2008). Tietze et al. (1998) fanden keinen Zusammenhang zwischen den Erziehungsvorstellungen der pädagogischen Fachkräfte und der global ermittelten Prozessqualität. Hedge und Cassidy (2009) berichten in ihrer Studie, dass die pädagogischen Fachkräfte ihre Überzeugungen entwicklungsangemessener formulierten als das in ihrer pädagogischen Praxis sichtbar wurde.

Fehlende Zusammenhänge zwischen der Planungskompetenz und der Handlungskompetenz lassen sich ebenfalls in anderen Studien bestätigen. So zeigten sich in einem eigenen Forschungsprojekt zur Erfassung von Unterrichtskompetenz bei angehenden Lehrpersonen[3] ebenfalls keine Zusammenhänge zwischen der über Vignette erfassten Planungskompetenz und dem unterrichtlichen Handeln (Mackowiak & Dörr, 2013; Kucharz, Mackowiak & Fain, eingereicht). Darüber hinaus fällt im PRIMEL-Projekt auf, dass die Vignettenbearbeitung insgesamt eher knapp ausfiel; durchschnittlich wurden neun (M = 9.27; SD = 3.94) unterschiedliche Aspekte angesprochen, was bei der Komplexität der Situation nicht allzu viel ist (z.B. wurden kaum verschiedene Szenarien durchgespielt oder Wenn-dann-Pläne formuliert).

Rosenberger (2009) berichtet in ihrer Untersuchung mit schriftlich zu bearbeitenden Vignetten ebenfalls von oft sehr knappen, teilweise bruchstückhaften Antworten. Hier stellt sich die Frage, inwiefern es den Teilnehmerinnen gelungen ist, ihre Kognitionen zu verschriftlichen. Geht man davon aus, dass sich die mentalen Repräsentationen von typischen professionellen Handlungsabläufen im Verlauf der beruflichen Entwicklung zu impliziten Skripts verdichten (Blömeke, Eichler & Müller, 2003; Blömeke, 2009), dann könnte es auch sein, dass diese nicht mehr in vollem Ausmaß abrufbar sind (Neuweg, 2002). Da die Vignetten explizites professionelles Wissen (Blömeke et al., 2003) erheben, können die eher kurzen Bearbeitungen der Vignette also auch dadurch erklärbar sein, dass die Planungskompetenz nur ansatzweise expliziert werden kann.

Der fehlende Zusammenhang zwischen den verschiedenen Konstrukten könnte aber auch damit zusammenhängen, dass die verschiedenen Messinstrumente unterschiedliche Facetten von Kompetenzen abbilden, die nicht alle miteinander in linearer Beziehung stehen. Studien mit großen Stichproben, die sehr unterschiedliche Kompetenzfacetten sowie verschiedene Qualitätsmaße in ihre Analysen einbeziehen, liefern Hinweise auf das komplexe Zusammenspiel von Strukturmerkmalen

---

3    Das Forschungsprojekt „ALPHA – Unterrichtskompetenz im Berufseinstieg" wurde von der Internationalen Bodenseehochschule (IBH) finanziell gefördert.

auf der einen Seite und pädagogischen Orientierungen, Wissensaspekten und Handlungskompetenzen auf der anderen Seite (zusammenfassend bei Anders, 2013). Hier ist aber weitere Forschung notwendig, um die teilweise widersprüchliche Befundlage zu klären und die vielfältigen Möglichkeiten der Kompetenzerfassung noch genauer auf ihre Angemessenheit und Interdependenz hin zu prüfen.

### 8.5.2  Diskussion der Ergebnisse zur Interaktionsgestaltung im Freispiel und in den vier Bildungsangeboten

Die Befunde, die im Rahmen der zweiten Fragestellung in diesem Kapitel vorgestellt wurden, liefern erste Hinweise, wie pädagogische Fachkräfte Lernprozesse im Freispiel und in verschiedenen Bildungsangeboten gestalten; hierbei geht es vor allem um einen intraindividuellen Vergleich, also wie ein und dieselbe Fachkraft in den verschiedenen Kontexten agiert (zu detaillierteren Befunden zum Freispiel und zu den einzelnen Bildungsangeboten vgl. Kap. 4 bis 7). Allerdings interessiert auch – wie in den anderen Ergebniskapiteln – der Einfluss der Ausbildung auf die Lernprozessgestaltung.

Wenn man zunächst im Freispiel die Häufigkeit aller Kodierungen im Bereich I (Lernprozessgestaltung) anschaut, so fällt auf, dass es über einen Zeitraum von 30 Minuten relativ wenige Anregungen und Impulse gibt ($M = 54.63$; $SD = 36.57$); pro Minute sind das zwischen ein und zwei Kodierungen. Im Freispiel, in dem alle Kinder einer Gruppe spielend tätig sind (Anzahl der Kinder pro Gruppe: $M = 19.19$; $SD = 4.72$), sind das nicht viele Interaktionen in diesem Bereich, zumal nur ein kleiner Teil der Kinder von diesen Impulsen überhaupt profitieren kann. Bei diesem Ergebnis stellt sich die Frage, inwieweit das Freispiel als Möglichkeit der Anregung und Unterstützung von Lern- und Bildungsprozessen durch gezielte Interventionen genutzt wird. (Inter)nationale Befunde zur Prozessqualität in frühkindlichen Institutionen bescheinigen den Einrichtungen entsprechend häufig eine nur mäßige Qualität (z.B. Pianta et al., 2005; Kuger & Kluczniok, 2008; Mashburn et al., 2008; Tietze et al., 2012; Anders, 2013), die unter anderem auch durch diese eher geringe Nutzung des Lernpotenzials erklärt werden kann.

An den Bildungsangeboten nahmen in der Regel weniger Kinder teil; Ausnahme bilden die Schweizer Kindergärten, in denen nur eine Kindergartenlehrperson für alle Kinder einer Gruppe zuständig ist (Anzahl der Kinder pro Gruppe: Schweiz: $M = 18.32$, $SD = 2.94$; Deutschland: $M = 19.56$, $SD = 5.28$); wenn man davon ausgeht, dass in einer Kleingruppe grundsätzlich jedes Kind auch dann von einem Impuls der Pädagogin profitieren kann, wenn dieser an ein anderes Kind gerichtet wird, ist das insgesamt auch etwas höhere Ausmaß der Kodierungen zwar immer noch nicht optimal, aber vergleichsweise etwas besser.

Ein Vergleich der fünf verschiedenen Settings erbrachte einen signifikanten linearen Trend, wobei in den Post-hoc-Analysen lediglich der Unterschied zwischen dem Freispiel und dem mathematischen Bildungsangebot tendenziell bedeutsam war. Alle anderen Vergleiche zwischen den fünf Settings belegen vergleichbare Häufigkeiten der Kodierungen im Rahmen der Lernprozessgestaltung. Dieses Ergebnis spricht zunächst dafür, dass sich die pädagogischen Fachkräfte in unterschiedlichen Settings zumindest quantitativ nicht wesentlich anders in der Lernprozessgestaltung verhalten. Unabhängig von Art (Freispiel vs. Angebot) und Inhalt (vier unterschiedliche Bildungsbereiche) der Kontexte zeigen sich vergleichbar viele Kodierungen. Eine Analyse auf Item-Ebene zeigt, dass es innerhalb jedes Angebots einzelne Unterschiede in den Kodierungen gibt (vgl. Kap. 5 bis 7).

Vergleicht man deskriptiv die relative Häufigkeit der Interventionen im Vergleich zur Gesamtzahl aller Kodierungen in den verschiedenen Bildungsangeboten, so lassen sich einige Gemeinsamkeiten, aber auch tendenzielle Unterschiede feststellen. Insgesamt werden in allen Bildungsangeboten Lösungsprozesse/-produkte und kindliche Fehler relativ häufig thematisiert, Wissensinput erfolgt in drei der vier Domänen vor allem verbal, in den Bewegungsangeboten dagegen eher nonverbal über das Vormachen (in den künstlerisch-ästhetischen Angeboten wird beides gemacht). Gelobt werden die Kinder in allen Bildungsangeboten, allerdings in unterschiedlicher Ausprägung. Besonderheiten zeigen sich bei der Kodierung von Anregungen zum motorischen und praktischen Tun (vor allem in Bewegungsangeboten), in der Wissensabfrage (am ehesten in mathematischen Angeboten) und im Anregen zum lauten Denken (vor allem in naturwissenschaftlichen Angeboten). Dies sind erste Trends, die in weiteren Analysen genauer geprüft werden müssen.

Die insgesamt eher geringe Anzahl von Kodierungen lässt sich auch mit dem Ergebnis in Verbindung bringen, dass die Pädagoginnen ihre ko-konstruktivistische Orientierung eher im mittleren Bereich (zwischen Selbstbildung und Ko-Konstruktion) einschätzen. Konsequenterweise zeigt sich das auch in ihren eher niederfrequenten Interaktionen im Rahmen der Lernprozessgestaltung. Gestützt wird dieser Befund, wenn man die Kodierungen auf der organisatorischen Ebene hinzuzieht. Auch hier fällt auf, dass der größte Anteil an Kodierungen auf den Bereich Beobachtung fällt (vgl. Kap. 4).

Ein wesentliches Argument gegen eine zu weitereichende Interpretation dieser Befunde könnte darin bestehen, dass es nicht allein um eine hohe Frequenz von Interventionen zur Unterstützung von Bildungsprozessen geht, sondern dass diese kognitiv anregend sein müssen, damit Kinder davon profitieren. Eine Vielzahl von Studien belegt, dass es insbesondere diese Interventionen (vor allem auch in domänenspezifischer Ausgestaltung) sind, die die Lernentwicklung von Kindern positiv beeinflussen (z.B. Siraj-Blatchford et al., 2003; Sammons et al., 2008; Sylva et al., 2008; Sylva, 2010)

Daher wurden im PRIMEL-Projekt diese hoch anregenden, kognitiv aktivierenden Kodierungen noch einmal gesondert analysiert. Hier fallen die Ergebnisse sehr ernüchternd aus. In einer Freispielsituation von 30 Minuten wird durchschnittlich eine Kodierung (M = 1.24; SD = 2.16) gesetzt. Über die Hälfte der pädagogischen Fachkräfte in dieser Teilstichprobe (55.2%) zeigten im Freispiel keine einzige kognitiv anregende Intervention. Dieses Ergebnis macht erneut deutlich, wie wenig das Anregungspotenzial dieses Kontextes von den beobachteten pädagogischen Fachkräften genutzt wird. Statt Lern- und Bildungsprozesse gezielt zu unterstützen, werden die Kinder eher wenig angeregt bzw. findet häufiger ein Verhaltensmanagement statt.

Vor dem Hintergrund der Befunde zahlreicher groß angelegter Forschungsprojekte, die die bedeutsame Rolle der Prozessqualität und damit auch der Interaktionsgestaltung von pädagogischen Fachkräfte betonen (für einen Überblick vgl. Anders, 2013), gibt dieses Ergebnis Anlass zur Sorge. Andererseits passt es zum Fazit aus dem bereits 2004 veröffentlichten Hintergrundbericht der OECD für Deutschland, in dem das Problem der zunehmenden Erwartung an die Unterstützung und Förderung von Lern- und Bildungsprozessen durch die Fachkräfte in frühpädagogischen Institutionen angesprochen und gleichzeitig betont wird, dass „Möglichkeiten der systematischen Anregung und Begleitung der Bildung von Kindern, die auf der Vorstellung von Dialog und Ko-Konstruktion zwischen Kindern und Erwachsenen beruhen" (OECD, 2004, S. 124) noch entwickelt bzw. in der Praxis auch angewendet werden müssen. König (2007), die in ihrer Videostudie zur Erzieherin-Kind-Interaktion – ebenso wie in der EPPE-Studie (Siraj-Blatchford et al., 2002) – nur sehr selten kognitiv anregende Interaktionen in Form des „sustained shared thinking"[4] (Siraj-Blatchford et al., 2003) finden konnte, kommt zu dem Schluss, dass „eine auf Interaktionsprozessen zwischen ErzieherIn und Kind aufbauende Lernumwelt derzeit nicht im Zentrum der Erziehungs- und Bildungsarbeit im Kindergarten steht" (König, 2007, S. 2). Dies scheint sich auch einige Jahre später – zumindest in der hier untersuchten Teilstichprobe – noch nicht grundlegend geändert zu haben (vgl. auch Smidt, 2012). Während es den Fachkräften einerseits gut gelingt, den kindlichen Beziehungs- und Bindungsanliegen gerecht zu werden und eine positive und wertschätzende Atmosphäre in der Gruppe herzustellen (König, 2006; Wadepohl & Mackowiak, 2013), sind eine vertiefte Auseinandersetzung mit Sachverhalten sowie lernförderliche Fachkraft-Kind-Interaktionen eher selten zu beobachten. Dies könnte einerseits an der Komplexität des pädagogischen Alltags liegen, in dem zu wenig Zeit bleibt, um intensive Austauschprozesse zu initiieren; vielleicht liegt eine alternative Erklärung aber auch in der bevorzugten Einstellung der Fachkräfte, dass die Kinder selbsttätig und aktiv ihren Lernprozess gestalten und deshalb Bildungsimpulse von außen nicht notwendig sind (König, 2006).

In den Bildungsangeboten, in denen es explizit um die Förderung und Unterstützung kindlicher Lernprozesse in bestimmten Domänen geht, sehen die Ergebnisse – mit einer Ausnahme – nicht sehr viel besser aus. In drei der vier Bildungsangebote werden in 30 Minuten durchschnittlich zwei bis vier Kodierungen im Bereich der kognitiv anregenden Interventionen, also insgesamt etwas mehr als im Freispiel notiert (im Vergleich zum Freispiel zeigen sich signifikant mehr kognitiv aktivierende Kodierungen im künstlerisch-ästhetischen und im mathematischen Bildungsangebot, im Bewegungsangebot werden dagegen nicht mehr solcher Interventionen kodiert; Bewegungsangebot: M = 2.08; SD = 2.36; Kunstangebot: M = 4.30; SD = 5.53; mathematisches Angebot: M = 3.89; SD = 5.57). Außerdem gibt es auch in diesen Angeboten jeweils einen recht hohen Prozentsatz von Fachkräften, die keine einzige kognitiv anregende Intervention zeigen (Bewegungsangebot: 43.3%; Kunstangebot: 20.0%; mathematisches Angebot: 43.3%).[5] Pädagogische Fachkräfte tragen also auch

---

4    Diese Form der Interaktionsgestaltung ist nicht deckungsgleich mit der im PRIMEL-Beobachtungssystem kodierten Skala zu kognitiv anregenden Interventionen, aber es lassen sich Überschneidungen finden, wobei die Items des PRIMEL-Systems weniger anspruchsvolle Kriterien beinhalten als sie für ein „sustained shared thinking" gefordert werden.

5    Abweichungen in den Prozentangaben, welche in den domänenspezifischen Ergebniskapiteln berichtet werden, basieren auf der unterschiedlichen Anzahl kodierter Items (vgl. Kap. 2).

in diesen drei Bildungsangeboten relativ wenig zur Gestaltung einer interaktiven kognitiv anregenden Lernumgebung bei.

Eine deutliche Ausnahme von den bisher geschilderten Befunden bildet das naturwissenschaftliche Angebot; hier werden durchschnittlich 27 kognitiv aktivierende Kodierungen innerhalb von 30 Minuten vorgenommen (M = 27.11; SD = 21.60), also fast jede Minute eine; außerdem haben alle pädagogischen Fachkräfte mindestens eine Kodierung in diesem Bereich erhalten. Entsprechend zeigen sich sowohl im Vergleich zum Freispiel als auch zu den anderen drei Bildungsangeboten signifikante Unterschiede in der Häufigkeit der Kodierungen (vgl. Tab. 8.4). Wie lässt sich dieses Ergebnis erklären? In einer Untersuchung von Hopf (2012), die die Interaktionsform „sustained shared thinking" in einer naturwissenschaftlich-technischen Lehr-Lerneinheit, welche in zwei Kindertageseinrichtungen durch zwei Projektmitarbeiterinnen durchgeführt wurde, untersuchte, zeigte sich, dass diese Form der Interaktionsgestaltung in 23.1% der kodierten Interaktionen identifiziert werden konnte. Im Vergleich dazu liegt der Anteil der kognitiv anregenden Interaktionen im hier kodierten naturwissenschaftlichen Angebot mit 35.3% etwas höher, was aber angesichts der weniger anspruchsvollen Kriterien, die im PRIMEL-Projekt angelegt wurden, nicht verwunderlich ist (allerdings wird das Angebot im PRIMEL-Projekt nicht von externen, fachlich sehr kompetenten Personen durchgeführt). Beide Ergebnisse weisen aber in die gleiche Richtung – ein recht hoher Anteil kognitiv anregender Interventionen ist feststellbar.

Warum pädagogische Fachkräfte allerdings nur in diesem Bildungsbereich viele kognitiv anregende Interventionen zeigen, lässt sich schwer erklären. Hopf (2012) geht davon aus, dass kognitiv anregende Interaktionen mit dem Anforderungsniveau der Thematik zusammenhängen. Dies lässt sich im naturwissenschaftlichen Angebot insofern gut nachvollziehen, als diesem Bildungsbereich in der Praxis lange Zeit mit Vorbehalten begegnet wurde, die sich oft aus der eigenen Schulbiographie und der damit verbundenen geringen Einschätzung der eigenen naturwissenschaftlichen Kompetenz erklären lassen (Zimmermann & Welzel-Breuer, 2009). Folglich wird diese Domäne möglicherweise als sehr anspruchsvoll bewertet, und die vielfältigen Fortbildungsangebote zum Thema naturwissenschaftliche Bildung dokumentieren auch sehr eindrücklich den Bedarf an einer Weiterqualifizierung in diesem Bildungsbereich (z.B. Lück, 2004).

Inhaltlich lässt sich eine weitere Hypothese formulieren: Ebenso wie im Schulkontext bietet auch im Elementarbereich das Experiment eine gute Möglichkeit zur eigenen Auseinandersetzung mit Naturphänomenen und damit eine wesentliche Grundlage des naturwissenschaftlichen Lernens. Die spezifischen Bedingungen des Experimentierens beinhalten durch das eigene Explorieren und Deuten per se eine kognitive Aktivierung der Kinder (Steffensky, Lankes, Carstensen & Nölke, 2012; Lück, 2013), was möglicherweise den vergleichbar hohen Prozentsatz an Kodierungen der kognitiv aktivierenden Items erklären könnte. Warum in den drei anderen Bildungsangeboten nicht ebenfalls ein hohes Anforderungsniveau der Thematik gesehen wird, bleibt allerdings unklar. Im Folgenden werden einige mögliche Erklärungen angeführt.

In Bezug auf die Bildungsbereiche Bewegung, Körper und Gesundheit sowie Kunst/bildnerisch-ästhetisches Lernen lässt sich vermuten, dass eine kognitive Aktivierung der Kinder häufig nicht im Fokus des Bildungsangebots dieser Domänen steht. In der Bewegungsbildung stehen im Elementarbereich vor allem die Ausbildung motorischer Fähigkeiten und Fertigkeiten sowie das Erleben von Bewegungen (z.B. durch Bewegungsbaustellen) mit dem Ziel einer Gesundheits- und allgemeinen Entwicklungsförderung im Vordergrund; die kognitive Förderung der Kinder wird eher indirekt über die Vermittlung von sinnlichen Erfahrungen durch Bewegung und die damit einhergehende neuronale Aktivierung und Vernetzung diskutiert (vgl. Zimmer, 2013).

Im Bildungsbereich Kunst / bildnerisch-ästhetisches Lernen stehen ästhetische, kreative und künstlerische Erfahrungen einerseits und Prozesse im Bereich von Produktion und Rezeption andererseits im Vordergrund (Uhlig, 2010). Reinwand (2013) betont, dass die in ästhetischen Zusammenhängen geförderten Prozesse manchmal hoch komplex sein können und dass sie – ähnlich wie in der Bewegungsbildung – auf neuronaler Ebene mit kognitiven Aktivitäten (z.B. Konzentrationsfähigkeit) verknüpft werden, so dass durch die Anregung der einen Fähigkeit die andere unterstützt wird. Diese Hypothese klingt einleuchtend, und es lassen sich auch bestätigende Befunde anführen (für den Bewegungsbereich vgl. Zimmer, 2013; für den künstlerisch-ästhetischen Bereich vgl. Reinwand, 2013). Allerdings gibt es auch gegensätzliche Ergebnisse (z.B. Braun, Wardelmann, Hille, Lohr & Evanschitzky, 2008).

Voraussetzung für eine professionelle Anregung dieser Bildungsprozesse sind in jedem Fall didaktische Fähigkeiten der Fachkräfte; zentral ist dabei, die individuellen und interessengeleiteten Prozesse der Kinder anzuregen und zu unterstützen sowie explorative, spielerische und entdeckende Vorgehensweisen zu fördern (vgl. Kap. 1). Dazu können kognitiv anregende Interventionen, wie sie im PRIMEL-Projekt erfasst wurden, durchaus beitragen. Reinwand (2013) konstatiert hier für den künstlerisch-ästhetischen Bereich einen enormen Mangel in der Ausbildung, welcher dazu führt, dass Kinder eher wenig qualifizierte Anregungen in diesem Bildungsbereich erhalten und – wie im PRIMEL-Projekt häufig zu beobachten – eher kunsthandwerkliche Fertigkeiten erlernen, statt zu künstlerisch-ästhetischen (Denk-)Prozessen angeregt zu werden. Auch im Bereich der Bewegungsbildung berichtet Strüber (2014), dass Bewegungsangebote eher wenig geplant und strukturiert werden und häufig ein bewegungspädagogisches Konzept nicht erkennbar ist. Möglich wäre abschließend auch die Annahme, dass gerade in diesen beiden Bildungsbereichen der Selbstbildung der Kinder eine besondere Rolle zugeschrieben wird, weswegen Impulse und Anregungen eher wenig gezeigt werden, um die selbsttätige sinnliche Auseinandersetzung mit der Umwelt nicht zu stören.

In Bezug auf den mathematischen Bildungsbereich sind die großen Unterschiede zu den naturwissenschaftlichen Bildungsangeboten besonders unerwartet. Im Bildungsbereich Mathematik wird die Wichtigkeit gezielter kognitiver Aktivierung der Kinder in Bezug auf mathematische Inhalte explizit hervorgehoben (z.B. Klieme et al., 2006; Lipowsky, 2007; Klieme & Rakoczy, 2008). Die Ergebnisse zur Begleitung mathematischer Angebote im PRIMEL-Projekt (vgl. Kap. 6) lassen jedoch den Schluss zu, dass es inhaltsspezifische Unterschiede in der Qualität der Angebotsbegleitung gibt. Während in den Angeboten aus dem Inhaltsbereich „Zahlen und Operationen" nur wenige kognitiv aktivierende Anregungen kodiert werden konnten, zeigen die Fachkräfte, die ein Angebot aus den Inhaltsbereichen „Raum und Form" oder „Muster und Strukturen" gewählt haben, signifikant mehr kognitiv aktivierende Impulse. Auffällig ist jedoch, dass ca. 50% aller Angebote sowie 40% der ausgewerteten Angebote in der Teilstichprobe dem Inhaltsbereich „Zahlen und Operationen" zuzuordnen sind, was den relativ kleinen Mittelwert der kognitiven Aktivierung in der Teilstichprobe erklären könnte. Die in diesem Inhaltsbereich angesprochenen Themen sind Zählen, Ziffernkenntnis und Menge-Zahl-Zuordnung, welche in der Regel über ein Memorieren und wiederholtes Üben, also eher fertigkeitsorientiert, gestaltet werden und nicht über ein Erkunden und Ausprobieren. Dies könnte die insgesamt eher geringe Anzahl kognitiv anregender Interventionen in diesem Bildungsbereich erklären (vgl. auch Wittmann, 2014).

Als letztes zentrales Ergebnis sollen die Unterschiede zwischen den drei Ausbildungsgruppen betrachtet werden. Hier zeigen sich zunächst signifikante Gruppenunterschiede sowohl in der Gesamtzahl der Kodierungen im Bereich der Lernprozessgestaltung als auch in den kognitiv anregenden Interaktionen. Während sich in der ersten Analyse in den Post-hoc-Vergleichen nur tendenzielle Unterschiede zwischen den drei Ausbildungsgruppen abbilden lassen, zeigen sich dieselben Ergebnisse in signifikanter Ausprägung für die kognitiv anregenden Interventionen[6] (vgl. Tab. 8.4). Hier schneidet die Schweizer Teilstichprobe im Vergleich zu den beiden anderen Ausbildungsgruppen deutlich schlechter ab und erhält signifikant weniger kognitiv anregende Kodierungen.[7]

Wie lässt sich dieser Gruppenunterschied erklären? Ergebnisse aus anderen Studien, die den Unterschied zwischen den Schweizer Kindergartenlehrpersonen und den beiden deutschen Gruppen untersucht haben, lassen sich unseres Wissens nicht heranziehen. Eine mögliche Erklärung könnte darin bestehen, dass die Schweizer Kindergartenlehrpersonen sowohl im Freispiel als auch in den Bildungsangeboten allein für die gesamte Gruppe zuständig sind. Es gibt keine zweite Person, die unterstützen kann, d.h., dass immer auch die gesamte Gruppe im Blick behalten werden muss, was möglicherweise kognitiv anregende Interaktionen erschwert.

Befunde aus der Längsschnittstudie (IEA Preprimary Study) von Montie, Xiang und Schweinhart (2007) konnten belegen, dass Kinder im Alter von sieben Jahren umso höhere kognitive Leistungen zeigten, je weniger Zeit sie im Kindergarten in Aktivitäten mit der gesamten Gruppe verbrachten. Dies könnte darauf hindeuten, dass im Elementarbereich die Großgruppe nicht die am besten geeignete Sozialform für die Lernentwicklung der Kinder ist, möglicherweise unter anderem deshalb, weil hier weniger kognitiv anregende Interaktionen stattfinden. Auch andere Studien belegen einen Zusammenhang zwischen der Gruppengröße und dem Lernerfolg

---

6    Dieser Befund bleibt auch bestehen, wenn man die Berufserfahrung, die in dieser Gruppe ja kürzer ist als in den beiden deutschen Gruppen, als Kovariate in die Analyse aufnimmt.

7    Wegen der kleinen Teilstichprobe von 10 Schweizer Kindergartenlehrpersonen in diesen Analysen wurde zur Absicherung der Befunde ein Vergleich mit den restlichen Schweizer Fachkräften im Hinblick auf die Lernprozessgestaltung im Freispiel vorgenommen (für die Angebote liegen bisher noch keine weiteren Auswertungen vor). Hier zeigte sich weder für die Gesamtzahl der Kodierungen im Bereich der Lernprozessgestaltung noch für die Anzahl der kognitiv anregenden Kodierungen ein signifikanter Unterschied (Gesamtzahl der Kodierungen pro 30 min: $F_{(1;\ 23)} = 1.372$, n.s.; Anzahl kognitiv anregender Kodierungen pro 30 min: $F_{(1;23)} = 2.208$, n.s.).

(Blatchford, Bassett, Goldstein & Martin, 2003). Dieser basiert laut Finn, Pannozzo und Achilles (2003) vor allem darauf, dass Kinder in kleineren Klassen mehr Zeit mit Lernaktivitäten verbringen und weniger Störverhalten zeigen. Auf Seiten der Lehrenden wird mehr Zeit mit der individualisierten Lernbegleitung und -unterstützung verbracht. Blatchford (2009) fasst zusammen, dass eine kleine Klasse zwar keine hinreichende Bedingung für eine gute Lernbegleitung ist, aber dass diese erleichternd wirken und den Lernprozess unterstützen kann. Die Schweizer Kindergartengruppen können zwar nicht als sehr groß bezeichnet werden (hier werden Zahlen ab 25 Kindern diskutiert), trotzdem könnte dies eine Erklärung für die geringere Anzahl an (anregenden) Interaktionen sein.

Blatchford, Russell, Bassett, Brown und Martin (2004) haben zudem den Effekt einer weiteren Fachkraft („teaching assistant") in einer Kindergruppe untersucht und konnten zeigen, dass die Kinder eine aktivere Rolle in der Interaktion mit den Erwachsenen einnahmen und es zu intensiveren Austauschprozessen kam. Da in der Schweiz im Unterschied zu Deutschland in der Regel keine zweite Fachkraft anwesend ist, könnte auch das zur Erklärung beitragen.

Insgesamt können die Unterschiede zwischen den deutschen und Schweizer Fachkräften aber nur teilweise erklärt werden. Aus der Schweiz sind uns zudem keine repräsentativen Ergebnisse zur Prozessqualität in Kindergärten bekannt (vgl. auch Edelmann, Brandenberg & Mayr, 2013), sodass wir die vorliegenden Befunde zu den Schweizer Kindergartenlehrpersonen nicht mit denen anderer Studien vergleichen können. Daher sind weitere Analysen notwendig; zunächst müssen die Bildungsangebote aller Studienteilnehmerinnen ausgewertet werden, um den Effekt noch einmal an der Gesamtgruppe zu validieren. Darüber hinaus müssen weitere Feinanalysen klären, worin genau die Unterschiede in der Interaktionsgestaltung in den beiden Ländern liegen und wodurch sie erklärt werden könnten.

Insgesamt zeigen die Befunde zur zweiten Auswertungsfrage allerdings noch einmal sehr deutlich, dass sich die Prozessqualität, und hier insbesondere die Lernprozessgestaltung durch die Fachkräfte, noch verbessern lässt. Sie passen zum Fazit aus der NUBBEK-Studie (Tietze et al., 2012); ein Vergleich der dort ermittelten Qualitätswerte mit den Werten der vorherigen Studie, die Mitte der 90er Jahre durchgeführt wurde (Tietze et al., 1998), führte zu dem Schluss, dass sich die globale „pädagogische Prozessqualität in dem gut 15-jährigen Zeitraum zwischen beiden Messungen nicht verändert" hat (Tietze et al., 2012, S. 9). Möller und Hardy (2014) betonen darüber hinaus, dass auch Bildungsangebote in den Blick genommen werden müssen, und sehen die wachsende Bedeutung der Prozessqualität in diesen domänenspezifischen Angeboten für Kinder. Erste Befunde dazu gibt es für einzelne Bildungsbereiche (z.B. Hopf, 2012; Rechsteiner & Hauser, 2012; Schuler, 2013). Studien, in denen mehrere Bildungsangebote im Vergleich analysiert wurden wie im PRIMEL-Projekt, gibt es unseres Wissens nicht.

Eine kindorientierte und ko-konstruktivistische Unterstützung von Lern- und Bildungsprozessen setzt ein hohes fachliches und fachdidaktisches Wissen voraus, was in vielen Fällen noch weiterentwickelt werden muss (Fröhlich-Gildhoff et al., 2014). Ergebnisse der EPPE-Studie betonen ebenfalls die Wichtigkeit des Fachwissens über kindliche Lernprozesse sowie des didaktisch-curricularen Wissens (Sylva et al., 2004). Erste Analysen im PRIMEL-Projekt weisen ebenfalls in die Richtung, dass das fachliche und fachdidaktische Wissen mit den kognitiv anregenden Interventionen im Freispiel und in den Angeboten korreliert.

Eine aktuelle Befragung von Beher und Walter (2012), in der über 3000 pädagogische Fachkräfte unter anderem danach gefragt wurden, wie sicher sie sich in der Bewältigung der vielfältigen Herausforderungen, die mit der Gestaltung der Bildungsarbeit verbunden sind, fühlen, kommt zu dem Ergebnis, dass die Einschätzungen eher optimistisch ausfallen. Der überwiegende Teil der Fachkräfte fühlt sich in der Gestaltung und Unterstützung der Kinder in den verschiedenen Bildungsbereichen sehr sicher bzw. sicher. Dieses Ergebnis muss angesichts der Befunde im PRIMEL-Projekt in Frage gestellt werden. Auch Kuger und Kluczniok (2008) konnten im Rahmen der BiKS-Studie entsprechend feststellen, dass die mittels Tagebuchaufzeichnungen von den Fachkräften dokumentierten Förderaktivitäten eher selten stattfanden und zudem nur gering mit den domänenspezifischen Qualitätseinschätzungen (hier Sprache/Literacy und Mathematik) zusammenhingen.

Insgesamt zeigen die Befunde, dass die Umsetzung der in den Bildungsplänen verankerten Aufgaben der pädagogischen Fachkräfte bisher noch nicht in vollem Umfang gelungen ist. Das PRIMEL-Projekt liefert hier erste wichtige Hinweise und untermauert mit den eher ernüchternden Befunden zur Gestaltung einer kognitiv anregenden Lernumgebung die Forderung nach weiterer Forschung.

Bei aller Diskussion um die noch nicht optimale Prozessqualität in frühkindlichen Institutionen muss aber auch immer mit bedacht werden, dass die Rahmenbedingungen (Strukturqualität) ebenfalls einen wesentlichen Einfluss auf die Prozessqualität haben (zusammenfassend Anders, 2013). Relevante Zusammenhänge zeigen sich hier beispielsweise in Bezug auf den Fachkraft-Kind-Schlüssel, wie er für die Schweizer Stichprobe diskutiert wurde (z.B. Mashburn et al., 2008), wobei es hier auch widersprüchliche Ergebnisse gibt (z.B. Pianta et al., 2005; Kuger & Kluczniok, 2008). Weitere Einflussfaktoren beziehen sich auf die Gruppenzusammensetzung (z.B. Anzahl und Alter der Kinder, Anteil der Kinder mit Migrationshintergrund) (z.B. Kuger & Kluczniok, 2008; Anders, 2013). Diese Aspekte gilt es ebenfalls zu berücksichtigen. Im PRIMEL-Projekt wurde eine Reihe von Strukturmerkmalen erhoben; aufgrund der relativ kleinen Stichprobe lassen sich die verschiedenen Qualitätsdimensionen aber nur begrenzt in Beziehung setzen. Hier sind weitere Analysen notwendig, um diese Zusammenhänge ausschnitthaft zu klären.

## Literatur

Anders, Y. (2012). *Modelle professioneller Kompetenzen für frühpädagogische Fachkräfte: Aktueller Stand und ihr Bezug zur Professionalisierung. Expertise zum Gutachten „Professionalisierung in der Frühpädagogik" im Auftrag des Aktionsrats Bildung.* München: vbm.

Anders, Y. (2013). Stichwort: Auswirkungen frühkindlicher institutioneller Betreuung und Bildung. *Zeitschrift für Erziehungswissenschaft, 16* (2), 237–275.

Baumert, J. & Kunter, M. (2006). Stichwort: Professionelle Kompetenz von Lehrkräften. *Zeitschrift für Erziehungswissenschaft, 9,* 469–520.

Baumert, J., Kunter, M., Blum, W., Brunner, M., Voss, T., Jordan, A., Klusmann, U., Krauss, S., Neubrand, M. & Tsai, Y.-M. (2010). Teachers' mathematical knowledge, cognitive activation in the classroom, and student progress. *American Educational Research Journal, 47* (1), 133–180.

Beher, K. & Walter, M. (2012). *Qualifikation und Weiterbildung frühpädagogischer Fachkräfte: Zehn Fragen – zehn Antworten: Werkstattbericht aus einer bundesweiten Befragung von Einrichtungsleitungen und Fachkräften in Kindertageseinrichtungen.* München: DJI.

Blatchford, P. (2009). Class size. In E. Anderman (Ed.), *Psychology of Classroom Learning: An Encyclopedia.* Detroit: Macmillan Reference USA. Verfügbar unter: http://www.classsizeresearch.org.uk/cs%20psychology.pdf [06.08.2014].

Blatchford, P., Bassett, P., Goldstein, H., & Martin, C. (2003). Are class size differences related to pupils' educational progress and classroom processes? Findings from the Institute of Education Class Size Study of children aged 5–7 Years. *British Educational Research Journal, 29* (5), 709–730. Special Issue „In Praise of Educational Research", Guest Editors: S. Gorrard, C. Taylor and K. Roberts.

Blatchford, P., Bassett, P., and Brown, P. (2005). Teachers' and pupils' behaviour in large and small classes: a systematic observation study of pupils aged 10/11 years. *Journal of Educational Psychology, 97* (3) 454–467.

Blatchford, P. Russell, A. Bassett, P., Brown, P. Martin, C. (2004). *The Role and Effects of Teaching Assistants in English Primary Schools (Years 4 to 6) 2000–2003: Results from the Class Size and Pupil-Adult Ratios (CSPAR) KS2 Project.* Research Report, No. 605. Available at: http://webarchive.nationalarchives.gov.uk/20130401151715/http://www.education.gov.uk/publications/eOrderingDownload/RR605.pdf [06.08.14].

Blömeke, S., Eichler, D. & Müller, C. (2003). Rekonstruktion kognitiver Prozesse von Lehrpersonen als Herausforderung für die empirische Unterrichtsforschung. Theoretische und methodische Überlegungen zu Chancen und Grenzen von Videostudien. *Unterrichtswissenschaft, 31* (2), 103–121.

Blömeke, S. (2009). Voraussetzungen bei der Lehrperson. In K.-H. Arnold, U. Sandfuchs & J. Wiechmann (Hrsg.), *Handbuch Unterricht* (2. aktual. Aufl., S. 122–126). Bad Heilbrunn: Klinkhardt.

Braun, D., Wardelmann, B., Hille, K., Lohr, C. & Evanschitzky, P. (2008). *Von Piccolo bis Picasso.* Abschlussbericht der wissenschaftlichen Begleitung. Verfügbar unter: http://www.hs-koblenz.de/fileadmin/media/profiles/sozialwissenschaften/braun/20_Seiter_Picasso.pdf [05.08.14].

Dippelhofer-Stiem, B. (2000). Bildungskonzeptionen junger Erzieherinnen: Längsschnittliche Analysen zu Stabilität und Wandel. *Empirische Pädagogik, 4,* 327–342.

Dippelhofer-Stiem, B. (2006). Berufliche Sozialisation von Erzieherinnen. In L. Fried & S. Roux (Hrsg.), *Pädagogik der frühen Kindheit* (S. 358–367). Weinheim: Beltz.

Edelmann, D., Brandenberg, K. & Mayr, K. (2013). Frühkindliche Bildungsforschung in der Schweiz. In M. Stamm & D. Edelmann (Hrsg.), *Handbuch frühkindliche Bildungsforschung* (S. 165–181). Wiesbaden: Springer VS.

Eifler, S. & Bentrup, C. (2003). *Zur Validität von Selbstberichten abweichenden und hilfreichen Verhaltens mit der Vignettenanalyse. Bielefelder Arbeiten zur Sozialpsychologie, 208.* Bielefeld: Universität Bielefeld. Verfügbar unter: http://www.uni-bielefeld.de/soz/pdf/Bazs208.pdf [18.07.14].

Finn, J. D., Pannozzo, G. M., & Achilles, C. M. (2003). The „why's" of class size: Student behavior in small classes. *Review of Educational Research, 73* (3), 321–368.

Frey, A. & Jung, C. (2011). Kompetenzmodelle, Standardmodelle und Professionsstandards in der Lehrerbildung: Stand und Perspektiven. *Lehrerbildung auf dem Prüfstand, 4* (Sonderheft).

Fröhlich-Gildhoff, K., Nentwig-Gesemann, I. & Pietsch, S. (2011/2014). *Kompetenzorientierung in der Qualifizierung frühpädagogischer Fachkräfte.* WiFF-Expertise. München.

Fröhlich-Gildhoff, K., Weltzien, D., Kirstein, N., Pietsch, S. & Rauh, K. (2014). *Expertise Kompetenzen früh-/kindheitspädagogischer Fachkräfte im Spannungsfeld von normativen Vorgaben und Praxis*. Verfügbar unter: http://www.bmfsfj.de/RedaktionBMFSFJ/Abteilung5/Pdf-Anlagen/14-expertise-kindheitspaedagogische-fachkraefte,property=pdf,bereich=bmfsfj,sprache=de,rwb=true.pdf [30.07.2014].

Fthenakis, W. (2009). Bildung neu definieren und Bildungsqualität von Anfang an sichern. *Betrifft Kinder 03/09*. Verfügbar unter: http://fthenakis.de/cms/BetrifftKinder_03-09.pdf [15.07.2014].

Hardy, I. & Steffensky, M. (2014). Prozessqualität im Kindergarten: Eine domänenspezifische Perspektive. *Unterrichtswissenschaft, 42* (2), 101–116.

Hedge, A. V. & Cassidy, D. J. (2009). Teachers' beliefs and practices regarding developmentally appropriate practices: a study conducted in India. *Early Child Development and Care, 179* (7), 837–847.

Hopf, M. (2012). *Sustained Shared Thinking im frühen naturwissenschaftlich-technischen Lernen*. Münster: Waxmann.

Hughes, R. (1998). Considering the vignette technique and its application to a study of drug injecting and HIV risk and safer behaviour. *Sociology of Health & Illness, 20* (3), 381–400.

Klieme, E., Lipowsky, F, Rakoczy, R. & Ratzka, N. (2006). Qualitätsdimensionen und Wirksamkeit von Mathematikunterricht. In M. Prenzel & L. Allolio-Näcke (Hrsg.), *Untersuchungen zur Bildungsqualitat von Schule*. (S. 127–146). Münster: Waxmann.

Klieme, E. & Rakoczy, K. (2008). Empirische Unterrichtsforschung und Fachdidaktik. Outcome-orientierte Messung und Prozessqualität des Unterrichts. *Zeitschrift für Pädagogik, 54* (2), 222–237.

Kluczniok, K., Anders, Y. & Ebert, S. (2011). Fördereinstellungen von Erzieherinnen. Einflüsse auf die Gestaltung von Lerngelegenheiten im Kindergarten und die kindliche Entwicklung früher numerischer Kompetenzen. *Frühe Bildung, 0,* 13–21.

König, A. (2006). *Dialogisch-entwickelnde Interaktionsprozesse zwischen ErzieherIn und Kind(-ern). Eine Videostudie aus dem Alltag des Kindergartens*. Verfügbar unter: https://eldorado.tu-dortmund.de/bitstream/2003/24563/1/Diss_veroeff.pdf [17.04.2014]

König, A. (2007). Dialogisch-entwickelnde Interaktionsprozesse als Ausgangspunkt für die Bildungsarbeit im Kindergarten. *Bildungsforschung, 4* (1), 1–21. Verfügbar unter: http://bildungsforschung.org/Archiv/2007-01/Interaktion/ [12.08.13]

Kucharz, D., Mackowiak, K. & Fain, V. (eing.). Entwicklung der Planungskompetenzen von Lehrpersonen im Berufseinstieg. *Journal für Lehrerinnen- und Lehrerbildung.*

Kuger, S. & Kluczniok, K. (2008). Prozessqualität im Kindergarten. Konzept, Umsetzung und Befunde. *Zeitschrift für Erziehungswissenschaft, 10,* Sonderheft 11, 159–178.

Kunter, M., Baumert, J., Blum, W., Klusmann, U., Krauss, S. & Neubrand, M. (Hrsg.) (2011). *Professionelle Kompetenz von Lehrkräften. Ergebnisse des Forschungsprogramms COACTIV*. Münster: Waxmann.

Kunter, M. & Voss, T. (2011). Das Modell der Unterrichtsqualität in COACTIV: Eine multikriteriale Analyse. In M. Kunter, J. Baumert, W. Blum, U. Klusmann, S. Krauss & M. Neubrand (Hrsg.), *Professionelle Kompetenz von Lehrkräften – Ergebnisse des Forschungsprogramms COACTIV* (S. 85–113). Münster: Waxmann.

Lipowsky, F. (2007). Was wissen wir über guten Unterricht? Im Fokus: die fachliche Lernentwicklung. *Friedrich-Jahresheft, 25,* 26–30.

Lück, G. (2004). Naturwissenschaften im frühen Kindesalter. In W. E. Fthenakis & P. Oberhuemer (Hrsg.), *Frühpädagogik international* (S. 331–345). Wiesbaden: VS Verlag für Sozialwissenschaften.

Lück, G. (2013). Förderung naturwissenschaftlicher Bildung. In M. Stamm & D. Edelmann (Hrsg), *Handbuch frühkindliche Bildungsforschung* (S. 557–572). Wiesbaden: Springer VS.

Mackowiak, K. (2010). Modelle der akademischen Ausbildung im Elementarbereich. *Journal für LehrerInnenbildung, 10,* 10–16.

Mackowiak, K. & Dörr, G. (Hrsg.) (2013). ALPHA: Entwicklung der Unterrichtskompetenz im Berufseinstieg von Lehrerinnen und Lehrern [Themenheft]. *Unterrichtswissenschaft, 41* (2).

Mashburn, A. J., Pianta, R. C., Hamre, B. K., Downer, J. T., Barbarin, O., Bryant, D., Burchinal, M., Early, D., & Howes, C. (2008). Measures of pre-k quality and children's development of academic, language and social skills. *Child Development, 79* (3), 732–749.

Mischo, C., Wahl, S., Hendler, J. & Strohmer, J. (2012). Pädagogische Orientierungen angehender frühpädagogischer Fachkräfte an Fachschulen und Hochschulen. *Frühe Bildung, 1* (1), 34–44.

Möller, K. & Hardy, I. (2014). Prozessqualität in Bildungseinrichtungen des Elementarbereichs. *Unterrichtswissenschaft, 42* (2), 98–100.

Montie, J. E., Xiang, Z., & Schweinhart, L. J. (2007). *The role of preschool experience in children's development: Longitudinal findings from 10 countries.* Ypsilanti, MI: High/Scope Press.

Neuweg, G. H. (2002). Lehrerhandeln und Lehrerbildung im Lichte des Konzepts des impliziten Wissens. *Zeitschrift für Pädagogik, 48* (1), 10–29.

OECD (2004). *Early Childhood Policy Review 2002–2004. Hintergrundbericht Deutschland.* München: Deutsches Jugendinstitut. Verfügbar unter: http://www.oecd.org/dataoecd/38/44/34484643.pdf [29.07.2014].

Pianta, R., Howes, C., Burchinal, M., Bryant, D., Clifford, R., Early, D. & Barbarin, O. (2005). Features of pre-kindergarten programs, classrooms, and teachers: Do they predict observed classroom quality and child-teacher interactions? *Applied Developmental Science, 9,* 144–159.

Pianta, R. C., La Paro, K., & Hamre, B. K. (2008). *Classroom Assessment Scoring System (CLASS).* Baltimore: Paul H. Brookes.

Rechsteiner, K., Hauser, B. (2012). Geführtes Spiel oder Training? Förderung mathematischer Vorläuferfertigkeiten. *Die Grundschulzeitschrift, 258.259,* 8–10

Reinwand, V.-I. (2013). Ästhetische Bildung – Eine Grundkategorie frühkindlicher Bildung. In M. Stamm & D. Edelmann (Hrsg.), *Handbuch frühkindliche Bildungsforschung* (S. 573–586). Wiesbaden: Springer VS.

Robert Bosch Stiftung (2008). *Frühpädagogik Studieren – ein Orientierungsrahmen für Hochschulen.* Verfügbar unter: http://www.bosch-stiftung.de/content/language1/downloads/PiK_orientierungsrahmen_druckversion.pdf [22.07.14]

Rosenberger, K. (2009). „Tausend Nuancen des Wissens“: textanalytische Rekonstruktionen zum Kompetenzerwerb in der LehrerInnenausbildung. *Zeitschrift für Qualitative Forschung 10* (2), 263–291

Sammons, P., Anders, Y., Sylva, K., Melhuish, E., Siraj-Blatchford, I., Taggart, B., & Barreau, S. (2008). Children's cognitive attainment and progress in English primary schools during Key Stage 2: Investigating the potential continuing influences of pre-school education. In H.-G. Roßbach & H.-B. Blossfeld (Hrsg.), *Frühpädagogische Förderung in Institutionen* (Sonderheft 11 der Zeitschrift für Erziehungswissenschaft, S. 179–198). Wiesbaden: VS Verlag für Sozialwissenschaften.

Schäfer, G. E. (2001): *Prozesse frühkindlicher Bildung.* Verfügbar unter: http://hf.uni-koeln.de/data/eso/File/Schaefer/Prozesse_Fruehkindlicher_Bildung.pdf [15.07.2014].

Schuler, S. (2013). *Mathematische Bildung im Kindergarten in formal offenen Situationen. Eine Untersuchung am Beispiel von Spielen zum Erwerb des Zahlbegriffs.* Münster: Waxmann.

Siraj-Blatchford, I., Sylva, K. Muttock, S., Gilden, R. & Bell, D. (2002). *Researching Effective Pedagogy in the Early Years.* Research Report No 356. London: University of Oxford, Department of Educational Studies.

Siraj-Blatchford, I., Sylva, K., Taggart, B., Sammons, P., Melhuish, E. C. & Elliot, K. (2003). *The Effective Provision of Pre-School Education (EPPE) Project: Technical Paper 10 – Intensive Case Studies of Practice across the Foundation Stage.* London: DfES / Institute of Education, University of London.

Smidt, W. (2012). *Zielkindbezogene pädagogische Qualität im Kindergarten. Eine empirisch-quantitative Studie.* Münster: Waxmann.

Staub, F. C. & Stern, E. (2002). The nature of teachers' pedagogical content beliefs matters for students' achievement gains: Quasi-experimental evidence from elementary mathematics. *Journal of Educational Psychology, 94,* 344–355.

Steffensky, M., Lankes, E.M., Carstensen, C.H. & Nölke, C. (2012). Alltagssituationen und Experimente – Was sind geeignete naturwissenschaftliche Lerngelegenheiten für Kindergartenkinder? *Zeitschrift für Erziehungswissenschaft, 15,* 37–54.

Strüber, K. (2014). Evaluation einer bewegungspädagogischen Fortbildung für frühpädagogische Fachkräfte unter Betrachtung der Subjektiven Theorien der beruflichen Akteurinnen. *motorik, 37* (1), 4–10.

Sylva, K. (2010). Quality in early childhood settings. In K. Sylva, E. Melhuish, P. Sammons, I. Siraj-Blatchford, & B. Taggart (Eds.), *Early childhood matters. Evidence from the Effective Preschool and Primary Education project* (pp. 70–91). Abingdon, NY: Routledge.

Sylva, K., Melhuish, E., Sammons, P., Siraj-Blatchford, I. &Taggart, B. (2004). *The Effective Provision of Pre-School Education (EPPE) Project: Findings from Preschool to end of Key Stage 1.* London: DfES/Institute of Education, University of London.

Sylva, K., Melhuish, E., Sammons, P., Siraj-Blatchford, I. & Taggart, B. (2008). *Effective Pre-school and Primary Education 3–11 Project (EPPE 3–11). Final Report from the Primary Phase: Pre-school, School and Family Influences on Children's Development during Key Stage 2 (Age 7–11).* Nottingham: DCSF Research Report 61 / Institute of Education, University of London.

Tietze, W., Becker-Stoll, F., Bensel, J., Eckhardt, A. G., Haug-Schnabel, G., Kalicki, B., Keller, H. & Leyendecker, B. (2012). *NUBBEK – Nationale Untersuchung zur Bildung, Betreuung und Erziehung in der frühen Kindheit. Fragestellungen und Ergebnisse im Überblick.* Verfügbar unter: http://www.nubbek.de/media/pdf/NUBBEK%20 Broschuere.pdf. [28.07.2014].

Tietze, W., Meischner, T., Gänsfuß, R., Grenner, K., Schuster, K.-M., Völkel, P. & Roßbach, H.-G. (1998). *Wie gut sind unsere Kindergärten? Eine Untersuchung zur pädagogischen Qualität in deutschen Kindergärten.* Neuwied: Luchterhand.

Tietze, W., Schuster, K.-M., Grenner, K. & Roßbach, H.-G. (2007). *Kindergarten-Skala (KES-R). Feststellung und Unterstützung pädagogischer Qualität in Kindergärten.* Berlin: Cornelsen.

Uhlig, B. (2010). Prozesse ästhetischen Lernens. In L. Duncker, G. Lieber, N. Neuß & B. Uhlig (Hrsg.), *Bildung in der Kindheit. Das Handbuch zum Lernen in Kindergarten und Grundschule* (S. 132–135). Seelze: Kallmeyer.

Wadepohl, H. & Mackowiak, K. (2013). Entwicklung und Erprobung eines Beobachtungsinstruments zur Analyse der Beziehungs- bzw. Bindungsgestaltung von frühpädagogischen Fachkräften in Freispielsituationen. In K. Fröhlich-Gildhoff, I. Nentwig-Gesemann, A. König, U. Stenger & D. Weltzien (Hrsg.), *Forschung in der Frühpädagogik VI. Interaktion zwischen Fachkräften und Kindern* (S. 87–118). Freiburg: Verlag FEL (Forschung, Entwicklung, Lehre).

Weinert, F. E. (2001). Vergleichende Leistungsmessung in Schulen – eine umstrittene Selbstverständlichkeit. In F. E. Weinert (Hrsg.), *Leistungsmessungen in Schulen* (S. 17–31). Weinheim: Beltz.

Wittmann, L. T. (2014). *Mathematische Förderung im Bereich Arithmetik durch die Interaktion von pädagogischen Fachkräften in Angeboten* (unveröffentlichte Masterarbeit). Weingarten: Pädagogische Hochschule Weingarten.

Zimmer, R. (2013). Bildung durch Bewegung – Motorische Entwicklungsförderung. In M. Stamm & D. Edelmann (Hrsg.), *Handbuch frühkindliche Bildungsforschung* (S. 587–601). Wiesbaden: Springer VS.

Zimmermann, M. & Welzel-Breuer, M. (2009). Kompetenzentwicklung und -analyse von Erzieherinnen im Bereich Professionalisierung früher naturwissenschaftlicher Förderung. In N. Flindt & K. Panitz (Hrsg.), *Frühkindliche Bildung. Entwicklung und Förderung von Kompetenzen* (S. 17–26). Saarbrücken: Südwestdeutscher Verlag für Hochschulschriften.

*Diemut Kucharz, Katja Mackowiak*

# 9. Gesamtdiskussion

In den letzten 20 Jahren hat der Bereich der frühkindlichen Bildung, Erziehung und Betreuung eine enorme Entwicklung durchlaufen (Tietze et al., 2012). Dies zeigt sich zum einen in der Politik, z.B. in einem deutlichen Ausbau der Kindertagesbetreuung aufgrund des gesetzlich verankerten Rechtsanspruchs für jedes Kind auf einen Platz in einer Kindertageseinrichtung (BMFSFJ, 2005; KiföG, 2008), oder in der Entwicklung von Bildungsplänen für den Elementarbereich. Dies hat zur Folge, dass die Anforderungen an das Personal in den Kindertageseinrichtungen steigen. Zum anderen hat die Bedeutung der Kindheitspädagogik als wissenschaftliche Disziplin und als Forschungsfeld deutlich zugenommen. Das BMBF hat sich zusammen mit der Robert-Bosch-Stiftung des Themenfeldes angenommen und die „Weiterbildungsinitiative frühpädagogische Fachkräfte (WiFF)" ins Leben gerufen mit dem Ziel, die

> „Transparenz, Qualität und Anschlussfähigkeit der Aus- und Weiterbildung für frühpädagogische Fachkräfte zu verbessern. Zu einer Vielzahl von Themen und Fragen, deren Klärung weit über die Möglichkeiten des bisherigen WiFF-Vorhabens hinausgeht, fehlen jedoch bisher empirisch fundierte Forschungsergebnisse." (BMBF, 2012, S. 2)

Diese Erkenntnisse sollen im Rahmen der vom Projektträger im DLR betreuten Förderrichtlinie „Ausweitung der Weiterbildungsinitiative Frühpädagogische Fachkräfte" (AWiFF) gewonnen werden.

Das Forschungsprojekt PRIMEL wurde im Rahmen dieser Initiative angesiedelt und gefördert. Mit ihm sollte ein Beitrag zur Professionalisierung frühpädagogischer Fachkräfte geliefert werden, indem der Zusammenhang zwischen dem Ausbildungshintergrund von pädagogischen Fachkräften in Deutschland und der Schweiz und der Prozessqualität untersucht wurde. In den vorherigen Kapiteln wurden zahlreiche Ergebnisse dargestellt und diskutiert. In diesem Kapitel soll nun über der theoretische und empirische Ertrag des PRIMEL-Projekts für die Diskussion der Disziplin reflektiert werden. Dazu werden sowohl inhaltliche als auch forschungsmethodische Aspekte in den Blick genommen.

## 9.1 Zur inhaltlichen Diskussion der Ergebnisse

### 9.1.1 Bedeutung der Ausbildung für das professionelle Handeln

Im PRIMEL-Projekt wurde u.a. die Frage untersucht, ob bzw. inwieweit sich die Ausbildung, also fachschulisch vs. hochschulisch nach deutschem oder Schweizer Modell, auf die Prozessqualität auswirkt. Unsere Ergebnisse zeigen hier keinen eindeutigen Trend, die drei Gruppen unterschieden sich kaum in der Prozessqualität.

Dieser Befund wurde bereits in den Ergebniskapiteln diskutiert. Um Erklärungen für dieses erwartungswidrige Ergebnis zu finden, soll an dieser Stelle noch einmal der Ausbildungshintergrund genauer beleuchtet werden.

In ihrer Expertise haben Fröhlich-Gildhoff, Weltzien, Kirstein, Pietsch & Rauh (2014) eine Übersicht über die Kompetenzprofile der verschiedenen Ausbildungsgänge zusammengestellt. Demnach kann man feststellen, dass sich die beiden Ausbildungsgänge fachschulisch vs. hochschulisch nicht wesentlich voneinander unterscheiden (vgl. Fröhlich-Gildhoff et al., 2014, Kap. 1), die Inhalte sind in weiten Teilen vergleichbar. Der wesentliche Unterschied liegt in der stärkeren Handlungsorientierung auf Seiten der fachschulischen und der stärkeren Forschungs- und Reflexionsorientierung auf Seiten der hochschulischen Ausbildung. Auch in der Schweiz zeigt sich ein vergleichbares Ausbildungsprofil, wie Fröhlich-Gildhoff et al. (2014) es beschreiben. Insgesamt dominiert vor allem in Deutschland ein sozialpädagogisches Profil mit dem Schwerpunkt u.a. auf der Beziehungsgestaltung mit den Kindern, dem Team in der Einrichtung und den Eltern sowie der Beobachtung und Dokumentation von kindlichen Lern- und Entwicklungsprozessen. In der Analyse von Fröhlich-Gildhoff et al. (2014) ist die Kategorie „Gestaltung von Entwicklungs- und Bildungsprozessen" nur eine unter zahlreichen Kompetenzen, die in der Kompetenzmatrix aufgeführt werden (z.B. Fröhlich-Gildhoff et al., 2014, S. 42).

Im PRIMEL-Projekt haben wir einen Schwerpunkt auf die Qualität der Interaktionen, speziell die Lernprozessgestaltung, im Kindergarten gelegt. Hier zeigt die Matrix entsprechend, dass es dazu nur unspezifische Beschreibungen in den Anforderungsprofilen der Ausbildungsgänge gibt, und zwar auf allen Qualitätsniveaus (Fröhlich-Gildhoff et al., 2014, S. 45). Alle frühpädagogischen Fachkräfte erhalten also eine eher unspezifische Qualifikation in den einzelnen Bildungsbereichen. Darin unterscheiden sich die fachschulisch von den akademisch ausgebildeten Fachkräften kaum. Unsere Vermutung im PRMEL-Projekt war dagegen, dass wir einen Unterschied finden würden: akademisch ausgebildete Fachkräfte agieren in den Domänen qualitätsvoller als die fachschulisch ausgebildeten. Woran liegt es, dass wir diese Vermutung nicht bestätigt fanden? Ein Faktor ist sicher die Stichprobe, die schließlich im Projekt realisiert werden konnte und nicht dem eigentlichen Projektplan entsprach. Vorgesehen war, dass sich die Teilstichprobe der akademisch ausgebildeten Fachkräfte in Deutschland überwiegend aus den Absolventinnen der neu entstandenen BA-Studiengänge zur frühen Bildung an den Pädagogischen Hochschulen in Baden-Württemberg zusammensetzt. Die PRIMEL-Projektgruppe selbst war maßgeblich an der Entwicklung eines solchen Studiengangs beteiligt, der kein sozialpädagogisches Profil hat, sondern in dem die verschiedenen Domänen mit ihrer je fachdidaktischen Expertise breit vertreten sind. Da die Pädagogischen Hochschulen aufgrund ihrer Tradition aus der Lehrerbildung kommen, setzen sie andere Akzente: Die Anregung kindlicher Bildung auch auf kognitiver Ebene sowie die Betonung fachdidaktischer Anteile spielen hier eine größere Rolle als in sozialpädagogisch ausgerichteten Ausbildungsgängen. Dies sollte sich, so die Erwartung, in den beobachteten Interaktionen der Fachkräfte mit den Kindern widerspiegeln. Tatsächlich war es aber nicht möglich, hier eine ausreichende Zahl an Studienteilnehmerinnen zu finden (nur drei Teilnehmerinnen haben einen Studiengang an einer Pädagogischen Hochschule absolviert; insgesamt konnten zwölf

Kindheitspädagoginnen für eine Studienteilnahme gewonnen werden). Deshalb muss die Frage offen bleiben, ob Absolventinnen dieser BA-Studiengänge über mehr domänenspezifische Kompetenz verfügen als fachschulisch Ausgebildete.

Die Schweizer Teilstichprobe wurde in das PRIMEL-Projekt aufgenommen, da der Studiengang dieser Teilstichprobe ein ähnliches Profil wie die Studiengänge der Pädagogischen Hochschulen in Baden-Württemberg hat (vgl. Kap. 1). Gleichzeitig wurde hier durch das schulnahe Profil der Kindergärten ein anderes berufliches Selbstverständnis erwartet als bei den deutschen Teilnehmerinnen. Die in die Untersuchung einbezogenen Kindergartenlehrpersonen bilden eine vergleichsweise homogene Gruppe hinsichtlich Ausbildung, Arbeitsfeld und Berufserfahrung. Sie arbeiten in Einrichtungen, die der Grundschule zugehörig sind, verstehen sich als „Lehrpersonen", die „eine Klasse unterrichten". Insofern war davon auszugehen, dass das Anregen von Bildungsprozessen bei den Kindern für sie ein wesentlicher Bestandteil ihrer Arbeit ist und sich hier eher kognitive Aktivierungen zeigen würden als bei den Fachschulabsolventinnen aus Deutschland. Warum sich das in den Daten nicht abbildet, sondern sich höchstens gegenteilige Befunde zeigen, lässt sich nur schwer erklären (vgl. Kap. 8).

Der Befund, den Fröhlich-Gildhoff et al. (2014) berichten, wonach Hochschulabsolventinnen über eine größere reflexive Kompetenz und einen forschenden Habitus verfügen, konnte mit den Instrumenten im PRIMEL-Projekt nicht erfasst werden, auch Hinweise darauf fanden sich nicht (beispielsweise in den Vignetten; vgl. Kap. 8).

## 9.1.2   Kollektiver Habitus und Haltung

Im Kompetenzmodell von Fröhlich-Gildhoff et al. (2011/2014, vgl. Kap. 1) wurde als ein wesentlicher Einflussfaktor die Haltung bzw. der Habitus beschrieben. Dieser Habitus setzt sich aus bestimmten Werthaltungen zusammen, die durch die individuelle, aber auch die berufliche Biographie geprägt werden. In der früheren Modellvariante von 2011 wird von einem „kollektiven Habitus" gesprochen. Denkbar ist, dass dieser kollektive Habitus eine Erklärung dafür liefert, dass keine bedeutsamen Unterschiede im professionellen Handeln der fachschulischen und hochschulischen Fachkräfte zu finden sind. In den deutschen Kindertageseinrichtungen arbeiten in der Regel Fachkräfte mit unterschiedlichem Ausbildungshintergrund, ebenso in unserer Stichprobe (vgl. Kap. 3). Die Art und Weise, wie und in welchem Umfang Bildungsprozesse von Kindern durch gezielte kognitive Aktivierung in Freispiel und Angeboten gefördert werden, lässt sich vermutlich nicht allein auf die Kompetenz der einzelnen Fachkraft, sondern auch auf den kollektiven Habitus des Teams zurückführen. Cloos (2013) bestätigt diese Einschätzung:

> „Die Annahme, dass ein kindheitspädagogisches Studium der wesentliche Indikator für einen Kompetenzvorsprung gegenüber einer fachschulischen Ausbildung darstellt, ignoriert die Erkenntnis, dass Kompetenzen ‚nicht schlichtweg durch eine institutionalisierte sowie fachlich spezialisierte Ausbildung auf wissenschaftlicher Grundlage allein zu er-

werben' sind, ,an deren Ende die Beherrschung eines Fachwissens samt dem dazugehörigen beruflichen Methodenrepertoire steht' (Dewe 1996, S. 743f.). Vielmehr zeigt sich, dass berufliche Differenzen auf der Basis unterschiedlicher Bildungs- und Ausbildungsbiografien das Resultat einer eingeübten und habituell strukturierten Praxis in Organisationskulturen und beruflichen Handlungsfeldern sind (vgl. Cloos 2008)" (Cloos, 2013, S. 44, zit. nach Fröhlich-Gildhoff, 2014, S. 68–69).

Gerade Berufseinsteigerinnen würden sich, so Fröhlich-Gildhoff et al. (2014), an den erfahrenen Kolleginnen orientieren und in das soziale Team eingliedern, statt Gegenpositionen aufzubauen. Die berufliche Sozialisation ist also ein entscheidender Faktor im Rahmen der Kompetenzentwicklung. Demnach wäre es denkbar, dass sich weniger einzelne Fachkräfte als eher ganze Teams in ihrer Prozessqualität unterscheiden.

### 9.1.3   Selbstbildung vs. Ko-Konstruktion

Die derzeitige Debatte um wirkungsvolle Bildungsarbeit im Elementarbereich und die Einführung entsprechender Bildungspläne führte vermutlich zu einer breiten Verunsicherung bei den pädagogischen Fachkräften (Schelle, 2011). Traditionell dem Jugendhilfebereich zugehörig, hat sich der Kindergarten lange von der Schule bewusst abgegrenzt und mit dem Situationsansatz und seinen Weiterentwicklungen einen ganz eigenen pädagogischen Ansatz für die Kindergartenarbeit etabliert (ausführlich dazu: Kucharz, im Druck). Bildungspläne, die die Arbeit mit Kindern strukturieren und Themenfelder dafür vorschlagen oder auch vorschreiben, lassen sich nur schwer mit dem Situationsansatz vereinbaren. Die Vorstellung, dass Kinder von sich aus Themen finden, Neues entdecken und neugierig und wissbegierig erforschen, können viele Fachkräfte nicht mit gezielter kognitiver Aktivierung vereinbaren. In Kapitel 1 wurde bereits die problematische Gegenüberstellung der beiden Konstrukte „Selbstbildung" und „Ko-Konstruktion" diskutiert; die Befunde des PRIMEL-Projekts spiegeln die diesbezügliche Unentschiedenheit der Fachkräfte wider. Pädagogische Fachkräfte wissen derzeit nicht genau, wie weit sie die Kinder sich selbst und ihrem „Entdeckerdrang" überlassen und wo sie in welcher Weise selbst aktiv werden sollen. Sie haben zu wenig fachdidaktisches Wissen und zu wenig didaktisches „Handwerkszeug", um die erforderliche Begleitung und Unterstützung der kindlichen Entwicklung so vorzunehmen, dass die Kinder angeregt und nicht gegängelt werden (Kucharz, 2012). Im Bereich der „Lernprozessgestaltung" wurden entsprechend häufig Interaktionen beobachtet, in denen die pädagogischen Fachkräfte die kindlichen Handlungen kommentieren oder loben (vgl. Kap. 4 und 9), aber sie regen die Kinder wenig im Sinne einer kognitiven Aktivierung zu weiterführenden Denkprozessen an.

## 9.2 Zur methodischen Diskussion der Ergebnisse

Wie lässt sich pädagogische Qualität erfassen? Die bisher gängigste Variante ist die Einschätzung der pädagogischen Qualität über Ratingskalen. Hierbei haben sich insbesondere zwei Instrumente etabliert: die ECER-R (im englisch sprachigen Raum: Harms, Clifford & Cryer, 1998) bzw. KES-R (in Deutschland: Tietze, Schuster, Grenner & Roßbach, 2007) und das CLASS-System (Pianta, La Paro & Hamre, 2008) (vgl. Kap. 2). Diese Art der Erfassung von pädagogischer Qualität bietet eine Reihe von Vorteilen: sie ist relativ ökonomisch und ermöglicht, auch in größeren Stichproben die pädagogische Qualität über ein Fremdurteil zu erheben. Eine inzwischen weite Verbreitung beider Instrumente erleichtert den Vergleich der Ergebnisse unterschiedlicher Studien. Da die Nutzung beider Beobachtungsysteme eine zertifizierte Qualifizierung erfordert, ist eine Objektivität der Beobachtung (abgesehen von Beobachterfehlern, z.B. Mackowiak, 2007) weitgehend gewährleistet. Auf diese Weise lassen sich Aussagen über die globale Prozessqualität einer Einrichtung in unterschiedlichen Bereichen treffen. Was diese Verfahren nicht liefern, sind detaillierte Aussagen über die Gestaltung von Interaktionen der pädagogischen Fachkräfte mit den Kindern. Keys et al. (2012) gehen auf der Basis ihrer Metaanalyse sogar soweit zu konstatieren, dass die gängigen Qualitätsmaße nicht in ausreichender Weise geeignet sind, die Instruktionsqualität („intentional instructional practice", Keys et al., 2013, S. 1186), insbesondere auch in domänenspezifischen Bildungsbereichen, angemessen zu erfassen. Hierzu bedarf es (neben den Globaleinschätzungen) eines mikroanalytischen Vorgehens, wie es inzwischen ebenfalls in einigen Studien realisiert wird.

In der Unterrichtsforschung haben sich zwei methodische Ansätze etabliert, zum einen systematische und quantifizierende Analysen von Prozessmerkmalen des Unterrichts anhand repräsentativer Stichproben (teilweise im internationalen Vergleich) und zum anderen videobasierte Mikroanalysen von Unterrichtsprozessen im Rahmen von Fallstudien (Pauli & Reusser, 2006).

Im Bereich der frühkindlichen Forschung lässt sich diese Zweiteilung ebenfalls finden. Eine Reihe vor allem groß angelegter Forschungsprojekte nutzt die oben beschriebenen Globaleinschätzungen von Prozessqualität durch KES-R (z.B. ECCE, Tietze et al., 1998; BiKS, von Maurice et al., 2007; NUBBEK, Tietze et al., 2012) oder CLASS (z.B. NCEDL's Multi-State Study of Pre-Kindergarten & Study of State-Wide Early Education Programs (SWEEP), Early et al., 2005; vgl. auch von Suchodoletz, Fäsche, Gunzenhauser & Hamre, 2014). Teilweise wird in diesen oder anderen Studien zudem der Versuch unternommen, repräsentative Daten über die Aktivitäten der Fachkräfte mit den Kinder zu dokumentieren (z.B. Kuger & Kluczniok, 2008; Hopf, 2012; Leuchter & Saalbach, 2014). Daneben gibt es qualitative Studien, die anhand kleiner Stichproben und ausgewählter Situationen den Interaktionsprozess zwischen Fachkraft und Kind genauer analysieren (z.B. Sylva et al., 2004, König, 2006; Albers, 2009; Hopf, 2012); hier finden sich auch Mixed-Method-Ansätze, also eine Kombination von qualitativer und quantitativer Methodik (z.B. bei König, 2006 oder Hopf, 2012). Mit der *Target Child Observation* (TCO: Siraj-Blatchford et al., 2003) liegt ein in den USA entwickeltes Beobachtungsinstrument vor, das mittels einer Unterskala („adult's pedagogical interactions") kognitiv oder sozial orientierte Interaktionen auf einer mikroanalytischen Ebene (mittels 30-Sekunden-Time-

Sampling) erfasst. Von besonderem Interesse sind dabei Interaktionen des „sustained shared thinking", welche unterteilt werden in „scaffolding", Erweitern der kindlichen Äußerungen, Diskutieren, Modellieren und Spielen (Siraj-Blatchford et al., 2003). Hopf (2012) beispielweise hat dieses Instrument für die Analyse naturwissenschaftlicher Lerneinheiten genutzt. Daneben sind uns keine weiteren etablierten Instrumente bekannt, die speziell die Fachkraft-Kind-Interaktionen mikroanalytisch fokussieren.

Im PRIMEL-Projekt wurde ein solcher mikroanalytischer Zugang gewählt. Ziel war die Entwicklung eines differenzierten Beobachtungsinstruments, das für die Analyse sowohl von Freispielsituationen als auch von Bildungsangeboten genutzt werden kann. Der Versuch, die Interaktionsgestaltung von pädagogischen Fachkräften und damit das (sozial-interaktive) Anregungspotenzial einer Lernumgebung sowohl allgemeindidaktisch als auch domänenspezifisch zu erfassen, ist ein zentrales Anliegen in der aktuellen Forschung im frühkindlichen Bereich (z.B. Hardy & Steffensky, 2014). Im Unterschied zur Unterrichtsforschung, in der inzwischen im Rahmen vieler groß angelegter Bildungsforschungsprojekte (zusammenfassend Terhart, Bennewitz & Rothland, 2011; Mackowiak et al., 2013) unter anderem die Gestaltung von domänenspezifischen Lerngelegenheiten untersucht wird, steckt die Forschung im Elementarbereich noch in den Anfängen. Derzeit existieren nur wenige Instrumente zur Analyse domänenspezifischer Bildungsprozesse (z.B. Hopf, 2012). König (2006) formuliert entsprechend, dass die Bedeutung der Interaktionsqualität für die kindliche Entwicklung zwar einerseits unmittelbar einleuchtend sei, es sich aber andererseits schwierig gestalte, detaillierte Interaktionskriterien zu operationalisieren, um die komplexen Handlungsmuster angemessen abzubilden. Angesichts der mittlerweile vorliegenden Forschungsbefunde, die zeigen, dass die Prozessqualität in frühkindlichen Institutionen Einfluss auf die (domänenspezifische) Kompetenzentwicklung von Kindern (z.B. im Bereich Sprache und Mathematik) hat (zusammenfassend Anders, 2013), ist hier ein großer Forschungsbedarf zu verzeichnen.

Wie gut ist es im PRIMEL-Projekt gelungen, ein solches Beobachtungsinstrument zu entwickeln? Angesichts der Tatsache, dass es neben globalen Qualitätseinschätzungen noch nicht sehr viele ausgefeilte Beobachtungsinstrumente gibt, die einerseits in einer größeren Stichprobe einsetzbar sind und andererseits detaillierte Informationen über die Interaktionsgestaltung der pädagogischen Fachkräfte liefern, kann das PRIMEL-Beobachtungssystem als ein erster wichtiger Schritt in diese Richtung gewertet werden, auch wenn die dafür notwendigen Videografien mit einem großen Aufwand verbunden sind und auch dazu geführt haben, dass ein Teil der angefragten Fachkräfte die Teilnahme abgelehnt hat. Die anschließende Videoanalyse ermöglicht eine detaillierte Beschreibung der Aktivitäten der pädagogischen Fachkräfte in drei verschiedenen Bereichen (Lernprozessgestaltung, Emotionsregulation und Beziehungsgestaltung sowie Klassenführung), wobei der erste Bereich für uns von besonderem Interesse war. Zudem kann das System sowohl im Freispiel als auch in verschiedenen domänenspezifischen Bildungsangeboten genutzt werden. Eine Untersuchung, in der sowohl die Interaktionsgestaltung im Freispiel als auch in verschiedenen domänenspezifischen Bildungsangeboten vergleichend analysiert werden kann, existiert unseres Wissens bisher nicht.

Im Bereich der Lernprozessgestaltung (Bereich I des Beobachtungssystems) wird trotz des quantitativen Zugangs eine differenzierte Erfassung unterschiedlicher

Anregungen, Impulse und Reaktionen auf kindliche Handlungen ermöglicht. So kann z.B. genau analysiert werden, wie die Fachkraft proaktiv die Kinder in einer konkreten Situation kognitiv anregt (z.B. dadurch, dass sie die Kinder zum Nachdenken über ein Phänomen oder lauten Denken auffordert bzw. ein weiteres Explorieren vorschlägt) oder wie sie reaktiv auf die Kinder eingeht (z.B. wenn sie das Vorwissen der Kinder oder ihren Lösungsprozess erfragt). Dies kann sehr gezielt in unterschiedlichen Situationen, beispielsweise in unterschiedlichen Sozialformen (z.B. mit einem Kind allein, in einer Kleingruppe) oder in unterschiedlichen inhaltlichen Settings (z.B. beim Konstruktions- oder Rollenspiel oder im Rahmen eines domänenspezifischen Bildungsangebots) analysiert werden.

Darüber hinaus können mit dem Kodiersystem die Kompetenzen der Fachkräfte im Bereich der Beziehungsgestaltung und Emotionsregulation sowie der Klassenführung analysiert werden, welche ebenfalls die Lernumgebung beeinflussen (z.B. Klieme, 2006). Das PRIMEL-System birgt somit ein großes Potenzial zur differenzierten Analyse von Interaktionsprozessen im Elementarbereich, wie es in der Unterrichtsforschung bereits stärker etabliert ist (z.B. Seidel, Prenzel, Rimmele & Dalehefte, 2006; Pauli & Reusser, 2006; van de Pol, Volman & Beishuizen, 2010).

Allerdings müssen auch einige kritische Aspekte zum Beobachtungssystem angeführt werden. So ist es trotz einer umfangreichen Einarbeitung in das Beobachtungssystem (noch) nicht gelungen, eine ausreichend hohe Beobachterübereinstimmung zu erzielen, weswegen alle Videos von jeweils zwei Beobachterinnen ausgewertet wurden (vgl. Kap. 2). Hierfür lassen sich verschiedene Gründe anführen. So zeigt sich zum einen auch in den PRIMEL-Videos die Komplexität des pädagogischen Alltags, der durch parallel ablaufende Interaktionen, Unterbrechungen, Wechsel des Gesprächsthemas etc. geprägt ist (König, 2006). Die Analyse dieser komplexen pädagogischen Situationen mit einem Beobachtungssystem, das insgesamt aus etwa 30 Kodierungsaspekten besteht, erfordert einen hohen Aufwand und ist in einem einzigen Analysedurchgang nicht zu bewältigen. Um dieser Komplexität zu begegnen, wurde zum einen die Methode des Time Sampling gewählt. Sie bietet den Vorteil, komplexe Situationen in überschaubare Einheiten aufzuteilen und entsprechend pro Zeiteinheit (hier alle 10 Sekunden) eine Entscheidung über die zu kodierenden Items zu treffen (Ostrov & Hart, 2013). Nachteil eines solchen Vorgehens ist, dass sich länger andauernde Prozesse, wie sie beispielsweise beim „sustained shared thinking" zu beobachten sind, weniger gut abbilden lassen. Zum anderen wurden die Items auf verschiedene Beobachterinnen aufgeteilt, was dann zu einem hohen Diskussionsbedarf im Hinblick auf die Abstimmung und Abgrenzung der Kodierungen führte. Wenn man zusätzlich bedenkt, dass das Projektteam interdisziplinär (z.B. Erziehungswissenschaftlerinnen, Psychologinnen, Fachdidaktikerinnen) zusammengesetzt war und die Projektlaufzeit einen engen Zeitplan vorgab,[1] so lassen sich die Schwierigkeiten bei der Kodierung nachvollziehen. Die Doppelkodierungen (durch jeweils zwei Personen) waren entsprechend zeitintensiv, aber notwendig, um zu weitgehend objektiven Daten zu gelangen. Zukünftig wird es folglich darum gehen, die Beobachtungsindikatoren noch mehr zu schärfen und ein standardisiertes Beobachtertraining zu etablieren. Die weiteren Analysen werden zudem Hinweise

---

1    Hinzu kam der massive Zeitverlust durch Probleme bei der Rekrutierung der Stichprobe (vgl. Kap. 2)

dafür liefern, welche Items entweder präzisiert oder zusammengefasst werden können, weil sie in den meisten Fällen gemeinsam auftreten. Außerdem soll geprüft
werden, ob eine Kodierung im Event Sampling möglich ist, um länger andauernde
Interaktionsprozesse in ihrer Gesamtheit abbilden zu können.

Ein weiterer Kritikpunkt ist darin zu sehen, dass es noch nicht gelungen ist,
in Bereich II (Emotionsregulation und Beziehungsgestaltung) und Bereich III
(Klassenführung) des Beobachtungssystems eine ausreichend hohe Reliabilität der
Items zu erreichen. In beiden Bereichen werden sehr unterschiedliche Aktivitäten
der pädagogischen Fachkräfte zusammengefasst, welche sich nicht auf einer gemeinsamen zugrundeliegenden Dimension abbilden lassen (z.B. fällt in den Bereich der
Klassenführung sowohl die Beobachtung der Kinder als auch Maßnahmen, die sich
auf die Aushandlung oder Einhaltung von Regeln beziehen). Hier müssen weitere
Analysen sowie möglicherweise eine Differenzierung der Bereiche in Subskalen zu einer Verbesserung der internen Konsistenz vorgenommen werden.

Trotz dieser Schwierigkeiten halten wir das PRIMEL-Beobachtungssystem für
geeignet, um Interaktionen der Fachkraft mit den Kindern (insbesondere die Lernprozessgestaltung) differenziert abzubilden sowie kognitiv anregende Interaktionen
zu identifizieren. Zukünftig wäre es wünschenswert, die hier ermittelten Daten mit
einer Globaleinschätzung (z.B. über das CLASS-System; Pianta, La Paro & Hamre,
2008) in Beziehung zu setzen. Auf diese Weise könnte die Konstruktvalidität unseres Beobachtungssystems geprüft werden. Sollte sich zeigen, dass die Beobachtungen
mit dem PRIMEL-Beobachtungssystem in einer positiven Beziehung zu Globaleinschätzungen der pädagogischen Qualität (z.B. mit dem CLASS-Bereich „instructional support" ) stehen, so wäre dies ein wichtiger Indikator dafür, dass unser
Kodiersystem nicht nur für eine Beschreibung der Interaktionsgestaltung der pädagogische Fachkräfte geeignet ist, sondern auch Qualitätsaspekte erfasst.

Was im PRIMEL-Projekt (aufgrund des bereits sehr umfangreichen Designs) bisher nicht berücksichtigt werden konnte, sind die Effekte der pädagogischen Qualität
auf die kindliche Entwicklung (z.B. Burger, 2010; Anders 2013). In einer zukünfti-
gen Studie soll dieser Schritt folgen; Ziel wäre dann, die kindliche Entwicklung in
Einrichtungen unterschiedlicher pädagogischer Qualität längsschnittlich zu analysieren. Das PRIMEL-Beobachtungssystem kann dabei aus unserer Sicht die bisher zur
Verfügung stehenden Instrumente sinnvoll ergänzen.

Neben diesen Forschungsinteressen sehen wir eine weitere eher praxisorientier-
te Stärke in unserem Projekt: aufgrund unserer bisherigen Ergebnisse und weiterer
quantitativer und qualitativer Analysen im Rahmen der im PRIMEL-Projekt laufen-
den Promotionen lassen sich u.E. einige konkrete Ansatzpunkte ableiten, um eine
„adaptive Handlungsdidaktik zu entwickeln, welche den Prinzipien der ‚Konstruktion'
und ‚Instruktion' Rechnung trägt" (König, 2007, S. 15). Bisher fehlen im Elementarbereich differenzierte und evidenzbasierte Kenntnisse über eine anspruchsvolle all-
gemeinpädagogische und domänenspezifische Gestaltung und Förderung von kindlichen Bildungsprozessen durch die Fachkraft. Die notwendigen Voraussetzungen für
solche Bildungsprozesse schaffen die Fachkräfte im Elementarbereich sehr gut: sie gestalten die Beziehung zu den Kindern überwiegend lernförderlich (König, 2006) und
sie agieren im Bereich der Klassenführung umsichtig und präventiv (vgl. Kap. 4).

Damit verfügen sie über wichtige Kompetenzen, die aber nicht ausreichen, um Lern- und Bildungsprozesse von Kindern optimal zu unterstützen und zu fördern.

Wir gehen davon aus, dass das PRIMEL-Projekt wichtige Hinweise für eine solche Elementardidaktik liefert, die sowohl in offenen Kontexten wie dem Freispiel als auch in stärker strukturierten Settings wie den Bildungsangeboten realisiert werden kann. Diese Erkenntnisse könnten in der Ausbildung, aber auch in Fort- und Weiterbildungen genutzt werden, um die Lernprozessgestaltung noch intensiver in den Fokus der pädagogischen Fachkräfte zu rücken. Durch Videoaufzeichnungen des eigenen pädagogischen Handelns (z.B. im Rahmen der Praxisbegleitung während der Ausbildung/dem Studium, aber auch im Rahmen von Fortbildungen und Coachings) könnten auf der Basis des PRIMEL-Beobachtungssystems individuelle Stärken und Schwächen im Bereich der Lernprozessgestaltung (aber auch im Bereich der Beziehungsgestaltung und Klassenführung, je nachdem welche Schwerpunkte gelegt werden sollen) identifiziert und dann verändert werden. Ähnliche Ansätze lassen sich bereits in der Weiterbildung (z.B. zur alltagsintegrierten Sprachförderung) finden (z.B. Kucharz & Mackowiak, 2011; Kucharz et al., 2014). Insgesamt bietet das PRIMEL-Beobachtungssystem u.E. vielfältige Einsatzmöglichkeiten, entwicklungsangemessene Lernumgebungen zu analysieren und weiterzuentwickeln.

Aus unserer Sicht liegt in dem uns zur Verfügung stehenden Datenmaterial, das bisher nur zu einem Teil ausgewertet werden konnte, noch ein großes Potenzial, weitere Erkenntnisse über die Gestaltung von Lern- und Bildungsprozessen in frühkindlichen Institutionen zu gewinnen sowie Zusammenhänge zwischen der Prozessqualität einerseits und Struktur- und Orientierungsvariablen andererseits aufzudecken.

## Literatur

Anders, Y. (2013). Stichwort: Auswirkungen frühkindlicher institutioneller Betreuung und Bildung. *Zeitschrift für Erziehungswissenschaft, 16* (2), 237–275.

BMBF (2012). *Ausweitung der Weiterbildungsinitiative Frühpädagogische Fachkräfte (AWiFF)*. Verfügbar unter: http://www.dlr.de/pt/Portaldata/45/Resources/dokumente/bildungsforschung/2011-12-13_Flyer_AWiFF_BITV.pdf [06.08.14].

BMFSFJ (Bundesministerium für Familie, Senioren, Frauen, Jugend) (2005). *Tagesbetreuungsausbaugesetz (TAG)*. Verfügbar unter: http://www.bmfsfj.de/Redaktion BMFSFJ/Broschuerenstelle/Pdf-Anlagen/Tagesbetreuungsausbaugesetz-TAG,property= pdf.pdf [04.08.2014].

Burger, K. (2010). How does early childhood care and education affect cognitive development? An international review of the effects of early interventions for children from different social backgrounds. *Early Childhood Research Quarterly, 25* (2), 140–165.

Early, D., Barbarin, O., Bryant, D., Burchinal, M., Chang, F., Clifford, R., Crawford, G., Weaver, W., Howes, C., Ritchie, S., Kraft-Sayre, M., Pianta, R., & Barnett, W. S. (2005). NCEDL Working Paper. *Pre-Kindergarten in Eleven States: NCEDL's Multi-State Study of Pre-Kindergarten & Study of State-Wide Early Education Programs (SWEEP) Preliminary Descriptive Report*. Verfügbar unter: http://fpg.unc.edu/sites/fpg.unc.edu/files/resources/reports-and-policy-briefs/NCEDL_PreK-in-Eleven-States_Working-Paper_2005.pdf [04.08.14].

Fröhlich-Gildhoff, K., Nentwig-Gesemann, I. & Pietsch, S. (2011/2014). *Kompetenz-orientierung in der Qualifizierung frühpädagogischer Fachkräfte: WiFF-Expertise.* München.

Fröhlich-Gildhoff, K., Weltzien, D., Kirstein, N., Pietsch, S. & Rauh, K. (2014). *Expertise Kompetenzen früh-/kindheitspädagogischer Fachkräfte im Spannungsfeld von normativen Vorgaben und Praxis.* Verfügbar unter: http://www.bmfsfj.de/RedaktionBMFSFJ/ Abteilung5/Pdf-Anlagen/14-expertise-kindheitspaedagogische-fachkraefte,property= pdf,bereich=bmfsfj,sprache=de,rwb=true.pdf [30.07.2014]

Hardy, I. & Steffensky, M. (2014). Prozessqualität im Kindergarten: Eine domänenspezifische Perspektive. *Unterrichtswissenschaft, 42*, 101–116.

Harms, T., Clifford, R. M. & Cryer. D. (1998). Early Childhood Environment Rating Scale. Revised Edition. New York: Teachers College Press.

Hopf, M. (2012). *Sustained Shared Thinking im frühen naturwissenschaftlich-technischen Lernen.* Münster: Waxmann.

Keys, T. D., Farkas, G., Burchinal, M. R., Duncan, G. J. Vandell, D. L., Li, W. & Ruzek, E. A. (2013). Preschool Center Quality and School Readiness: Quality Effects and Variation by Demographic and Child Characteristics. *Child Development, 84* (4), 1171-1190.

KiFöG (2008). *Gesetz zur Förderung von Kindern unter drei Jahren in Tageseinrichtungen und in Kindertagespflege (Kinderförderungsgesetz, KiFöG).* Bundesgesetzblatt, Teil I, Nr. 57. Verfügbar unter: www.bmfsfj.de/RedaktionBMFSFJ/Abteilung5/Pdf-Anlagen/ kifoeg-gesetz,property=pdf,bereich=bmfsfj,rwb=true.pdf [04.08.2014].

Klieme, E. (2006). Empirische Unterrichtsforschung: aktuelle Entwicklungen, theoretische Grundlagen und fachspezifische Befunde. Einführung in den Thementeil. *Zeitschrift für Pädagogik 52 (6)*, 765–773.

König, A. (2006). *Dialogisch-entwickelnde Interaktionsprozesse zwischen ErzieherIn und Kind(-ern). Eine Videostudie aus dem Alltag des Kindergartens.* Verfügbar unter: https:// eldorado.tu-dortmund.de/bitstream/2003/24563/1/Diss_veroeff.pdf [17.04.2014].

König, A. (2007). Dialogisch-entwickelnde Interaktionsprozesse als Ausgangspunkt für die Bildungsarbeit im Kindergarten. *Bildungsforschung, 4* (1), 1–21. 1, Verfügbar unter: www.bildungsforschung.org/Archiv/2007-01/Interaktion/ [12.08.13].

Kucharz (2012) (Hrsg.). *Elementarbildung. Bachelor/Master.* Weinheim: Beltz.

Kucharz (im Druck). Grundschulpädagogische Unterrichtsforschung und ihr Anregungspotential für die Kindheitspädagogik. In T. Betz & P. Cloos (Hrsg.), *Kindheit und Profession.* Weinheim: Beltz Juventa.

Kucharz, D., Kammermeyer, G., Beckerle, C., Mackowiak, K., Koch, K., Jüttner, A.-K., Sauer, S., Hardy, I., Saalbach, H., Lütje-Klose, B., Mehlem, U. & Spaude, M. (2014). Wirksamkeit von Sprachförderung. In B. Kopp, S. Martschinke, M. Munser-Kiefer, M. Haider, E.-M. Kirschhock, G. Ranger & G. Renner (Hrsg.), *Individuelle Förderung und Lernen in der Gemeinschaft* (S. 51–66). Jahrbuch Grundschulforschung, Band 17. Wiesbaden: Springer VS.

Kucharz, D. & Mackowiak, K. (2011). Sprachförderung in Kindergarten und Grundschule. Das Modell der Stadt Fellbach. *Die Grundschulzeitschrift, 242/243*, 42–43.

Kuger, S. & Kluczniok, K. (2008). Prozessqualität im Kindergarten. Konzept, Umsetzung und Befunde. *Zeitschrift für Erziehungswissenschaft, 10, Sonderheft 11,* 159–178.

Mackowiak, K. (2007). Verhaltensbeobachtung. In M. Borg-Laufs (Hrsg.), *Lehrbuch der Verhaltenstherapie mit Kindern und Jugendlichen*, Band 2: Interventionsmethoden (S. 159–188). Tübingen: dgvt.

Mackowiak, K., Dörr, G., Baer, M., Böheim, G., Fain, V., Guldimann, T. Hecht, P., Helfenstein, S., Kocher, M., Kucharz, D., Smit, R. & Wyss, C. (2013). Einführung in das Themenheft ALPHA: Entwicklung der Unterrichtskompetenz im Berufseinstieg von Lehrerinnen und Lehrern. *Unterrichtswissenschaft, 41* (2), 98–107.

Ostrov, J.M. & Hart, E.J. (2013). Observational methods. In T. D. Little (Ed.), *The Oxford Handbook of Quantitative Methods*, Vol. 1: Foundations (pp. 285–303). Oxford: Oxford University Press.

Pauli, C. & Reusser, K. (2006). Von international vergleichenden Video Surveys zur videobasierten Unterrichtsforschung und -entwicklung. *Zeitschrift für Pädagogik, 52* (6), 774–797.

Pianta, R. C., La Paro, K., & Hamre, B. K. (2008). *Classroom Assessment Scoring System (CLASS)*. Baltimore: Paul H. Brookes.

Schelle, R. (2011). *Die Bedeutung der Fachkraft im frühkindlichen Bildungsprozess: Didaktik im Elementarbereich: Eine Expertise der Weiterbildungsinitiative Frühpädagogische Fachkräfte (WiFF)*. München: DJI.

Seidel, T., Prenzel, M. Rimmele, R., Dalehefte, I. M., Herweg, C., Kobarg, M. & Schwindt, K. (2006). Blicke auf den Physikunterricht. Ergebnisse der IPN Videostudie. *Zeitschrift für Pädagogik, 52* (6), 798–821.

Siraj-Blatchford, I., Sylva, K., Taggart, B., Sammons, P., Melhuish, E. C. & Elliot, K. (2003). *The Effective Provision of Pre-School Education (EPPE) Project: Technical Paper 10 – Intensive Case Studies of Practice across the Foundation Stage*. London: DfES / Institute of Education, University of London.

Terhart, E., Bennewitz, H. & Rothland, M. (Hrsg.) (2011). *Handbuch der Forschung zum Lehrerberuf*. Münster: Waxmann.

Tietze, W., Becker-Stoll, F., Bensel, J., Eckhardt, A. G., Haug-Schnabel, G., Kalicki, B., Keller, H. & Leyendecker, B. (2012). *NUBBEK – Nationale Untersuchung zur Bildung, Betreuung und Erziehung in der frühen Kindheit: Fragestellungen und Ergebnisse im Überblick*. Verfügbar unter: http://www.nubbek.de/media/pdf/NUBBEK%20 Broschuere.pdf. [28.07.2014].

Tietze, W., Meischner, T., Gänsfuß, R., Grenner, K., Schuster, K.-M., Völkel, P. & Roßbach, H.-G. (1998). *Wie gut sind unsere Kindergärten? Eine Untersuchung zur pädagogischen Qualität in deutschen Kindergärten*. Neuwied: Luchterhand.

Tietze, W., Schuster, K.-M., Grenner, K. & Roßbach, H.-G. (2007). *Kindergarten-Skala (KES-R): Feststellung und Unterstützung pädagogischer Qualität in Kindergärten*. Berlin: Cornelsen.

van de Pol, J., Volman, M. & Beishuizen, J. (2010). Scaffolding in Teacher-Student Interaction: A Decade of Research. *Educational Psychological Review, 22* (3), 271–296.

von Suchodoletz, A., Fäsche, A., Gunzenhauser, C., & Hamre, B. K. (2014). A typical morning in preschool: Observations of teacher-child interactions in German preschools. *Early Childhood Research Quarterly, 29*, 509–5019.

von Maurice, J., Artelt, C., Blossfeld, H.-P., Faust, G., Roßbach, H.-G. & Weinert, S. (2007). *Bildungsprozesse, Kompetenzentwicklung und Formation von Selektionsentscheidungen im Vor- und Grundschulalter: Überblick über die Erhebungen in den Längsschnitten BiKS-3-8 und BiKS-8-12 in den ersten beiden Projektjahren*. PsyDok [Online], 2007/1008. Verfügbar unter: http://psydok.sulb.uni-saarland.de/volltexte/2007/1008/ [22.07.2014].

Anhang: Übersicht über das im PRIMEL-Projekt entwickelte Beobachtungssystem zur Erfassung der Prozessqualität im Elementarbereich

| Item-Nr. | Name Item-Benennung | Kurzdefinition | Ankerbeispiel |
|---|---|---|---|
| BEREICH I: Lernprozessgestaltung | | | |
| I_01 | Anregen zum gemeinsamen Tun | Die FK regt Kinder zu gemeinsamen Interaktionen an (direkt/indirekt; verbal/nonverbal). | „Versuch doch mal, ob du das mit der Anna gemeinsam hinbekommst. Die kann dir sicher helfen." |
| I_02 | Anregen zu Gesprächen untereinander | Die FK regt Gespräche bzw. mündliche Kommunikation zwischen den Kindern an (direkt/indirekt; verbal). | „Wer von euch spielt den Hund? Versucht euch doch zu einigen." |
| I_03 | Anwenden von Modellierungstechniken | Die FK greift kindliche Äußerungen auf und korrigiert (phonetisch, grammatikalisch, semantisch), erweitert oder vervollständigt sie. | K: „Und dann der Paul in den Garten geht." FK: „Der Paul ist in den Garten gegangen?" |
| I_04 | Stellen offener Fragen | Die FK stellt Fragen, die von den Kindern beim Beantworten eine eigene Formulierung erfordern (keine Ja-/Nein-Fragen). | „Also, wo meinst du, könnten die Hunde hingehen?" |
| I_05 | Erweiterung und Bereicherung des Spiels | Die FK bringt neue Ideen, Material oder Werkzeug ins Spiel, welche den Verlauf des Spiels verändern können. | „Wo fährt denn euer Boot hin? Vielleicht fahren wir nach Afrika, zu den Elefanten….da müssen wir aber viel Wasser mitnehmen, da ist es heiß." |
| I_06 | Inhaltliches Lob und Anerkennung | Die FK lobt Kind(er) in Bezug auf ihr Tun, Können oder Wissen. | „Mensch, da hast du dir aber ein tolles Kostüm gebastelt." |
| I_07 | Anregen zu motorischem oder praktischem Tun | Die FK regt das Kind zu motorischem oder praktischem Tun an. | „Du könntest versuchen, im Sandkasten noch mal so einen riesigen Tunnel zu bauen." |
| I_08 | Anregen zum Explorieren und Forschen | Die FK regt an, Sachverhalte, Phänomene, Situationen und/ oder Materialen auf deren spezifische Möglichkeiten und Eigenschaften hin zu untersuchen. | „Probiert doch mal aus, was passiert, wenn ihr die Farben mischt." |
| I_09 | Anregen zum Formulieren der eigenen Gedanken und Überlegungen | Die FK regt an, eigene Gedanken zu Lernprozessen oder Produkten zu formulieren. | „Wer hat eine Idee, wie wir das machen können?" |
| I_10 | Anregen zum Nachdenken innerhalb einer Situation | Die FK regt an, über Zusammenhänge innerhalb einer Situation/ eines Problems nachzudenken bzw. die Situation zu analysieren. | „Woran könnte es liegen, dass die Kugel immer aus der Bahn geworfen wird?" |
| I_11 | Anregen zum Weiterdenken über die Situation hinaus | Die FK regt an, über die momentane Situation/ das momentane Problem hinaus zu denken." | „Was glaubst du passiert, wenn wir neben der Holzkugel eine andere Kugel laufen lassen?" |

| | | | |
|---|---|---|---|
| I_12 | Wissensabfrage | Die FK stellt gezielte Fragen, die Faktenwissen über Sachverhalte und Prozeduren abfragen. | „Wo leben denn die Elefanten?"; „Weißt du, wie man das macht?" K: „Was ist das hier für ein Tier?" |
| I_13 | Verbaler Wissensinput | Die FK vermittelt den Kindern Inhalte/Wissen. | FK: „Das ist ein Tiger, das erkennt man an den schwarzen Streifen auf den Fell. Der Löwe hat keine Streifen." K: „Ich möchte gerne ein Bild malen." |
| I_14 | Inhaltliches Reagieren/Eingehen auf Wünsche und Fragen | Die FK reagiert inhaltlich auf einen Wunsch/eine Frage zum Spielinhalt. | FK: „Hast du denn schon eine Idee, was du malen möchtest?" |
| I_15 | Inhaltliches Reagieren/Eingehen auf das Vorwissen und Können | Die FK reagiert auf Vorwissen/ Können der Kinder. | „Weißt du noch, wie das Experiment hier geht? Da warst du doch schon mal dabei, oder?" |
| I_16 | Inhaltliches Reagieren/Eingehen auf Lösungsprozesse, Lösungsprodukte und Fehler | Die FK reagiert inhaltlich auf Lösungsprozesse/-produkte der Kinder. | FK: „Du gibst dir aber Mühe. Wie hast du das denn genau gemacht?" |
| I_17 | Vormachen/Vorzeigen | Die FK macht einen Handlungsablauf vor oder bittet ein anderes Kind darum. | „Schau mal, ich zeig dir, wie das geht" (und macht eine Schleife. |
| I_18 | Anregen zum Äußern von eigenen Erfahrungen und Erinnerungen | Die FK regt die Kinder dazu an, über eigene Erfahrungen, Erinnerungen oder Präkonzepte aus einer zuvor selbst erlebten Situation zu erzählen. | „Wer war denn schon mal im Zirkus? Könnt ihr euch noch erinnern, was es da alles gab?" |
| I_F | Fehler | Die Fachkraft macht in Bezug auf in Bereich I kodierbare Interventionen einen sachlichen Fehler. | |
| BEREICH II: Emotionsregulation und Beziehungsgestaltung | | | |
| II_19 | Lob und Anerkennung in sozialen Situationen | Die FK lobt die Kinder in Bezug auf ihr positives Sozialverhalten oder ihre Person. | „Ich finde du hast dem Tom ganz toll geholfen, die Schuhe anzuziehen." „Du bist heute aber schick angezogen." |
| II_20 | Anteilnahme und Regulation | Die FK hilft bei der Regulation kindlicher (negativer) Emotionen oder Aufgeregtheit (arousal). | FK nimmt ein weinendes Kind in den Arm und tröstet es. |
| II_21 | Reaktion auf Körperkontakt(wunsch) | Die FK geht auf den kindlichen Wunsch nach Körperkontakt ein. | Die FK lässt ein Kind bei sich auf dem Schoß sitzen, das danach fragt. |
| II_22 | Körperkontakt(angebot) | Die FK nimmt von sich aus Körperkontakt zum Kind auf oder bietet diesen an. | Die FK nimmt ein Kind an die Hand, mit dem sie über den Flur läuft. |

**BEREICH III: Klassenführung**

| | | | |
|---|---|---|---|
| III_23 | Organisation des Spiels | Die FK unterstützt die Kinder bei der Organisation des Spielgeschehens (z.B. Festlegung von Spielorten/ Zeiträumen/Materialen). | „Was möchtet ihr spielen?" |
| III_24 | Beobachtung eines distalen Spielgeschehens/Überblick über das Spiel | Die FK beobachtet Kinder, die sich weiter entfernt aufhalten bzw. nicht in das Spielgeschehen mit der FK involviert sind. | – |
| III_25 | Beobachtung eines proximalen Spielgeschehens | Die FK beobachtet Kinder, die sich in unmittelbarer Nähe befinden bzw. in das Spielgeschehen mit der FK involviert sind. | – |
| III_26 | Einführung, Aushandlung und Besprechung neuer Regeln | Die FK führt neue Regeln ein, die für den weiteren Spielablauf wichtig sind. | „Wenn ihr hier nicht mitspielen wollt, dann müsst ihr hier raus. Hier sind nur Kinder, die Theater spielen." |
| III_27 | Anwendung bestehender Regeln | Die FK achtet auf die Einhaltung bereits bestehender Regeln. | „Du weißt doch, dass wir die Stöcke nur draußen benutzen." |
| III_28 | Reaktion auf Störung | Die FK macht auf störendes Verhalten aufmerksam (verbal/nonverbal). | „Könnt ihr bitte etwas leiser sein, es ist zu laut hier drinnen." |
| III_29 | Reaktion auf Streitigkeiten und Partizipation bei der Streitschlichtung | Die FK greift in einen offenen Konflikt zwischen Kindern ein (verbal/nonverbal). | „Könnt ihr mir bitte erklären, was passiert ist? Dann suchen wir eine Lösung für das Problem." |
| III_30 | Rückmeldung auf die Aufhebung einer Störung/eines Streits | Die FK signalisiert den Kindern, dass eine vorausgegangene Störung oder ein Streit behoben wurde (verbal/nonverbal). | Die FK verdeutlicht durch „Daumen hoch", dass die Kinder jetzt ausreichend leise sind. |

Anmerkung: FK: pädagogische Fachkraft; K: Kind